HISTÓRIA CRÍTICA DO PENSAMENTO POLÍTICO

DA *POLIS*
AO SOCIALISMO
REVOLUCIONÁRIO
(VOL. I)

Título original:
História crítica do pensamento político — Vol. 1: Da Pólis ao socialismo revolucionário

© Joaquim Jorge Veiguinha e Edições 70, 2022

Revisão:
António Barrancos

Capa:
FBA

Imagens de capa:
Aristóteles: © Heritage Images / Getty Images
Rosa Luxemburgo: © ullstein bild Dtl. / Getty Images

Depósito Legal n.º

Biblioteca Nacional de Portugal – Catalogação na Publicação

VEIGUINHA, Joaquim Jorge, 1953-

História crítica do pensamento político.
V. 1: Da Pólis ao socialismo revolucionário. – (Extra coleção)
ISBN 978-972-44-2639-6

CDU 321

Paginação:
MA

Impressão e acabamento:

para
EDIÇÕES 70
Novembro 2022

Direitos reservados para todos os países de língua portuguesa por
Edições 70

EDIÇÕES 70, uma chancela de Edições Almedina, S.A.
Avenida Emídio Navarro, 81, 3D
3000-151 Coimbra
e-mail: editoras@grupoalmedina.net

Esta obra está protegida pela lei. Não pode ser reproduzida,
no todo ou em parte, qualquer que seja o modo utilizado,
incluindo fotocópia e xerocópia, sem prévia autorização do Editor.
Qualquer transgressão à lei dos Direitos de Autor será passível
de procedimento judicial.

JOAQUIM
JORGE
VEIGUINHA

HISTÓRIA CRÍTICA DO PENSAMENTO POLÍTICO

DA *POLIS*
AO SOCIALISMO
REVOLUCIONÁRIO
(VOL. I)

ÍNDICE

PREMISSA 15

INTRODUÇÃO 23

I PARTE
DA *POLIS* AO COSMOPOLITISMO TEOCRÁTICO

CAPÍTULO 1 — GRÉCIA 51
   Tucídides: a democracia ateniense e a política de conquista 51
   Platão: a cidade ideal 54
   Aristóteles: a melhor constituição possível 59

CAPÍTULO 2 — ROMA 65
   Cícero: da república aristocrática à sociedade universal do género humano 65
   Séneca: o elogio da vida retirada 71
   Marco Aurélio: a cidade comum 74

CAPÍTULO 3 — CRISTIANISMO E IDADE MÉDIA 77
   Agostinho de Hipona: as duas cidades 77
   Tomás de Aquino: lei natural e leis humanas 82
   Dante Alighieri: as duas beatitudes 87

II PARTE
O DECLÍNIO DO COSMOPOLITISMO TEOCRÁTICO E A GÉNESE DA RAZÃO DE ESTADO

CAPÍTULO 1 — MAQUIAVEL: A CIDADE MUNDANA 95
    Virtude *versus* fortuna 95
    A secularização da política 98
    O meu reino é deste mundo 102

CAPÍTULO 2 — BODIN: O PRÍNCIPE SOBERANO 105
    As guerras confessionais em França 105
    Os três pilares da República 106
    Cidadão e súbdito 108
    O poder supremo 109

CAPÍTULO 3 — RICHELIEU: O INTERESSE DO ESTADO 111
    O declínio do Império Germânico 111
    A unidade interna como condição da política de potência 112
    A subordinação do interesse particular ao interesse público ... 114
    A racionalização e a despersonalização do poder 116

CAPÍTULO 4 — MAZARINO: UMA POLÍTICA MUNDANA 119

III PARTE
O JUSNATURALISMO

CAPÍTULO 1 — THOMAS HOBBES: O ESTADO SOBERANO 125
    O novo contexto 125
    O homem não é um animal político 127
    A formação do Estado e da esfera privada 129

CAPÍTULO 2 — JOHN LOCKE: O GOVERNO LEGÍTIMO 135
    A Revolução Gloriosa 135
    A propriedade e a liberdade como direitos naturais 136
    O legislativo como poder supremo 139
    A cidade terrena como horizonte 142

CAPÍTULO 3 — ESPINOSA: A CIDADE DEMOCRÁTICA 143
    A razão e as paixões 143

O pacto social.. 146
A ordem civil 147

IV PARTE
A SUPERAÇÃO DO JUSNATURALISMO E A REVOLUÇÃO FRANCESA

CAPÍTULO 1 — MONTESQUIEU: A MONARQUIA CONSTITUCIONAL   153
    Natureza e princípios das formas de governo................   153
    A separação de poderes e o mandato representativo..........   157

CAPÍTULO 2 — ROUSSEAU: A SOBERANIA DO POVO   161
    As origens da desigualdade e a crítica da civilização   161
    O contrato social e a vontade geral   164
    O mandato imperativo e a democracia directa................   167

CAPÍTULO 3 — KANT: O ESTADO REPRESENTATIVO E A PAZ PERPÉTUA..   171
    A emergência da Prússia   171
    Cidadãos activos e cidadãos passivos   173
    Contra a política de potência   178

CAPÍTULO 4 — FICHTE: A LEGITIMIDADE DA REVOLUÇÃO FRANCESA...   181
    Prólogo sobre a Revolução Francesa (1789-1799).............   181
    A subordinação do Estado à sociedade civil   188
    A limitação do direito de propriedade.......................   191
    Tornar supérfluo o governo   192

CAPÍTULO 5 — HEGEL: O ESTADO COMO «SUPERAÇÃO» DA SOCIEDADE CIVIL   195
    A Alemanha no contexto do Império Napoleónico   195
    O sistema das necessidades................................   196
    A subordinação da economia à política.....................   200
    O Estado como «realidade da ideia ética»...................   202
    A condenação do terror revolucionário e a apologia da política de potência..   205

V PARTE
O REACCIONARISMO

CAPÍTULO 1 — EDMUND BURKE: ORDEM, PROPRIEDADE E TRADIÇÃO.. 211
    A apologia da desigualdade 211
    Direitos do homem: uma mina prestes a explodir 215

CAPÍTULO 2 — JOSEPH DE MAISTRE: A EFEMERIDADE DAS REVOLUÇÕES 219
    A república não pode perdurar 220
    A legitimidade histórica da monarquia 221
    O estado religioso 223

CAPÍTULO 3 — ROSMINI: A IGUALDADE DO SUFRÁGIO PERANTE A GRANDE PROPRIEDADE...................................... 225
    1848, o ano de todas as revoluções malogradas 225
    Sufrágio universal e sufrágio censitário................... 229
    A violação do «princípio da proporcionalidade» no sufrágio universal igual 232

VI PARTE
O DESENVOLVIMENTO DO LIBERALISMO POLÍTICO

CAPÍTULO 1 — WILHELM VON HUMBOLDT: O ESTADO COMO MAL NECESSÁRIO... 241
    Os objectivos da política 242
    Condições do desenvolvimento inter-humano 245
    A liberdade positiva..................................... 246
    A liberdade negativa 250

CAPÍTULO 2 — BENJAMIN CONSTANT: A REPÚBLICA CENSITÁRIA 253
    Liberdade dos antigos e liberdade dos modernos............. 254
    Só a propriedade confere direitos políticos................ 257

CAPÍTULO 3 — ALEXIS DE TOCQUEVILLE: O DESPOTISMO DAS MAIORIAS... 261
    A nova forma de servidão 262
    A liberdade como alternativa 265

CAPÍTULO 4 — JOHN STUART MILL: A DEMOCRACIA QUALIFICADA 269
    O indivíduo e a sociedade 270
    A representação diferenciada 272

VII PARTE
A FORMAÇÃO DO PROJECTO SOCIALISTA

CAPÍTULO 1 — SAINT-SIMON: O ESTADO NÃO REPRESENTA OS «PRODUTORES» 279
    As três «classes» e a Revolução Francesa 280
    Do domínio sobre os homens à administração das coisas 282
    A subordinação do Estado à economia 288
    A subalternização da política e as suas implicações no projecto socialista 290

CAPÍTULO 2 — CHARLES FOURIER: A NOVA ORDEM SOCIETÁRIA . 295
    A crítica da civilização mercantil 296
    Os cantões societários 303

CAPÍTULO 3 — ROBERT OWEN: UMA NOVA CONCEPÇÃO DE SOCIEDADE 309
    A Revolução Industrial britânica e o nascimento do operariado 309
    A formação do carácter 315
    O trabalho como medida de valor 318
    O desenvolvimento do princípio socialista 320

CAPÍTULO 4 — PROUDHON: O SOCIALISMO AUTOGESTIONÁRIO 323
    Crítica do direito de propriedade 324
    O mutualismo 329
    A república federativa 333
    Em polémica com Marx: a crítica do comunismo 336

CAPÍTULO 5 — MARX E ENGELS: A SUPERAÇÃO DO ESTADO 341
    A obra e o contexto histórico 341
    Crítica do Estado representativo 344
    Estado e classes sociais 350
    A «morte» do Estado político 355
    A Comuna de Paris e a ditadura do proletariado 362
    A possibilidade do comunismo 367

VIII PARTE
A EMERGÊNCIA DA SOCIAL-DEMOCRACIA

CAPÍTULO 1 — DA FORMAÇÃO DA SOCIAL-DEMOCRACIA À DISSOLUÇÃO DA II INTERNACIONAL............................. 373

CAPÍTULO 2 — EDUARD BERNSTEIN: O MOVIMENTO E O OBJECTIVO FINAL DO SOCIALISMO... 383

CAPÍTULO 3 — KARL KAUTSKY: ESTADO NACIONAL, IMPERIALISMO E DEMOCRACIA 393

CAPÍTULO 4 — MAX ADLER: DA LIBERAL-DEMOCRACIA À DEMOCRACIA SOCIAL.. 403

IX PARTE
O SOCIALISMO REVOLUCIONÁRIO E A DITADURA DO PROLETARIADO

CAPÍTULO 1 — DA REVOLUÇÃO DE 1905 À REVOLUÇÃO DE OUTUBRO DE 1917... 413

CAPÍTULO 2 — ROSA LUXEMBURGO: IMPERIALISMO, GUERRA E REVOLUÇÃO 423
    Junius 423
    A revolução prematura 426
    A social-democracia alemã perante a Primeira Guerra Mundial 433
    A «débacle» da insurreição espartaquista 443
    O programa da Liga Spartakus............................... 444

CAPÍTULO 3 — LÉNINE: ESTADO, REVOLUÇÃO E DITADURA DO PROLETARIADO 449
    O partido de vanguarda 450
    O centralismo democrático................................. 458
    Do Estado como instrumento de dominação de classe à sua extinção 461

CAPÍTULO 4 — TROTSKY: A «REVOLUÇÃO PERMANENTE»........ 467
    Da social-democracia ao bolchevismo 467

Crítica do centralismo democrático.......................... 469
   Programa mínimo e programa máximo 472
   Ditadura do proletariado ou democracia?................... 476
   Da revolução democrática burguesa à revolução socialista 479
   A Revolução de Outubro no contexto mundial............... 483

CAPÍTULO 5 — MAO ZEDONG: DA «DEMOCRACIA NOVA» À «DITADURA DEMOCRÁTICA POPULAR»......................... 489
   A revolução chinesa: uma revolução camponesa.............. 489
   As classes sociais e a questão agrária 493
   O relatório sobre a província de Hunan: a ascensão do movimento camponês.. 496
   A segunda guerra civil e a ruptura com o Kuomintang 499
   A terceira guerra civil e a conquista do poder político......... 503

BIBLIOGRAFIA 509

ÍNDICE ONOMÁSTICO 515

PREMISSA

Mário Tronti, militante do Partido Comunista Italiano (PCI) na década de 1950 e fundador da corrente sindical «autonomia operária» na década de 1960, numa entrevista ao semanário italiano *L'Espresso*, de 6 de Fevereiro de 2022, defende que «conhecer o inimigo melhor do que o inimigo se conhece a si próprio é uma obrigação política».

A concepção da política como guerra ou como relação amigo-inimigo que está na origem das considerações de Tronti não se enquadra no horizonte deste ensaio. Pelo contrário, o seu princípio orientador é que a política não é uma guerra de que restariam, quando muito, apenas mortos e feridos, mas a tentativa de construção da cidade mundana inclusiva em que se torna possível a coexistência de diversas perspectivas da organização da vida comum e em que os conflitos e as divergências se resolvem pacificamente pela via institucional. Neste sentido, a política pode ser também entendida como a «arte do compromisso».

Ao contrário do que defende Platão, a política não visa edificar a cidade ideal a partir do Céu, pois o seu horizonte é este mundo e não a agostiniana cidade de Deus que ele inspirou. Por sua vez, o ser humano não é um animal político, como defendia Aristóteles e a tradição grega clássica, mas assim se torna através da sua relação com os outros em sociedade. Isto implica uma dupla ruptura: a ruptura com uma moral religiosa, para a qual a vocação do ser humano era essencialmente extramundana, e a ruptura com todas as concepções discriminatórias que desde a Antiguidade Clássica, mas estendendo-se sob novas formas ao mundo moderno que nasceu sob os auspícios da Revolução Francesa de 1789–1793, impediam que a maioria dos membros da sociedade civil se tornassem sujeitos políticos activos ou de parte inteira.

A primeira ruptura tem como protagonista Maquiavel, que separou a política da ética, em particular da moral religiosa do catolicismo medieval, sublinhando a sua vocação eminentemente mundana. Foi também ele a defender a dimensão racional da política não apenas como cálculo estratégico para preservar e gerir o poder, mas sobretudo como contraponto da força ou do exercício da violência, pois o animal alegórico que melhor a representa não é o leão, mas sim a raposa, que simboliza a astúcia. O processo de secularização e racionalização da política reforça a sua dimensão institucional, conduzindo, por um lado, a uma cada vez maior despersonalização do poder e, por outro lado, ao reforço da dimensão política como arte do compromisso que não se alimenta de extremos polarizados em que o adversário é um inimigo ou um alvo a abater ou a descredibilizar, mas sim um parceiro de negociação que visa o entendimento recíproco e a resolução pacífica dos diferendos.

A segunda ruptura tem origem na Revolução Francesa e nos seus precursores dos séculos XVII e XVIII, que concebem o homem como titular de direitos naturais anteriores à constituição do governo estabelecido e o governo legítimo como resultado de um contrato que funda a constituição da nova ordem política. Confrontam-se desde logo duas perspectivas políticas: a liberal e a democrática. A primeira, com origem em John Locke, considera a propriedade como direito natural e defende a prioridade da liberdade individual sobre a igualdade social e política, enquanto a segunda, protagonizada por Jean-Jacques Rousseau, defende uma concepção de liberdade como ausência de predomínio de alguns sobre os demais e a igualdade como condição necessária para a construção de uma comunidade política inclusiva em que o povo é o sujeito soberano.

O triunfo dos ideais liberais-democráticos da Revolução Francesa suscitou, sobretudo após a derrota napoleónica de Waterloo em 1815 e da formação da Santa Aliança das potências monárquicas europeias vitoriosas, uma primeira vaga reaccionária que põe em causa as suas conquistas na base de concepções tradicionalistas que contestam o princípio de 1789 de que os homens nascem livres e iguais em direitos e defendem que o povo não é a fonte da soberania, pois não tem discernimento e capacidade política para exercê-la directamente, existindo apenas para ser governado por alguns que deliberam e decidem alegadamente em seu nome.

A Revolução Francesa e a Revolução Industrial do final do século XVIII na Grã-Bretanha abriram caminho a duas perspectivas políticas que se confrontaram na primeira metade do século XIX: a perspectiva liberal e a perspectiva socialista. Defensora das liberdades individuais e da igualdade jurídica de todos os cidadãos perante a lei contra o regime dos privilégios aristocráticos, a primeira introduziu uma nova discriminação, uma discriminação política, que retira aos não-proprietários tanto o direito de elegerem os seus representantes como o direito de serem eleitos. O liberalismo nascente retoma alguns aspectos da concepção tradicionalista com a sua teoria de que os não-proprietários, ou seja, as classes populares, padecem de um défice de racionalidade, cultura e autonomia que os torna inaptos para intervirem activamente nos processos de deliberação política.

A segunda retoma as ideias democráticas da Revolução Francesa com a sua defesa do sufrágio universal, que, no entanto, apenas no século XX se institucionalizaria com a conquista do direito de voto pelas mulheres. A reivindicação da abolição da discriminação política surge associada à defesa dos direitos sociais dos novos trabalhadores assalariados que nasceram na época da primeira Revolução Industrial, que se torna prioritária. Em contrapartida, a política e o político são arredados do pedestal que ocupavam no decurso da Revolução Francesa e subordinados à economia: é a política como «administração das coisas», de Saint-Simon, e o político como «superestrutura» de uma «base económica» e como relação dialéctica entre forças produtivas e relações de produção, de Marx e Engels. A política passará a fazer parte do problema e não da solução, sendo, por isso, abertamente menosprezada ou considerada manifestamente incapaz de criar uma ordem socialmente mais justa para todos.

Este cepticismo relativamente ao político e à política que contrapõe o cidadão abstracto ao homem real, ao *homo oeconomicus* e ao burguês proprietário exerceria uma influência determinante sobre o futuro movimento socialista, tanto na sua versão reformista, social-democrática, como na sua versão revolucionária ou comunista. A primeira retomou a divisa de Proudhon, segundo a qual as revoluções do século XIX são económicas e não políticas, para defender um prudente conjunto de reformas no contexto da ordem liberal triunfante que contribuísse para a melhoria dos direitos e das condições de existência dos trabalhadores. A segunda, apesar de defender também o primado do económico sobre o político, advoga uma revolução violenta com vista ao derrubamento da ordem burguesa existente e à instauração de uma ditadura do proletariado, a classe «universal» que representa a esperança de libertação de todos os explorados e oprimidos: é a tese leninista de que esta ditadura é mais democrática do que a «democracia burguesa», pois representa a subordinação da minoria à maioria, concepção extremamente redutora de democracia, como demonstrou brilhantemente o socialista austríaco Max Adler, para quem a democracia não se esgota neste princípio, mas caracteriza-se pela autonomia e capacidade de autodeterminação das massas para poderem deliberar sem a tutela de um partido de vanguarda, como o de Lénine, que, alegadamente, as representa e decide em seu nome.

Outra das características do socialismo revolucionário em todas as suas versões é a concepção da política como guerra com vista a descredibilizar e, em última instância, abater o «inimigo de classe». O já nosso conhecido Mário Tronti, numa obra de 1976, *Operários e Capital* (*Operai e Capitale*), período de ultra-radicalismo antipolítico que pressagia o Maio de 68 francês e os «anos de chumbo» que se lhe seguiram e que culminaram com o assassinato do primeiro-ministro italiano Aldo Moro pelas Brigadas Vermelhas em 1978, afirma: «Enquanto o terreno estiver ocupado pelo inimigo, é preciso disparar-lhe em cima, sem pena das rosas» (Tronti, 1976, p. 10); «conhece verdadeiramente quem verdadeiramente odeia» (*Idem*, p. 10); e, por fim, «as palavras, seja como for que as escolhas, parecem-te sempre coisas de burgueses» (*Ibidem*, p. 15). Em suma, palavras para quê, se a violência revolucionária é a solução. Não afirmava um certo Marx profético, muito diferente do Marx científico de *O Capital*, num dos seus piores momentos, que a «arma da crítica não pode substituir a Crítica das armas»?

A Revolução Russa de Outubro de 1917 contribuiu para desencadear uma segunda vaga reaccionária, que, no plano da teoria política, esteve na origem da doutrina das elites, que é uma segunda reacção contra os ideais de soberania popular e de controlo dos governantes pelos governados: desqualificação da democracia política com o argumento de que as massas são incapazes de se governar a si próprias, defesa de que os regimes cesaristas que recorrem frequentemente a plebiscitos para legitimar o apoio das massas são mais eficazes do que um regime parlamentar democrático com os seus processos «dilatórios» de discussão baseados no princípio do contraditório, em que estas, definitivamente arredadas por «incapacidade» dos complexos mecanismos de decisão e deliberação política, não participam directamente, mas apenas através dos seus «representantes». No plano sociopolítico, regista-se a ascensão do nazifascismo, que tem no jurista alemão Carl Schmitt o seu máximo ideólogo: quem detém o poder de decisão é soberano, independentemente da origem deste poder, que encarna no «princípio de comando do Chefe» (*Führer Prinzip*), e também tem como fundamento a guerra, a relação amigo-inimigo, embora já não uma guerra de classes, como no socialismo revolucionário, mas sim uma guerra racial.

A derrota do nazifascismo esteve na origem da crise do liberalismo, muito comprometido com as suas políticas não intervencionistas com a eclosão da crise de 1929–1933, e da ascensão do Estado social na Europa Ocidental. É *O Espírito de 45*, segundo a feliz designação do documentário do cineasta Ken Loach, e a sua pátria é a Grã-Bretanha do dirigente do Partido Trabalhista britânico Clement Atlee: segurança social pública baseada no princípio de solidariedade entre gerações e classes sociais, Serviço Nacional de Saúde acessível a todos os cidadãos independentemente do seu rendimento, impostos progressivos e constituição de um sector de empresas públicas nos sectores estratégicos da economia. Este modelo disseminar-se-ia, em diferentes versões, pelos países da Europa Ocidental, com a excepção da ex-Alemanha Federal, sob tutela norte-americana, no contexto de competição pelo predomínio entre o Ocidente e a União Soviética.

No plano social, este período caracteriza-se pelo compromisso entre capital e trabalho na Europa Ocidental e, no plano político, pelo compromisso entre a social-democracia e a democracia cristã relativamente à implementação do Estado social, bem como pela emergência do eurocomunismo. Este conduziu à autonomização dos dois maiores partidos comunistas europeus, o Partido Comunista Francês (PCF) e, sobretudo, o PCI, da tutela soviética e a experiências inovadoras, de que se destacam o *Programme Commun de Gouvernement*, em França, que juntou o Partido Socialista Francês, o PCF e o Partido Radical de Esquerda, e o «Compromisso Histórico» de Enrico Berlinguer, líder histórico do PCI. No entanto, a derrota de François Mitterrand nas eleições presidenciais de 1973 não permitiu que o programa comum entrasse em vigor, enquanto o assassinato de Aldo Moro impediu a concretização do «Compromisso Histórico» com a entrada do PCI na esfera governamental. No plano da teoria política, destacou-se uma forte renovação do marxismo europeu, que começou a demarcar-se do dogmatismo soviético marxista-leninista através de uma reflexão e um debate aprofundados sobre o político e a política, que regressaram do exílio a que o projecto socialista os tinha confinado desde a primeira metade do século xix.

Porém, a década de 1980 pôs termo a este extraordinário período, que não deixou raízes. A crise do modelo de capitalismo centrado no «operário-massa» do pós-Segunda Guerra Mundial e a terciarização da economia potenciada pelos inícios da revolução digital contribuíram para favorecer a expansão de uma terceira vaga reaccionária, que teve como principal alvo os grandes pilares do Estado social. Não foi por acaso que o núcleo desta vaga foi precisamente a Grã-Bretanha, local onde este tinha verdadeiramente nascido: desmantelamento do sector empresarial do Estado através de uma política de privatizações, contenção das políticas fiscais redistributivas através da redução da progressividade dos impostos directos e da defesa de impostos proporcionais sobre o rendimento e ataque às políticas sociais com particular destaque para a ofensiva ideológica contra a segurança social baseada no princípio de solidariedade entre gerações e classes sociais através da defesa dos seguros privados de capitalização cotados em Bolsa.

A ditadura militar de Augusto Pinochet, em 1973, constituiu o tubo de ensaio das medidas neoliberais defendidas pelos dois ideólogos da terceira vaga reaccionária, Milton Friedman e Friedrich Hayek, de que se destaca a privatização da segurança social num contexto de forte repressão política, o que revela as raízes autoritárias do neoliberalismo. A desagregação da União Soviética, último bastião de um regime ditatorial que se proclamava marxista-leninista, e a conversão da China ao capitalismo de Estado apenas contribuíram para transformar esta vaga numa voragem a que a «Terceira Via» social-democrática de Tony Blair e Gerhard Schröder não conseguiu responder adequadamente. Foi a crónica da morte anunciada do *Espírito de 45*, cujas consequências sociais e políticas ainda hoje se fazem sentir.

Hegel, no seu prefácio à *Filosofia do Direito*, pronunciou uma frase que se tornaria célebre: «É apenas ao nascer do crepúsculo que a coruja de Minerva inicia o seu voo.» Com isto, Hegel pretende alegoricamente dizer que uma forma de vida acabou por envelhecer sem que uma nova forma de vida tenha nascido. É precisamente neste contexto social e político declinante que, desfeitas as ilusões sobre as alegadas virtudes da «violência revolucionária» que fizeram o mundo entrar em convulsão no século XX, que surge a coruja de Minerva representada pela filosofia. Perante a crise ao que tudo indica irreversível do marxismo europeu, verifica-se um retorno da filosofia política, que ocupa a cena deserta. Os seus lugares de eleição são as universidades do mundo anglo-saxónico e norte-americano, enquanto o seu protagonista já não é o «intelectual orgânico» que aliava a teoria à prática política directa num partido socialista revolucionário que visava derrubar o capitalismo e o «Estado burguês», mas sim o chamado «intelectual público» que, a partir da sua cátedra universitária, elabora a teoria política que tenta construir uma alternativa ao neoliberalismo e conservadorismo dominantes segundo uma perspectiva de raiz liberal-democrática.

Não se pode dizer que estes novos protagonistas nada tenham a acrescentar ao que os marxistas revolucionários do passado com todo o seu radicalismo anticapitalista disseram, tanto mais que estes desapareceram do horizonte político. Pelo contrário, contribuíram para a descoberta de dimensões que os primeiros, com a sua concepção da política como guerra sem quartel até ao extermínio do «inimigo de classe», nem sequer suspeitavam que existiam. Assim, John Rawls critica magistralmente o princípio de eficiência de Pareto, aquela situação dita «óptima» em que a condição de, pelo menos, uma pessoa melhore, desde que a de, pelo menos, outra não piore, contrapondo-lhe o mais justo princípio da diferença em que no contexto de uma sociedade baseada numa igualdade equitativa de oportunidades apenas são legítimas as desigualdades que funcionem como parte de um sistema político em que os menos beneficiados possam melhorar as suas condições de vida. Por sua vez, outro filósofo norte-americano, Michael Sandel, na esteira de Rawls, critica o individualismo meritocrático, que é um dos elementos da ideologia neoliberal dominante que concebe a sociedade como tributária dos alegados méritos e talentos individuais como se esta fosse composta de indivíduos isolados sem relação uns com os outros que nada lhe devem, mas relativamente aos quais está, por assim dizer, em dívida perpétua impagável.

Mas é sobretudo o filósofo alemão Jürgen Habermas, sob uma forma extraordinariamente inovadora, que reintroduz a temática da secularização e racionalização da política entendida numa perspectiva dialógica, como confronto entre parceiros e não entre inimigos que visam aniquilar-se mutuamente, mas que procuram fundamentar racionalmente os seus argumentos com vista a orientar consciente e responsavelmente as suas escolhas políticas. No contexto de uma sociedade inteiramente secularizada, Habermas defende que só é possível preservar o Estado de direito no âmbito de uma «democracia radical» que necessariamente pressupõe o seu alargamento a todos os sectores da vida social, para lá dos seus confins formalmente políticos. Analogamente, Norberto Bobbio defende, em *Liberalismo e Democrazia* (1985), em plena fase de expansão do neoliberalismo, que «hoje em dia, a reacção democrática perante os neoliberais consiste em exigir a extensão do direito de participar na tomada das decisões colectivas em lugares diferentes daqueles em que se tomam as decisões políticas, em tender em conquistar novos espaços para a participação popular e, portanto, em ocupar-se da passagem [...] da fase da democracia de equilíbrio à fase da democracia de participação» (Bobbio, 1985, p. 69). A democracia radical, ou a democracia de participação, é, indubitavelmente, o regime em que a política regressará do exílio a que foi confinada desde a década de 1980, fazendo justiça à profecia hegeliana: é dos escombros do velho mundo que acabará por nascer o novo.

INTRODUÇÃO

Invertendo a máxima de Clausewitz de que «a guerra é uma mera continuação, por outros meios, da política» (Clausewitz, 1997, p. 46), o filósofo francês Michel Foucault (1926–1984) considerava nos seus cursos no Collège de France (1975–1976) que «a política é a guerra prosseguida por outros meios» (Foucault, 2006, p. 60). Prosseguindo nesta óptica, acrescenta:

> «Estamos em guerra uns com os outros: uma frente de batalha atravessa toda a sociedade, continuada e permanentemente, e é esta frente de batalha que coloca cada um de nós num campo ou noutro. Não há sujeito neutro. Somos necessariamente o adversário de alguém.» (Foucault, 2006, pp. 62–63)

Em contraponto a esta concepção da política como relação amigo-inimigo, que se inspira provavelmente no jurista alemão Carl Schmitt, o filósofo e historiador britânico Robin George Collingwood (1889––1943) defende que «a guerra é uma derrota da política» (Cerroni, 2003, p. 28).

A primeira definição da política como arena de combate, como resultado de conflitos e antagonismos sociais, não pode ser menosprezada. Provam-no as revoluções que conduzem ao derrubamento das ordens políticas que impedem que os seres humanos descubram novos horizontes. No entanto, a política não pode, de forma alguma, ser reduzida a esta dimensão de luta e conflito, já que, se assim fosse, não seria possível construir formas de coexistência e convívio que permitem que vivamos uns com os outros em sociedade. Quando muito, esta dimensão seria um meio para realizar este objectivo quando todos os outros falham, o que dá razão a Collingwood.

A segunda definição revela-nos outra dimensão da política, mais perto do seu significado original: a política (do grego *politeia*) está relacionada com a «cidade», *polis* ou *civitas* (em latim, comunidade dos cidadãos), e tem como prioridade resolver os conflitos pela via pacífica. A política é a instância em que a guerra, mas não a conflitualidade, termina e se inaugura um período de tréguas e de compromissos recíprocos com vista à instauração da paz civil. É neste sentido que a *politeia* é «a arte de governar a cidade» (Academia das Ciências, 1996, p. 2024), que remete para a sua dimensão racional baseada mais na inteligência e no poder de persuasão, o lado humano do mitológico centauro de Gramsci, do que na força. Esta dimensão da política, mais abrangente do que a anterior, está presente sempre que se tenta encontrar uma solução pacífica para conflitos e guerras que dilaceraram gerações. Um dos seus mais esclarecedores exemplos foi, no século xx, em Portugal, a alínea a) do artigo 8.º do Programa do Movimento das Forças Armadas (MFA), em que, relativamente à conflagração bélica de mais de uma década que opôs o governo português do «Estado Novo» aos movimentos nacionalistas representativos dos povos das colónias africanas, se reconhecia que «a solução das guerras no Ultramar é *política* e não *militar*».

Propomos a seguinte definição: *a política é a tentativa de construir uma ordem imanente e inclusiva em que, apesar dos nossos conflitos e divergências, possamos tolerar-nos reciprocamente, pois não é possível que neste mundo todos nos amemos uns aos outros*. O pressuposto histórico desta definição é precisamente a formação da «cidade», da *polis*, ou seja, de uma comunidade humana diferenciada em que as relações de cidadania começam a predominar relativamente às de consanguinidade e os mitos e as tradições cedem cada vez mais o lugar ao debate, à argumentação e à persuasão, sem os quais não é possível governar a «cidade», a qual se distingue estruturalmente do *oikos*, a esfera doméstica. A relevância histórica desta distinção é ilustrada pela *Antígona*, a emblemática tragédia de Sófocles: a lei da *polis* é soberana e, por conseguinte, predomina sobre a da consanguinidade, que é válida apenas para o *oikos*. Ao assumir a lei que regia a esfera doméstica, expressa pelo dever/obrigação de dar sepultura ao irmão que a cidade tinha proscrito, Antígona entra em conflito com a lei da *polis* que proíbe este acto, sendo por isso sacrificada.

Ninguém melhor que Aristóteles (383-322 a.C.) revela com clareza este primado da *polis* quando afirma que «a cidade é a comunidade mais elevada de todas» (Aristóteles, 2016, p. 49). A ideia de que o homem é, por natureza, um *animal político* e de que viver na cidade constitui o seu fim é comum tanto à Grécia como à Roma clássicas. No entanto, tal não significa que tanto a *polis* como a *civitas* sejam comunidades políticas inclusivas. De ambas estão excluídos os escravos, pois «governar e ser governados são coisas não só necessárias, mas convenientes, e é por nascimento que se estabelece a diferença entre os destinados a mandar e os destinados a obedecer» (*Ibidem*, 2016, p. 61). Analogamente, o jurista romano Gaio afirma que «uma primeira e fundamental distinção a fazer é a divisão de todos os homens em cidadãos livres e escravos» (Gaio, 2010, p. 79). A cidadania grega e romana baseia-se assim numa discriminação naturalista: um indivíduo é cidadão apenas porque nasce homem livre em contraposição ao escravo. Esta paradoxal forma de cidadania que assenta numa irremediável hipoteca naturalista, num «direito de sangue», por assim dizer, exprime desde logo as suas inexoráveis limitações: não pode haver verdadeiramente uma comunidade politicamente integrada, uma «coisa pública» ou uma *res publica*, na verdadeira acepção do termo, quando existem seres humanos que são dela excluídos.

A desagregação da *civitas* e a implantação do Império Romano (27 a.C.-476 d.C.) assinala uma nova etapa. O indivíduo já não se reconhece, como anteriormente, na cidade, mas sim numa ordem projectada, uma «pátria comum aos deuses e aos homens» (Cícero, 1965, p. 130). Paralelamente, o antigo cidadão, embora não abandone totalmente a vida política, adopta cada vez mais uma posição de distanciamento relativamente a esta com o elogio da «vida retirada», do *otio*. Para Séneca (4 a.C.-c. 65 d.C.), o modelo de conduta que deve ser seguido já não é propriamente o do cidadão, mas o do sábio, do sujeito moral que não intervém directamente na vida política, mas que, escolhendo a «vida retirada», «possa ser útil aos indivíduos e à colectividade com a inteligência, a palavra, o conselho» (Séneca, 1978, p. 352). Esta retirada não conduz, porém, ao refúgio na vida contemplativa, mas sim a um distanciamento crítico. De facto, tendo em conta as condições contingentes em que se encontra, o indivíduo não deve, porém, virar totalmente as costas à vida pública, mas escolher «uma ocupação em que possa ser útil à cidade» (*Ibidem*, 1978, p. 333). De qualquer forma, a *civitas* dos primórdios já deixou de ser o horizonte de referência do sábio. Pela primeira vez, se bem que de forma implícita, não claramente assumida, a cisão que estruturava a *polis* grega e a *civitas* romana, a distinção entre senhores e escravos, é posta em causa, já que

> «não estamos confinados aos muros de uma cidade, mas pusemo-nos em contacto com todo o mundo e proclamámos o mundo como nossa pátria, para podermos dar um campo mais vasto à virtude» (*Ibidem*, 1978, p. 333).

O declínio do Império Romano está associado à ascensão do cristianismo, que se torna religião oficial sob Constantino (306-337). Este evento caracteriza-se pelo aprofundamento do dualismo que tinha marcado a desagregação da *civitas*: com Aurélio Agostinho (354-430), o primeiro grande teólogo da nova Igreja, contrapõe-se irremediavelmente a cidade terrena, em que predominam o amor próprio e o desprezo de Deus, e a cidade celeste, em que vigora a renúncia às glórias mundanas baseadas na ambição de poder e de domínio em benefício do amor de Deus. O conflito entre a cidade terrena e a *Civitate Dei* tem, porém, como fim providencial o triunfo definitivo da vocação celeste. A vida «profana» não é mais do que uma longa e árdua peregrinação espiritual para ascender à cidade de Deus, onde, sem distinção de línguas, nações e instituições, cada um se une aos outros pelo amor do Criador e pelo amor do próximo. No entanto, a ordem mundana é apenas um patamar nesta peregrinação, já que corroída pelo pecado não tem redenção possível. Neste sentido, o dualismo entre as duas cidades torna-se insuperável. Assim, enquanto na cidade de Deus o domínio do homem sobre o homem é proscrito, pois Deus, criando o homem à sua imagem, não quis que este dominasse o outro, mas apenas o animal, na cidade terrena, a natureza pecaminosa do ser humano está na origem da institucionalização da servidão e da escravatura. Todas as tentativas de rebelião para aboli-las são, por este facto, consideradas ilegítimas. Eis como se instaura em definitivo um dualismo insuperável: os homens, embora livres e iguais na cidade espiritual, são, na cidade terrena, desiguais e dividem-se em dominadores e dominados.

O dualismo agostiniano das duas cidades é posto em causa por Tomás de Aquino (1225-1274), bispo de Hipona, que viveu no século XIII, período em que, com a desagregação do Império Romano, a Igreja consolida a sua hegemonia espiritual na Europa Medieval. O segundo grande teólogo da Igreja reconhece dentro dos limites insuperáveis do dualismo entre cidade celeste e cidade terrena a autonomia relativa da segunda, pois a lei natural participa na lei divina e as leis humanas constituem uma particularização ou uma aplicação daquela a casos específicos. Apesar de a primeira não ser, de facto, uma verdadeira mediação entre a lei divina e as leis humanas, pois existe apenas em função da divina, não dispondo, por conseguinte, de uma verdadeira autonomia, ao participar nesta e, indirectamente, nas leis humanas implica necessariamente que, vivendo em sociedade, os homens instituam uma forma de governo. A «boa vida da multidão» passa a ser a finalidade do governo da cidade terrena. A forma que este governo deve revestir é a da monarquia, pois para preservar a unidade e a paz «é melhor que a multidão se governe por um só do que por muitos» (Santo Tomás de Aquino, 2011, p. 134). No entanto, Tomás de Aquino reconhece que a multidão pode legitimamente desobedecer às leis humanas injustas, bem como destituir o monarca quando este exerce o poder, que deve sempre visar o bem comum, de forma tirânica. Surge assim um inédito «direito de resistência» à autoridade instituída que não era reconhecido tanto pelos pensadores políticos do mundo greco-romano como por Agostinho.

A necessidade da monarquia é também defendida por Dante Alighieri (1265-1321), pois «toda a pluralidade hierarquizada implica um princípio regulador e directivo, depois, seres ordenados e dirigidos» (Dante, 1984, p. 13). Esta distinção irredutível entre governantes e governados, que mais tarde seria contestada por Jean-Jacques Rousseau, estabelece-se no contexto da ordem imperial do cosmopolitismo medieval teocrático, tentativa falhada de reconstituir sob novas formas o defunto Império Romano. No entanto, apesar da integração do autor da *Divina Comédia* na tradição medieval, é estabelecida a distinção entre poder espiritual e poder temporal, pois «o alicerce do império é o direito humano» e «não é permitido à Igreja opor-se ao seu alicerce, e que, ao contrário, deve ela apoiar-se sobre ele» (Dante, *op. cit.*, p. 100). Eis como, já no seio do próprio mundo medieval, emerge o princípio laico da autonomia do poder temporal do império relativamente ao poder espiritual da Igreja, que é uma das condições da laicização da política que, juntamente com a reforma protestante do século XVI, assinalará a formação do mundo moderno.

O processo de secularização da política está indissociavelmente ligado à formação do Estado, uma vez que este não existia como conceito e como realidade institucionalmente configurada no mundo greco-romano da *polis* e da *civitas*. Para um grego e um romano, o termo «Estado» não teria nenhum significado. Mas a tendência para aplicar mecanicamente ao passado remoto o que encontramos instituído de longa data no presente é um erro muito recorrente. Torna-se, pois, prioritário não apenas definir com rigor lógico o que se entende por Estado, mas também, porque não se pode verdadeiramente falar de um Estado em abstracto, delinear os pressupostos histórico-sociais da sua formação. O Estado enquanto tal é uma instância simultaneamente material e ideal que visa o exercício do poder político num determinado território delimitado por fronteiras que tendem a consolidar-se em definitivo, separando-o dos *outros* Estados. Instância material, já que o Estado, como referia Max Weber, detém o monopólio da violência física legítima, pois dispõe dos aparelhos repressivos centralizados — Exército permanente e Polícia — que asseguram a ordem no território em que exerce a sua jurisdição e o defendem dos outros Estados. Instância ideal, mas não menos institucionalmente configurada, porque, como defende justamente Pierre Bourdieu, detém «o monopólio da violência simbólica legítima» (Bourdieu, 2014, p. 16). Isto significa que o exercício do poder do Estado não pode ser reduzido à pura força repressiva, que, de certo modo, é menos relevante do que a sua força simbólica. Para ser eficaz na ordem interna e na relação com os outros Estados, este exercício tem de passar necessariamente pelo consenso dos súbditos que aceitam a sua autoridade político-institucional em todo o território. Tal é possível porque, em primeiro lugar, o poder do Estado autonomiza-se dos poderes regionais arbitrários com a formação de um aparelho fiscal que permite sustentar o exercício do poder político em todo o território. Em segundo lugar, constitui-se uma instância jurídica *pública*, distinta das justiças senhoriais *privadas*, que estabelece as normas coactivas de aceitação universal num território unificado.

Porém, o Estado não é uma abstracção, mas uma construção histórico-social. Este forma-se no decurso do declínio do cosmopolitismo teocrático medieval, nos séculos XVI e XVII, na Europa Ocidental. A última configuração deste cosmopolitismo, o Império Habsburgo, regista um primeiro abalo perante os progressos de uma reforma protestante que põem em causa a hegemonia da Igreja católica e sofre uma clara derrota no confronto com as «dissidências» nacionalistas que despontam na Guerra dos Trinta Anos (1618–1648). Com esta derrota, fortalecem-se as monarquias nacionais, de que se destacam a Grã-Bretanha e, no continente europeu, a França e os Países Baixos — que se revoltam contra o domínio espanhol em 1579, mas só alcançam a sua independência em 1648 —, que lutam pelo predomínio no continente europeu e nos mares. É precisamente nestas três nações, não em Espanha e na Áustria dos Habsburgo, muito menos na Europa Oriental e na Rússia, mergulhada na servidão da gleba até ao final do século XIX, que se formam os três grandes pilares do Estado — território, povo e soberania —, que apenas após a Revolução Francesa de 1789 alcançariam a forma que actualmente revestem nas nações modernas.

A constituição do Estado pressupõe um processo de legitimação do poder político que rompe com a subordinação da política à moral religiosa do cosmopolitismo teocrático. Se Tomás de Aquino ainda considerava que «não é a honra mundana e a glória dos homens prémio suficiente à solicitude régia» (Santo Tomás de Aquino, *op. cit.*, p. 149), Nicolau Maquiavel (1469–1527) não tem como sistema de referência a cidade de Deus, mas sim a conquista e a gestão do poder político. Isto não significa, porém, que defendesse que todos os meios são legítimos para a sua concretização, como é acusado pelos seus adversários tradicionais, o que lhe valeu o epíteto de «maquiavélico» e que se tornou senso comum. O seu objectivo consiste em desvincular a política da moral religiosa tradicional, concebendo-a sobretudo como análise das relações de força na sociedade civil sem nenhuma referência a critérios extramundanos. No entanto, esta ruptura não se limita a conceber a política como mera gestão do poder. Maquiavel vai mais longe quando defende a superioridade das repúblicas relativamente aos principados. Apenas nas primeiras a tendência para a concentração do poder em algumas mãos é contrastada pelo «contrapoder» do povo representado numa assembleia que resiste a dominação. É precisamente quando este equilíbrio dinâmico de forças desaparece que as repúblicas entram em declínio e se formam os principados.

Esta genial descoberta de Maquiavel permaneceu, porém, sem seguidores no seu século, embora o futuro, que é muito tempo, lhe fizesse a devida justiça. Entretanto, o processo de secularização da política prescinde da democracia, um breve parêntese «maquiavélico» no sentido não tradicional do termo, em benefício da soberania do Estado, que, em Jean Bodin (1529–1596) é, no fundo, o «poder absoluto e perpétuo» do Príncipe que consiste em dar leis aos súbditos ou anulá-las sem simultaneamente lhe estar submetido (Bodin, 1993, pp. 111 e 120). Gerir e aumentar o poder do Estado passa então a ser o objectivo exclusivo da nova política laica, mesmo quando, como anuncia o cardeal Richelieu (1585–1642), ministro de Luís XIII, «o primeiro fundamento da felicidade de um Estado é o estabelecimento do reino de Deus» (Richelieu, 2008, p. 255). Mas a «arte» de gerir o Estado implica necessariamente uma nova postura política. O «novo» político surge fundamentalmente como um simulador ou dissimulador, elemento que Maquiavel já tinha destacado como uma das características do seu Príncipe, mas que o cardeal Mazarino (1602–1661), presidente do conselho do rei durante o período da regência de Luís XIV, potenciou, no seu significativamente intitulado *Breviário dos Políticos*, em 1684, até às últimas consequências: não mostrar o jogo, mas tentar conhecer as intenções dos outros para se lhes antecipar, controlar as emoções, conhecer as debilidades dos outros para poder influenciá-los ou manipulá-los da melhor forma, eis as novas «virtudes políticas». A política liberta-se assim da hipoteca religiosa, embora a sua configuração mundana se reduza ao cálculo racional dos interesses e das oportunidades de poder.

O século XVII europeu é assinalado pela ascensão do jusnaturalismo laico. Esta corrente de pensamento político põe em causa a tese aristotélica que considera o homem como um «animal político» ou um ser destinado a viver em sociedade, concepção dominante tanto na Antiguidade Clássica como na Idade Média. O inglês Thomas Hobbes (1588–1679) é o autor que expressa mais claramente esta ruptura revolucionária quando afirma que «o homem não está adaptado a associar-se por natureza, mas pela educação» (Hobbes, 1981, p. 82). Com esta nova formulação, cai também a doutrina tradicional das causas finais: o homem não está (pre)destinado a viver em sociedade nem para a vida política, mas torna-se um ser social ou um «animal» político. Condição necessária para este passo é o abandono de um hipotético estado natural em que a ausência de um poder institucionalizado para a mediação e a resolução de conflitos tornava a sua condição extremamente precária e insegura. Tal é conseguido através de um contrato para a formação de um governo (Locke) ou de uma autoridade soberana (Hobbes) que estabelece as normas a que todos se devem submeter e dispõe do poder para as fazer observar. Com este acto voluntário e consciente, produto de um cálculo racional de interesses e não de uma mente providencial, forma-se o estado civil ou político em que existem as condições de segurança e estabilidade que tornam possível a melhoria sustentada da condição humana neste mundo. Deste modo, a política passa definitivamente a assumir a sua dimensão laica: a sua principal referência já não é a cidade de Deus, mas a construção da cidade dos homens.

Além de revelar o triunfo da secularização da política, o jusnaturalismo laico considera o homem como titular de direitos naturais que o Estado não pode violar, mas tem a obrigação política de preservar. Liberdade e propriedade constituem dois importantes direitos naturais que John Locke (1632-1704) formularia e que, juntamente com a segurança e a resistência à opressão, integrariam a Declaração Universal dos Direitos do Homem e do Cidadão de 1789. A teoria dos direitos naturais foi responsável por uma segunda ruptura revolucionária que anuncia uma nova ordem política: a distinção entre senhor e escravo, dominador e dominado não é fruto da natureza, como pensava Aristóteles, mas de uma ordem social injusta que legitima o direito de rebelião. Quem melhor simboliza esta ruptura não é, porém, um jusnaturalista, mas sim um dos seus críticos mais perspicazes, Jean-Jacques Rousseau (1712-1778), com esta frase que se tornou célebre em todo o mundo: «*l'homme est né libré, et partout il est dans les fers*» (Rousseau, 1964, p. 351). Para superar esta contradição, é necessário um pacto distinto do que era preconizado pelas correntes jusnaturalistas: um pacto ou contrato *social* em que cada um se empenha com os outros a transferir a sua pessoa e todo o seu poder não para uma autoridade política separada que se limite a garantir a sua segurança privada, mas para a comunidade política a instituir. Com isto, o indivíduo ganha uma nova liberdade que lhe garante não apenas a propriedade dos seus bens, mas sobretudo não ser oprimido por outrem, e vice-versa, pois

> «cada um unindo-se a todos, apenas obedece, no entanto, a si próprio e permanece tão livre como dantes» (Rousseau, *op. cit.*, p. 360).

Na comunidade política instituída pelo contrato social, o indivíduo é, simultaneamente, cidadão *activo* e cidadão *passivo*: é cidadão *activo* enquanto membro da assembleia soberana onde dispõe de um sufrágio e contribui para a elaboração das leis, as normas gerais que regem a vida de todos os membros da comunidade política; é cidadão *passivo* enquanto se submete às leis que elaborou juntamente com os outros. Esta dupla condição do indivíduo representa uma extraordinária inovação no âmbito da noção de soberania: o soberano não institui, como em Bodin e Hobbes, a condição de súbdito, já que não exclui ninguém de participar na criação das normas que regem a vida associada. O indivíduo apenas é cidadão *passivo* ou súbdito porque, possuindo uma vontade particular distinta da vontade geral, deve ser obrigado a respeitar as decisões do corpo colectivo de que é membro activo. Este corpo não se reduz, porém, à soma das suas partes constitutivas, mas é maior do que esta, pois

> «existe uma grande diferença entre obrigarmo-nos perante nós próprios ou perante um todo de que fazemos parte» (Rousseau, *op. cit.*, p. 362).

A doutrina da soberania popular de Rousseau teve uma profunda influência na fundamentação da democracia. Esta assenta basicamente em dois pilares: o sufrágio universal e o controlo dos governantes pelos governados, já que o governo não é mais do que uma simples comissão que o povo soberano institui para fins administrativos, podendo ser destituído ou derrubado sempre que não cumpra adequadamente as funções para que foi criado ou tente usurpar o poder soberano. Muito mais seguida no século XVIII, pelo menos até à Revolução Francesa, foi, porém, a doutrina do filósofo alemão Immanuel Kant (1724-1804) que instaura uma divisão entre cidadãos activos que podem votar e ser eleitos e cidadãos passivos que apenas estão submetidos às leis elaboradas pelos primeiros. A base desta distinção já não é o nascimento, mas a propriedade privada. Apenas os proprietários, afirma Kant, possuem a autonomia que lhes permite agir «segundo o seu próprio arbítrio em conjunto com os outros» (Kant, 2011, p. 180). Quem está sob a autoridade ou a protecção de outros não possui «independência civil» e, por conseguinte, não pode ser um membro activo da comunidade política instituída.

Uma das características do jusnaturalismo era a não distinção entre estado civil e estado político. Com Georg Wilhelm Friedrich Hegel (1770-1831) emerge o conceito de «sociedade civil», que, ao contrário de Kant, não se caracteriza como a esfera da autonomia e do arbítrio individuais, mas como um sistema de relações em que a divisão *social* do trabalho estabelece uma interdependência entre as necessidades de cada um e as necessidades dos outros que obrigam o indivíduo a produzir para outrem para satisfazer as suas próprias necessidades. Só assim o seu interesse particular pode ser socialmente reconhecido. Opositor do contratualismo de Rousseau, Hegel considera que o Estado é a «realidade da ideia ética» (Hegel, 1979b, p. 238), sendo a sua constituição anterior à da sociedade civil e da família. Esta concepção torna-se, porém, um retrocesso no plano político, pois defende que a soberania reside no Estado e não no povo reduzido a um mero agregado de indivíduos destituídos de racionalidade e competência para exercê-la. Esta tarefa cabe ao monarca e ao estrato superior da burocracia estatal.

A crítica hegeliana das doutrinas contratualistas em nome de uma concepção organicista do Estado tem uma conotação fortemente conservadora, pois transforma-se num mero pretexto para condenar a Revolução Francesa de 1789 num ambiente político em que a derrota de Napoleão em Waterloo desencadeou na Europa uma vaga reaccionária que culminou no triunfo da restauração monárquica em França e na

«Santa Aliança» das potências europeias contra-revolucionárias, consagrada pelo Congresso de Viena de 1815. O principal argumento desta crítica é que tentar constituir um Estado a partir de princípios racionais abstractos, como os direitos do homem, conduz à «subversão de tudo o que existe» através do desencadeamento de um evento — a Revolução — «bastante terrível e cruel» (Hegel, *op. cit.* p. 241). De resto, o principal representante da reacção contra-revolucionária europeia, o chanceler austríaco Metternich, considerava que a França devia ficar sob tutela das potências vencedoras de Waterloo e da restauração monárquica, já que não era mais do que «a caverna de onde sai o vento que sopra a morte sobre o corpo social» (Carpentier & Lebrun, 2002, p. 292). No entanto, apesar dos seus esforços, não conseguiu restabelecer a hegemonia dos descendentes dos Habsburgo na Europa nem o *Ancien Régime* em França.

Este ambiente político reaccionário favoreceu o desenvolvimento de uma corrente tradicionalista de pensamento que reforçou a condenação das conquistas da Revolução Francesa, em particular dos direitos humanos. Assim, ainda antes da derrota de Napoleão, Edmund Burke (1729–1797) lançou o mote quando, referindo-se aos defensores britânicos dos direitos do homem da Declaração de 1789, considera que «colocaram no subsolo uma mina que há-de [fazer] explodir com grande estrondo todos os exemplos da antiguidade, todos os precedentes, todas as leis e todos os actos do Parlamento» (Burke, 2015, p. 1114). O problema é que as revoluções não têm precedentes, porque são sempre inéditas e imprevistas. Por sua vez, Joseph de Maistre (1753–1821), partidário da monarquia absoluta abolida pela Revolução Francesa, recorre à História para confrontar com os «factos» o preceito de Rousseau em que «o homem nasce livre, mas está em toda a parte acorrentado». Segundo ele, este preceito só é válido até à fundação do cristianismo, pelo que não possui validade universal, como pretendia Rousseau. Esta pretensa evidência histórica permite-lhe, através de uma generalização abusiva, restaurar o princípio tradicionalista do governo aristocrático:

> «Onde quer que seja, sempre um pequeníssimo número conduziu um grande, pois que, sem uma aristocracia bastante forte, a soberania não tem bastante vigor.» (de Maistre, 1975, p. 222)

Porém, o tradicionalismo surgiu relativamente isolado, não gerando uma corrente de pensamento político. A primeira metade do século XIX europeu é marcada pela ascensão do liberalismo, cujo tema central é o dos limites da acção do Estado. Para o alemão Wilhelm von Humboldt (1767-1835), este constitui um «mal necessário», já que não tem em vista, como na *polis* e na *civitas*, promover a virtude cívica dos cidadãos, mas sim o livre dinamismo dos indivíduos, bem como garantir «a conservação da segurança contra os inimigos externos ou as desordens internas» (Humboldt, 1854, p. 44). Retomando o tema da diferença entre a Antiguidade Clássica e o mundo moderno, Benjamin Constant (1767-1830) defende que a liberdade dos modernos nunca pode basear--se no sacrifício da liberdade individual à comunidade política, mas consiste precisamente «no pacífico desfrute da independência privada» (Constant, 1982, p. 226). Ocupados com a satisfação das suas necessidades e dos seus interesses particulares, os modernos não têm disponibilidade para exercerem directamente o poder político, pois a sua autonomia e liberdade não dependem, como na Antiguidade, do trabalho escravo. Por isso, devem eleger quem governe em seu nome: «O sistema representativo é apenas uma organização mediante a qual uma nação descarrega sobre alguns indivíduos o que não pode fazer por si própria» (Constant, *op. cit.*, p. 236).

O sistema representativo constitui a forma de governo própria do mundo moderno. No entanto, apesar de ser reconhecido a todos um conjunto de direitos individuais e civis que o Estado não pode violar, apenas alguns podem desfrutar do direito de eleger e ser eleitos. Tal como em Kant, a condição indispensável para este acto é a propriedade privada, pois só esta torna possível «a aquisição da cultura e de um juízo recto» que está na origem das decisões políticas (Constant, *op. cit.*, p. 100). Seguindo esta óptica, John Stuart Mill (1806-1873) considera que o grande perigo do governo representativo é a formação de uma maioria numérica pouco esclarecida incapaz de exprimir o interesse geral. Defende que esta não deve ser excluída do sufrágio, mas que o seu «baixo nível de inteligência política» não lhe permite exercer funções de governo. Por isso, propõe um sistema de votação baseado na «qualificação intelectual» dos cidadãos: quem possui maior instrução deve ter acesso a «dois ou mais votos» (Mill, 1972, p. 285). Entramos, assim, na era da «democracia qualificada», a antítese da democracia, em que todos os votos do pobre e do rico, do culto e do analfabeto, têm necessariamente o mesmo valor.

Uma das características mais importantes do tradicionalismo político da Europa da Santa Aliança foi a condenação da Revolução Francesa considerada como um vendaval destruidor da moral, da religião e dos bons costumes. Tinha finalmente chegado a hora de lhe fazer justiça, revelando a sua verdadeira dimensão:

> «A Revolução» — diz Alexis de Tocqueville (1805-1859) — «não foi feita, como se acreditou, para destruir o império das crenças religiosas; foi essencialmente, apesar das aparências, uma revolução social e política; e, no círculo das instituições deste tipo, não tendeu a perpetuar a desordem, a torná-la de algum modo estável, a *metodizar* a anarquia, como dizia um dos seus principais adversários, mas antes a aumentar o poder e os direitos da autoridade pública.» (Tocqueville, 1967, p. 69)

A primeira metade do século XIX é marcada pela emergência do movimento operário que surgiu no contexto da primeira Revolução Industrial, que, juntamente com a Revolução Francesa, esteve na origem do mundo moderno. Neste contexto, surge um novo projecto de sociedade, o projecto socialista, para o qual a emancipação política é manifestamente insuficiente para conduzir à emancipação social dos seres humanos. Foi em França, com Claude-Henri de Rouvroy, conde de Saint-Simon (1760–1825), que ele viu a luz do dia. Este defende que a ordem política, ainda marcada pelos resquícios do *Ancien Régime* derrubado em 1789, bem presentes na restauração dos Bourbons após a derrota de Napoleão em Waterloo, se opõe aos interesses dos «produtores» em que se incluem não apenas os trabalhadores, mas também os membros activos das classes proprietárias — industriais, comerciantes, banqueiros —, a que se acrescentam os artistas e os cientistas em contraposição aos «ociosos», as elites nobiliárquicas da monarquia restaurada — o clero, a magistratura e a burocracia estatal. Esta elite política parasitária deve ser substituída pelo governo dos representantes dos «produtores», por forma a que a tradicional dominação política possa ser substituída pela «administração das coisas», que erradicará do horizonte as ineficiências económicas da velha ordem política e inaugurará uma época de prosperidade e abundância para todos.

Charles Fourier (1772–1837), também francês, critica o discurso dos «tribunos» da Revolução Francesa, acusando-os de serem incapazes, com as suas receitas políticas impregnadas de uma retórica jurídica, de resolverem os problemas sociais da civilização mercantil emergente que designava depreciativamente por «feudalismo mercantil». Foi talvez um dos primeiros a denunciar as iniquidades desta civilização, as práticas de enriquecimento ilícito do grande comércio, a especulação financeira que envolvia os banqueiros no jogo da Bolsa e a defender o direito ao trabalho como direito fundamental. Como alternativa a esta ordem iníqua e perpetradora de enormes desperdícios, propôs a constituição de comunidades autogeridas, fundamentalmente agrícolas, mas em que a pequena indústria também marcava a sua presença, onde é abolida a divisão do trabalho, mas não as classes sociais. Nestas comunidades — falanges, sendo os falanstérios a estrutura habitacional que marcava a diferenciação de classes, as mais «elevadas» habitavam nos andares superiores e as mais «baixas» nos inferiores —, o trabalho, através da sua diversificação, tornar-se-ia universalmente atractivo e gratificante, deixando de constituir um fardo e um sacrifício para todos.

Robert Owen (1771–1858), britânico, foi o primeiro a denunciar *in locu* as condições degradantes de vida das massas operárias da primeira Revolução Industrial, que eram responsabilizadas pela sua própria sorte. Pelo contrário, demonstrou que o carácter e a conduta dos seres humanos são fruto das condições sociais em que estão inseridos. Owen foi mais longe que Fourier, pois, apesar de propor também comunidades autogeridas em que se combinam o trabalho agrícola com o trabalho industrial como alternativa à velha ordem social e política, defende a abolição das classes sociais e da divisão do trabalho, já que cada associado desempenhará, à medida que a sua idade e formação avança, funções cada vez mais complexas e intelectualmente mais exigentes, abolindo-se, assim, no decurso do tempo a separação entre trabalho manual e trabalho intelectual, governantes e governados. Por fim, Pierre-Joseph Proudhon (1809–1865), gaulês, que se auto-intitula «anarquista», é, de facto, um socialista autogestionário antiestatista e federalista que considera que a revolução no século XIX já não será política, como a de 1789, mas sim económica.

O chamado «socialismo científico» substituiu o «socialismo utópico» — termo empobrecedor — como expressão intelectual e política do movimento operário na segunda metade do século XIX. O primeiro não pretendia descobrir um sistema social perfeito e implantá-lo na sociedade através da propaganda e da disseminação de experiências-modelo, mas sim criar uma alternativa fundamentada, considerada «científica», a uma ordem social capitalista caracterizada pela exploração e pela degradação das condições de trabalho do operariado separado dos meios de produção. Analisando, segundo a teoria científica do valor-trabalho e da mais-valia, a contradição entre o carácter cada vez mais cooperativo e social da produção e a apropriação por uma minoria da riqueza, o «socialismo científico» defendeu a reapropriação das condições materiais de produção pelo trabalho associado numa sociedade em que «o livre desenvolvimento de cada um é a condição para o livre desenvolvimento de todos» (Marx & Engels, 1975, p. 85).

A emancipação política é apenas a antecâmara de uma emancipação mais profunda e libertadora que abrange a economia e a sociedade. Pela primeira vez, a política é concebida como guerra e antagonismo entre as classes sociais, em que se confrontam exploradores e explorados, opressores e oprimidos:

> «O homem livre e o escravo, o patrício e o plebeu, o barão feudal e o servo, o mestre de uma corporação e o oficial [...] travaram uma luta ininterrupta, umas vezes oculta, aberta outras, que acabou sempre com a transformação revolucionária de toda a sociedade ou com o declínio comum das classes em conflito.» (Marx & Engels, op. cit., p. 59)

O Estado já não é, como em Hegel, a «realidade da ideia ética», mas sim o resultado deste antagonismo histórico que ameaça dilacerar e destruir a sociedade. Apesar de ser um produto desta a partir de um determinado grau de desenvolvimento histórico, separa-se cada vez mais dela através da institucionalização de uma força pública para a manutenção da ordem e de um aparelho administrativo e fiscal para a gestão do território e a recolha de impostos. Os funcionários do Estado, que Hegel integrava na classe que representava o interesse geral, de órgãos e agentes da sociedade tendem a colocar-se cada vez mais acima dela, pondo-a ao seu serviço.

Em 1871, a Comuna de Paris surgiu, para os fundadores do socialismo científico, Karl Marx (1818–1883) e Friedrich Engels (1820–1895), como o modelo de superação da velha forma do Estado político separado, que é também «o poder organizado de uma classe para a opressão de uma outra» (Marx & Engels, op. cit., p. 85). Esta notável experiência, em que, por um brevíssimo período, os trabalhadores se apoderaram do poder político, introduziu uma forma de Estado que era já um antiestado ou um Estado em desaparecimento: mandatários e funcionários submetidos ao vínculo do mandato imperativo, ao controlo dos governantes pelos governados, que podem destituí-los sempre que não cumprirem o seu mandato, ao sufrágio universal, ao estabelecimento de um salário máximo e à redução do leque salarial para evitar a caça aos cargos públicos e a corrupção que lhe está associada, eis as grandes linhas de força deste regime político revolucionário. Na transição para a sociedade comunista em que as classes e os seus antagonismos desaparecerão, o Estado é, à semelhança da concepção liberal, embora de modo diferente, um «mal necessário», pois tem necessariamente de exprimir o poder organizado da classe que representa todos os explorados e oprimidos — a nova «classe geral», o proletariado — perante as velhas classes possuidoras. Concebida como «ditadura revolucionária do proletariado» (Marx, 1971c, p. 30), esta forma de Estado *sui generis* deverá ser mais democrática do que a república parlamentar baseada no sufrágio censitário e na privação dos direitos políticos dos não-proprietários.

A formação dos partidos socialistas e sociais-democratas nas nações industrializadas da Europa Ocidental na última década do século XIX e a fundação da II Internacional, em 1889, expressaram a expansão do movimento operário que se transformou cada vez mais num protagonista político com representantes eleitos nos parlamentos nacionais. No entanto, o apoio dos estados-maiores dos novos partidos aos nacionalismos beligerantes que conduziram à eclosão da Primeira Guerra Mundial, em 1914, esteve na origem de uma cisão no movimento operário, de que resultaria a queda da II Internacional e a formação dos partidos comunistas. A Revolução Russa de Outubro de 1917 aprofundou esta fractura, de que resultaria a formação da III Internacional, em 1919, à qual adeririam as novas organizações políticas operárias.

O novo período caracterizou-se pela contraposição entre os partidários das reformas políticas institucionais e os partidários da revolução social e política. Na esteira de Eduard Bernstein (1850–1932), líder da ala direita do Partido Social-Democrático Alemão, os primeiros defendem a liberal-democracia como o quadro institucional em que os partidos representativos dos trabalhadores assalariados se deverão mover para promoverem uma política de reformas sociais com vista à melhoria progressiva das suas condições de existência. Sob a influência de Lénine (1870–1924), máximo dirigente do Partido Bolchevique que derrubou o poder czarista na Rússia, os segundos defendem a instauração da ditadura revolucionária do proletariado, teorizada por Marx e Engels não apenas na Rússia, país atrasado em que o campesinato constituía a maioria da população trabalhadora, mas também nos países industrializados da Europa onde vigorava a liberal-democracia. Para Vladimir Ilitch Ulianov, verdadeiro nome do líder da Revolução Russa, esta, tal como para os dois fundadores do socialismo científico, é mais democrática do que a «democracia burguesa» porque beneficia a maioria da população, enquanto a segunda visa, em última instância, a protecção de uma minoria de exploradores e opressores dos que trabalham em troco de um salário.

Para o seu companheiro de partido, Leon Trotsky (1879-1940), a instauração de um regime baseado no poder dos conselhos de operários e de camponeses (sovietes) num país atrasado como a Rússia é a prova de que «o caminho para a democracia passa pela ditadura do proletariado» (Trotsky, Porto, 1971, p. 42). Tal significa que se pode prescindir da etapa democrático-burguesa, cujo modelo é a Revolução Francesa de 1789, num processo ininterrupto de «revolução permanente» que acabará por se estender aos países capitalistas industrializados. Ao contrário de Trotsky, Mao Zedong (1893-1976), principal dirigente da Revolução Chinesa (1949), provavelmente influenciado pela tese leninista sobre o «direito das nações à autodeterminação», grande fonte de inspiração das revoluções anticoloniais, nega, porém, a «revolução permanente», ao introduzir o conceito de «democracia nova». Esta, embora parte integrante do processo revolucionário à escala mundial, não é fruto de uma etapa democrático-burguesa, como sucedeu, em 1789, em França, mas caracteriza o regime político de transição que visa o desmantelamento das estruturas coloniais e semifeudais, primeiro passo para «a prossecução da revolução e a construção de uma sociedade socialista» (Tsé-Tung, 1974, pp. 132-133).

Contudo, o triunfo da Revolução Russa não desencadeou, como pensava Trotsky, um processo revolucionário na Europa, mas sim uma reacção contra a liberal-democracia e o parlamentarismo. Ainda antes do seu desencadeamento, emerge uma concepção sindicalista revolucionária que defende que os antagonismos e conflitos que dilaceram a sociedade não podem ter uma solução político-institucional. No seu desconcertante livro *Reflexões sobre a Violência* (1908), Georges Sorel (1847-1922) defende que não é a adesão racional a um projecto político de transformação social, mas sim «mitos revolucionários», inspirados numa pretensa violência criadora, que conduzem os homens a «se prepararem para destruir tudo o que existe» (Sorel, São Paulo,1992, p. 49), sem que, no entanto, nada de concreto seja proposto para substituir a velha ordem política derrubada. A violência deixa de ser o último recurso quando todos os outros falham, como acontecia de certa forma no socialismo revolucionário, para se converter no único critério que orienta a contestação a uma ordem que, só pelo facto de existir, deve ser derrubada. Neste autêntico vazio político vão crescer, posteriormente, as doutrinas que se opõem à soberania popular e defendem a supremacia do Estado sobre os direitos e as liberdades individuais. Assim, para os italianos Vilfredo Pareto (1848-1923) e Gaetano Mosca (1858-1941), fundadores, juntamente com Max Weber, de uma nova disciplina social, a sociologia política, as massas existem no plano político apenas para serem governadas por uma exígua minoria, seja esta uma elite dirigente ou uma «classe política». Por isso, de certo modo, é um contra-senso que lhes seja atribuída um querer ou uma vontade própria.

O último passo do processo em que as massas populares perdem a iniciativa política é a ascensão do Partido Fascista de Benito Mussolini, em Itália, e do Partido Nacional Socialista de Adolf Hitler, na Alemanha, que se apoderam do poder em 1922 e 1933, respectivamente. As concepções reaccionárias cujo desenvolvimento se tinha iniciado antes e no contexto da Primeira Guerra Mundial transformaram-se em teoria política dominante para os dirigentes e ideólogos dos dois partidos da extrema-direita. Assim, retomando a concepção de Estado como «substância ética», o futuro ministro da Educação e membro da República de Salò de Mussolini, Giovanni Gentile (1875-1944), critica o «individualismo abstracto» da consciência liberal que antepõe os direitos e as liberdades individuais à constituição do Estado enquanto tal, pois este, historicamente, sempre foi «uma negação da liberdade» (Gentile, 1976, p. 23). De forma ainda mais explícita, o jurista alemão Carl Schmitt (1888-1985), ideólogo do nazismo, defende que quem detém o poder de decisão política possui, por esse simples facto, a autoridade. Neste sentido, questionar a legitimidade do poder, como o fazem as doutrinas da soberania popular, é em si e para si um contra-senso. O mesmo acontece quando se admite a existência de uma ordem jurídica normativa anterior à constituição do Estado e que tem como referência a limitação do exercício do poder político, pois apenas no interior do Estado já constituído ela poderá efectivamente existir.

A derrota do nazismo e do fascismo pôs em causa o liberalismo, que, além de se ter revelado incapaz de dar uma resposta à crise económica e financeira de 1929-1933, viu alguns dos seus expoentes intelectuais aderirem a projectos políticos antidemocráticos num processo caracterizado por Julien Benda (1867-1956) como uma *trahison des clercs* (1927). O pós-Segunda Guerra Mundial é marcado pela Conferência de Ialta (4-11 de Fevereiro de 1945), que desenhou o novo mapa político da Europa, e o início da Guerra Fria, que opôs as liberais-democracias ocidentais à União Soviética e aos países da Europa de Leste integrados na sua esfera de influência, onde vigoravam regimes socialistas de Estado. Paralelamente, o Plano Marshall e a fundação, em 25 de Março de 1957, da Comunidade Económica Europeia assinalaram a reconstrução da Europa Ocidental, devastada pela guerra. Ambos estão na origem da formação nesta parte do velho continente de um novo modelo de capitalismo social que perdurou até meados da década de 1970.

Entre 1945 e 1949, o governo do Partido Trabalhista britânico lançou o Serviço Nacional de Saúde, arquitectado por Aneurin Bevin (1897––1960), ministro da Saúde, um programa de construção de habitações sociais e uma política de nacionalizações que abrangeu o Banco de Inglaterra, os transportes ferroviários, os transportes rodoviários de longa distância, a aviação civil, as telecomunicações, a distribuição de água, gás e electricidade e o sector estratégico das indústrias do carvão e do aço. No Centro e no Norte da Europa Ocidental nasce o consenso social-democrático e democrata cristão. Na esteira de Bernstein, o Congresso de Bad Godesberg do Partido Social-Democrata Alemão, realizado em 1959, adoptou como sistema de referência o «socialismo democrático», que não mergulha as suas raízes no marxismo, mas sim na «ética cristã, no humanismo e na filosofia clássica» (*Documentos do Socialismo Democrático*, 1987, p. 15). Os sociais-democratas alemães aceitam movimentar-se no contexto de uma «economia social de mercado» que visa promover o bem-estar de todos. Esta é também aceite pelos cristãos--democratas da União Democrata-Cristã (CDU), que, no programa de Ahlen de 1947, defendem que «a nova estrutura da economia alemã deve iniciar-se com a constatação de que o período de domínio sem limites [*uncurtailed rule*] do capitalismo acabou» (Sassoon, 2010, p. 140). Dez anos depois, o vice-chanceler da República Federal da Alemanha (RFA), o democrata-cristão Ludwig Erhard (1897–1977), escrevia que «uma política económica que se impôs a si mesma com o *objectivo de aumentar o bem-estar* tem forçosamente de ser uma actividade que agrada a Deus» (Erhard, Lisboa, s.d., p. 248).

O novo consenso social estendeu-se à própria Igreja católica, que, pressionada pela vitória da coligação das democracias na Segunda Guerra Mundial e pelo desenvolvimento do sindicalismo operário, se abriu, explorando a herança de Tomás de Aquino, a uma intervenção no mundo. Testemunho disso são as encíclicas papais, de que se destacaram pelo seu carácter inovador a *Mater et Magistra* (1961) e a *Pacem in Terris* (1963) de João XXIII. Nestas encíclicas, a defesa da propriedade privada combina-se com a promoção de uma ética de solidariedade social em que se defende que a remuneração da força de trabalho não deve ser abandonada às leis de mercado, mas sim estabelecida segundo critérios de justiça e equidade. Preconiza-se também a participação dos trabalhadores na propriedade das empresas e que as actividades produtivas devem contribuir para o seu aperfeiçoamento, pois estes trabalhadores não podem ser reduzidos «a condições de simples e silenciosos executores, sem qualquer possibilidade de fazerem valer a própria experiência, completamente passivos quanto às decisões que dirigem a sua actividade» (João XXIII, 1987, p. 163).

A queda do fascismo e do nazismo está também associada ao nascimento das novas constituições. Giorgio La Pira (1904–1977), deputado democrata-cristão à Assembleia Constituinte e, depois, ao Parlamento italiano, em 1946, opõe-se tanto a uma constituição baseada em princípios individualistas como a uma constituição colectivista de Estado. Como alternativa, defende uma constituição de tipo pluralista em que se combinam dois princípios complementares: o princípio de que a pessoa não existe para a sociedade e para o Estado, mas a sociedade e o Estado para a pessoa; e o princípio de que a pessoa está subordinada ao bem comum social e político, que nunca pode sobrepor-se ao bem da própria pessoa, mas que é condição para a sua própria concretização. Fruto deste novo ambiente social e político, o filósofo secularista Norberto Bobbio (1909–2004) caracteriza a era moderna como a «era dos direitos» em que se conjugam os direitos e as liberdades individuais que surgem contra o superpoder do Estado e os direitos sociais cuja concretização exige, pelo contrário, o alargamento da intervenção do Estado na economia e na sociedade.

A era dos direitos inaugurou uma nova fase política que teve profundas repercussões nos partidos comunistas europeus. A queda das ditaduras em Espanha, em Portugal e na Grécia na década de 1970 permitiu que os partidos comunistas destas nações fossem legalizados e pudessem disputar as eleições legislativas. Paralelamente, o Partido Comunista Italiano (PCI) e o Partido Comunista Francês (PCF) transformaram-se na segunda e terceira forças políticas, respectivamente, dos seus países. Na nova situação, a luta política destes partidos e dos seus congéneres noutros países da Europa Ocidental, particularmente os das novas democracias parlamentares do Sul da Europa, visou essencialmente eleger um número de deputados que lhes permitisse exercer funções de governo ou influenciar a sua formação. Prova disso foi o Programa Comum de Governo, assinado por Georges Marchais, secretário-geral do PCF, e François Mitterrand, secretário-geral do Partido Socialista Francês, no contexto da candidatura do segundo à Presidência da República Francesa, em 1972. Com este acordo, o conflito entre partidos socialistas e sociais-democráticos e os partidos comunistas que conduziu à queda da II Internacional em 1914, embora não terminasse, entrou numa nova fase em que as tradicionais divergências políticas deram lugar à procura de convergências.

A alteração da estrutura da classe operária, em consequência da emergência de um novo paradigma tecnológico, o desenvolvimento de uma classe média assalariada, o aumento do peso das profissões intelectuais na força de trabalho e a brutal redução do peso do campesinato na estrutura socioeconómica puseram em causa a tradicional aliança operária e camponesa que constituía o sistema de referência dos partidos comunistas antes da Segunda Guerra Mundial. Estas transformações contribuíram, juntamente com a consolidação das liberais-democracias na Europa Ocidental, para a formação de uma nova corrente política, o eurocomunismo, que abandonou o conceito da «ditadura revolucionária do proletariado» e aceitou o quadro institucional destas democracias como espaço de intervenção para conseguir «uma renovação profunda de todo o ordenamento social com a subida das classes trabalhadoras à direcção do Estado» (Berlinguer, 1976, p. 54). Para isso, era necessário a formação de um novo «bloco histórico», que não podia reduzir-se à velha aliança operária e camponesa, mas sim alargar-se às novas classes e aos novos grupos sociais que viviam do trabalho assalariado, bem como um «compromisso histórico» de partilha de poder num governo democrático que integrasse diversas sensibilidades políticas. Deste modo, foi posta em causa a concepção da política como relação amigo–inimigo — horizonte de referência dos partidos comunistas que seguiam a ortodoxia soviética e permaneciam prisioneiros da ditadura do proletariado, mesmo quando renunciavam tacticamente a esta em nome de uma «democracia avançada» para não serem ultrapassados pelos novos tempos — para se formar outra estruturalmente diferente em que a política surge como inclusão das diferenças.

A emergência do eurocomunismo associou-se a uma renovação do marxismo europeu, que se dissociou do marxismo soviético. Esta revolução teve num clássico do marxismo, o filósofo italiano e dirigente do Partido Comunista de Itália, Antonio Gramsci (1891–1937), preso por Mussolini, a sua grande fonte de inspiração. Para este, o Estado não pode reduzir-se a uma «superestrutura» através da qual a classe dirigente exerce o seu domínio sobre os governados, mas engloba também os aparelhos privados da sociedade civil que visam obter o seu consenso. Influenciado por esta concepção inovadora, o filósofo francês Louis Althusser (1918–1990) destaca a importância crescente nas sociedades modernas dos aparelhos ideológicos de Estado — escola, Igreja, direito, cultura — relativamente ao aparelho repressivo — Polícia, Exército — no exercício do poder político. Um dos seus mais brilhantes discípulos, o sociólogo Nicos Poulantzas (1936–1979), põe em causa a concepção de Estado como uma fortaleza a conquistar pelo proletariado. O Estado não é uma «coisa» nem uma entidade manipulável a bel-prazer pela classe dominante, mas sim «a condensação de uma relação de forças entre classes e fracções de classe» que tem a sua origem na sociedade civil (Poulantzas, 1978, p. 33). Esta relação de forças determina a formação de um «bloco no poder», constituído pelas diversas fracções da classe dominante, em que uma delas assume o papel organizador e unificador do exercício do poder político.

Em contraponto, o britânico Ralph Miliband (1924–1994) rejeita o conceito de «classe politicamente dominante», pois considera que nas sociedades democráticas ocidentais do capitalismo avançado há apenas «blocos de interesses» em competição uns com os outros pelo poder e por influências políticas. No entanto, esta competição é «imperfeita», pois alguns têm um peso maior nas decisões políticas em consequência do seu poder económico, como é o caso dos grandes grupos económicos e financeiros privados, que controlam vastos recursos mesmo quando existe um sector empresarial do Estado poderoso, como na Grã-Bretanha e na França da década de 1960 e na primeira metade da década de 1970. Miliband defende também que estes grupos economicamente dominantes associados aos estratos superiores da classe média não exercem, como nas sociedades pré-capitalistas, directamente o poder de Estado, mas sim através de um processo de selecção, em que se destaca o *status* social de que desfrutam, a frequência das escolas de elite e as suas ligações endogâmicas, fornecendo a maior parte do pessoal político do governo, os dirigentes de topo do aparelho administrativo, as altas chefias do exército, a maior parte dos membros da magistratura e uma parte significativa dos deputados.

O «político» concebido tradicionalmente como um mero reflexo do «económico» começa a converter-se na categoria central de uma nova reflexão. Ponto culminante desta é a análise do jurista e filósofo italiano Umberto Cerroni (1926–2007). Partindo do pressuposto da separação entre Estado e sociedade civil, que caracteriza o mundo moderno, este discípulo de Gramsci defende que as instituições jurídico-políticas são a instância mediadora entre as espécies sociais e os géneros intelectuais, economia e cultura. Deste modo, o político adquire uma importância estratégica no mundo moderno, já que, não obstante aquela separação, se torna cada vez mais prioritário para a conquista da direcção intelectual da sociedade com vista à sua reestruturação democrática, primeiro passo para a «unificação do género para lá das fronteiras que a moderna organização da espécie alcançou» (Cerroni, 1982, p. 148).

No entanto, este período, que parecia tão rico e florescente, não teve continuidade. A década de 1980 assistiu ao triunfo da contra-revolução conservadora de Margaret Thatcher e Ronald Reagan. A década seguinte foi marcada pela queda do socialismo de Estado na Rússia soviética e nas democracias populares da Europa de Leste e dos Balcãs. Estes eventos estiveram na origem de um capitalismo ultraliberal num cenário de pretenso «fim da História». Inaugurou-se então uma nova fase radicalmente distinta da precedente, caracterizada pela hegemonia das doutrinas neoliberais, pelo quase total desaparecimento político dos partidos comunistas na Europa e pelo processo de social-liberalização dos partidos socialistas e sociais-democratas. Para as primeiras, que têm como prémios Nobel de Economia Friedrich Hayek (1899–1992) e Milton Friedman (1912–2006) dois dos seus maiores expoentes intelectuais, o Estado transforma-se no problema e não na solução, já que limita a liberdade de escolha dos indivíduos e a sua intervenção na economia e na sociedade para corrigir as assimetrias e desigualdades socioeconómicas apenas gera mais ineficiência na alocação dos recursos e acaba por conduzir ao triunfo dos menos aptos.

Incapaz de contrastar a hegemonia das doutrinas neoliberais do capitalismo triunfante, a social-democracia jogou na defensiva para limitar os prejuízos. Fruto desta nova estratégia é a chamada «Terceira Via» ou «Novo Centro» do trabalhista britânico Tony Blair e do social--democrata alemão Gerhard Schröder, que se impuseram no seio da esquerda de governo europeia. Apesar de apelar à equidade e à justiça social, esta nova corrente abandonou os princípios que estiveram na génese do contrato social do pós-Segunda Guerra Mundial em nome de um novo paradigma em que o princípio da responsabilidade social é substituído pelo da responsabilidade individual, o imposto progressivo sobre o rendimento pelas reduções tributárias sobre as empresas para incentivar o investimento e a procura activa de emprego torna-se a condição de atribuição do subsídio de desemprego, que deixa de ser entendido como um direito para passar a ser concebido como contrapartida de uma prestação.

No novo cenário, o pensamento político registou uma profunda transformação. A concepção da política como luta e antagonismo de classes entrou num declínio aparentemente irreversível, e o vazio que deixou foi preenchido pelo retorno da filosofia política, qual ave de Minerva anunciadora dos novos tempos. Equidade, justiça e liberdade como não dominação são os novos temas que, de John Rawls (1921--2002) a Philip Pettit, despertam o interesse da reflexão política. Com Jürgen Habermas, é abordado, de forma inédita, o importante tema da formação da vontade política democrática, entendida como inclusão e deliberação num processo em que são libertadas e reconhecidas «as liberdades comunicativas de todos os cidadãos» (Habermas, 2015, p. 11). Esta notável descoberta abre uma via para superar tanto a contraposição paretiana entre elite e povo como a contraposição leninista entre vanguarda revolucionária e massas, que dominaram a prática e o debate políticos nos séculos XIX e XX.

No entanto, os conflitos e os antagonismos entre as classes sociais não abandonaram o teatro político, como alguns apressadamente chegaram a profetizar. Prova disso é esta afirmação do magnata norte-americano Warren Buffett, conhecido, qual sinal dos novos tempos, como «o sábio de Omaha»:

«Existe uma luta de classes, é verdade, mas é a minha classe, a abastada, que está na ofensiva, e estamos a ganhá-la.» (Harvey, 2011, p. 281)

Não será, porém, nem a existência desta luta nem a vantagem circunstancial de um dos seus adversários que se revelam preocupantes. Num contexto em que crescem as desigualdades económicas e sociais e se difundem como mancha de azeite os fanatismos religiosos, o racismo, a xenofobia, a obsessão securitária, os nacionalismos exclusivistas, que mergulham as suas raízes na ascensão da extrema-direita na Europa, e as pulsões autoritárias de cariz populista, o que está cada vez mais em risco é o projecto político de construção de uma ordem social inclusiva em que possamos coexistir e conviver uns com os outros, apesar das nossas divergências e dos nossos conflitos. Seduzidos pelo social--liberalismo, pressionados à esquerda e à direita, os partidos socialistas e social-democráticos europeus que contribuíram para construir o Estado social no pós-Segunda Guerra Mundial entraram numa crise profunda. Numa sociedade cada vez mais polarizada e fracturada que lhes é hostil, tal como os partidos liberais no período de ascensão dos fascismos, têm-se revelado completamente incapazes de construir uma alternativa política, sendo cada vez mais ultrapassados à sua esquerda e à sua direita pelas formações de recorte populista. Eis os demónios que ensombram a nossa época politicamente desencantada.

I PARTE

DA *POLIS*
AO COSMOPOLITISMO
TEOCRÁTICO

CAPÍTULO 1
GRÉCIA

Tucídides: a democracia ateniense e a política de conquista

Tucídides (460–396 a.C.) é sobretudo conhecido pela sua *História da Guerra do Peloponeso* (431–404 a.C.), que, após a vitória da Grécia nas Guerras Médicas, narra o conflito entre as cidades gregas, divididas entre a sua lealdade a Atenas e a Esparta, as grandes protagonistas de um diferendo que assinalou o declínio da civilização grega clássica e, em particular, a da sua maior figura de referência, Atenas.

Uma das passagens mais célebres desta obra é a oração fúnebre de Péricles, o grande orador e homem político ateniense, em homenagem aos seus compatriotas tombados na Batalha de Maratona (490 a.C.), que assinala a vitória da federação dos povos gregos sobre a Pérsia. Esta oração, em que se destaca a enorme eloquência de Péricles, é uma apologia da constituição ateniense, que, além de estar na origem da vitória grega sobre o despotismo persa representado por Dario I (550–486 a.C.), se projecta na actualidade, pois traça as grandes características da democracia política, forma de governo que só após a Segunda Guerra Mundial se universalizou:

> «A nossa constituição» — diz Péricles — «não copia as leis dos Estados vizinhos. Bem pelo contrário, somos mais um exemplo para os outros do que imitadores de costumes alheios. A nossa administração favorece a maioria do povo e não uma restrita minoria. É por isso que lhe chamamos democracia.» (Tucídides, 2008, p. 189)

Na democracia, as leis são iguais para todos e o acesso dos cidadãos aos cargos públicos depende apenas do mérito e não do nascimento e da origem social. Na democracia, o indivíduo que não se interessa pela política, justificando-se com os afazeres da sua vida particular, não passa de um inútil, pois a participação e deliberação nos assuntos públicos não é um obstáculo à sua actividade enquanto indivíduo privado, mas sim, pelo contrário, uma condição indispensável de uma conduta prudente sem a qual não é possível não conhecer apenas o meio em que se move, mas também avaliar as suas possibilidades de sucesso ou insucesso. A democracia está também associada à abertura ao mundo, à não exclusão dos estrangeiros, mesmo quando estes possam aproveitar-se em benefício próprio do seu aparente relaxamento nas questões da segurança interna e externa, já que dá menos importância ao segredo e à razão de Estado do que ao princípio da confiança nos seus concidadãos. Relativamente à riqueza, recusa a ostentação, mas não o cultivo de um certo requinte na satisfação das necessidades quotidianas. A pobreza em si não é censurável. Sê-lo-á, sim, se nada for feito para combatê-la logo que seja conhecida a sua existência.

O elogio da democracia ateniense na sua época áurea surge, de certo modo, descontextualizado, no âmbito de uma guerra em que a pátria de Péricles visa o domínio da Grécia, tentando conquistar não apenas as cidades que se integram na Liga do Peloponeso, em que a sua adversária, Esparta, predomina, mas também as cidades e regiões que desfrutam de um estatuto de neutralidade. A ilha de Melos está incluída nestas últimas. A negociação entre os seus concidadãos e os atenienses, que visam a sua rendição para os integrar na sua esfera de influência, é um dos episódios narrados por Tucídides que melhor exprimem as grandes vertentes da política: domínio *versus* resistência ao domínio; argumentação com o objectivo de persuadir o adversário a aceitar as propostas de quem aspira ao domínio do outro *versus* contra-argumentação daquele que tenta resistir à perda da sua liberdade; e cálculo racional, baseado na análise das relações de força entre os adversários, que poderá decidir o desfecho da luta, pois quem efectuar um bom cálculo sairá vitorioso e quem, pelo contrário, efectuar um mau cálculo será derrotado sem apelo nem agravo.

O domínio no contexto de uma luta pelo poder entre adversários e antagonistas irreconciliáveis é uma das componentes da política que apenas na democracia perdeu uma hegemonia que perdurou incólume durante milénios. Apesar da apologia de Péricles da democracia ateniense, os argumentos dos seus compatriotas com vista a convencer os mélios que seria melhor renderem-se condicionalmente do que incondicionalmente e sem reservas invocam o domínio, ou seja, a própria antítese da tão louvada democracia ateniense, como uma espécie de propensão natural da acção política:

> «Dos deuses acreditamos e dos homens sabemos que, por uma inelutável lei da natureza, tendem a exercer o domínio de outros sempre que tal lhes é possível. E não se trata de termos sido nós os primeiros a fazer essa lei porque é muito anterior a nós e existirá para sempre muito depois de nós. Não fazemos mais do que usá-la, sabendo que vós e todos os demais, se dispusessem de um poder igual ao nosso, fariam exactamente o mesmo que nós.» (*Ibidem*, p. 487)

Mas este argumento não é por si só suficiente para convencer os opositores. Há que demonstrar-lhes que são a parte mais fraca e invocar que o direito não se aplica em situações em que os adversários são claramente desiguais em termos de poder:

> «Sabeis, tão bem como nós, que o direito, nos tempos que correm, é apenas uma questão aplicável aos que se igualam em poderio, enquanto o forte faz o que quer e o fraco sofre o que deve.» (*Ibidem*, p. 484)

Outra componente da política é, como vimos, o cálculo racional. A avaliação da relação de forças deve, independentemente de considerações morais, determinar a decisão e o curso da acção política. Enquanto os mélios recusam a rendição por esperarem um auxílio espartano que, para seu mal, nunca chegará, os atenienses, mais conhecedores da *praxis* política dos seus adversários, tentam convencê-los que tal esperança é completamente infundada. Assim, ao apostarem numa vã esperança para prolongarem a sua resistência, abdicam de uma rendição pactuada que lhes será mais vantajosa, arriscando-se a serem exterminados, como efectivamente veio a acontecer:

> «E não penseis que possa ser desonroso submeter-vos à maior cidade da Grécia quando ela vos faz a generosa oferta de tornar-vos seus aliados tributários, sem deixar, por isso, de desfrutar do país que vos pertence. Nem tão pouco, quando tendes a possibilidade de escolher entre a guerra e a segurança, podeis ser tão cegos ao ponto de escolher a pior hipótese.

E é certo que aqueles que não se rendem aos seus iguais, que capitulam perante os mais fortes e são moderados perante os mais fracos, de um modo geral, são mais bem-sucedidos.» (*Ibidem*, p. 489)

Fiéis à sua «ética de convicção» sem fundamento e reféns de um cálculo errado da relação de forças, os mélios foram não apenas derrotados, mas aniquilados: os atenienses conquistaram a ilha, mandaram matar todos os homens e venderam as mulheres e as crianças como escravos. Mas isto, mais cedo ou mais tarde, virar-se-ia contra os próprios atenienses, que, com a sua soberba ambição de poderio, acabariam por sobrestimar a sua própria força. Prova disso é que a frota ateniense, que se julgava invencível, foi derrotada pelos espartanos em Egos-Pótamos, em 405 a.C. Um ano depois, Atenas rendeu-se a Esparta. As suas muralhas foram arrasadas, a frota, com excepção de alguns navios, foi desmembrada e a Liga Marítima Ática foi eliminada. A cidade de Péricles foi obrigada a integrar-se no sistema espartano de alianças, fazendo jus ao provérbio: «Quem com o ferro mata, pelo ferro morre.»

A queda de Atenas é o princípio do declínio da *polis* grega exaltada por Péricles. No entanto, tal declínio é assinalado pelo florescimento das escolas filosóficas. Em 387 a.C., Platão (427–347 a.C.), filósofo ateniense, funda a sua academia. Por sua vez, Aristóteles, natural de Estagira, preceptor do futuro Alexandre Magno, discípulo de Platão e, mais tarde, seu grande adversário, funda a sua academia em 355 a.C. Paradoxalmente, a reflexão sobre a política apenas adveio *post festum*, depois da sua morte.

Platão: a cidade ideal

Na sua obra política mais célebre, *A República*, Platão considera que a «cidade é maior do que o indivíduo» (Platão, 2014, p. 71). Esta funda-se nas necessidades recíprocas dos indivíduos, que são satisfeitas através da divisão do trabalho, que, por sua vez, permite que cada um se dedique a uma determinada actividade trocando o produto do seu trabalho pelo trabalho dos outros. O desenvolvimento das trocas internas e com as outras cidades está na origem da formação de uma classe de comerciantes, do mercado e da moeda. Entre os que trabalham, Platão distingue os artífices, proprietários dos seus instrumentos de trabalho, dos trabalhadores assalariados, que «vendem a utilidade da sua força» (*Idem*, p. 77).

A divisão do trabalho atribui as tarefas indispensáveis à satisfação das necessidades materiais aos agricultores, artesãos, trabalhadores assalariados e comerciantes, o que permite libertar os guardiões, encarregados do governo da cidade, do cuidado de proverem à própria subsistência. Estes, juntamente com os guerreiros, vivem encarregados da defesa, do produto excedente do trabalho dos que se dedicam ao *negotium*, pois «quanto maior for o trabalho dos guardiões, tanto mais necessitará de vagar do que os outros e da maior arte e cuidado» (*Ibidem*, p. 82). Deste modo, é instituída uma radical separação entre os que trabalham e os que governam, uma rígida hierarquia que discrimina os indivíduos segundo o seu nascimento e as suas aptidões:

> «Se nascer algum filho inferior aos guardiões, deve ser relegado para as outras classes, e, se nascer um superior das outras, deve ser levado para a dos guardiões. Isto queria demonstrar que mesmo os outros cidadãos devem ser encaminhados para a actividade para que nasceram, e só para ela, a fim de que cada um, cuidando do que lhe diz respeito, não seja múltiplo, mas uno, e, deste modo, certamente a cidade inteira crescerá na unidade e não na multiplicidade.» (*Ibidem*, p. 167)

Guardiões e guerreiros expressam duas das quatro «qualidades» da cidade platónica: a sabedoria e a coragem, respectivamente. A primeira está apenas ao alcance de uma minoria exígua, pois «é, ao que parece, extremamente reduzida esta raça a quem compete participar desta ciência [o governo da cidade], a única dentro de todas as ciências que deve chamar-se sabedoria» (*Ibidem*, pp. 177–178). A coragem nada tem que ver com a temeridade, pois é a opinião fundamentada sobre as coisas a temer, estabelecida pelas leis e a educação, que se preserva perante todas as vicissitudes da existência. Uma terceira qualidade é a temperança, que contribui para o equilíbrio entre governantes e governados, uma vez que é, contrariamente às outras duas, transversal:

> «Porque não é como a coragem e a sabedoria, que, existindo cada uma só num lado da cidade, a tornavam uma sábia, a outra corajosa, que a temperança actua. Esta estende-se completamente por toda a cidade, pondo-os todos a cantar em uníssono na mesma oitava.» (*Ibidem*, p. 183)

Esta espécie de unitarismo totalitário é a única «afinidade» entre governantes e governados no modelo da cidade platónica, que se baseia na sua separação radical. A quarta qualidade, a justiça, revela claramente a orientação conservadora, até mesmo reaccionária, da cidade ideal que preconiza. Trata-se de uma ordem política discriminatória em que toda a mobilidade social ascendente é proscrita em nome de uma desigualdade natural entre os homens que acaba por rejeitar o mérito e as aptidões que, precedentemente, eram admissíveis como critérios de selecção para a ascensão dos membros mais dotados das classes operosas à classe dos guardiões. Na sua nova formulação, Platão, que atribui a Sócrates a paternidade das suas ideias, não deixa dúvidas a este respeito, pois a justiça consiste em manter cada um no lugar que lhe compete, o qual é determinado exclusivamente pela sua «natureza», ou seja, pelo nascimento:

> «Quando [...] um homem for, de acordo com a sua natureza, um artífice ou negociante qualquer, e, depois, exaltado pela sua riqueza, pela multidão, pela força ou qualquer atributo deste género, tentar passar para a classe dos guerreiros, ou um guerreiro para a dos chefes e guardiões, sendo indigno disso, e forem esses que permutem entre si instrumentos e honrarias, ou quando o mesmo homem tentar exercer estes cargos todos ao mesmo tempo — nesse caso, penso que também pensarás que esta mudança e confusão serão a ruína da cidade.» (*Ibidem*, p. 187)

Contrariamente, a injustiça será a «subversão» desta ordem hierárquica baseada na discriminação naturalista repleta de conotações raciais:

> «Uma sedição dos elementos da alma [...], uma sublevação da parte contra todo, a fim de exercer nela o poder, sem lhe pertencer, uma vez que possui uma natureza à qual convém a escravatura, ao passo que a que é de raça real não lhe compete servir.» (*Ibidem*, p. 205)

A classe dos guardiões e dos seus auxiliares deve ser rigorosamente separada da classe dos que trabalham. Os seus membros são objecto de uma educação exclusiva e vivem num regime de comunidade de bens para reforçar a sua coesão interna. A esta junta-se a comunidade das mulheres, o que implica que nenhuma mulher coabitará em particular com nenhum homem e que os filhos serão comuns. O «comunismo» platónico é, porém, ferozmente anti-igualitário. Antes de tudo, aplica-se apenas à classe governante, à elite dominante dos guardiões e dos guerreiros, para assinalar a sua diferença relativamente às outras classes. Em segundo lugar, a comunidade das mulheres não é fruto da sua emancipação, mas sim da sua total subalternização na cidade ideal platónica. Em terceiro lugar, resulta de uma discriminação naturalista com contornos racistas, que inspirou todas as formas de pensamento político reaccionário posteriores, que proíbe qualquer contacto entre a elite governante e os governados, sendo claramente recomendado o eugenismo para preservar a «pureza racial» do grupo dominante:

> «Pegarão então nos filhos dos homens superiores e levá-los-ão para o aprisco, para junto das amas que moram à parte num bairro da cidade; os dos homens inferiores, e qualquer dos outros que seja disforme, escondê-los-ão num lugar interdito e oculto, como convém [...] Se, realmente, queremos que a raça dos guardiões se mantenha pura.» (*Ibidem*, p. 228)

A cidade ideal deverá ser governada por guardiões-filósofos, pois apenas a combinação do poder político com a filosofia poderá evitar os males de que padecem as outras cidades e impedem o seu nascimento. No entanto, para que alguns possam governar e pensar, é necessário que a maioria trabalhe. Neste sentido, Platão defende a aristocracia como a forma de governo mais adequada ao seu modelo de cidade. Contrariamente ao seu compatriota Péricles, é um feroz adversário da democracia, que caracteriza — mal — como um regime convulsivo de liberdade desregrada sempre em vias de se transformar em tirania. Mas é sobretudo a natureza igualitária da democracia — nos antípodas da eugénica ordem aristocrática que preconiza — que suscita a sua condenação:

> «É [a democracia], ao que parece, uma forma de governo aprazível, anárquica, variegada, e que reparte a sua igualdade do mesmo modo pelo que é igual e pelo que é desigual.» (*Ibidem*, p. 386)

Democracia e tirania são as formas de governo que mais se afastam da cidade ideal platónica. A segunda deriva da primeira, pois o «povo, ao tentar escapar ao fumo da escravatura de homens livres, há-de cair no fogo do domínio dos escravos, revestindo, em vez daquela liberdade ampla e despropositada, a farda mais insuportável e mais amarga da escravatura dos escravos» (*Ibidem*, p. 407). Por outras palavras, como na democracia é violada a ordem «justa» que Platão tem em mente, isto é, a ordem que mantém cada um circunscrito à sua classe e posição sociais, em que os «iguais» vivem com os «iguais» e os «desiguais» com os «desiguais», o resultado não poderá ser senão o tumulto e a anarquia, que acabam por gerar a tirania em que a liberdade é suprimida, e todos se tornam escravos perante o tirano. Incapaz de se aperceber da natureza da democracia, o filósofo ateniense lamenta-se que «o espírito da liberdade» nesta forma de governo penetre em tudo, misturando condições que deveriam permanecer distintas e pondo em causa a autoridade patriarcal e as hierarquias «naturais»:

> «É que o pai habitua-se a ser tanto como o filho e a temer os filhos, e o filho a ser tanto como o pai, e a não ter respeito nem receio dos pais, a fim de ser livre; o meteco equipara-se ao cidadão e o cidadão ao meteco, e do mesmo modo o estrangeiro.» (*Ibidem*, p. 394)

Quão longe estamos do elogio da democracia feito por Péricles! A cidade ideal de Platão constitui um modelo que se contrapõe às cidades realmente existentes e lhes serve de referência. Estas não são analisadas de acordo com as suas características específicas — além da democracia e da tirania, Platão limita-se a reconhecer apenas mais duas formas de governo, a timocracia, centrada no culto das distinções e das honrarias, e a oligarquia, baseada na posse de riquezas —, mas sim de acordo com a sua maior ou menor conformidade relativamente ao modelo ideal. Mas isto implica necessariamente tanto o desprezo pela diversidade política — que o impede de compreender a natureza da democracia — como a tentativa não de interpretar objectivamente, mas apenas de julgar/condenar os regimes políticos existentes, meras formas políticas «degeneradas» relativamente ao modelo original, segundo as normas e os preceitos moralistas da *sua* cidade ideal:

> «Talvez haja um modelo no céu, para quem quer contemplá-la, e contemplando-a fundar uma para si mesmo. De resto, nada importa que a cidade exista em qualquer lugar, ou venha a existir, porquanto é pelas suas normas, e pelas de mais nenhuma outra, que ele pautará o seu comportamento.» (*Ibidem*, p. 447)

Se seguirem as indicações do seu mestre, os candidatos a governadores--filósofos de Platão que empreenderem a construção da cidade ideal terão duas alternativas: ou edificá-la no céu, o que será completamente redundante porque a política existe apenas para intervir neste mundo e não no outro, ou, se porventura conseguirem aceder ao governo de uma determinada cidade, tentarão configurá-la segundo os padrões de perfeição do modelo original. Mas é precisamente esta procura do regime político perfeito que está na origem de todas as formas de totalitarismo de que Platão é um inevitável precursor.

Aristóteles: a melhor constituição possível

Discípulo de Platão, Aristóteles «traiu» o seu antigo mestre, transformando-se no seu maior crítico. Aristóteles ergue-se contra a cidade ideal platónica, propondo uma alternativa que contribuiu para desencadear uma revolução metodológica que esteve na origem de uma concepção inovadora da *politeia*. Ao contrário de Platão, Aristóteles considera que «não devemos contemplar apenas o melhor regime, mas também aquele que é simplesmente possível, e ainda aquele que é de mais fácil aplicação e mais comum a todas as cidades» (Aristóteles, 2016, p. 273). Mas isto significa que, antes de tudo, é necessário observar a realidade empírica, a diversidade das cidades existentes, para, através de uma abstracção fundamentada e não apriorística, como a de Platão, se poder detectar o que é comum a todas. Complementarmente, a nova metodologia renuncia à procura da constituição da cidade perfeita. A sua demanda é bem mais modesta, pois visa apenas encontrar a melhor constituição possível da cidade. Esta, apesar de não coincidir com nenhuma das constituições específicas das cidades realmente existentes, não se lhes contrapõe absolutamente, como a da cidade platónica, mas resulta de uma combinação de elementos que se encontram em todas, mas em nenhuma em particular:

> «Um regime constitucional bem misturado deve, por seu turno, assemelhar-se a todos os regimes, e, ao mesmo tempo, a nenhum. Deve, por isso mesmo, poder conservar-se por si próprio, e não em virtude de factores extrínsecos: deve conservar-se por si mesmo, não devido à vontade de uma maioria (com efeito, um regime mal constituído também poderia assim proceder) mas porque nenhuma das partes da cidade deseja em absoluto um outro regime.» (*Idem*, pp. 308–309)

A melhor constituição possível é fruto da superação de dois regimes com características irreconciliáveis: a democracia, definida como «o governo dos pobres», e a oligarquia, definida, como em Platão, como «o governo dos ricos». Na melhor constituição possível, nenhuma destas classes pode predominar unilateralmente sobre a outra, sendo, por conseguinte, necessário um elemento mediador, uma terceira classe que mantenha o equilíbrio social. Esta é a classe *média*, que se situa entre os dois extremos polarizados, pois no «meio é que está a virtude»:

> «Dado que na Ética dissemos, com razão, que a vida feliz é aquela que não é impedida de proceder de acordo com a virtude, e que a virtude reside no justo meio, forçoso é concluir que a melhor vida é aquela que consiste no justo meio, isto é, o meio ao alcance da maioria.» (*Ibidem*, p. 311)

O que devemos destacar nesta passagem é a tese de que o melhor regime possível não é o que é válido apenas para alguns, mas sim para a maioria. A formação de uma classe média está de acordo com esta condição, já que esta é a única classe composta por «elementos semelhantes e iguais» (*Ibidem*, p. 313). Só assim pode ser evitada a contraposição//polarização entre ricos e pobres que está na origem tanto de uma democracia «extrema», em que vencem os pobres, como de uma oligarquia «pura», em que os primeiros exterminam politicamente os segundos, e que conduz a uma «tirania, nos casos em que, quer uma quer outra, se excedam» (*Ibidem*, p. 315). Pelo contrário, num regime daquele tipo, o poder é, de certo modo, partilhado por todos, não existindo verdadeiramente dominadores e dominados, mas sim alternância de poder. A estabilidade social é a sua característica central, pelo que as revoluções e os levantamentos populares são extremamente raros. Finalmente, esta constituição é avessa à política de conquista, que perdeu Atenas, respeitando a autonomia das outras cidades. No entanto, não foi esta a orientação que as cidades gregas adoptaram, o que provavelmente esteve na origem do seu irreversível declínio:

> «Nos dias que correm, porém, prevalece o hábito de já não se desejar a igualdade, mas apenas uma destas soluções: ou procurar dominar, ou então, quando dominado, submeter-se à autoridade.» (*Ibidem*, p. 317)

Para Platão, a democracia era a forma de governo que mais se afastava da cidade ideal típica. Para Aristóteles, esta — no sentido de poder da maioria sobre a minoria — resulta da «degeneração» da melhor constituição possível da cidade, ou seja, daquela em que existe um equilíbrio entre ricos e pobres através da mediação da classe média, pois os pobres excluem os ricos de participar no poder, enquanto na oligarquia acontece o contrário. No entanto, o discípulo está muito mais próximo de apreender a verdadeira natureza da democracia do que o seu antigo mestre. Para o filósofo ateniense, a democracia só é possível na sua forma extrema, ou seja, naquela em que a fractura e polarização sociais podem gerar a tirania. Para o estagirita, esta última é, sobretudo, resultado da degenerescência da monarquia e não tanto da «perversão» da democracia, que, além do mais, não reveste uma forma única, mas sim diversas formas. Pelo contrário, esta é a forma de governo que mais se aproxima da melhor constituição possível:

> «As democracias são mais estáveis e duradouras do que as oligarquias, também por influência da classe média. Na verdade, a classe média não só se apresenta mais numerosa como detém mais honrarias nas democracias do que nas oligarquias.» (*Ibidem*, p. 315)

Fiel à sua metodologia centrada na observação da diversidade existente, Aristóteles pode, na medida do possível, tendo em conta os circunstancialismos da época histórica em que viveu, analisar objectivamente a democracia, traçando as suas características distintivas, o que Platão, com o seu apriorismo metodológico idealista, é completamente incapaz de fazer. Assim, definindo a cidadania como «a capacidade de participar na administração da justiça e no governo» (*Ibidem*, p. 187), admite, conformemente a este princípio, que, apesar das formas de cidadania diferirem de regime para regime, a que mais se adequa a esta definição é precisamente a do regime democrático. Qual será então o fundamento da democracia e quais serão as suas características típicas? Tal como Platão, Aristóteles considera que o fundamento da democracia reside na liberdade. No entanto, o ponto comum com o autor de *A República* termina aqui. De facto, o que decorre desta liberdade não é a libertinagem nem o caos social, mas sim duas características marcantes: a de cada um «viver como quiser», o que, por sua vez, se configura como «o não ser governado por ninguém, ou então, se tal não for possível, ser governado por alternância» (*Ibidem*, p. 443). Eis como, magistralmente, o maior pensador político da Antiguidade Clássica, muitos séculos antes da democracia na sua forma moderna se ter realizado, interpreta correctamente a sua natureza: a democracia é o regime político em que os governados participam no governo da cidade ou exercem um controlo sobre o exercício do poder político.

Aristóteles, grego da Antiguidade Clássica, não poderia, como é óbvio, libertar-se completamente da ideologia dominante da sua época histórica. Na realidade, apenas «os que estão isentos de trabalhos indispensáveis à sobrevivência» (*Ibidem*, p. 203), isto é, uma minoria, pode adquirir o estatuto de cidadão. Esta exclusão dos trabalhadores manuais, único ponto de contacto com Platão, estende-se às mulheres e sobretudo aos escravos, já que a *polis* tem como fundamento uma ineliminável discriminação naturalística: de um lado, os que são «escravos por natureza», que, em consequência, segundo a doutrina aristotélica das causas finais, estão «destinados a obedecer»; do outro, os que são por natureza senhores, e, por conseguinte, segundo a mesma doutrina, estão «destinados a mandar» (*Ibidem*, p. 61). No entanto, esta discriminação não é algo de insuperável, pois os escravos não seriam necessários se, como já acontece nos dias de hoje, os instrumentos de trabalho pudessem funcionar automaticamente:

> «O escravo é uma espécie de propriedade viva, e todo o ajudante é como que o primeiro de todos os instrumentos. Se cada instrumento pudesse desempenhar a sua função a nosso mando, ou como que antecipando-se ao que se lhe vai pedir — tal como se afirma das estátuas de Delos ou dos tripés de Hefesto, acerca dos quais o poeta diz "movendo-se por si mesmas entram na assembleia dos deuses" — e se, do mesmo modo, os teares tecessem sozinhos, e se as palhetas tocassem sozinhas a cítara, então os mestres não teriam necessidade de ajudantes nem os senhores de escravos.» (*Ibidem*, p. 59)

Outra grande inovação de Aristóteles relativamente ao seu antecessor é o seu conceito de justiça. Ao conceito aristocrático de justiça de Platão, o estagirita contrapõe um conceito democrático de justiça que «consiste numa certa igualdade» (*Ibidem*, p. 231). Apesar de esta igualdade existir apenas para os iguais — os que são excluídos da cidadania não participam nela —, o critério aristotélico é muito mais abrangente do que o de Platão. A justiça na cidade significa que as magistraturas devem ser igualmente distribuídas entre todos os cidadãos livres, e não na base de critérios étnicos, raciais ou outros, pois estes desfrutam de direitos iguais:

> «Em questões políticas, torna-se razoável que a aspiração às magistraturas não se funde numa desigualdade qualquer. Que uns sejam lentos e

outros rápidos não é razão para que uns tenham mais direitos e outros menos; os concursos atléticos são o lugar para premiar essa diferença.» (*Ibidem*, p. 233)

Aristóteles é também um crítico perspicaz do comunismo platónico. O princípio do antigo mestre de que não existe «algum mal maior para a cidade do que aquele que a dilacerar e tornar múltipla, em vez de una» (Platão, 2014, p. 231) é vigorosamente rejeitado pelo estagirita, para quem, pelo contrário, a cidade se caracteriza pela pluralidade, e quanto mais se tenta suprimi-la, aproximando-a do unitarismo, mais se criam as condições para a sua destruição. Particularmente perspicaz é a crítica de Aristóteles à comunidade das mulheres e dos filhos para as duas classes dominantes da cidade platónica: os guardiões e os guerreiros. Esta, ao contrário de gerar a «pureza» eugénica defendida por Platão, contribuiria, pelo contrário, para pôr em causa as relações de parentesco que permitem o reconhecimento das relações de paternidade e maternidade, pois «se cada cidadão chegasse a ter mil filhos, tais filhos não lhe pertenceriam exclusivamente, mas qualquer um seria igualmente filho de outro qualquer; em consequência, todos os pais menosprezariam todos os filhos» (Aristóteles, 2016, p. 109). No limite, abrir-se-ia a porta a relações incestuosas involuntárias, o que conduziria à multiplicação dos seres com disformidades, que seriam submetidos às práticas de eugenismo, de acordo com as recomendações platónicas. O balanço crítico de Aristóteles é deveras brilhante:

«De um modo geral, a legislação de *A República* produz necessariamente resultados contrários aos que uma legislação correctamente estabelecida deveria criar, e também contrários à razão que move Sócrates a acreditar na necessidade de tais disposições relativas a mulheres e filhos.» (*Idem*, p. 113)

Analogamente, Aristóteles é um adversário da comunidade de bens platónica. Neste caso, o seu argumento baseia-se no princípio de que o indivíduo preocupa-se mais com o que é seu ou é conforme ao seu interesse particular do que com aquilo que é comum, pois «não há palavras para exprimir a importância de considerar uma coisa como sua; não é vão que cada um goste de si próprio; pelo contrário, é uma coisa natural» (*Ibidem*, p. 17). Por estas razões, a propriedade deve ser privada, embora o seu uso e o desfrute de alguns dos seus bens possa ser comum ou ser objecto de partilha. Apesar de ser o primeiro teórico da propriedade privada, Aristóteles, porém, não defende que a sua preservação seja a finalidade da associação política. Esta tem em vista «a vida boa e a garantia de uma existência perfeita e autónoma» que não podem reduzir-se à mera coexistência ou, como diz Aristóteles, «à simples vida em comum» (*Ibidem*, p. 221).

A renovação metodológica de Aristóteles centra-se na análise das constituições das cidades existentes para, a partir delas, poder projectar a melhor constituição possível. Ao contrário da metodologia platónica, a de Aristóteles não rejeita a pluralidade da existência das outras cidades, mas, de certo modo, pressupõe-as. A *politeia*, entendida como arte de governar a cidade, só é, de facto, possível nestas condições, segundo esta metodologia e não de acordo com a metodologia platónica. De facto, só conhecendo as formas de regime observáveis, só partindo do particular para o geral e não do geral para o particular, da terra para o céu e não do céu para a terra, como faz Platão, é que o político poderá estabelecer as leis que são mais adequadas a cada uma delas, pois

«as leis devem ser estabelecidas de acordo com o tipo de regime, e, de facto, é assim que as estabelecemos todas e nunca ao contrário, ou seja, o regime de acordo com as leis» (*Ibidem*, p. 273).

CAPÍTULO 2

ROMA

Cícero: da república aristocrática à sociedade universal do género humano

A desagregação da *civitas*, a *polis* romana, vai implicar, por um lado, a concepção de uma cidade comum a todos os homens, que substitui o particularismo da *polis*; por outro lado, faz emergir o princípio da autonomia da consciência individual relativamente ao ordenamento político existente: esta começa, de certo modo, a rejeitar a velha virtude cívico-política, onde se reconhece cada vez menos, para se configurar como consciência moral que propõe fins de carácter universal. Outra componente do mundo romano clássico é o direito. Apesar de a escravatura continuar, como na Grécia, a ser o seu limite inultrapassável, o elevado grau de centralização política, sobretudo na época do império, associado ao desenvolvimento das relações mercantis, esteve na origem do direito privado que regulava a disposição dos bens, os diversos tipos de contratos, os patrimónios, as heranças, como poderemos detectar com uma grande riqueza de detalhes em Gaio, autor da obra *Institutes*, que ainda hoje é um livro de consulta dos estudantes de direito.

Se o direito constitucional, criação do mundo moderno, é completamente desconhecido no mundo romano, tal não impede, porém, que, graças à vigência do direito e da lei, concebida como uma construção racional, se estabelecesse nitidamente a distinção entre a esfera política e a esfera religiosa e que o poder civil começasse a predominar sobre o poder militar quando as guerras de conquista foram relegadas para segundo plano perante a necessidade de defender as fronteiras do império. Complementarmente, com o vislumbre da autonomia do indivíduo, que, no entanto, apenas no mundo moderno se concretizaria, emerge a ideia de que a pessoa, embora não sendo ainda concebida verdadeiramente como um sujeito titular de direitos, desfruta de determinadas garantias jurídicas quanto à vida e, sobretudo, à propriedade dos seus bens.

Marco Túlio Cícero viveu na fase declinante da república romana (510–31 a.C.). Senador e orador brilhante, Cícero define a *res publica* como a «coisa pública» e a *res popoli* como a «coisa do povo». O povo não constitui um mero agregado, mas sim uma «multidão associada por um consenso jurídico» (Cícero, 2008, p. 98). Tal como Aristóteles, Cícero considera que as associações políticas resultam não da tentativa de suprir as debilidades humanas mútuas, como pensava Platão, mas de uma «tendência natural» do homem para juntar-se aos outros, o que significa que o homem é um «animal político», destinado a viver em sociedade, tese dominante na Antiguidade Clássica e na Idade Média que seria posta em causa pelos modernos, com particular destaque para Thomas Hobbes.

A *res publica* opõe-se tanto à tirania como ao poder da multidão. Opõe-se à tirania porque não existe verdadeiramente uma «coisa pública» quando todos estão submetidos ao poder de um só, sem nenhum vínculo jurídico. Opõe-se ao poder da multidão, pois esta constitui um mero agregado que possui uma natureza distinta do povo enquanto tal, que só existe verdadeiramente quando se encontra ligado por um «consenso jurídico» (*Idem*, p. 195). Esta concepção ciceroniana está na origem da doutrina conservadora de que o povo não é um sujeito constituinte de direito, mas sim um mero apêndice da organização jurídico-política em que está enquadrado e, em consequência, não possui nem autonomia nem capacidade para instituir o regime político que integra. Apesar de considerar que «em nenhuma outra cidade a liberdade tem domicílio, a não ser naquela em que o poder supremo pertence ao povo» (*Ibidem*, p. 102), Cícero, tendo em conta a sua noção de «povo», está muito mais perto de Platão do que de Aristóteles. Para ele, o «regime popular», ou seja, a democracia, é o pior dos três — os outros dois são a aristocracia e a monarquia — e aquilo que designa por «poder da multidão» tende, tal como pensava Platão, para a tirania, pois «a excessiva liberdade termina em excessiva servidão, tanto para os povos como para os particulares» (*Ibidem*, p. 121). O problema é que, historicamente, a liberdade em excesso é um contra-senso: o que verdadeiramente sempre existiu e continua a existir é a sua falta.

Tal como Aristóteles, Cícero considera que a melhor constituição possível é um regime misto que combina a monarquia, a aristocracia e a democracia. Entre o poder executivo, que na constituição da república romana cabia aos cônsules, e o poder do povo, representado pelos tribunos da plebe, Cícero, antigo senador, coloca os *optimates*, os «notáveis», a aristocracia senatorial, como «poder intermédio», que, segundo ele, é condição do equilíbrio social e político:

> «Assim, entre a incapacidade de um só e a temeridade de muitos, os *optimates* aristocratas ocupam o lugar intermédio, e nenhum outro consegue ser mais moderado do que este. Com eles a administrar [o Estado], necessariamente os povos serão muito felizes, isentos de todo o cuidado e preocupação, com o ócio garantido por outros, aos quais compete administrar de tal modo que não corram o risco de o povo considerar que as suas comodidades são negligenciadas pelos cidadãos principais.» (*Ibidem*, pp. 106–107)

Tudo se passa, então, como se o povo se desobrigasse tacitamente, por assim dizer, de intervir politicamente, competindo-lhe, na prática, apenas votar ou aprovar leis, transferindo para alguns, os *optimates*, as tarefas do governo e da administração que garantem a tranquilidade de todos. Contudo, o poder dos *optimates* não é, em rigor, um poder mediador, como o poder da classe média de Aristóteles, mas sim o poder de uma minoria em contraposição ao poder da maioria, da plebe. De facto, na constituição da república romana, de que Cícero é apologista, os magistrados superiores — pretores, cônsules e censores — eram eleitos nos *comitia centuriata* pelos cidadãos romanos mais abastados e o Senado, responsável pela política externa, pela fiscalização das finanças públicas e pela administração da justiça, era composto por trezentos membros escolhidos pelos censores no seio dos magistrados superiores. À plebe cabia apenas eleger nos *comitia curiata* os seus representantes, os tribunos da plebe, e os magistrados inferiores, os questores e os edis.

O equilíbrio social e político não resultava do poder moderador da elite aristocrática dos *optimates*, mas, tal como demonstrou magistralmente Maquiavel, do conflito entre o poder da primeira e o contrapoder da plebe, conflito que não contribuiu para a desagregação da *res publica*, mas que, pelo contrário, foi a condição da sua preservação dinâmica, pois evitava que o poder se concentrasse em apenas em alguns:

> «Parece-me que aqueles que censuram os tumultos entre os nobres e a plebe criticam precisamente aqueles acontecimentos que foram a primeira causa da manutenção de Roma em liberdade, dando mais valor aos rumores e à gritaria por eles causados do que às consequências positivas a que davam origem. Além disso, não têm em conta que em todas as repúblicas existem dois humores diversos — o do Povo e o dos grandes — e que todas as leis que se fazem em favor da liberdade derivam da desunião entre eles.» (Maquiavel, 2010, p. 48)

Em suma, é o contrapoder da plebe que permite a partilha do poder e a manutenção das liberdades políticas republicanas. Após a derrota dos irmãos Graco, Tibério (133 a.C.) e Caio (121 a.C.), representantes da plebe romana que visavam que os cidadãos mais pobres pudessem participar na repartição das terras conquistadas, a republicana romana entrou, tal como previu Maquiavel, num declínio irreversível. Defensor da aristocracia senatorial, Cícero é um feroz opositor desta dualidade de poder, sendo, por conseguinte, incapaz de compreender a sua função histórica. Fino conhecedor da história da república romana, o terceiro livro do seu *Tratado da República* é-lhe dedicado, Cícero considera que Tibério Graco e o tribunado «dividiram em duas partes um povo unido», evitando que se formasse «um único senado e um único povo», solução que, segundo ele, permitirá que os romanos «vivam melhor e mais felizes» (Cícero, 2008, pp. 93–94). Pelo contrário, a formação de «um único senado» conduziu à morte da *res publica* e do *populu* romano como entidade política.

Em rigor, a república ciceroniana não é uma república democrática, mas sim uma república aristocrática. Apesar de defender que «se não pode ser semelhante o talento de todos, pelo menos devem ser semelhantes entre si os direitos daqueles que são cidadãos do mesmo [Estado]» (*Idem*, p. 104), acaba por colocar em causa esta igualdade de direitos, pois a república que preconiza e defende baseia-se nas distinções de poder, nos chamados «escalões de dignidade», uma hierarquização de direitos e dignidades que, na prática, impedem os representantes da maioria, isto é, da plebe, de acederem às principais magistraturas e, em consequência, ao senado. No seio dos cidadãos distinguem-se os «cidadãos principais» dos outros, o que é contraditório relativamente à raiz do conceito de cidadania: os cidadãos são todos iguais, não havendo uns «mais iguais do que os outros», para parafrasear uma célebre frase de George Orwell. Marco Túlio opõe mesmo a igualdade de direitos às dignidades hierárquicas, optando decididamente por estas últimas:

> «Aquilo que se designa como equabilidade é extremamente iníquo. De facto, quando existe honra semelhante para os mais altos e para os mais baixos, que necessariamente existem em qualquer povo, a própria equidade é extremamente iníqua. Isso é impossível acontecer nas cidades regidas pelos melhores.» (*Ibidem*, p. 107)

O problema não reside rigorosamente em que exista «honra semelhante para os mais altos e os mais baixos», mas que os «mais baixos» estejam socialmente impedidos de se elevar e que os «melhores» provenham de uma restrita elite que se reproduz em circuito fechado. Com o seu governo dos «melhores», Cícero revela-se um fiel discípulo de Platão. A afinidade com o seu mestre espiritual é de tal forma grande que não hesita em citar as passagens de *A República* em que este revela, sem nenhum pudor, a sua aversão visceral à democracia, regime em que, segundo ele, a igualdade de direitos é sinónimo de tumulto, desordem e licença, que nem sequer poupa os próprios animais domésticos:

> «Até os escravos se comportam demasiado livremente, as mulheres têm os mesmos direitos que os maridos, e tanta liberdade [têm] até os cães e os cavalos, e enfim, os jumentos, que se atravessam tão livremente que há que lhes ceder a passagem.» (*Ibidem*, p. 120)

Outro aspecto importante do pensamento político de Cícero é a sua doutrina sobre a origem das leis. Por um lado, considera que estas diferem de cidade para cidade, o que o leva a concluir que «o direito nada tem de natural» (*Ibidem*, p. 77); por outro lado, defende que «a lei verdadeira é sem dúvida a recta razão, conforme à natureza, em todos gravada, constante, sempiterna, que chama ao dever com as suas ordens e com as suas proibições afasta do engano» (*Ibidem*, p. 186). A lei é então concebida como lei moral universal, que existe independentemente do circunstancialismo das leis jurídicas específicas. Noutras obras, Cícero desenvolve este argumento. Nas *Leis*, defende que «onde há comunidade de lei, há também um direito comum, e aqueles em que existe esta comunidade devem ser considerados como pertencentes à mesma cidade» (Cícero, 1965, p. 130). Passa-se, assim, da *civitas* para uma ordem cosmopolita cujo sistema de referência já não é o bem e a virtude pública, mas a consciência moral do indivíduo. Nos *Deveres*, Cícero reconhece a existência de uma «sociedade universal do género humano» em que os homens estão ligados pela «linguagem e a razão» e formam uma espécie de aliança natural em que se observa a regra: «Os bens criados pela natureza para uso comum permanecem no domínio comum relativamente àqueles em que as leis e o direito civil regulam a repartição.» (Cícero, 1967, p. 130)

Este cosmopolitismo abstracto contrasta com a defesa da propriedade privada na república e a feroz oposição à redução da desigualdade na repartição dos bens. Para Cícero, «discurso mortífero é aquele que conduz à igualdade dos bens», já que, «a razão principal pela qual as sociedades são constituídas é, com efeito, a conservação por cada um das suas posses» (*Idem*, p. 203). Defensor da aristocracia patrícia e dos possuidores de grandes patrimónios financeiros, Cícero vê como atentado à ordem política instituída todas as tentativas, de que se destacam as dos irmãos Graco, de melhorar a sua repartição:

> «Mas aqueles que querem ser populares e por isso empreendem a reforma agrária expulsando assim os proprietários das suas possessões, ou pensam prescrever os débitos contraídos aos credores, subvertem as bases do Estado, e, em primeiro lugar, a concórdia que nunca mais pode subsistir, quando a um se arrebata e a outro se perdoa dinheiro, e, em segundo lugar, a justiça que é totalmente erradicada quando já não for lícito a cada um possuir o que é seu.» (*Ibidem*, p. 208)

Ao contrário de Séneca e dos estóicos, o horizonte de referência de Cícero não é, porém, a *cosmopolis*, mas sim a *res publica*. A participação na vida pública, e não a vida retirada, é o supremo objectivo do indivíduo, diferentemente dos modernos, para os quais a ordem política deve ter como objectivo a preservação e o aumento da propriedade e da esfera privadas. Neste sentido, conclui:

> «Se se passar metodicamente em revista todas as espécies de vínculo social, a vida tranquila e retirada é mais fácil, mais segura, pesa menos sobre os outros e não os ameaça com os mesmos perigos. Em contrapartida, a dos homens que se dedicam à coisa pública e aos grandes negócios produz mais frutos para o género humano e permite mesmo que nos

tornemos célebres. Eis porque aos homens de génio superior, que se dedicaram ao estudo, e aos que são impedidos pela sua saúde frágil ou qualquer coisa mais grave, perdoar-se-á talvez por não se ocuparem dos assuntos do Estado, bem como por abandonarem a outros a preocupação e a honra de dirigi-los.» (*Ibidem*, p. 137)

No entanto, a república aristocrática de Cícero tem em si própria os germes do seu inexorável declínio. Baseada numa grande desigualdade de poder e riqueza e numa política de conquista e submissão de outros povos, a república aristocrática de Cícero é incapaz de gerir tanto os conflitos entre o patriciado e a plebe como de evitar o predomínio dos que se apoderam do poder militar. Contudo, a constituição de uma ordem cosmopolita, já entrevista por Cícero, centrada na propriedade mobiliária, no desenvolvimento das trocas e no contacto com outros povos contribui para ultrapassar os limitados horizontes de uma república ruralista, escravocrata e provinciana, que tem como figura de referência Catão, *o Antigo*, essa figura fanática e mesquinha que defendeu no Senado a destruição de Cartago por recear que a sua prosperidade e gosto do luxo «contaminasse» Roma. O império expressa a morte da liberdade política republicana, pois o poder político e militar já não está repartido, mas concentra-se nas mãos de um só, o imperador, que mantém formalmente as velhas instituições republicanas, mas esvaziando-as de poder efectivo. No lugar do político, tão elogiado ainda por Cícero, surge o indivíduo que, consciente e deliberadamente, opta por se retirar da vida pública onde já não se reconhece. O seu horizonte já não é a virtude cívico-política, mas sim o aperfeiçoamento ético e a procura de uma sabedoria que visa transcender uma ordem mundana dilacerada e dividida pela desagregação da *civitas*.

Séneca: o elogio da vida retirada

Lúcio Aneu Séneca é o autor que melhor representa a consumação da desagregação da *civitas*. Se para Cícero a república constituía ainda o sistema de referência, com Séneca acentua-se o dualismo, já de certo modo entrevisto no seu início pelo orador e retórico republicano, entre as duas cidades: de um lado, a cidade de que o indivíduo é proveniente, mas que abrange apenas alguns homens com exclusão dos restantes; do outro, a cidade cosmopolita que é comum a todos os homens, a tal «sociedade universal do género humano» anunciada por Cícero. Será esta cidade, esta «república universal», na acepção de Séneca, que constitui o sistema de referência não para o político, que abandona a cena, mas sim para o sábio, que o relega para os bastidores, transformando-se em protagonista. Para servi-la, este não necessita de intervir politicamente, actividade, de resto, desaconselhada, porque o seu horizonte não é o das repúblicas particulares que, tal como a de Atenas, condenaram Sócrates e perseguiram Aristóteles, mas sim a ordem cosmopolita projectada que liga todos os homens. Poderá então afastar-se voluntariamente de uma vida pública que perdeu todo o fascínio de outrora para procurar uma virtude ética que deverá servir de referência não só para si, mas também para os outros:

> «Um grande ânimo tem espaço para se desenvolver amplamente também na vida privada, e enquanto a fúria dos leões e das feras cede quando é contida nas jaulas, o mesmo não acontece com o ardor dos homens, cujas acções maiores se exercem na solidão. Ocultar-se-á, pois, mas de modo tal que, onde quer que se esconda o seu viver retirado, poderá ser útil aos indivíduos e à colectividade com a inteligência, a palavra e o conselho: de facto, não só aquele que apoia os candidatos e defende os acusados e delibera sobre a paz e a guerra ajuda o [Estado]; também aquele que exorta os jovens, que com tanta carência de bons mestres, inspira a virtude nos ânimos, que tenta deter e parar os que correm atrás do dinheiro e do luxo ou, se não mais, os refreia, e como, privado, executa uma obra pública.» (Séneca, 1978, pp. 331–332)

Este refúgio na vida privada não é, porém, isento de atribulações. Que o diga o próprio Séneca, que foi preceptor de Nero, injustamente implicado numa conspiração contra o déspota imperial de quem recebeu a ordem para abrir as veias. Com a morte da liberdade política republicana, o ambiente social e político onde, precedentemente, se reconhecia o cidadão da *civitas* tornou-se hostil: ninguém estava imune, se as circunstâncias contingentes se tornassem desfavoráveis, de ser torturado, assassinado ou, na melhor das hipóteses, deportado. Perante este panorama desolador, apenas restava ao cidadão não a virtude cívica, há muito sepultada, mas sim a prudência política, uma constante avaliação das suas possibilidades ou das suas «chances», isto é, de como se deveria conduzir em cada momento para evitar cair em desgraça e, simultaneamente, na medida do possível, poder ser útil à cidade:

«Não pode ser soldado: aspire às tarefas civis. Tem de viver em privado: faça de orador. É-lhe imposto o silêncio: com a assistência silenciosa da sua presença, ajude os concidadãos. O foro é perigoso para ele, até para entrar: nas casas, nos espectáculos públicos, durante os convites, comporte-se como bom companheiro, como fiel amigo, como convidado temperante. Não pode cumprir os deveres do cidadão: cumpra os do homem.» (*Ibidem*, p. 233)

O princípio, a máxima, neste ambiente social e político desolador não é propriamente fugir da vida pública, mas sim retirar-se dela, intervindo sempre que para tal for solicitado segundo os critérios racionais da prudência política, e já não, como acontecia anteriormente, por uma adesão sentimental a uma *res publica*, que, no fundo, já não existe como entidade política de referência. Mas isto significa que é o cálculo racional dos interesses que deve orientar a acção do indivíduo e não os apelos a uma virtude cívica que já não mobiliza ninguém. Que resta, então, ao cidadão, órfão de uma cidade em que já não se reconhece? O refúgio na vida privada não é uma alternativa, porque nem aí poderá evitar que as circunstâncias contingentes se virem contra ele, pondo em causa uma tranquilidade que julgava assegurada. No deserto da vida cívico-política, apenas lhe resta preparar-se para enfrentar com coragem a iminência da morte que acossa todos os que não desistem de empenhar-se eticamente na cidadania, pois «nunca é inútil a obra do bom cidadão» (*Ibidem*, p. 334). Esta preparação é mais um passo para o afastamento da vida política, um apelo a uma ordem transcendente que tenta superar idealmente os limites e as insuficiências da cidade terrena.

O desprendimento e a renúncia aos bens materiais são o primeiro passo que o sábio deve encetar para se destacar da ordem mundana. Numa das suas obras mais marcantes, *Cartas a Lucílio*, a 90.ª carta, significativamente (ou ironicamente) intitulada «Filosofia do Progresso Civil», Séneca compara Diógenes, o filósofo que vivia num barril por aversão a tudo o que afeiçoasse o indivíduo às coisas «supérfluas», a Dédalo, símbolo do artífice que inventa os instrumentos de trabalho para satisfazer e aperfeiçoar as necessidades humanas:

«Qual destes dois é o mais sábio? O inventor da serra ou aquele Diógenes, que, tendo visto um garoto beber na concha da mão, tirou de repente da sua mochila a taça e partiu-a: "E eu, tolo que sou, por tanto tempo sobrecarreguei-me de uma bagagem inútil."» (Séneca, 1983, pp. 314–315)

Para Séneca, o modelo a seguir é o de Diógenes e não o de Dédalo. Só o primeiro expressa o princípio que orienta o seu pensamento: tudo aquilo que leve o indivíduo a procurar o que exceda o «estritamente necessário», como se o que é considerado tal permanecesse historicamente invariável, gera a cobiça e o desejo de satisfações mundanas que o afastam daquela sabedoria que o prepara para enfrentar a morte e transcender este mundo dividido e dilacerado em que já não encontra a sua casa. Mas esta atitude, além de fanaticamente condenar todos os progressos materiais da condição humana, a ponto de defender que seria preferível que os homens vivessem em cavernas ou se vestissem com peles de animais, acaba por legitimar a morte da *politeia*. Tal como em Platão, o modelo da cidade de Séneca reside no céu e não na terra, na comunidade das pessoas-almas:

«A sabedoria tem mais no alto a sua sede, mestra não das mãos, mas das almas [...] Esta revela a essência e os atributos das divindades celestes e subterrâneas, dos lares, dos génios, das almas tornadas imortais sob a forma de divindades secundárias. Esta revela-nos a sua sede, o seu ofício, o seu poder, a sua vontade [...] não o sacrário de uma cidade, mas o grande templo de todos os deuses, o próprio universo de que apresentou ao olhar da inteligência a verdadeira imagem, o rosto autêntico: o olho do corpo é muito débil para espectáculos tão grandes. Além disso, esta torna a considerar a origem das coisas, a razão incorporada no grande todo e a força inscrita em todos os germes, pelo qual todos os seres adquirem uma forma própria.» (*Idem*, pp. 318–319)

Marco Aurélio: a cidade comum

Marco Aurélio (121–180), imperador romano, é mais conhecido pelos seus dotes literários e filosóficos do que pelas suas proezas militares, apesar de ter conduzido com sucesso as campanhas contra os bárbaros que ameaçavam as fronteiras de um império na defensiva. Discípulo de Séneca e dos estóicos, retoma o seu estilo, a sua retórica e as suas ideias. O princípio orientador do seu pensamento não é a intervenção política, mas sim o aperfeiçoamento ético do indivíduo que procura transformar-se em exemplo e norma de conduta, que devem ser seguidos por todos os homens:

«Recolhe-te em ti. Por natureza, a razão que te governa basta-se a si própria quando pratica a justiça e, fazendo-o, conserva-se calma.» (Aurélio, 1988, p. 88)

Seguindo as pisadas de Cícero e de Séneca, Marco Aurélio considera que existe uma razão comum a todos os homens de que provém uma lei que não é propriamente jurídica, mas sim moral, que torna todos os homens concidadãos de uma mesma cidade. Já não são as espécies particulares de cidades que constituem uma referência para o indivíduo para quem a virtude cívico-política já não tem nenhum significado e deixou de ser definitivamente factor de mobilização, mas sim o género humano, uma ordem cosmopolita projectada que, idealmente, ambiciona transcender as divisões e dilacerações que ensombram este mundo:

«De que outro corpo político comum se diria, com efeito, que todo o género humano faz parte? É lá de cima, desta cidade comum, que nos vem a própria inteligência, a razão e a lei, senão donde viriam?» (*Idem*, p. 41)

Apenas como habitante desta cidade, o indivíduo reconhece-se como parte de um todo, sendo «um membro amputado da cidade aquele que separa a sua alma particular da dos seres racionais, porque ela é uma só» (*Ibidem*, p. 47). No entanto, esta «alma comum» que une todos os indivíduos tem como referência a cidade celeste, o universo beatificado e salvífico das pessoas-almas, em contraste com uma cidade terrena não unificada, mas ensombrada e dilacerada pela divisão entre senhores e escravos, dominadores e dominados. Retorna então, com maior vigor do que em Séneca, o tema da dissociação relativamente aos bens e aos acontecimentos da ordem do mundo, que é considerada o lugar em que o indivíduo se prepara e em que é posto à prova, não no plano político, a que renuncia completamente, mas no plano moral, para transitar para o outro:

«Que é que te retém aqui em baixo? Os objectos sensíveis são mutáveis e inconsistentes, e os sentimentos estão embotados, prontos a receber falsas impressões. Quanto ao próprio sopro vital, apenas é vapor que se exala do sangue. E a fama entre essa gente, vácuo. Que fazer então? Esperar com benevolência ou extinguires-te ou ser transformado algures. Até se apresentar a ocasião, que bastará fazer? Que outra coisa senão honrar e bendizer os Deuses, fazer bem aos homens, suportá-los e absteres-te.» (*Ibidem*, p. 67)

CAPÍTULO 3

CRISTIANISMO E IDADE MÉDIA

Agostinho de Hipona: as duas cidades

Os séculos IV e V da era cristã assinalam o declínio de um Império Romano no Ocidente em desagregação. Três eventos estão associados a esta fase histórica: em 313, o imperador Constantino (c. 274–337) proclamou o cristianismo como religião oficial do império, o que levou o historiador britânico Edward Gibbon (1737–1794), um tanto apressadamente, a apontá-lo como uma causa da sua decadência na sua célebre obra *The Decline and Fall of the Roman Empire*, publicada entre 1776 e 1778; em 395, após a morte do imperador Teodósio, o império foi dividido em duas partes, o Império Romano no Ocidente, dirigido por Honorius, e o Império Romano do Oriente, dirigido por Constantino; em 410, Roma foi invadida e saqueada pelos bárbaros germânicos, evento que embora não assinalasse o desaparecimento do Império Romano no Ocidente, que se concretizaria 66 anos depois, pôs a nu as fragilidades administrativas de um colosso agonizante, repartido entre Oriente, em que as estruturas romanas aparentemente se mantinham, e Ocidente, em que um número crescente de territórios passava para as mãos dos bárbaros germânicos.

Aurélio Agostinho, nascido na Numídia, região situada entre a antiga Cartago e a Mauritânia, viveu a crise do Império Romano, que 41 anos antes do seu nascimento se tinha tornado cristão. Nomeado bispo de Hipona, em 395, assistiu ao saque de Roma pelos bárbaros. Entre 413 e 426, escreveu a sua mais célebre obra, *De Civitate Dei*, sob a influência da filosofia platónica, a que tinha aderido após a ruptura com o maniqueísmo. É nesta obra magistral de mais de 2000 páginas que podemos encontrar a súmula do pensamento político do mais famoso Padre da Igreja, por ela canonizado como Santo.

Agostinho de Hipona retoma de uma forma mais intensa e revigorada o dualismo entre as duas cidades, a cidade celeste e a cidade terrena, que tinha sido introduzido pelos estóicos. A condição humana é uma condição dilacerada e dividida: de um lado encontram-se os que querem viver segundo a carne; do outro, os que procuram alcançar a unidade espiritual; na cidade terrena vigora o amor de si, das glórias mundanas e do domínio; na cidade celeste governa o amor de Deus, o desprezo de si, o serviço mútuo e a caridade. Na primeira, o sábio presta culto às criaturas e às honras mundanas; na segunda, presta culto ao Criador, esperando «como recompensa na sociedade dos santos, *que Deus seja tudo em todos*» (Santo Agostinho, Lisboa, 2011, p. 1320).

Em contraste com Séneca, Marco Aurélio e toda a tradição greco-romana, o sábio cristão e Padre da Igreja, Agostinho, bispo de Hipona, não procura a sabedoria propriamente dita, mas sim a santidade, pois o seu horizonte não é a cidade terrena, mas antes a cidade celeste. No entanto, tendo em conta a radical separação das duas cidades, como será possível alcançá-la? Para Agostinho, o indivíduo abandonado a si próprio é mais propenso a escolher o mal do que o bem. Sem a cidade celeste como referência, está votado à autodestruição e a uma vida desgraçada e sem sentido, tanto mais que Deus lhe reconhece o livre-arbítrio, pois julga que «havia mais poder e bondade em fazer o bem por ocasião do mal do que em não permitir mal algum» (*Ibidem*, p. 2242). O dissídio entre as duas cidades é uma luta entre o bem e o mal que marca tanto a condição dos indivíduos como a dos povos da Terra. No entanto, apesar da sua contraposição irredutível, o triunfo da cidade celeste, da cidade projectada, só é possível porque «há, por conseguinte, uma natureza na qual mal nenhum existe; na qual nem mesmo mal algum pode existir; mas não pode haver uma natureza na qual não haja bem algum» (*Idem*, p. 1916).

O triunfo do bem, que existe, de certo modo, como resíduo sepultado bem fundo na cidade terrena, nunca está garantido. O caminho para a cidade celeste é uma luta duríssima, travada no plano ético e não no plano político, uma longa e árdua peregrinação. Peregrinação do indivíduo que, aspirando ao bem, luta contra o mal no mundo e procura como simples mortal a paz que o une ao Deus imortal. Mas esta peregrinação não envolve apenas os indivíduos, mas também os povos da Terra. Se a ordem do mundo é uma ordem dividida e dilacerada em que a intolerância e o domínio de uns pelos outros imperam, a cidade celeste é uma cidade «militante» que, na Terra, «recruta cidadãos de todos os povos e constitui uma sociedade peregrina de todas as línguas, sem se preocupar com o que haja de diferente nos costumes, leis e instituições» (*Ibidem*, p. 1930). Retorna assim o tema da «sociedade universal do género humano», introduzido por Cícero e desenvolvido posteriormente por Séneca e Marco Aurélio. No entanto, a verdadeira paz não é a paz terrena, que será, no máximo, um simples meio para alcançar a paz celeste, o fim da peregrinação espiritual dos homens neste mundo, tendo o outro como horizonte e condição da sua libertação:

«Quando lá chegar [à cidade celeste], a vida já não será mortal, mas plena e certamente vital: nem o seu corpo será mais um corpo animal que se corrompe e oprime a alma, mas um corpo espiritual, sem qualquer necessidade e todo submetido à verdade.» (*Ibidem*, p. 1931)

Apesar de construída no céu, como a do seu modelo de referência platónico, com uma incursão na comunidade das almas de ascendência estóica, a cidade celeste agostiniana, como cidade peregrinante, só pode configurar-se verdadeiramente na sua contraposição irredutível à cidade terrena. Prova disso é a reflexão agostiniana sobre a dominação, que não encontrávamos nos outros autores da Antiguidade Clássica, para os quais a servidão e a escravatura tinham uma origem natural. Pela primeira vez, o domínio do homem pelo homem é claramente considerado contrário à ordem natural instituída pelo Criador:

«O que a ordem natural prescreve é isto, pois foi assim que Deus criou o homem:
Domine sobre os peixes do mar, as aves do céu e todos os répteis que rastejam sobre a terra.
Não quis que ele, ser racional feito à sua imagem, dominasse senão sobre os irracionais — e não que o homem sobre o homem, mas o homem sobre o animal.» (*Ibidem*, p. 1923)

No entanto, como na ordem humana, efémera e imperfeita, vigora o pecado, a condição de servidão foi uma pena imposta por Deus aos pecadores. Esta inversão marca claramente o contraste entre as duas cidades: na cidade celeste, os homens, enquanto seres espirituais, são livres e iguais; na cidade terrena vigoram as leis humanas em que as relações de subordinação são legítimas. O mais célebre Pai da Igreja nem sequer admite, ao contrário do seu sucessor, Tomás de Aquino, o direito de rebelião, já que a servidão e a escravidão acabam por se integrar na orgânica natural de um mundo decaído em que Deus, juiz supremo, distribui as penas de acordo com os diferentes graus de culpabilidade dos pecadores:

> «Na natureza, em que primitivamente Deus criou o homem, ninguém é servo de outro homem ou do pecado. A verdade é que mesmo essa escravidão, que é fruto do pecado, encontra o seu lugar na ordem por essa lei, que ordena que se conserve a lei natural e proíbe que a perturbem — porque, se nada se tivesse feito contra essa lei, nada teria havido a castigar com a pena da servidão. Por isso é que o apóstolo recomenda mesmo aos escravos que se submetam aos seus senhores e com boa vontade os sirvam.» (*Ibidem*, pp. 1924–1925)

Seguindo e potenciando a metodologia platónica, Agostinho mede, por assim dizer, as instituições terrenas segundo o modelo de perfeição ideal da cidade celeste. Mas, desde logo, isto significa que, tal como a sua fonte inspiradora, se recusa a analisar a diversidade dos regimes políticos existentes, como fazia Aristóteles, pois, de um modo ou de outro, todos são ilegítimos e injustos perante a cidade celeste, que, no seu esplendor, anula todas as diferenças. Prova disso é a sua anatemização da *Res Publica* concebida por Cícero como empresa (*res*) do povo (*publica*). Para Agostinho, esta, como entidade política, ou seja, de acordo com a tese ciceroniana, como colectividade juridicamente estruturada, não passa de um contra-senso, pois «não podemos chamar direito nem considerar como tal as iníquas instituições dos homens» (*Ibidem*, p. 194). A imperfectibilidade radical da ordem mundana tem como principal consequência barrar o caminho a toda e qualquer forma de intervenção política. Esta recusa da *politeia*, levada até ao seu extremo limite como renúncia à cidade terrena, contrasta, porém, com a denúncia agostiniana do domínio do homem pelo homem, que, embora sem consequências práticas, pois tal domínio insere-se na orgânica de funcionamento de um mundo terreno irremediavelmente injusto, constitui uma inovação extraordinária relativamente à mentalidade dominante no mundo greco-romano. De facto, não se pode considerar a república romana, tão elogiada por Cícero, como um regime político justo, porque ela assenta na subjugação de outros povos:

«É certo que nesses mesmos livros acerca de *A Republica* se discute acérrima e fortemente contra a injustiça, a favor da justiça. Mas começa-se por tomar partido pela injustiça contra a justiça, afirmando-se que não se pode manter nem fazer progredir a República, senão pela injustiça. Punha-se como princípio absolutamente válido que é injusto que haja homens submetidos ao domínio de outros homens. Mas, se [n]uma cidade dominadora, à qual pertence uma grande República, não se seguir essa injustiça, não poderá exercer o seu domínio sobre as províncias.» (*Ibidem*, p. 1942)

A única justiça possível não é a justiça terrena, mas sim a justiça divina. Na ordem mundana, tudo surge como uma espécie de reflexo invertido da outra: nesta, quem é bom é pobre, quem é mau é rico; o inocente é condenado e anatemizado e o culpado absolvido e até louvado; quem é útil e benéfico aos homens morre prematuramente, deixando ainda muito trabalho por fazer, enquanto o que se preocupa consigo próprio, sem nenhuma consideração pelos outros, vive longamente; o desonesto e o corrupto são louvados e até encorajados, ao passo que permanece numa condição obscura quem quer viver recta e honestamente. Como poderia então Deus criar uma ordem tão cheia de injustiças e imperfeições? A resposta do bispo de Hipona retoma, segundo uma perspectiva cristã, a ideia estóica de que neste mundo os homens que almejam ao Bem são postos à prova no árduo curso da sua peregrinação para a cidade celeste. O seu sofrimento redentor é o preço a pagar para alcançá-la, em contraste com a felicidade e as alegrias efémeras dos outros:

«Os que não chegarão a atingir os bens eternos que tornam os homens bem-aventurados seriam, por meio dos bens temporais, enganados por causa da sua malícia, ou consolados por causa da misericórdia de Deus;
E os que não hão-de sofrer os eternos tormentos seriam, por meio dos males temporais, afligidos por causa dos seus pecados, quaisquer que eles sejam ou experimentados para tornarem perfeitas as suas virtudes.» (*Ibidem*, p. 1976)

Como diz o provérbio, «Deus escreve direito por linhas tortas». Para Aurélio Agostinho, não cabe aos homens, e muito menos aos crentes, tentar decifrar os mistérios da justiça divina que não só são imperscrutáveis, mas que também devem permanecer desse modo: não seria verdade que, se assim não fossem, os «bons» actuariam por interesse e não por devoção, e, por conseguinte, as suas «virtudes» nunca seriam postas à prova para se poderem tornar perfeitas?

Tomás de Aquino: lei natural e leis humanas

A queda do Império Romano no Ocidente teve uma dupla consequência: por um lado, a formação de um sistema de relações de dependência directa, cuja origem remonta às clientelas romanas, em que um grupo de pessoas se colocava sob a protecção de um senhor jurando-lhe fidelidade; por outro lado, a formação de uma classe de proprietários fundiários, provenientes das aristocracias franco-germânicas, que exerciam o poder administrativo, judicial e militar nos diversos territórios sob a sua jurisdição. Esta classe concedia aos camponeses a posse útil da terra, de que detinha a propriedade eminente, vinculando-os, em contrapartida, a fornecer-lhe determinadas prestações em trabalho, produtos ou dinheiro. O novo panorama social e político organizava-se de acordo com o princípio de que cada um ocupava o seu lugar no mundo segundo o que tinha sido estabelecido pela vontade divina. Isto conduziu à formação de uma rígida hierarquia, que distinguia os indivíduos pelas funções que desempenhavam: rezar, combater e trabalhar. Os três estados — clero, nobreza e povo, este último constituído por camponeses adstritos à gleba e, mais tarde, por artesãos organizados em corporações de ofícios nas cidades — deveriam ser providos do «necessário» relativo à sua condição, pelo que a diferenciação hierárquica abrangia as próprias condições materiais e sociais de existência dos indivíduos.

No século VIII iniciou-se a primeira tentativa de reorganização política deste mundo fragmentado com a constituição do Império Carolíngio, que pretendia associar os dois elementos da identidade europeia ocidental: o latino e o germânico. Carlos Magno (742–814), imperador franco, foi o primeiro representante do novo Império Cristão, que se afirmava como sucedâneo do Império Romano e abrangia os territórios que se integram actualmente em França e na Alemanha, prolongando-se pelo Norte de Itália, mas deixando de fora da sua jurisdição a Península Ibérica, bem como todo o Mediterrâneo e o Norte de África, que se repartiam pelo domínio muçulmano e bizantino. No reinado de Carlos Magno, foram introduzidos os grandes pilares ideológicos da Europa Medieval: a monarquia de direito divino, o povo de Deus como conjunto dos súbditos do imperador e a cristandade concebida como cidade de Deus.

Numa paisagem social pulverizada, o poder político do imperador era mais formal do que real, pois a nobreza e o clero administravam e controlavam inúmeros territórios que escapavam à sua jurisdição. Poder-se-ia mesmo dizer que o império era mais o resultado da ausência de formações políticas nacionais relevantes, que apenas nos séculos XVI e XVII se desenvolveriam com os processos de centralização monárquica, do que de uma efectiva capacidade de estruturação jurídico-política que permanecia assaz limitada, integrando-se, por isso, plenamente na paisagem medieval, de que era, juntamente com o Papado, uma importante componente. Neste contexto, coube à Igreja e ao Papa, as únicas entidades verdadeiramente cosmopolitas num universo predominantemente rural e autárcico mergulhado numa economia de subsistência, exercer a hegemonia. Porém, tal exercício não foi pacífico, já que os séculos XI e XII foram marcados pelas lutas entre ambos pela repartição do poder mundano: de um lado, os defensores da tradição carolíngia, que defendiam que o Papa devia circunscrever-se ao poder espiritual; do outro, os partidários de um poder imperial débil, que aceitavam o predomínio da autoridade do Papa sobre a do imperador. Em 1198, o Papa Inocêncio III instituiu os três «artigos» da teocracia pontifícia: submissão do poder temporal do imperador ao poder espiritual da Igreja, obrigatoriedade da aprovação da política imperial pelo Papa, sob pena de excomunhão, e dispensa da obediência dos súbditos ao imperador sempre que este fosse excomungado. Reforçou-se, assim, a hegemonia do cosmopolitismo teocrático, cuja expressão máxima foram as nove cruzadas contra os muçulmanos, a primeira das quais em 1095 e a última em 1272.

Nascido em 1225, no castelo de Roccasecca, no seio de uma família nobre, Tomás de Aquino viveu no período culminante do cosmopolitismo teocrático ainda antes do conflito entre o monarca Filipe IV, *o Belo*, e o Papa Bonifácio VIII, que assinalaria o cisma eclesiástico de que resultaria a eleição de dois Papas. Máxima autoridade do tomismo medieval, autor de duas grandes obras, *Summa contra Gentiles* e *Summa Theologica*, este discípulo de Aristóteles tentou superar o drama cósmico agostiniano da luta entre o bem e o mal, da cidade celeste contra a cidade terrena através da procura de uma mediação entre ambas, de uma concepção da ordem política como instrumento do aristotélico cristianizado «viver bem» e, de uma forma inédita relativamente ao seu predecessor, Agostinho, da distinção entre lei justa e lei injusta, que funda o direito de rebelião à autoridade instituída.

A noção de lei é o núcleo central do pensamento de Tomás de Aquino, uma vez que esta é concebida como a regra e a medida dos actos humanos que os orienta para o bem comum, já que o bem particular não tem sentido nem razão de ser se não for orientado para este. Tal como Cícero, a lei é uma construção racional que, necessariamente, deve ser promulgada pela pessoa pública a quem compete governar a comunidade. Tomás de Aquino distingue três leis: a lei divina, a lei natural e as leis humanas. A primeira rege o universo, a segunda é a participação desta no indivíduo racional, o que confere desde logo à ordem mundana uma legalidade própria, concepção que o demarca nitidamente de Agostinho, para quem a ordem mundana era carente de uma verdadeira legitimidade. As leis humanas, por sua vez, são especificações ou particularizações da lei natural descobertas pela razão humana e aplicadas às diversas cidades terrenas.

A participação da lei divina na lei natural constitui, de certo modo, uma abertura ao mundo, isto é, a procura de uma relação entre o homem e Deus, ordem profana e ordem divina transcendente, já que esta, através da mediação da lei natural, participa nas leis humanas instituídas. No entanto, segundo o princípio aquiniano das causas finais, em que os fins inferiores e intermédios não existem verdadeiramente para si mas em função dos fins superiores para que tendem, a lei divina subordina tanto as leis humanas como a lei natural ao seu fim último, a beatitude eterna, pelo que a mediação acaba por esvair-se, sendo, por conseguinte, restabelecida a contraposição entre a cidade terrena e a cidade celeste. Prova disso é a distinção aquiniana entre a lei divina antiga, do Velho Testamento, que é orientada para a primeira, e a lei nova, do Novo Testamento, que tem a segunda como fim último:

> «Cabe à lei conduzir os homens à observação dos preceitos. Isto fazia a lei antiga mediante o temor das penas; ao contrário, a lei nova o faz pelo Amor que é infundido em nossos corações pela graça do Cristo, que na lei nova é conferida, na lei antiga figurada.» (Santo Tomás de Aquino, 2011, p. 54)

Tal como em Agostinho de Hipona, Deus é o protagonista da cidade celeste, enquanto o pecado é o protagonista da cidade terrena. No entanto, contrariamente ao expoente máximo da patrística, Tomás de

Aquino reconhece à ordem mundana uma certa autonomia relativa, integrando, por assim dizer, o pecado na sua ordem de funcionamento, o que lhe confere uma legalidade própria, distinta da legalidade divina. Neste sentido, deve ser interpretado o reconhecimento aquiniano de que a sensualidade, isto é, a concupiscência que governa o mundo animal, embora constitua no mundo humano um «desvio» relativamente à lei racional, adquire, por outro lado, «razão de lei», pois «é uma lei penal consequente à lei divina que destitui o homem da sua dignidade» (*Idem*, p. 57).

O facto de a ordem mundana, apesar de imperfeita, ter uma legalidade própria permite que o contraste entre a cidade terrena e a cidade celeste se desloque para o interior da própria ordem mundana, assumindo uma nova forma: a oposição entre a particularidade e a convencionalidade das leis humanas, racionais, mas contaminadas pelo pecado, e a universalidade da lei natural, fruto da participação da lei divina na criatura racional. O fim das leis humanas é a utilidade dos homens. Estas, enquanto leis civis, variam de cidade para cidade, caracterizando-se, portanto, pela pluralidade e diversidade. Estão também sujeitas ao aperfeiçoamento e à melhoria, podendo, por isso, ser alteradas e modificadas. Mais importante ainda é a descoberta aquiniana de que a lei civil não é uma lei moral, já que não visa reprimir todos os vícios, mas apenas os mais graves e, sobretudo, os que põem em causa as relações inter-humanas e a conservação da sociedade, como os homicídios, os furtos e outros actos delituosos.

A mutabilidade das leis humanas contrasta com a imutabilidade da lei natural, pois «o direito natural vigora desde a origem da criatura. Não varia no tempo, mas permanece imutável» (*Ibidem*, p. 87). Propriedade comum e igual liberdade de todos são conformes ao direito natural. No entanto, as leis humanas, enquanto leis de razão, mas imperfeitas, introduziram na ordem mundana a propriedade privada e a servidão. Estas, quando se desviam da razão, tornam-se iníquas. Contudo, mesmo as leis iníquas são, para todos os efeitos, leis que, por analogia, conservam algumas semelhanças relativamente à lei divina, pois emanam do poder de promulgação de uma autoridade instituída, o qual provém de Deus.

As leis humanas podem ser justas e injustas. As leis injustas caracterizam-se, antes de tudo, pelo abuso de poder: quando um governante propõe uma lei que excede o poder que lhe foi confiado por Deus, de que é um mero depositário. Quando são desigualmente repartidos os encargos pelos súbditos, favorecendo uns em detrimento dos demais. Finalmente, quando são impostas leis onerosas que não têm em vista o bem comum, mas sim a cobiça e o interesse particular do governante. Apesar de todo o poder provir de Deus, o modo como é exercido neste mundo pode violar a lei divina. Por isso, é lícito que o homem resista às leis injustas «sem escândalo ou maior prejuízo» (*Ibidem*, p. 108).

Para Agostinho de Hipona, todos os governos mundanos sem distinção eram ilegítimos perante a perfectibilidade da cidade celeste. Com a sua doutrina da participação, Tomás de Aquino opõe-se a esta concepção extramundana através da distinção entre governo universal e governo particular: o primeiro é o governo de Deus sobre todas as coisas, enquanto o segundo é o governo civil, em que a lei divina participa por intermédio da lei natural. Tal como Aristóteles, Tomás de Aquino considera que o homem é um ser naturalmente social que vive em grupo porque, ao contrário dos animais, não consegue satisfazer as suas necessidades espontaneamente e isoladamente, mas apenas em conjunto e em cooperação com os seus semelhantes.

A forma de governo mais adequada para reger os destinos do mundo é a monarquia: é ela que melhor realiza a «unidade da paz» (*Ibidem*, p. 135), um dos fins do governo civil, já que o governo de muitos, ou seja, a democracia, é propenso a conflitos e dissensões. No entanto, como demonstrou mais tarde Maquiavel, são precisamente os conflitos e as dissensões que caracterizam os governos republicanos relativamente aos principados, em que o poder se concentra num só ou em poucos, que, se não extravasarem os limites institucionais, degenerando em luta de todos contra todos, contribuem para a preservação das liberdades políticas. Porém, Tomás de Aquino encontra-se, apesar do reconhecimento do direito de desobediência civil às leis injustas, muito distante desta linha de pensamento fecundíssima para a *politeia*, uma vez que se limita a retomar, sob uma nova forma, a distinção aristotélica entre governo monárquico e governo tirânico. O primeiro tem em vista o bem comum dos súbditos, enquanto o segundo visa exclusivamente o bem particular do governante. Será ou não lícito derrubar o tirano? Tomás de Aquino afirma que a tirania deve ser suportada se «não for excessiva» (*Ibidem*, p. 144). Qual a diferença entre tirania excessiva e tirania moderada? Qual a sua linha de demarcação? Nada é dito. Admite, porém, que o governo régio deve ser destituído por quem o instituiu, se este se tornar tirânico, ou então refrear-lhe o poder se abusar dele. Caso não se consiga destituir ou limitar o poder tirânico, resta o apelo ao Juiz Supremo, que «em seu poder, está a converter à mansidão o coração cruel do tirano, conforme a sentença de Salomão: "Está na mão de Deus, o coração do rei, e inclina-o para onde quiser"» (*Ibidem*, p. 145).

O governo mundano exige a satisfação de três condições: a instauração da paz civil, sem a qual não é possível o convívio humano; o viver bem, conceito de proveniência aristotélica, que corresponde à vida segundo a virtude que tem em vista o bem comum; e a abundância do necessário para o «bem viver», que deve ser proporcionada a cada condição ou estado. No entanto, o viver bem ou o viver segundo a virtude não é o fim último da multidão associada, pois esta deve, «pela vida virtuosa, chegar à fruição divina» (*Ibidem*, p. 167). Eis como a cidade celeste é, de novo, introduzida, depois de, aparentemente, ter perdido o protagonismo que Agostinho de Hipona lhe conferia. Como o fim último é espiritual e não temporal, os reis devem estar submetidos ao poder do Papa, vigário de Cristo na Terra e máximo representante do poder espiritual, o que, além de expressar o predomínio do poder eclesiástico sobre o poder civil, significa que, no fundo, não existe verdadeiramente uma mediação entre a cidade terrena e a cidade celeste, mas sim a subordinação incondicional da primeira à segunda:

«A fim de ficar o espiritual distinto do terreno, foi, portanto, cometido o ministério deste reino não a reis terrenos, mas a sacerdotes e, principalmente, ao Sumo Sacerdote, sucessor de Pedro, Vigário de Cristo, o Romano Pontífice, a quem importa serem sujeitos todos os reis dos povos cristãos, como ao próprio Senhor Jesus Cristo. Assim, pois, como já foi dito, a ele, a quem pertence o cuidado do fim último, devem submeter-se o cuidado dos fins antecedentes, a ser dirigidos por seu comando.» (*Ibidem*, p. 168)

Dante Alighieri: as duas beatitudes

Nos séculos XIV e XV, iniciou-se o declínio do cosmopolitismo teocrático. O conflito entre o Papa Bonifácio VIII (1235–1303) e o monarca francês Filipe IV, *o Belo* (1268–1314), terminou com a vitória do rei. Em 1303, o pontífice sofreu um atentado em Agnani, foi feito prisioneiro e morreu. Filipe, *o Belo*, conseguiu que fosse eleito Clemente V, Papa francês dócil aos seus desígnios políticos. Em 1309, a corte do Papa francês transferiu-se para Avinhão. Iniciou-se então o Cisma do Ocidente, caracterizado pela existência de dois Papas, um em Avinhão e outro em Roma, que só terminou em 1418, após o Concílio de Constança.

Paralelamente, o outro termo da equação medieval, o Império Germânico, passou, em 1437, após a morte de Sigismundo, a ser regido pelos Habsburgo, família aristocrática que se manteve no poder até ao final da Primeira Guerra Mundial. Expurgado da sua componente carolíngia, a sua extensão territorial, embora vasta, reduziu-se. A França, que se constituía como nação, passou a ser um adversário do imperador católico germânico na disputa pela hegemonia no continente europeu. Em 1499, o império registou o seu primeiro sintoma de declínio com a perda dos cantões suíços, que se tornaram independentes. Este evento prefigura, precocemente, a sua segunda derrota na Guerra dos Trinta Anos (1618–1648).

O enfraquecimento do poder da Igreja e do império tem como contraponto um conjunto de transformações que anunciam uma nova era. A difusão do direito romano através dos legistas e das universidades assinalou a perda do predomínio do direito canónico e contribuiu para fortalecer as forças que defendiam o fortalecimento do poder real tanto relativamente à Igreja como relativamente à nobreza feudal. No plano político, destacou-se o papel cada vez mais importante das assembleias dos Estados, cortes, dietas e parlamentos, que, embora instrumentos de um poder real que iniciava o seu processo de centralização política, podiam apresentar queixas, discutir o montante da tributação e apontar as infracções cometidas contra os contratos assinados com a corte. No plano socioeconómico, formou-se uma burguesia mercantil que se distinguiu das tradicionais classes populares medievais, os camponeses e os artesãos. A Liga Hanseática, no Norte da Europa, a Flandres, com o florescimento das suas indústrias têxteis, as repúblicas urbanas italianas, com as suas indústrias de produtos de luxo e as suas relações com os mercados do Médio Oriente, significaram uma ruptura com a paisagem económica medieval. O entrecruzamento dos novos fluxos comerciais nas feiras de Champagne anunciou o declínio de uma ordem feudal autárcica e provinciana e a formação de uma ordem cosmopolita significativamente diferente da do Império Romano, em que a nova classe nunca pôde desenvolver-se, em consequência do latifundismo esclavagista predominante.

Dante Alighieri, nascido em 1265, em Florença, viveu o início do declínio do cosmopolitismo teocrático. Partidário da tradição guelfa, que, diferentemente da gibelina, defendia a separação dos dois poderes, o *imperium* e o *sacerdotium*, opôs-se a Tomás de Aquino, apesar de se inspirar no mesmo sistema de referência do autor da *Summa Theologica*, a filosofia de Aristóteles na sua versão medieval cristianizada. Mais conhecido pelo poema *A Divina Comédia*, Dante foi também um pensador político brilhante que marcou o século XIII e o início do século XIV. Em 1310, 11 anos antes da sua morte, começou o seu tratado político, *De Monarchia*, que foi uma resposta aos defensores da subordinação do poder do imperador ao poder da Igreja.

Para Dante, a monarquia imperial é indispensável à boa ordenação do mundo. Tal como Tomás de Aquino, considera que só o monarca pode assegurar a estabilidade e evitar a desagregação da ordem política resultante dos conflitos e das dissensões que as outras formas de governo, democracias, oligarquias e tiranias, são incapazes de evitar. Os monarcas surgem então paternalisticamente como «os zeladores da liberdade do povo» (Dante, 1984, p. 27), como garantias de paz e prosperidade para todos. Esta interpretação cristianizada da política de Aristóteles tem, porém, um elemento inovador que Dante vai buscar ao estagirita e que se torna o núcleo da sua argumentação contra os defensores do *sacerdotium*: tais como as leis existem para os indivíduos que integram a associação política e não estes para aquelas, também a monarquia e o império não existem para o monarca e para o imperador, mas estes para aqueles. Isto significa que ambos são apenas depositários de um poder de que não podem dispor a seu bel-prazer, como se de uma propriedade exclusiva se tratasse, pois não são poderes pessoais, mas sim institucionais.

Tal como Tomás de Aquino, Dante considera que todo o direito provém de Deus. No entanto, esta proveniência extramundana não é incompatível com o facto de que o fundamento do direito está indissociavelmente ligado à ordem natural, e, por conseguinte, este só existe para regular as acções e relações dos homens na cidade terrena. O seu fim é o bem comum da multidão. Por sua vez, as leis, expressão do direito, visam unir os homens. O império representa esta mundanidade do direito civil e político, que, assim, se demarca nitidamente do direito canónico e eclesiástico, cujo âmbito é a Igreja e os seus domínios. É neste sentido que se deve entender a tese de Dante, segundo a qual não é a Igreja a legítima herdeira do povo romano, mas sim o imperador, o soberano temporal, pois apenas este pode assumir os fins do direito secular o bem da *res publica*, da cidade terrena, pois a outra está fora da sua jurisdição imanentemente temporal.

Ponto alto da *De Monarchia* é a crítica do autor da *Divina Comédia* aos argumentos gibelinos que defendem a submissão do poder temporal do imperador ao poder espiritual do Papa. O primeiro argumento dos tradicionalistas é que o imperador Constantino, que proclamou oficialmente o cristianismo como religião oficial do Império Romano, doou Roma e outras prerrogativas e dignidades imperiais à Igreja católica, pelo que apenas esta podia, como depositária deste legado, assumi-las e exercê-las. Admitindo que o governo dos romanos, isto é, do Estado pontifício de Roma, pertence à Igreja, o mesmo não poderá acontecer com outras dignidades e prerrogativas relativas ao poder temporal, pois o imperador Constantino não era proprietário do império, mas estava ao seu serviço. Por este motivo, não pode alienar a seu bel-prazer partes deste para beneficiar a Igreja, nem esta possui legitimidade para aceitar o legado que lhe é concedido gratuitamente:

> «Ninguém tem o direito de se servir do cargo que recebeu para agir contra esse cargo, pois, de outra forma, constituiria uma coisa e a sua contrária, o que é impossível. Ora cindir o império é ir contra o cargo confiado ao Imperador; porque este cargo é precisamente o de impor ao género humano um querer e um não querer únicos.» (*Idem*, p. 99)

O segundo argumento serve-se do conceito de unidade de género de Aristóteles para defender a proeminência do poder papal sobre o poder imperial. Se todos os homens pertencem a um único género, tanto o imperador como o Papa, sendo homens, devem ser avaliados segundo esta medida comum, em que o homem surge como um ser único sem características e determinações particulares. Como o Papa não pode estar submetido a um outro homem, o imperador e os outros devem estar-lhe subordinados, pois ele representa, no fundo, a unidade de género. Diversamente, para Dante, o Papa e o imperador, que, como homens, se reduzem a um único ser, à medida comum que os configura enquanto tal, enquanto Papa e imperador são, em contrapartida, configurados pela relação que os institui nas suas funções. Por conseguinte, são seres relativos que actuam em duas esferas distintas, sendo que nenhuma delas se pode arrogar de uma proeminência sobre a outra.

Resta a Dante provar que a autoridade do imperador provém directamente de Deus, sem a intermediação do Papa. Os que defendem que a autoridade da Igreja é a causa da autoridade imperial não têm razão perante o testemunho da História, pois o império é anterior à formação da Igreja. Os mesmos consideram que a Igreja apenas podia receber o poder temporal por uma lei natural ou divina. Para o autor da *Divina Comédia*, não poderia recebê-la por uma lei natural, já que esta, apesar de provir da lei divina, é relativa à ordem do mundo, que, na sua autonomia relativa, se rege por leis próprias. Não poderia também provir da lei divina, já que, conforme reza o Novo Testamento, Cristo renunciou ao poder temporal: «O meu reino, disse, não é deste mundo. Se o meu reino fosse deste mundo, os meus guardas lutariam para que eu não fosse entregue às autoridades dos judeus» (*Ibidem*, p. 111).

Resta então uma única alternativa a este dilema. A providência divina atribuiu dois fins ao homem: um fim profano, que se exerce, teoricamente, pelos ensinamentos da filosofia laica e, praticamente, pela promoção das virtudes intelectuais e morais que visam a felicidade temporal dos homens, que não é mais do que viverem em liberdade e em paz na «casa do mundo»; e um fim transcendente, que se exerce através das doutrinas espirituais associadas às virtudes teologais da fé, da esperança e da caridade, que têm em vista a beatitude celeste. Cada um destes fins tem, por assim dizer, dois distintos *condottieri*: o Papa para a beatitude celeste e o imperador para a beatitude profana:

> «Como a disposição do mundo é a consequência da disposição dos astros no firmamento, segue-se que para que as doutrinas de liberdade e paz sejam aplicadas adequadamente pelo curador do mundo aos diversos lugares e tempos, devem elas ser dispensadas por Aquele que presencialmente intui a tal disposição dos céus.» (*Ibidem*, p. 11)

II PARTE

O DECLÍNIO DO COSMOPOLITISMO TEOCRÁTICO E A GÉNESE DA RAZÃO DE ESTADO

CAPÍTULO 1

MAQUIAVEL: A CIDADE MUNDANA

Virtude *versus* fortuna

Nascido em 1469, Nicolau Maquiavel foi nomeado, em 1498, secretário da Segunda Chancelaria da República de Florença, a sua cidade natal, cargo que acumularia posteriormente com o de secretário da Comissão dos dez da Bailia ou Comissão da Liberdade e da Paz. Em 1502, a sua influência política seria reforçada com a eleição para a chefia do governo da cidade do seu amigo Piero Soderini. No entanto, a sua «boa fortuna» não duraria muito tempo, já que, em 1512, uma coligação de Espanha com o Papa derruba a república florentina e impõe o regresso dos Médici à cidade, que se transforma num principado. Acusado de envolvimento numa conspiração republicana contra os novos senhores, Maquiavel, além de ser destituído de todos os cargos um ano depois, é preso e torturado. Poderia permanecer muito mais tempo no cárcere se, entretanto, não tivesse sido eleito Papa Leão X, um cardeal proveniente daquela família patrícia. Com esta eleição, os representantes do poder estabelecido consideraram, provavelmente, que o perigo de novas conspirações republicanas estava conjurado. Maquiavel foi libertado um mês depois e exilou-se na sua herdade de Sant'Andrea, onde, no Outono-Inverno de 1513, escreveu *O Príncipe* (*Il Príncipe*), a sua obra mais famosa publicada postumamente, em 1532, *Discursos sobre a Primeira Década de Tito Lívio* (*Discorsi sopra la Prima Deca de Tito Livio*), também publicados postumamente, e *A Arte de Guerra*, editada em 1521, ainda em vida do autor. Colaborando com os Médici, Maquiavel dedicou *O Príncipe* a Lourenço de Médici Júnior, neto do famoso mecenas reanscentista Lourenço, o

Magnífico, que ascendeu ao governo de Florença na Primavera de 1513. Foram-lhe confiadas algumas missões políticas, e, em 1526, foi recompensado com o cargo de chefe dos curadores das muralhas cujas funções estavam relacionadas com as fortificações da cidade. A «fortuna», porém, não voltou a sorrir-lhe, mas pregou-lhe uma nova partida, que se revelaria tragicamente definitiva. O derrube dos Médici e a reinstauração da república, em 1527, não lhe permitiu retomar as importantes funções políticas que tinha desempenhado até 1512. Solicitado em 10 de Junho de 1527, o seu pedido de readmissão foi-lhe recusado por ter colaborado com o governo deposto. Desgostoso, morreria 11 dias depois.

Uma análise sem preconceitos e juízos sumários sobre Maquiavel e o seu *Príncipe*, geralmente associados a uma concepção de poder sem escrúpulos e que não olha a meios pérfidos para atingir os seus fins, exige uma referência ao contexto histórico-social em que a obra foi redigida. No século xv, a situação de Itália era, em termos políticos, relativamente equilibrada, com o poder partilhado por um sistema de cinco «Estados» — o «Estado» da Igreja, Nápoles, Florença, Milão e Veneza —, facto reconhecido pelo próprio Maquiavel, para quem cada um destes «potentados» se preocupava em evitar invasões estrangeiras e em respeitar as fronteiras e as esferas de influência dos outros. No entanto, a partir de 1494, esta situação mudou radicalmente, em consequência das invasões de franceses e espanhóis, que marcaram o declínio de Nápoles e de Milão e contribuíram para a queda da república florentina, em 1513. As consequências foram a fragmentação de Itália e o reforço dos domínios da Igreja, que se tornou a principal beneficiária do novo contexto social e político que se formou. Nos *Discursos sobre a Primeira Década de Tito Lívio*, Maquiavel atribui-lhe a responsabilidade pela situação caótica de uma Itália dividida e retalhada em virtude da sua política de alianças com os invasores estrangeiros para preservar os seus domínios (Maquiavel, 2010, pp. 71–72). Em *O Príncipe*, apesar de tacticamente não se referir à Igreja, esquecimento que se deve provavelmente à eleição do Papa oriundo dos Médici, Leão X, indirectamente responsável pela sua libertação, Maquiavel considera a situação de Itália desoladora, mas não cai no fatalismo e na resignação. De certo modo, depreende-se que esta não constitui um bloqueio inultrapassável, mas, pelo contrário, um desafio:

> «No presente, querendo conhecer a virtude de um espírito italiano, era necessário que a Itália se reduzisse aos termos actuais e que ela estivesse mais escrava que os hebreus, mais serva que os persas, mais dividida que

os atenienses: sem chefe, sem ordem, vergada, espoliada, dilacerada, e tivesse suportado toda a sorte de ruína.» (Maquiavel, 2012, pp. 235-236)

Esta passagem revela uma faceta frequentemente esquecida do pensamento do florentino: não é a conformidade com o presente, que gera passividade e fatalismo, mas sim a adversidade ou a necessidade, que estimula a intervenção na realidade com vista à sua transformação. O seu projecto é um projecto revolucionário que nada tem de «maquiavélico» no sentido tradicional do termo: acabar com a fragmentação de Itália, unificá-la sob a égide de um príncipe ou de uma república, como refere explicitamente nos *Discursos*, ou seja, construir uma nova ordem sobre as ruínas da velha. Neste sentido, no último capítulo de *O Príncipe*, volta a invocar Lourenço de Médici Júnior e a sua «Casa», tentando persuadi-lo que «nenhuma coisa traz tanta honra a um homem que surja do nada quanto as novas leis e as novas ordens encontradas por ele» (*Idem*, p. 237).

O modelo de príncipe não é, porém, Lourenço de Médici Júnior, e muito menos César Bórgia, como ainda hoje defendem os detractores da obra e do seu autor, mas sim Moisés, Ciro, Rómulo e Teseu. Mais do que estas personalidades lendárias e mitológicas, o que desperta o interesse de Maquiavel, homem de formação clássica, é ter a Antiguidade Greco-Romana enquanto referência, como era hábito no Renascimento, para anunciar uma nova ordem. E o novo é um conceito de «virtude» que se desvincula de referências morais, particularmente das da moral religiosa, predominante na Idade Média. Esta é uma virtude política que, em *O Príncipe*, consiste na capacidade, não desprovida de uma certa ferocidade, a célebre *ferocia* renascentista, de construir e organizar uma nova ordem política e institucional. O príncipe é uma entidade alegórica que representa a vontade colectiva capaz não tanto de preservar as tradições ancestrais, mas de enfrentar a missão mais difícil, mais arriscada e de sucesso mais imprevisível que é «encabeçar a introdução de novas ordens» (*Ibidem*, p. 135). Esta finalidade é tanto mais alcançada quanto menos o príncipe depende da fortuna, isto é, do fluxo de acontecimentos aparentemente incontroláveis, e mais dependente está da virtude política. A força desta revela-se no confronto com a fortuna, que fornece a matéria ao príncipe para que este lhe introduza a forma mais adequada. Mas para isso são necessários novos atributos pessoais, como a audácia e a ousadia, que indicam uma postura diferente da dos que seguiam as vias tradicionais onde predominava «o proceder com cautela», sinónimo de hesitação e de incapacidade de tomar decisões ou de as diferir:

«Eu julgo realmente isto, que seja melhor ser impetuoso que cauteloso porque a fortuna é mulher e é necessário, querendo-a, ter debaixo, vergá-la e acometê-la. E vê-se que ela se deixa vencer mais por estes que por aqueles que procedem friamente, e, por isso, como mulher, é sempre amiga dos jovens, porque são menos cautelosos, mais ferozes e mandam nela com mais audácia.» (*Ibidem*, p. 234)

A fortuna é sinónima de uma imprevisibilidade que nunca se deixa submeter completamente. Se é a virtude que constrói e organiza os novos ordenamentos político-jurídicos, e tendo em conta que Maquiavel a associa mais à «virtude do dominador», ou seja, ao príncipe e à república vitoriosa, do que à virtude cívica, como refere Friedrich Meinecke (Meinecke, 1977, p. 32), a fortuna é, de certo modo, o seu contraponto, pois, sem esta, aquela nunca seria posta à prova. Para o político Maquiavel, a fatalidade e o destino, que na tradição católica constituíam figuras contra as quais era inútil os homens lutarem e a que se deviam submeter inevitavelmente, constituem obstáculos que têm necessariamente de ser superados para se construir uma nova ordem política. Neste sentido, o pior que poderá acontecer ao príncipe é deixar-se arrastar pelo fluxo contingente dos acontecimentos, ou seja, «deixar-se governar pela sorte», pois a fortuna «demonstra a sua potência onde não está ordenada virtude para lhe resistir. E, aí, ela volta os seus ímpetos para onde sabe que não estão feitos os açudes nem os amparos para a deter. E, se vós considerardes a Itália [...] vereis que é um campo sem açudes e sem qualquer amparo.» (Maquiavel, 2012, p. 232). Por isso, embora seja problemático que um particular se arruíne por se abandonar à fortuna, o mesmo não acontece na política e na condução de um Estado onde a ruína, que é consequência da orientação cristã tradicional para a vida contemplativa em detrimento da vida activa, prejudica todos e não apenas alguns.

A secularização da política

A desvinculação da política da moral constitui a grande inovação de Maquiavel. A política não deve pautar-se por valores morais preestabelecidos, mas centrar-se numa leitura objectiva da realidade, num cálculo racional dos interesses em jogo, em que a análise da relação entre as forças que intervêm na sociedade determina, em última instância, a práxis do príncipe. O êxito e o fracasso dependem de uma boa ou má leitura da realidade, respectivamente, e não dos valores religiosos tradicionais que em certas circunstâncias se podem revelar catastróficos no plano político. Por conseguinte, não existem valores morais transcendentes, pois a esfera da política pertence à ordem da imanência. O político não tem em vista a construção da agostiniana «cidade de Deus», puramente interior e espiritual, pois não se rege por uma perspectiva extramundana, mas visa intervir na realidade deste mundo do aquém para ordená-lo segundo um projecto que, em Maquiavel, se configura na ideia de um Estado-nação que supere a fragmentação e a anarquia feudais predominantes na Itália da sua época. É também necessário construir uma alternativa à hegemonia do cosmopolitismo teocrático da Igreja, que constitui o principal obstáculo ao triunfo da integração política do país, que apenas seria conseguida mais de três séculos depois da redacção de *O Príncipe*.

Recusando toda a transcendência, o projecto maquiaveliano parte da realidade existente, opondo-se a uma leitura especulativa da realidade social e política. Esta leitura não pode ser uma referência para a actividade interventiva que visa criar o novo a partir do velho, pois concebe os homens como deveriam ser, ou como alguns gostariam que fossem, e não como são efectivamente, a partir da observação desapaixonada das suas lutas, dos seus conflitos e das suas vivências:

> «Muitos imaginaram repúblicas e principados que não foram jamais vistos nem se soube se existiram de verdade. Porque é tanta a distância de como se vive a como se deveria viver, que aquele que deixa o que se faz por aquilo que se deveria fazer, mais depressa conhece a sua ruína do que a sua preservação: porque um homem que em todos os aspectos queira fazer profissão de bom arruína-se forçosamente, entre tantos que não são bons. Donde, é necessário, querendo-se um príncipe manter, aprender a poder ser não bom e usá-lo e não usá-lo consoante a necessidade.» (*Idem*, pp. 185-186)

O «realismo político» de Maquiavel é frequentemente condenado pela sua ausência de referências morais e considerado uma apologia da crueldade e da perfídia como armas políticas, porque, dizem os seus adversários, tudo é lícito para a preservação do poder do príncipe. Antes de tudo, o «poder» que Maquiavel tem em mente não é uma entidade abstracta: não é o poder dos príncipes e dos senhores feudais, não é o poder temporal e espiritual de uma Igreja, que se torna a principal beneficiária da anarquia e incivilidade feudais, mas sim o poder de um Estado laico que ainda não existe, mas que é necessário construir. Tal não depende de atributos morais, como a bondade, que não tem um valor absoluto, mas relativo, pois o político inovador, além da virtude, deve ser capaz de analisar as circunstâncias para saber o que é necessário fazer em cada momento. A necessidade, juntamente com a fortuna e a virtude política, é um elemento primordial do pensamento político maquiaveliano: sem a pressão da necessidade, que revela a independência da realidade perante as convicções subjectivas, a virtude política não teria oportunidade nem força para se opor à fortuna, os indivíduos conformar-se-iam com a sua situação e deixar-se-iam arrastar sem resistência pelo curso do mundo sob a bênção do cosmopolitismo teocrático que aspira a uma ordem transcendente.

Que qualidades subjectivas deverá ter o novo príncipe ou o político inovador? Maquiavel atribui mais importância à astúcia do que à força. É de sublinhar a sua caracterização da política, que nada tem que ver com uma empresa guerreira de tipo medieval. Esta tem duas dimensões: a dimensão racional das leis e das instituições e a da acção, da luta, em que a força se associa à astúcia. O leão e a raposa são os animais simbólicos que Maquiavel utiliza como ilustração. O príncipe deve possuir a força do leão para se defender dos lobos que o querem atacar e a astúcia da raposa para conhecer as armadilhas que a força brutal do leão é incapaz de contornar. Apesar do uso de ambas ser regulado pela necessidade, isto é, depender das circunstâncias objectivas, Maquiavel vê na raposa, ou seja, na astúcia, a melhor aliada do príncipe, pois «quem melhor usar a raposa foi quem melhor se saiu» (*Ibidem*, p. 196). Como a época de Maquiavel está ainda impregnada de política palaciana, o autor associa a astúcia à dissimulação, componente fundamental da razão de Estado em formação. Neste contexto, a sinceridade, no sentido de «mostrar o jogo», pode revelar-se uma virtude desastrosa numa política que tem de se confrontar com a ordem antiga para construir a nova. Em consequência, o príncipe deve ser exímio na arte da dissimulação, pois a visão é, de todos os cincos sentidos, o que mais facilmente se deixa ludibriar:

> «Os homens em geral julgam mais pelos olhos que pelas mãos, porque o ver toca a todos, sentir toca a poucos: todos vêem aquilo que tu pareces, poucos sentem aquilo que tu és; e esses poucos não se atrevem a opor-se à opinião dos muitos que têm a majestade do estado que os defenda.»
> (*Ibidem*, p. 197)

A relativização dos valores morais é parte integrante da secularização ou laicização da política, um dos principais legados de Maquiavel à posteridade, que define a sua modernidade incontornável. A política inovadora tem não apenas uma dimensão construtiva, mas também uma dimensão de ruptura com a ordem estabelecida, embora, tacticamente, Maquiavel adopte uma postura prudentemente reformista, mas não cautelosa, quando aconselha o príncipe a «inovar com novos modos as ordens antigas» (*Ibidem*, p. 146). A ruptura com a velha ordem é legítima ética e politicamente sempre que o objectivo em vista seja construir uma ordem melhor, pois «é aquele que é violento para destruir que deve ser censurado, não o que faz para reordenar» (Maquiavel, 2010, p. 62). Esta ruptura nada tem de iconoclasta, mas converte-se num factor de transformação social e política que o príncipe deve ter em conta, não deixando de utilizar meios considerados não benignos pela moral religiosa tradicional quando tal se revelar necessário. Por isso, Maquiavel recomenda-lhe para «não se afastar do bem se puder, mas saber entrar no mal se necessitado» (Maquiavel, 2012, p. 197).

Com Maquiavel, a política, além de um jogo táctico e calculado de relações de poder, transforma-se numa actividade de sucesso incerto. A imprevisibilidade constitui uma das suas características fundamentais, pois, para construir uma nova ordem, é necessário pôr em causa as certezas preestabelecidas da religião dominante que legitimavam a situação de indolência e passividade em que se baseava o domínio dos senhores feudais laicos e religiosos. O «povo», isto é, os não nobres, não constituía ainda uma força capaz de alterar a ordem existente, o que justifica o apelo de Maquiavel a um príncipe, representante de uma vontade colectiva em formação. No entanto, este não deve hostilizá-lo, mas sim fazer dele um aliado, já que «a um príncipe é necessário ter o povo por amigo; de outra maneira, não tem remédio na adversidade» (*Idem*, p. 157). A conformidade resignada com o presente está em declínio. A necessidade de ruptura com o imobilismo da ordem tradicional trouxe consigo a incerteza, mas também a prudência e o discernimento para encontrar a via da alternativa:

> «Nem creia jamais algum estado poder tomar sempre decisões seguras, pense antes ter de as tomar todas incertas; porque na ordem das coisas encontra-se isto, que nunca se procura fugir a um inconveniente que não se incorra num outro. Mas a prudência consiste em saber conhecer a qualidade dos inconvenientes e tomar o menos ruim por bom.» (*Ibidem*, p. 220)

O meu reino é deste mundo

Frederico da Prússia, um dos maiores adversários de Maquiavel, acusa-o de «perverter os príncipes, que devem governar os povos, administrar a justiça e dar exemplo dela aos súbditos, constituir, por sua magnanimidade e misericórdia, a imagem viva da Divindade, e que devem ser reis menos pela grandeza e pelo poder do que pelas qualidades e virtudes pessoais» (Frederico da Prússia, 2000, p. 8). Esta tirada presunçosa suscita desde logo uma questão: poderão os povos confiar na «magnanimidade» e nas «qualidades e virtudes pessoais» de um monarca que se concebe à imagem da Divindade quando não existem instituições que constituem um freio e um contrapeso ao seu poder? Certamente que não! Sob a aura celestial da moral, o futuro Frederico II apenas oculta o exercício do poder absoluto do monarca pela «Graça de Deus».

Considerado por alguns como inspirador dos tiranos e das tiranias, Maquiavel desmente esta fama imerecida. Para o florentino, o exercício do poder do príncipe baseia-se num jogo de equilíbrios institucionais que permitem «não exasperar os grandes e satisfazer o povo e tê-lo contente» (Maquiavel, 2012, p. 202). Maquiavel defende mesmo a existência de uma instituição independente do rei e da alta nobreza nos principados, exemplificada pelo parlamento da monarquia francesa, que exerça a função de mediação e contrapoder. Instituição representativa da nobreza de toga, hierarquicamente inferior à nobreza de sangue, este parlamento constitui, segundo a expressão maquiaveliana, um «terceiro juiz» que limita o poder dos grandes sem lhes despertar animosidade, pois não provém do rei, e, simultaneamente, é aceite pela «maior parte», isto é, pelos não nobres, o povo, que se sente mais seguro e mais protegido da «ambição dos potentes e da sua insolência» (*Idem*, p. 202). A conclusão de Maquiavel é que «um príncipe deve estimar os grandes, mas não se deve fazer odiar pelo povo» (*Ibidem*, p. 202). O grande mérito desta postura é considerar a política como um jogo de equilíbrios e compromissos determinado pela relação de forças que o príncipe deve saber gerir com inteligência e perspicácia. As suas qualidades e virtudes pessoais não constituem, porém, o factor político primordial, mas sim um factor que se forma num contexto social historicamente determinado que não depende da vontade do príncipe, mas que, de certo modo, a ultrapassa.

Maquiavel recusa toda a transcendência: a política não visa edificar a «cidade de Deus», mas intervir no mundo para construir a cidade mundana possível nas condições da época em que viveu. Uma moral extramundana é incompatível com a criação e preservação de uma nova ordem política, já que, sob o pretexto de preparar os indivíduos para a renúncia aos bens que os vinculam a este mundo e os separam do outro, gera, no fundo, um estado de indiferença e passividade políticas que lhes retira o vigor para enfrentarem as dificuldades que é necessário superar para se construir um ordenamento em que não predomine o poder sem freio de alguns, sob a capa da resignação e da humildade aconselhada à maioria pelo poder simbólico da religião. O florentino entendeu muito bem a aporia fundamental da moral do cristianismo tradicional, que, ao centrar-se numa ascética fuga do mundo como condição do aperfeiçoamento interior, espiritual dos indivíduos, acaba por abandoná-los à sua sorte, fazendo da «fortuna» o único árbitro do seu destino.

A virtude política maquiaveliana situa-se nos antípodas desta moral. Os atributos ou qualidades do político não podem ser os que se encontram associados à «vida contemplativa», mas, pelo contrário, os que preparam aqueles que pretendem conquistar o poder político, príncipes ou repúblicas, para a «vida activa», ou seja, todos os que, em contraciclo com a tradição religiosa, expressam tanto a audácia e a ousadia do leão como a astúcia da raposa, pois «não creio que se encontre algum exemplo de alguém que, partindo de um estatuto de baixa fortuna, tenha chegado a posição de grande poderio apenas graças ao emprego da força, aberta e lealmente, mas já acredito que seja possível lá chegar apenas com o uso da astúcia» (*Ibidem*, pp. 195–196). As duas primeiras permitem-lhe agir sem ser ultrapassado pelos acontecimentos, mesmo que as suas acções possam ser extemporâneas, pois mais vale agir impetuosamente do que confiar na fortuna e esperar que as coisas aconteçam. A terceira, associada à prudência e ao discernimento, permite-lhe analisar as relações e os equilíbrios de forças e, por conseguinte, fazer um balanço racional das vantagens e desvantagens das decisões que orientam a sua intervenção política. Em ambos os casos, tanto o príncipe como a república jamais se devem abandonar ao curso do mundo; pelo contrário, se não conseguirem alterá-lo ou dar-lhe uma nova direcção, devem pelo menos evitar serem submergidos pelo maremoto da fortuna.

Com Maquiavel, nasce verdadeiramente o conceito de Estado como monopólio do exercício do poder político num determinado território. A separação da política da moral atinge no autor de *O Príncipe* a sua máxima expressão. Despojado de uma luz divina transcendente, o horizonte do indivíduo já não é a cidade celeste, mas sim a luta contra as forças que se opõem tanto a nível interno como a nível externo à constituição de uma ordem política que supere a fragmentação feudal. Vivendo num período em que a autoridade política ainda não tinha centralizado o poder, Maquiavel não hesita em defender que mesmo os meios amorais são necessários para a realização deste fim último. Neste sentido, pode dizer-se que o florentino é um precursor da razão de Estado. A exigência de formação de uma ordem política desvinculada do cosmopolitismo teocrático medieval, além de projectar uma comunidade política que tem a nação como referência última, abre também a porta a um ordenamento jurídico que se opõe aos direitos particularistas feudais. Tendo em conta as condições da sua Itália natal do início do século XVI, este elemento fundamental para a formação do Estado moderno tem menos importância do que o outro elemento, o poder do príncipe, que, no entanto, é mais institucional do que pessoal, incumbido de abolir todos os obstáculos mundanos e extramundanos à obra máxima de unificação política. O tradicional conflito entre o poder espiritual do Papa e o poder temporal do imperador começa assim a ser substituído pelo novo conflito entre o monarca e as nobrezas territoriais, principais aliadas da Igreja medieval, no âmbito de um processo de centralização político-jurídica que conduzirá à formação dos modernos Estados-nação e ao triunfo da razão de Estado.

CAPÍTULO 2

BODIN:
O PRÍNCIPE SOBERANO

As guerras confessionais em França

A primeira metade do século XVI na Europa foi marcada pela reforma protestante. Em 1517, Martinho Lutero publica as 95 teses contra as indulgências. Dezanove anos depois, Calvino edita a *Instituição da Religião Cristã*, refugiando-se em Genebra, cidade em que se apossou do governo, em 1541, ano em que os turcos se apoderaram de Budapeste. Em 1545, iniciou-se o Concílio de Trento, que, com interrupções, se prolongaria até 1563. Aqui, são reafirmados os grandes pilares do catolicismo, criticados pela ofensiva protestante: defesa da tradição e da Bíblia como elementos da revelação, defesa do clero, a existência de sete sacramentos e o culto dos santos.

Os efeitos desta dissidência confessional fizeram-se particularmente sentir em França, que foi assolada pela guerra civil que opôs as duas facções religiosas da nobreza, uma católica e outra protestante calvinista ou huguenote. Desde 1559, a nobreza protestante calvinista, embora minoritária no reino, aumentou a sua influência em algumas assembleias de Estados provinciais. Formaram-se então dois «partidos» confessionais reunidos em torno de um chefe de fila: um católico, liderado por François, duque de Guise, outro protestante, em que se destacaram, primeiro, Coligny e, depois, Henrique de Bourbon. Esta contenda foi favorecida pelo enfraquecimento do poder régio, que atravessou uma crise dinástica: o monarca Henrique II morreu num acidente, em 1559, sucedendo-lhe o seu filho, Francisco II, que teve um breve reinado, falecendo 18 meses depois. Seguiu-se-lhe Carlos X, com apenas 11 anos, sendo a regência assegurada pela mãe, a italiana Catarina de Médici, uma católica fanática. O receio que tinha da influência de Coligny sobre o filho precipitou o conflito confessional, que instigou com vista a eliminar o «partido» protestante e os seus líderes. O seu ponto culminante foi o massacre da noite de São Bartolomeu, em 1572, onde foram assassinados milhares de huguenotes, entre os quais o próprio Coligny.

Este triste evento não conduziu, ao contrário das intenções de Catarina de Médici, à eliminação do partido huguenote, mas sim à intensificação da fractura confessional. Em 1574, após a morte de Carlos IX, foi assinado o acordo de Étigny, em que os protestantes conseguiram o controlo de oito praças-fortes. Entretanto, como o novo monarca, Henrique III, não deixou descendência, as pretensões de Henrique de Bourbon ao trono de França reforçaram-se após o seu casamento com Margarida de Valois. O conflito religioso «internacionalizou-se»: a Espanha católica de Filipe II apoiou a «santa liga», que reunia os partidários mais fundamentalistas do catolicismo, enquanto a facção protestante apelava ao apoio da Inglaterra anglicana de Isabel I, que lutava contra a hegemonia espanhola e os seus aliados da Contra-Reforma. Henrique de Bourbon, nomeado sucessor de Henrique III em 1593, converteu-se ao catolicismo, entrando em Paris um ano depois. Fruto da relação de forças existente entre as duas facções confessionais, o novo monarca, Henrique IV, assinou, em 1598, o Édito de Nantes, que reconheceu, de forma inédita, aos protestantes, num reino maioritariamente católico, a liberdade de consciência e, com restrições, a liberdade de culto. No entanto, a tolerância relativamente aos huguenotes não foi muito significativa, como o prova o suplício de Jean Calas, em 1762, protestante injustamente acusado de ter assassinado o filho que se tinha convertido ao catolicismo, episódio que esteve na origem do célebre *Tratado da Tolerância*, de Voltaire (1763), que assumiu a sua reabilitação e a defesa da família.

Os três pilares da República

Nascido em 1529, Jean Bodin não pertencia a nenhuma das facções em luta, mas sim ao partido dos que queriam libertar a França dos conflitos confessionais e reconstituir a unidade do Estado francês em formação. Advogado do Parlamento de Paris, interessou-se pela política, mas não lhe sacrificou os estudos, que nunca abandonou. O seu projecto tem afinidades claras com o de Maquiavel, embora permaneça ainda ligado à tradição medieval, sobretudo no que respeita à defesa da tese sobre a origem divina do poder do rei. No entanto, tal como o florentino, e, por vezes, de forma mais explícita, introduz uma série de elementos inovadores, de que se destaca a questão da soberania que Maquiavel, apesar de, implicitamente, a ter associado à pessoa do príncipe, não tinha caracterizado, já que o terreno em que se movia, a Itália fraccionada e dividida do século XVI, não lhe permitia ainda uma abordagem mais abrangente.

Em 1583, Bodin publica os seis livros da *República*, a sua obra política fundamental, extraindo o título de Platão e de Cícero, este último muito citado e elogiado, o primeiro muito criticado, mas com um desenvolvimento argumentativo deveras original, pois introduz conceitos desconhecidos pelos dois autores clássicos. Para Bodin, a república, que, ao contrário da república dos seus antecessores, já quase se poderia traduzir por «Estado», assenta em três pilares: é um poder que tem como base diversas famílias, em que existe uma comunidade de interesses que liga os seus membros e um poder soberano que preserva a sua unidade interna e relativamente às outras repúblicas. Família, bem comum e poder soberano são as marcas distintivas de uma república «bem ordenada» que não se caracteriza verdadeiramente pela procura de uma felicidade exclusivamente mundana, concepção que liga ainda Bodin à tradição medieval e o afasta de Maquiavel e dos modernos, mais avançados neste ponto, mas pela maior aproximação possível não a um modelo político ideal, o que o separa de Platão e Thomas More, contemporâneo de Bodin, mas sim ao chamado *droit gouvernement*, que poderemos traduzir por «governo recto» ou «governo justo».

Se a república tem como base diversas famílias, não pode, porém, reduzir-se ao seu somatório, já que não pode existir sem um poder soberano que una todos os seus membros e partes componentes, que constitui, assim, o seu pilar fundamental. Além deste, existe ainda o que poderá ser designado por «domínio público», que apenas pode configurar-se na sua distinção relativamente ao domínio dos privados, que pertence ao âmbito da família. Esta distinção é verdadeiramente um dos elementos nucleares da república de Bodin, que, de certo modo, prefigura o Estado moderno com a sua clara separação entre a esfera pública e a esfera privada, que não existia no mundo antigo nem no mundo medieval. Neste sentido, Bodin critica a comunidade de bens platónica, invertendo a lógica argumentativa do filósofo grego: não pode haver necessariamente uma coisa pública se ninguém possuir alguma coisa de forma privada, e, analogamente, não se pode pressupor algo de comum se não existirem propriedades distintas. Apesar de autónomas, as famílias devem contribuir para o bem público, já que todas elas, sem excepção, estão subordinadas ao pagamento de impostos, que, tal como Bodin eloquentemente refere, não são apenas uma obrigação ou um fardo, mas consistem em «pôr algo de particular à disposição do comum» (Bodin, 1993, p. 72).

Cidadão e súbdito

Nas suas relações recíprocas, os diversos chefes de família que constituem um dos pilares da cidade são associados e, por conseguinte, surgem como iguais. Nesta nova configuração, são cidadãos da república os súbditos livres que dependem de quem detém a soberania. No entanto, se todos os cidadãos são súbditos, nem todos os súbditos são cidadãos: os escravos e os servos não são cidadãos porque não estão submetidos à autoridade soberana, mas à do *pater familias*, bem como os estrangeiros que estão subordinados a uma autoridade soberana de outra república.

O conceito de «cidadania» de Bodin particulariza-se com a sua crítica a Aristóteles, que considerava a cidade como uma comunidade de cidadãos residentes no mesmo lugar. O autor de *A República* contesta esta definição, pois considera justamente que a cidadania é um conceito jurídico-político e não um lugar topográfico. Isto significa que nunca poderá existir cidade se não existirem leis, assim como uma magistratura e um governo que garanta a aplicação daquelas. Contesta também a concepção aristotélica que define o cidadão como «o sujeito que participa directamente no governo da cidade». Tal caracteriza uma forma de governo, a democracia, que o autor rejeita com argumentos semelhantes aos de Platão e de Cícero. Para ele, estão incluídos na categoria de cidadão todos os indivíduos livres que estão submetidos a uma autoridade soberana, independentemente de participarem ou não no governo da cidade.

Pela primeira vez é sublinhado o carácter público da soberania política que define, por assim dizer, o espaço de exercício da cidadania. No entanto, esta é, acima de tudo, vista ainda como cidadania passiva, pois o que é posto em evidência é a relação de dependência relativamente à autoridade soberana que institui a «condição» de cidadão, o qual se reduz a um «súbdito livre», que está submetido às leis para cuja elaboração não contribuiu. Verifica-se também que Bodin se encontra ainda longe do conceito moderno de igualdade de todos os cidadãos perante a lei, já que, tributário da tradição medieval, subdivide-os em estados políticos que desfrutam de direitos diferenciados, no fundo, de privilégios políticos, o que está nos antípodas do moderno conceito igualitário de cidadania nascido com a Revolução Francesa de 1789:

> «Nunca existiu uma República, seja verdadeira ou imaginária, até mesmo a mais popular que se possa pensar, onde os cidadãos sejam iguais em todos os seus direitos, e prerrogativas, mas uns têm sempre mais ou menos do que os outros.» (*Idem*, p. 102)

O poder supremo

Conceito nuclear em Bodin é o de soberania. Esta é «o poder absoluto e perpétuo de uma República» (*Ibidem*, p. 110), podendo ser delegada pelo seu detentor, mas nunca transferida para outro. Quem detém a soberania dispõe do poder legislativo. Isto significa que o príncipe soberano faz as leis e pode aboli-las, mas não está submetido a elas, pois

> «pode receber-se uma lei de outrem, mas é impossível dar-se a si próprio uma lei, bem como comandar-se a si próprio, coisa que depende da sua vontade» (*Ibidem*, p. 121).

Estas considerações merecem alguns comentários. O autor de *A República* define a soberania como «poder supremo», mas não a distingue verdadeiramente da pessoa do príncipe, que a exerce e, de certo modo, a encarna. Esta redução do poder soberano ao órgão ou à pessoa que garante o seu exercício impede-o, antes de tudo, de chegar ao conceito de soberania do Estado, que seria mais tarde introduzido por Thomas Hobbes, como entidade separada da sociedade civil, detentora do monopólio do poder político e da legislação civil e penal. Em segundo lugar, a ideia de que quem faz as leis não está submetido a elas, porque não se pode obrigar perante si próprio, partilha da mesma insuficiência, como demonstraria mais tarde Jean-Jacques Rousseau: enquanto cidadãos, os membros da república participam activamente na elaboração das leis e das normas comuns que organizam o convívio civil; enquanto súbditos da mesma, estão submetidos às leis que contribuíram para elaborar, pois nesta acepção surgem como indivíduos privados com uma vontade particular distinta da vontade legislativa comum e, por conseguinte, devem ser institucionalmente obrigados perante todos a observá-las.

Apesar das insuficiências na formulação do conceito de soberania, Bodin considera que, apesar do poder soberano do príncipe não estar subordinado às leis que elabora ou revoga, não se situa acima delas. Antes de tudo, o exercício do poder soberano por parte dos príncipes deve respeitar as leis divinas e naturais a que estão submetidos todos os habitantes da cidade terrena. Além deste argumento tradicionalista, Bodin introduz um importante elemento precursor do contratualismo jusnaturalista, em ruptura com as doutrinas dominantes sobre a razão de Estado: a fidelidade à palavra dada, que, em Maquiavel, não deveria ser seguida se o príncipe obtivesse uma vantagem sobre o oponente, e o respeito dos contratos, que, ao contrário das leis que dependem da vontade soberana do príncipe, são convenções que obrigam reciprocamente tanto este como os súbditos, ambos concebidos nesta óptica como pessoas privadas, não podendo uma das partes infringi-las senão à custa da outra. Mais tarde, o contratualismo, reduzido aqui ainda à sua dimensão civilista, estender-se-ia à esfera política com a doutrina jusnaturalista da fundação consensual do governo.

Bodin surge como um autor de transição entre os defensores da razão de Estado, que têm em Maquiavel, por mais que estes tentem destacar-se dele, a sua referência, e as doutrinas que, na segunda metade do século XVIII, poriam em causa a fundamentação medieval sobre a origem divina do poder dos reis. Bodin, apesar de não conceber ainda a soberania como um poder objectivo, institucional, que se destaca da pessoa do príncipe, elabora a primeira distinção consequente entre o domínio público e a esfera privada, que assinalaria a emergência da modernidade. Prova disso é o seu reconhecimento da autonomia da esfera civil relativamente à esfera política através da distinção entre lei, que rege as relações entre soberano e súbdito, e contrato, que remete para relações entre privados juridicamente iguais e para o princípio da boa-fé, que deve ser respeitado por todos, incluído o príncipe, pois, no caso contrário, não seria possível a coexistência e o comércio recíprocos em que se baseiam as relações civis. Por fim, o cidadão concebido por Bodin, apesar de desfrutar de direitos diferenciados ou privilégios, surge como o sujeito que não está submetido à autoridade tutelar de outrem, mas depende, em última instância, da configuração institucional da república soberana que o define enquanto tal.

CAPÍTULO 3

RICHELIEU: O INTERESSE DO ESTADO

O declínio do Império Germânico

A reforma protestante introduziu a dissensão no seio dos herdeiros dos Habsburgo do Sacro Império Romano-Germânico, referência do mundo medieval. Em 1618, os conselheiros partidários do imperador foram defenestrados em Praga. Este evento esteve na origem da rebelião checa que proclamou Frederico V rei, príncipe protestante do Palatinado. No entanto, dois anos depois, os checos seriam derrotados pelas tropas imperiais de Fernando II e só conquistariam a sua independência após a Primeira Guerra Mundial.

Esta rebelião foi apenas o ponto de partida do declínio do Império Medieval. A emergência da monarquia sueca sob a égide do rei Gustavo II Adolfo, à frente de um exército renovado tecnologicamente e tacticamente, constituiu uma nova esperança para os príncipes protestantes alemães do império, pois conseguiu pôr na defensiva as tropas imperiais na Batalha de Breintenfeld, em 1631. No entanto, o monarca sueco foi derrotado pelas tropas do comandante imperial Wallenstein, figura imortalizada por uma célebre trilogia do dramaturgo alemão Friedrich Schiller, morrendo na Batalha de Lützen, em 1632.

Uma nova potência, a França, entrou em cena, tornando-se a principal adversária do império e dos seus aliados espanhóis. O primeiro-ministro de Luís XIII, o cardeal Richelieu, não hesitou em aliar-se aos opositores protestantes do império e da Espanha católica para afirmar a potência emergente gaulesa num quadro europeu em transformação. Depois de ter apoiado financeiramente o monarca sueco nas suas incursões pela Alemanha, viu as Províncias Unidas, potência marítima emergente, vencer a esquadra espanhola em Las Dunas, em 1639, o que lhe permitiu apoiar os movimentos separatistas da Catalunha e de Portugal, que reconquistaria a sua independência um ano depois. A obra de Richelieu, falecido em 1642, foi continuada pelo seu sucessor no cargo, o cardeal Mazarino, como o demonstram as vitórias das tropas francesas sobre os espanhóis em Lens e sobre as tropas imperiais em Süsmarshausen (1648), que obrigaram o imperador Fernando III a assinar o Tratado de Vestefália, que pôs termo à Guerra dos Trinta Anos.

Inaugurou-se assim um novo período, que acabou com a hegemonia dos Habsburgo no continente europeu, bem como a dos seus aliados espanhóis, derrotados pelas novas potências emergentes tanto em terra como nos mares. As Províncias Unidas e a Grã-Bretanha subtraíram o predomínio marítimo a Espanha, enquanto no continente europeu a França afirmou-se como a nova potência hegemónica. A Alemanha, núcleo do império, fragmentou-se com os príncipes protestantes a proclamarem a sua independência, enquanto as formações políticas mais poderosas, como foi o caso do eleitorado de Brandeburgo, que adquiriu a Pomerânia Oriental e o Magdeburgo, estiveram na origem da formação de novos Estados, como, por exemplo, a Prússia, que se tornaria uma potência continental no século XVIII. A Casa da Áustria viu o seu império amputado e reduzido à Boémia, à Morávia e aos Balcãs, que permaneceram sob o domínio dos Habsburgo até ao fim da Primeira Guerra Mundial. Em 1658, a Espanha foi constrangida a assinar o Tratado dos Pirenéus, perdendo para França o Rossilhão, o Artois e uma série de praças-fortes entre a Flandres e o Luxemburgo. A norte, a Suécia reforçou o seu controlo na zona do Mar Báltico, obtendo, com o Tratado de Vestefália, as cidades de Bremen, Werden e Wisman, e, em 1660-1661, com a Paz do Norte, a Escânia, a Livónia, a Íngria e a Carélia. A derrota do Império Habsburgo e da Espanha católica inaugurou na Europa Ocidental a fase da hegemonia das monarquias nacionais, de que a França era o maior representante.

A unidade interna como condição da política de potência

Armand-Jean du Plessis (1585-1642), duque de Richelieu, foi nomeado cardeal em 1622, ano em que foi assinada a Paz de Montpellier com os huguenotes insurgentes, ascendendo ao cargo de primeiro-ministro de

Luís XIII dois anos depois. No seu *Testamento Político*, obra cuja primeira edição foi publicada postumamente em 1691, faz o balanço da sua governação como se fosse um epitáfio dirigido ao monarca e ao legado à posteridade. Logo no início da obra, traça as grandes linhas do seu programa político, que confluem na remoção dos grandes obstáculos à realização da unidade interna do reino e, consequentemente, ao reforço do absolutismo monárquico:

«Destroçar o partido huguenote, rebaixar o orgulho dos Grandes, reduzir todos os súbditos ao seu dever e alçar o vosso nome [Luís XIII], entre as nações estrangeiras, ao lugar onde ele deve estar.» (Richelieu, 2008, p. 63)

Este programa remete para uma nova política de alianças que confere à França uma posição de relevância no quadro europeu, o que implica necessariamente disputar a hegemonia do império e de Espanha, principais representantes da ordem trentina da Contra-Reforma. Este objectivo não pode, porém, ser separado da consecução da paz interna com a supressão das rebeliões e dissensões que contribuem para enfraquecer o poder da monarquia que Richelieu, enquanto primeiro-ministro, representa. Neste sentido político e não confessional deve ser lida a intenção do cardeal de «destroçar o partido huguenote». De facto, o primeiro--ministro de Luís XIII era demasiado perspicaz e inteligente para cair na armadilha de uma nova noite de São Bartolomeu: os huguenotes são adversários do Estado francês em formação não porque são protestantes, mas sim porque governam cidades e regiões que não aceitam a jurisdição do monarca, defendendo o seu direito à autodeterminação perante ele. Da mesma forma, o «orgulho dos Grandes» manifesta-se através do governo de províncias que se opõem à autoridade do poder central. O cerco e a conquista de La Rochelle, principal bastião protestante, bem como o afastamento dos governadores das regiões de Borgonha, Picardia e Provença, demonstram que o principal objectivo de Richelieu foi alcançado. Só assim a França poderá concentrar os seus esforços numa nova política de alianças com as novas potências emergentes, fundamentalmente, as Províncias Unidas, a Inglaterra e a Suécia, que com ela partilham a oposição à dominação dos Habsburgo e dos seus aliados espanhóis. Os poderes fraccionistas e secessionistas a nível interno contribuem para debilitar a política externa da nova potência francesa, o que leva Richelieu a elogiar todos os que, «para se prevenirem do contágio de que a corrupção do ar os ameaça, se purgam com tanto mais cuidado quanto o limpar-se por dentro é, em sua opinião, o melhor e mais seguro meio que têm para se prevenirem das injúrias externas» (*Idem*, p. 78).

No novo contexto, as clivagens confessionais que marcaram o século precedente perderam todo o seu protagonismo. Agora é, sem dúvida, a razão de Estado, no máximo do seu esplendor, que coloca o interesse do Estado acima de todos os outros, tornando-se o princípio director da orientação política da monarquia gaulesa. Isto remete para a política de alianças de um Estado que, necessitando de se afirmar perante os outros como potência, não pode estar em guerra contra todos, mas apenas contra os que se opõem à satisfação dos seus interesses. Complementarmente, a vitória de Richelieu sobre os huguenotes não é tanto uma vitória da confissão católica sobre a protestante, mas mais uma vitória política. Prova disso é que, suprimido o obstáculo à unidade interna do reino que estes representavam, transformar-se-ão em súbditos franceses: o primeiro-ministro de Luís XIII mantém as prerrogativas conseguidas pelos calvinistas franceses com o Édito de Nantes, o qual seria revogado por Luís XIV, em 1685, o que significou um enorme retrocesso a que apenas a Revolução de 1789 porá termo.

A subordinação do interesse particular ao interesse público

Apesar de defender que cada um deve ser «obrigado a estar no lugar que pelo seu nascimento deve ter» (*Ibidem*, p. 192), princípio em que assenta a hierarquia dos privilégios feudais, Richelieu dedica uma parte do seu *Testamento Político* a analisar o modo como cada um dos estados deve estar submetido ou, pelo menos, não ser obstáculo ao poder do monarca. Relativamente ao clero, retoma, sob uma nova forma, as teses de Dante sobre a separação entre o poder espiritual do Papa e o poder temporal do monarca: a Igreja deve confinar-se ao poder espiritual, pois «se os reis são obrigados a respeitar a tiara dos sumos pontífices, são também a conservar o poder da sua coroa» (*Ibidem*, p. 142). Defende também que os jesuítas não devem deter o monopólio do ensino, porque esta companhia está vinculada por «um voto de obediência cega» (*Ibidem*, p. 147) ao Papa, o que contraria o princípio de que no reino não pode existir nenhum poder que não esteja subordinado ao poder temporal do monarca. Por conseguinte, é necessário que o ensino seja ministrado por diversos intervenientes, pois só a emulação poderá garantir tanto a sua qualidade como a sua estabilidade, permitindo que possa mudar de mãos sempre que quem o assegura não desempenhe cabalmente a sua função.

Relativamente à nobreza, defende que deve estar subordinada ao poder do Estado, representado pelo rei, pois «aqueles que são prejudiciais ao público não lhe são fiéis» (*Ibidem*, p. 158). Recomenda que o povo deve ser protegido do abuso de poder dos Grandes, já que o soberano deve garantir a todos os súbditos as mesmas condições de protecção e segurança, o que, por maioria de razão, se justifica ainda mais relativamente a quem não dispõe de armas para se defender. Preconiza a diversidade de casamentos no seio das famílias nobres, em vez do casamento exclusivo dos mais velhos, de acordo com os princípios de uma «maquiavélica» razão de Estado: apesar de tal política arruinar muitas famílias nobres, é útil ao Estado e ao interesse público, que recebe assim um excedente de homens de armas — chama-lhe «braços» —, aos quais não resta outra alternativa senão servi-lo. Mas o ponto mais alto das suas recomendações políticas é a crítica da honra aristocrática que põe sempre o seu interesse particular acima do interesse público. Os que consideram que a honra é mais valiosa do que a vida não podem servir de exemplo para ninguém num Estado bem ordenado que se rege por leis e tem como objectivo preservar a vida de todos. Justamente por isto, Richelieu, de uma forma inédita, defende a proibição dos duelos, que representam tudo o que de mais nefasto existe na honra aristocrática, pois

«sendo os reis estabelecidos para conservar os seus súbditos e não para os perder, estes não podem expor a sua vida sem qualquer utilidade pública ou necessidade particular» (*Ibidem*, p. 163).

Relativamente ao terceiro estado, o povo, fiel à razão de Estado e ao espírito do seu tempo, Richelieu afirma que «se os povos estivessem demasiado à vontade, seria impossível contê-los dentro das regras do seu dever» (*Ibidem*, p. 189). Será, portanto, de certo modo, a necessidade a suscitar a obediência de vida, pois a prosperidade gera desejos e inquietações e um estado de insatisfação que podem encorajar a rebelião perante a autoridade instituída. No entanto, não considera, como Maquiavel, que «as repúblicas bem ordenadas têm de manter o Estado rico e os cidadãos pobres» (Maquiavel, 2010, p. 112). Em alternativa, defende que a tributação a que o povo está submetido deve ser «proporcionada às suas forças», pois, caso contrário, «mesmo que fossem úteis ao público, não deixariam de ser injustas» (Richelieu, 2008, p. 189). Richelieu crê mesmo que os mais pobres devem ser aliviados da carga fiscal. Para que tal seja possível, considera que a principal fonte de receita do Estado deve ser o seu aparelho fiscal, as chamadas *fermes générales*, que cobravam os impostos da monarquia num sistema de concessão até à Revolução de 1789, que, ao contrário da tributação feudal, se orienta por princípios de justiça tributária, pois «os soberanos devem, tanto quanto possível, valer-se antes da abundância dos ricos que sangrar extraordinariamente os pobres» (*Idem*, p. 220).

A racionalização e a despersonalização do poder

Apesar de considerar, de acordo com a tradição medieval em muitos aspectos ainda imperante, que o poder do monarca provém de Deus, Richelieu sublinha o papel do Conselho do rei na tomada de decisões políticas. Neste sentido, este não deve ser um poder pessoal, mas, cada vez mais, um poder de carácter institucional, já que «o pior governo é aquele que não tem outro recurso senão a cabeça de um príncipe, o qual, sendo incapaz, é tão presunçoso que não faz caso de qualquer Conselho» (*Idem*, pp. 220–221). A despersonalização do poder é, sem margem para dúvidas, parte integrante da lógica de funcionamento da razão de Estado. Ilustrativa a este respeito é a sua tese de que o político deve falar pouco e escutar muito para poder tomar a opção mais fundamentada após a análise das diversas propostas. Na mesma linha de argumentação, considera que as mentes mais brilhantes são, frequentemente, maus políticos, pois

> «quanto maior é um espírito, menos ele é, por vezes, capaz de sociedade e de conselho, qualidades sem as quais mesmo aqueles a quem a natureza deu mais luzes são pouco apropriados para governar» (*Ibidem*, p. 222).

A despersonalização do poder remete para a sua racionalização. Antes de tudo, o príncipe encontra na razão, e não na paixão, a referência da sua actuação enquanto homem de Estado, já que «deve evitar sobretudo agir por um princípio tal, que o tornaria tão mais odioso quanto é directamente contrário ao que distingue o homem dos animais» (*Ibidem*, p. 260). Em segundo lugar, a previdência, entendida como capacidade de não se deixar arrastar pelos impulsos e as satisfações momentâneas que podem tornar-se prejudiciais no futuro, é outro importante critério da conduta política racional:

«Quem prevê de longe não faz nada por precipitação, pois pensa cedo, e é difícil fazer mal quando se pensou antes.» (*Ibidem*, p. 270)

Outra importante componente do processo de racionalização política é a negociação. Esta substitui a dissimulação maquiavélica, permitindo ao príncipe estar a par do que acontece no mundo, que não pode reduzir-se ao que se passa à sua volta, na corte, tornando-o mais previdente, pois, deixando de estar circunscrito às questões domésticas, apercebe-se de que «as revoluções se fazem violentamente a partir das partes mais distantes, pelo que não se esquecem de nada para se fortificar ao longe» (*Ibidem*, p. 283). A negociação torna-se também um contributo importante para estabelecer a reputação do príncipe, que se baseia na fidelidade à palavra dada e no cumprimento das promessas, que Bodin já tinha sublinhado, elementos fundamentais de uma nova diplomacia que começa a libertar-se dos conflitos dinásticos e das intrigas palacianas. Por fim, o mérito baseado em provas dadas, e não o favor pessoal, deve sempre presidir à nomeação dos candidatos aos cargos públicos:

«O favor pode inocentemente ter lugar em certas coisas. Mas um reino está em mau estado quando o trono desse falso deus é elevado acima da razão.
O mérito deve sempre pesar mais na balança, e quando a justiça está num dos pratos, o favor não pode, sem injustiça, prevalecer.» (*Ibidem*, pp. 292–293)

Colegialidade do poder, previdência, negociação baseada no respeito e na fidelidade à palavra dada, critério do mérito em oposição ao do favorecimento, como princípio que deve presidir à escolha dos mais capazes para o exercício de cargos públicos, são os pilares fundamentais de um processo de institucionalização e racionalização políticas que começa a separar o poder político do poder pessoal do príncipe. No entanto, era ainda cedo para a consumação desta separação, a qual só seria possível quando o poder concentrado da sociedade, mas que se eleva ao mesmo tempo acima dela, o Estado na sua forma moderna, se autonomiza estruturalmente relativamente aos seus detentores de turno. É precisamente nesta altura que se forma uma esfera privada cuja independência o Estado reconhece e cujos direitos assegura. Richelieu, ainda prisioneiro da razão de Estado, elemento de transição entre o mundo pré-moderno e o mundo moderno, encontra-se relativamente longe de um tal reconhecimento. De facto, quando está em causa o interesse do Estado, os direitos individuais que, nos diferendos entre privados, remetem para um moroso processo de recolha de provas e testemunhas devem ser suspensos *sine die*, pois «as ordenanças e leis são completamente inúteis se não são seguidas de execuções» (*Ibidem*, p. 277). Neste caso, o interesse público, ainda não verdadeiramente distinto do interesse do Estado, deve ser subordinado à razão de Estado, a qual, no entanto, é, de certo modo, uma precursora daquele:

> «Mesmo quando a consciência pudesse tolerar que deixássemos uma acção assinalável sem recompensa e um crime notável sem castigo, a razão de Estado não poderia permiti-lo.» (*Ibidem*, p. 279)

A razão de Estado revela uma dupla natureza: por um lado, tal como o substantivo «razão» indica, é fruto da racionalização do poder político; por outro lado, mergulha ainda as suas raízes no elemento dinástico e palaciano, no elemento belicoso, na política de potência das monarquias absolutas, como é comprovado pela Guerra dos Trinta Anos. Não admira, portanto, que os principais teóricos da razão de Estado tenham sido figuras ligadas à Contra-Reforma e às monarquias de direito divino, como, por exemplo, Giovanni Botero (1540–1617), discípulo dos jesuítas e, depois, sacerdote que escreveu, em 1599, a obra *Della Ragion di Stato*, que contribuiu para difundir o conceito. Richelieu, outro homem da Igreja, apenas confirmou que a razão de Estado está submetida à monarquia de direito divino e à política de potência do príncipe, componentes da dimensão palaciana da política. De um modo ainda mais claro, esta dimensão foi o ambiente em que o seu sucessor, o cardeal Giulio Mazarino, se moveu.

CAPÍTULO 4

MAZARINO: UMA POLÍTICA MUNDANA

Giulio Raimondo Mazarino nasceu em Pescina, em 1602, no reino de Nápoles, no seio de uma família de parcos recursos. Educado por jesuítas, estudou direito canónico na Universidade de Alcalá, em Espanha. Em 1628, foi nomeado diplomata pontifício. Dois anos depois, participou nas negociações da guerra de sucessão de Mântua, juntamente com Richelieu, que se tornou seu mentor. Naturalizando-se francês em 1639 com o apelido de Mazarin, foi nomeado cardeal dois anos depois, apesar de não ter feito a carreira eclesiástica. Por iniciativa de Ana de Áustria, regente do reino durante a menoridade de Luís XIV, sucedeu a Richelieu no cargo de primeiro-ministro em 1643.

A sua carreira política teve pontos altos e baixos. Notável diplomata, esteve associado à vitória francesa na Guerra dos Trinta Anos, completando a obra do seu antecessor com a assinatura do Tratado de Vestefália, em 1649, e do Tratado dos Pirenéus, em 1659, que estabeleceram a hegemonia de França no contexto europeu sob os escombros do Império Habsburgo. Ao contrário do seu mentor, não conseguiu, porém, evitar os conflitos fraccionistas internos, sendo obrigado a enfrentar a rebelião conhecida por Fronda. Em 1648, os protestos do Parlamento de Paris, com o apoio do povo contra a sua política fiscal, estiveram na origem da fuga da corte. Apesar de a sua habilidade diplomática ter conseguido pôr cobro a esta primeira insurreição, não conseguiu evitar uma nova rebelião da nobreza contra a mesma política, que o levou ao desterro, do qual só regressou em 1652 para restabelecer o seu ministério um ano depois. Terminou a sua carreira política com as assinaturas do Tratado de Copenhaga, em 1660, e dos

Tratados de Oliva e Cardis, que estabeleceram a paz no Norte da Europa. Morreu em 1661.

Em 1684, foi publicado o seu desconcertante, mas fiel ao espírito do tempo, opúsculo *Breviário dos Políticos*, com o título *Breviarium Politicorum Secundum Rubricas Mazarinicas*. Ao contrário de Richelieu, de origem nobre, Mazarino era um *roturier* que não podia justificar a sua ascensão política fazendo referência à sua origem social. Esta nunca poderia emergir, devendo manter-se escondida e dissimulada para não revelar o *parvenu* que tinha ascendido ao mais importante cargo ministerial da monarquia francesa. É precisamente esta figura que nada tem a perder se cair em desgraça, e não o nobre de sangue, que enuncia a máxima política que orienta o *Breviário dos Políticos*: «Deixa aos outros a glória e a fama. Interessa-te apenas pela realidade do poder.» (Mazarin, 1997, p. 120)

Perante um ambiente hostil, um ambiente em que a sua condição e origem sociais nada lhe podiam garantir à partida, em que os adversários esperam ou anseiam pelo seu insucesso, qual deverá ser a orientação do político? Saber simular e dissimular, conhecer-se a si próprio e aos outros. Este não deve fazer um exame interior, nem uma confissão dos seus pecados, como acontecia com os partidários da moral extramundana, já que a sua auto-análise não visa nenhuma transcendência, mas apenas a procura de uma sabedoria imanentemente mundana, uma sabedoria que não tem em vista uma retirada ascética do mundo, mas que procura descobrir o melhor modo de relacionar-se com os outros para conseguir alcançar ou manter o que realmente faz a diferença neste mundo, o poder, particularmente na sua forma mais elevada, o poder político. Tudo se passa então como se o indivíduo, qual órfão abandonado por Deus e entregue a si próprio, fosse lançado num mundo regido por forças diabólicas onde não existem amigos nem possibilidade alguma de redenção ou de crença noutro mundo e em que não tivesse outra alternativa senão enfrentá-las para evitar ser varrido de cena ou aniquilado e, assim, poder construir o seu destino político. Nada existe além da política, a qual pertence definitivamente apenas à cidade terrena e não à cidade celeste.

Controlar as próprias emoções, evitando os excessos tanto de linguagem como de comportamento, constitui a atitude adequada para não se ser surpreendido pelos adversários. Vigiar as próprias acções segundo as circunstâncias e a sua posição social e dos interlocutores, não se deixar encolerizar, nem se mostrar ofendido, saber conter-se, ser paciente e esperar pela hora certa para desferir o golpe certeiro no seu oponente. Recolher informações sobre os outros, não revelar os próprios segredos, mas não envidar esforços para descobrir os dos outros. É sobretudo necessário evitar revelar os próprios sentimentos reais, não mostrar o jogo, exceder os outros na arte da simulação, pois apenas se pode ser sincero quando a nossa sinceridade não nos prejudica e serve para consolidar ou reforçar a nossa vantagem relativa e a posição social que alcançámos.

A política é uma arte que tem a razão como referência, e não os sentimentos dos quais se deve sempre desconfiar, pois são sempre maus conselheiros. O poder das palavras, do discurso elaborado, o saber dizer e o saber controlar o que se diz revelam a dimensão racional da política. O discurso político deve cultivar a ambiguidade, não revelar as verdadeiras intenções de quem o profere, prestar-se a diversas interpretações de modo a evitar compromissos que não se tem a certeza de poder cumprir. É necessário também dominar a arte da argumentação, as figuras de estilo da retórica, que devem ser adaptadas a cada tema e a cada situação, bem como os recursos da dialéctica, que permitem avaliar a força e a fraqueza de um ponto de vista e do seu contrário. Só assim nos poderemos defender das jogadas do adversário e responder aos seus contra-ataques.

A política não pode ser regida pelo culto da transparência, pois é sobretudo uma arte em que é necessário saber jogar com as aparências. Só devem revelar-se os próprios projectos políticos quando se tiver a certeza de que serão aceites pelos outros. Uma componente importante deste jogo é a capacidade de persuasão que visa conquistar a adesão da maioria do povo, concebida à luz da razão de Estado não como sujeito de direitos, mas como entidade passiva e moldável pela vontade política organizada. Neste sentido, é necessário mostrarmo-nos sempre defensores das liberdades do povo, conquistarmos a sua simpatia, prometendo a cada um gratificações materiais, pois ele é indiferente à glória e às honrarias aristocráticas, não prorrogar impostos ou perdoar um condenado quando formos conhecidos como preconizadores de medidas impopulares. É também necessário pôr termo às sublevações, ora escolhendo homens que, invocando o temor a Deus e a piedade, apelem à submissão, ora, maquiavelicamente, difundindo a notícia de que os líderes da insurreição procuram apenas a sua vantagem pessoal e visam apenas o poder à custa do sacrifício dos demais. Saber jogar com a mentira é tanto ou mais importante do que conhecer a verdade.

Apesar de tudo, a política não é uma arena de combate, não é uma guerra entre gladiadores dispostos a exterminarem-se mutuamente, nem um ambiente que se alimenta dos extremos polarizados, pois «tudo o que possas resolver pacificamente não o faças pela guerra ou com um processo» e «é sempre melhor o centro que os extremos» (*Idem*, p. 135). Controlar a cólera e a indignação, desconfiar de tudo o que depende das emoções e reflectir antes de agir e de falar expressam a sua dimensão racional e eminentemente mundana, quanto mais não seja porque a razão de Estado ou alguém em nome dela está sempre à espreita, qual juiz implacável da tua conduta:

> «Atenção: neste momento, alguém — que tu não vês — está talvez a observar-te ou a escutar-te.» (*Ibidem*, p. 141)

III PARTE
O JUSNATURALISMO

CAPÍTULO 1

THOMAS HOBBES: O ESTADO SOBERANO

O novo contexto

Fidelidade à palavra dada, cumprimento das promessas e respeito dos contratos surgem como normas de carácter universal que anunciam a emergência de uma nova ordem jurídico-política em que a razão de Estado, hegemónica na primeira metade do século XVII, começa a declinar. Ninguém melhor do que o neerlandês Hugo Grozio (1583–1645) em *De Iuri Belli ac Pacis* (*Do Direito da Guerra e da Paz*), obra publicada em 1625, expressa o advento da nova forma de pensamento político. Tendo como objectivo formular o direito que regula as relações entre os povos e os Estados, o chamado «direito das gentes», numa época em que o estado de guerra entre nações era a regra e a paz a excepção, Grozio é precursor da ideia de que as normas do direito vigente devem ser interpretadas e mesmo corrigidas à luz de um conjunto de direitos naturais de validade universal, que passaria a marcar a segunda metade do século XVII na Europa Ocidental. Além da manutenção das promessas, já reconhecida por Bodin e retomada por Richelieu, distingue fundamentalmente outras cinco: abstenção de se apoderar das coisas de outrem, restituição do que pertence a outros e se encontra na nossa posse, bem como dos benefícios que se retiram, reparação de danos, obrigação de respeitar os pactos e aceitação do sistema penal. Anuncia-se assim uma ordem política cosmopolita laica que os Estados nacionais devem ter como referência nas suas relações recíprocas e com os respectivos súbditos.

Não foi por acaso que o precursor da nova doutrina dos direitos naturais que destronaria as doutrinas da razão de Estado e, sobretudo, a da origem divina do poder dos reis, sua associada, tenha sido um cidadão neerlandês. De facto, as Províncias Unidas, apesar de se terem tornado definitivamente independentes apenas em 1648, surgem como um viveiro para as novas ideias, alimentado pela luta contra a hegemonia habsbúrgica e pelo domínio da Espanha imperial. Entre 1650 e 1672, o regime monárquico, dirigido por um *stadhouder* da casa de Orange, foi substituído por um regime republicano sob a direcção de Johan de Witt, representante da empreendedora burguesia mercantil emergente. Os 12 anos da república neerlandesa — Johan de Witt seria derrubado e assassinado, juntamente com o irmão, em 1672, ascendendo à direcção do Estado nerlandês o representante da dinastia de Orange, Guilherme III — foram uma época de tolerância e de grande florescimento intelectual em que os Países Baixos se transformaram numa potência que disputava com a Inglaterra a hegemonia nos mares.

Por sua vez, do outro lado do Canal da Mancha, importantes eventos assinalavam a nova época. O monarca Carlos I (1600-1648), próximo dos círculos católicos apoiados pela sua mulher Henriette de França, tentou governar com o apoio da Igreja anglicana oficial contra as outras confissões protestantes, de que se destacou a calvinista, o que esteve na origem da emigração de muitos dos seus membros para o Novo Mundo entre 1629 e 1640. O monarca enfrentou também a hostilidade da Câmara dos Comuns, que se recusou, em 1629, a aprovar o pagamento de um imposto destinado a financiar a guerra com a França. Conseguindo dissolver esta instituição, que representava os interesses das cidades e da pequena nobreza, a *gentry*, Carlos I governou como monarca absoluto até 1640, ano em que foi, de novo, obrigado a convocar o Parlamento para conseguir novos financiamentos para a sua política externa belicista. A revolta da nobreza presbiteriana escocesa que se opunha ao favorecimento monárquico da Igreja anglicana aliada à recusa da Câmara dos Comuns, em que predominavam as confissões protestantes não anglicanas, particularmente a versão britânica do calvinismo, o puritanismo, desencadeou uma guerra civil que opôs os partidários do poder do rei aos do Parlamento.

Organizado segundo o inovador modelo militar sueco pelo puritano Oliver Cromwell (1599-1658), o exército sustentado pelo Parlamento derrotou as tropas de Carlos I em Marston Moor, em 1644, e Naseby, um ano depois. Condenado à morte por alta traição, teve o mesmo destino que Luís XVI, que, cerca de um século e meio depois, foi decapitado em 1649. De 1649 a 1658, foi instituída a República (Commonwealth) sob a égide de Cromwell, intitulado *Lord Protector*. Neste período, a Inglaterra disputou a hegemonia marítima com os Países Baixos, instituindo, em 1651, o Acto de Navegação, norma legislativa que estabelecia que o transporte de mercadorias para a Inglaterra devia ser feito por navios ingleses ou por uma tripulação maioritariamente composta por marinheiros das ilhas britânicas. Este Acto foi o ponto de partida da vitória inglesa sobre os Países Baixos, que, no entanto, só se concretizou com a Paz de Breda, em 1667, em que a colónia Nova Amesterdão, a futura Nova Iorque, foi entregue aos ingleses.

O homem não é um animal político

Thomas Hobbes nasceu em Malmesbury, Inglaterra, em 1588. Terminando os estudos na Universidade de Oxford em 1608, foi influenciado por Francis Bacon, o pai do método experimental, que conheceu pessoalmente. Não ficou circunscrito às ilhas britânicas, pois viajou pela Europa entre 1629 e 1631 e 1634 e 1637. Estas viagens reforçaram o seu interesse pela nova metodologia científica, que, juntamente com Bacon, teve em Galileu, com quem travou conhecimento em 1636, um dos seus máximos expoentes. Hobbes é um dos primeiros autores a destronar do seu pedestal a doutrina aristotélica-tomista das causas finais, concebendo o mundo como uma entidade corpórea e sensível, regido por uma causalidade mecanicista sem nenhuma referência teleológica a uma ordem transcendente. Prova disso é a sua trilogia, anunciada já pelo escrito *The Elements of Law: Natural and Politic* (1640), que constitui a súmula do seu pensamento: *De Corpore* (1655), sobre o mundo material, sensível, regido pelas leis da mecânica, *De Homine* (1659), em que o homem surge como um ser governado pelas paixões e não pelas virtudes intelectuais e morais da escolástica aquiniana, e *De Cive* (1642) e *Leviathan* (1651), que constituem os seus dois grandes tratados políticos elaborados na base da nova metodologia científica.

Um dos pilares da doutrina política tradicional era a tese aristotélica, retomada pela escolástica medieval, de que o homem era um animal político, isto é, possuía uma tendência natural, inata, para associar-se aos outros e, por conseguinte, viver em sociedade. Em *De Cive*, Hobbes ergue-se contra esta concepção milenar através de uma dupla linha argumentativa. A primeira, mais fecunda, mas relegada a uma nota ao texto principal desta obra, considera sagazmente que, se os homens fossem naturalmente sociáveis, as crianças estariam desde a mais tenra idade aptas para viver em sociedade, o que não resiste minimamente à prova dos factos, pois apenas através da educação, componente fundamental do que os sociólogos designam actualmente por «processo de socialização», poderão obter as necessárias competências que as transformam em seres sociais:

> «Todos os homens (nascendo crianças) nascem inaptos para a sociedade. E os demais (talvez a maior parte), ou por taras morais ou por falta de disciplina, ficam inadaptados para toda a vida. Todavia, tanto as crianças como os adultos têm natureza humana. Portanto, o homem não está adaptado para se associar por natureza, mas pela educação.» (Hobbes, 1979, p. 82)

Esta descoberta hobbesiana é a prova da força da nova metodologia científica: todas as hipóteses, concepções e doutrinas devem ser confrontadas com os factos, de acordo com a análise objectiva, não especulativa, que procura detectar as causas tanto dos fenómenos naturais como dos fenómenos sociais. Mas isto significa apenas que o homem não é um ser naturalmente social, mas sim um ser que se torna social através de um longo processo de socialização, que se inicia na sua mais tenra idade, em que aprende se não a conviver com os outros, pelo menos a coexistir com eles. É a partir deste último ponto que o Hobbes desenvolve a sua segunda linha argumentativa: o homem não é motivado pela procura da aristotélica «vida boa», mas sim dos seus benefícios e vantagens pessoais relativamente aos outros. Apesar de constituir um ser dotado de uma racionalidade técnico-instrumental capaz de adequar os meios aos fins utilitários a que se propõe, este é fundamentalmente determinado pelas paixões, de que se destaca a do *self-love*, o amor-próprio, a partir da qual atribui a si próprio um valor «moral» que consiste fundamentalmente no que pode fazer sem a colaboração dos outros. Esta paixão anti-social que permeia todo o seu ser determina que o homem, para realizar os seus objectivos, não deve procurar a ajuda dos outros, mas, pelo contrário, deve tentar dominá-los. No entanto, o primeiro obstáculo que se lhe depara na relação de forças que se estabelece com os outros é que são, tal como ele, iguais candidatos e pretendentes à dominação. Tal equivalência gera um temor recíproco que acaba por favorecer o estabelecimento de formas associativas.

O temor recíproco não impede, porém, uma conduta estruturalmente anti-social centrada em dois domínios distintos, mas, simultaneamente, complementares: a competição pelos bens escassos relativamente às necessidades de cada um, as quais não conhecem limites, e a competição pelo predomínio, que rege a sua relação com os outros e acaba por determinar, em última instância, a sua capacidade de apropriação e dominação. Neste sentido, o temor recíproco funda a igualdade natural dos homens, que se baseia numa equivalência relativa de forças, mas confere-lhe, ao mesmo tempo, um valor «negativo»: todos detêm uma igual capacidade para se lesarem mutuamente. A condição natural dos homens será, então, a de uma «guerra de todos contra todos» (*Idem*, p. 87) em que, não existindo nenhum limite institucionalmente configurado que determine o que é pertença de cada um, funda o seu direito ilimitado a todas as coisas. Além do mais, esta guerra torna-se uma guerra permanente. De facto, o predomínio que, num determinado momento, alguns podem conseguir sobre outros será sempre efémero, já que a equivalência relativa das forças no estado de natureza permitirá que, mais cedo ou mais tarde, possa ser derrubado.

Mas o indivíduo humano é também um ser racional que, embora não procure qualquer forma de solidariedade com os outros, mas apenas satisfazer o seu interesse particular, tem capacidade para comparar as vantagens com as desvantagens da sua conduta e, consequentemente, decidir a que melhor o favorece. Apercebendo-se, então, que a sua «condição natural» é extremamente precária e insegura, o seu cálculo puramente utilitário desperta-lhe a necessidade de pôr termo à guerra e conseguir a paz, porque, sem esta, não seria possível a constituição de uma esfera privada protegida das intrusões alheias, e, por conseguinte, a satisfação dos seus próprios interesses particulares seria também posta em causa.

A formação do Estado e da esfera privada

A instauração da paz é conseguida através de um contrato mediante o qual cada um se compromete perante os outros a abdicar do direito a todas as coisas e do poder de retaliação que possuía no estado de natureza, transferindo-o para um monarca ou uma assembleia, que passam a poder utilizar para o benefício de todos, o que, precedentemente, cada um utilizava em benefício próprio contra os outros. Forma-se assim o poder concentrado da sociedade, o Estado soberano, uma *pessoa civil*, em termos jurídicos, que, apesar de ser o fruto da vontade de *todas* as partes contratantes, logo adquire uma legitimidade própria que lhe permite separar-se destas, elevando-se acima da sociedade para estabelecer as normas que organizam a coexistência do arbítrio de cada um com o dos outros. Se o Estado soberano é uma pessoa civil, nem todas as pessoas civis constituem um Estado: as reuniões e associações de privados, só possíveis após a constituição do Estado soberano, encontram-se nesta situação, sendo, por conseguinte, «pessoas civis subordinadas ao Estado» (*Ibidem*, p. 128). Isto significa que no preciso momento em que o Estado se separa e, simultaneamente, se eleva acima da sociedade — fenómeno de que Hobbes não se apercebe verdadeiramente porque ainda confunde a sociedade política com a sociedade civil —, surge uma esfera privada autónoma, isto é, juridicamente distinta da esfera pública representada pelo Estado soberano.

Fruto da união das vontades de todos, o soberano detém, no Estado, tanto o poder de fazer leis como de aplicá-las, já que Hobbes ainda não conhece a doutrina da separação de poderes que seria esboçada pelo seu compatriota John Locke e desenvolvida por Montesquieu. O que assinala a sua originalidade relativamente aos seus antecessores é o facto de que o poder soberano já não se reduz aos seus detentores de turno, tanto mais que lhe é relativamente indiferente que este seja exercido por um só indivíduo ou por uma assembleia, como foi provado pelo conflito entre o rei e o Parlamento durante a guerra civil britânica, de que o Hobbes foi um espectador particularmente atento. O que lhe interessa verdadeiramente é a configuração política e institucional do Estado, concebido no plano jurídico como uma pessoa ou entidade abstracta, de que o soberano é, por assim dizer, o agente activo ou, segundo as suas palavras, a «alma» e não a «cabeça», pois «é graças à alma que o homem tem uma vontade, isto é, pode querer ou não querer» (*Ibidem*, p. 142), e que, consequentemente, pode expressar a sua vontade, que é soberana, no confronto com a vontade privada dos súbditos.

O Estado, como pessoa abstracta, deve distinguir-se da sua materialidade institucional, isto é, de um aparelho administrativo que exerce as funções políticas que lhe são delegadas pelo soberano, porque «é impossível que todos os assuntos de guerra ou de paz sejam administrados por um *só homem* ou por um *só conselho*, sem *ministros* e *magistrados subordinados*» (*Ibidem*, pp. 133–134). Em *Leviathan*, Hobbes explicita esta distinção inovadora:

> «Um ministro público é aquele que é encarregado pelo soberano (quer este seja um monarca ou uma assembleia) de qualquer missão,

com autoridade no desempenho dessa missão, para representar a pessoa do Estado.» (Hobbes, 2002, p. 97)

O aparelho administrativo do Estado medeia a relação entre o soberano e os súbditos. Os diversos ministros públicos são as figuras institucionais e os protagonistas desta relação. Hobbes destaca os que se encarregam da «administração geral», que, actualmente, desempenhariam a função de Primeiro-Ministro, e, na época de Hobbes, marcada pela guerra civil, de «Protector ou Regente», conforme o poder soberano seja exercido por um só indivíduo ou por uma assembleia, da «administração especial», particularmente os que lidam com a economia e as finanças do Estado, bem como, ideia extraordinariamente inovadora para a época, os que se ocupam da «educação pública», a qual visa não apenas preparar os súbditos para acatarem a autoridade do soberano mas também instruir o povo «no conhecimento do que é justo e injusto» (*Idem*, p. 198). Os juízes, e não apenas os magistrados, também são ministros públicos, o que significa que não dispõem de uma verdadeira autonomia relativamente aos detentores do poder soberano, pois «todo o poder judicial está essencialmente ligado à soberania, portanto, todos os outros juízes são apenas ministros daquele ou daqueles que detêm o poder soberano» (*Ibidem*, p. 199). Apesar de não reconhecer ainda a separação de poderes, Hobbes foi provavelmente o primeiro a estabelecer uma distinção clara entre o Estado enquanto entidade abstracta e a sua orgânica institucional: este não é o castelo kafkiano suspenso no ar que governa lá do alto os temerosos súbditos, mas uma configuração política e institucional que nunca se cristaliza, pois é o resultado das relações de força que, em cada momento histórico, se estabelecem entre os diversos grupos e classes sociais, embora Hobbes as conceba ainda abstractamente e negativamente, não sob a forma de um conflito de classes, mas sob a forma de um conflito gerado e alimentado por um individualismo possessivo insaciável, uma guerra de todos contra todos para a apropriação dos bens escassos relativamente às necessidades ilimitadas de cada um que gera a necessidade da sua separação da sociedade para instituir a ordem civil.

A constituição do Estado soberano está associada à formação de uma esfera privada autónoma em que o direito de propriedade privada é legalmente reconhecido. Se no estado de natureza não era possível a institucionalização da propriedade da terra em consequência do direito natural de cada um a todas as coisas de que pudesse apropriar-se para satisfazer as suas necessidades ilimitadas, no estado civil, quem faz as leis, o soberano, institui a propriedade privada da terra, o que significa que a propriedade que cada súbdito detém da própria terra exclui a propriedade dos outros sobre esta. No entanto, esta norma não se aplica ao soberano que é o proprietário eminente de todas as terras do reino ou da república. Não se pense, porém, que Hobbes é um defensor da propriedade pública da terra. Apesar de o poder soberano estar na origem da repartição das terras pelos privados e de poder legalmente reservar uma parte destas para sustentar as despesas públicas, Hobbes opõe-se veementemente à formação de uma propriedade pública com o argumento de que esta seria responsável por uma grande instabilidade política sempre que o poder soberano viesse a

«cair nas mãos de um monarca, ou de uma assembleia, que ou fosse excessivamente negligente, em questões de dinheiro, ou suficientemente ousado para arriscar o património público numa guerra longa e dispendiosa» (*Ibidem*, p. 205).

A este argumento não é certamente estranho a experiência da guerra civil britânica. No entanto, o que se destaca fundamentalmente é a defesa hobbesiana da propriedade privada, tributária do que Crawford Brough Macpherson, no seu célebre clássico da teoria política, *The Political Theory of Possessive Individualism: Hobbes to Locke* (1962) (edição em língua portuguesa, Macpherson, 1979), designou como propriedade por «individualismo possessivo», marca indelével da modernidade nascente.

A esfera privada não se reduz à propriedade da terra, mas abrange outras dimensões da vida social. Assim, compete ao Estado soberano instituir as normas que regulam as transações mercantis, particularmente todas as que dizem respeito aos contratos de compra e venda, empréstimo e arrendamento, bem como as relativas à transferência de propriedades. Os súbditos são assim «soberanos» apenas na sua esfera privada, onde o Estado lhes reconhece e garante o direito de «escolher a sua residência, a sua alimentação, a sua profissão, instruir os filhos conforme achar melhor e coisas semelhantes» (*Ibidem*, p. 157). No entanto, apesar de o poder soberano ser instituído através do contrato, o mesmo não reconhece aos que o assinaram o direito de destituir os seus detentores, pois tal implicaria o seu retorno ao estado de natureza e, por conseguinte, à guerra de todos contra todos. Neste sentido, Hobbes distingue dois tipos de obrigações: uma perante os outros, que define a esfera privada, das transacções, dos contratos, etc., e outra perante a autoridade soberana, que, ao contrário da primeira, não é recíproca, pois

> «os cidadãos, qualquer que seja o seu número, não podem legitimamente despojar do poder quem o detém sem o seu consenso» (Hobbes, 1979, p. 144).

Este último ponto mostra que o limite da teoria política hobbesiana não está tanto em não reconhecer aos súbditos o direito de destituir o soberano, que, no fundo, é, a par do Estado, uma entidade abstracta, mas sim na sua apologia de uma ordem jurídico-política em que não existe, de facto, uma cidadania *activa*, mas apenas *passiva*, pois o cidadão está relegado à concepção de súbdito, paradoxalmente em consequência do seu carácter individualista possessivo que, sem controlo e contenção política, gera um estado de guerra de todos contra todos. Desta concepção resulta o corolário de que o povo não é um sujeito constituinte em que se baseia a legitimidade do Estado, tendo apenas uma existência meramente formal, isto é, uma existência *post festum* determinada pelo ordenamento jurídico do Estado constituído, sem o qual é apenas uma multidão de indivíduos atomizados. Esta doutrina ultrapassou Hobbes para se tornar a doutrina dominante, que influenciou nitidamente o constitucionalismo liberal no século XX, de que um dos maiores representantes foi o jurista austríaco Hans Kelsen (1881–1973), bem como o ideólogo do nazismo Carl Schmitt, seu adversário. Apenas a doutrina da soberania popular, em que o cidadão é simultaneamente activo, porque participa directa ou indirectamente na elaboração das leis, e passivo, porque está vinculado a respeitá-las, constitui uma alternativa à não reciprocidade da relação hobbesiana entre soberano e súbdito, que é um dos pressupostos de soluções políticas antidemocráticas.

CAPÍTULO 2

JOHN LOCKE: O GOVERNO LEGÍTIMO

A Revolução Gloriosa

Em 1660, após o curto governo do filho de Oliver Cromwell, Richard Cromwell, a república puritana foi dissolvida, sendo a monarquia restaurada por Carlos II (1630-1685), filho do decapitado Carlos I. O novo monarca tentou restabelecer as relações com a Igreja católica romana, mas o Parlamento opôs-se a este intento, votando, em 1678, a lei da exclusão que impedia o acesso dos católicos aos cargos públicos. Um ano depois, foi também aprovada a célebre lei do *habeas corpus*, que determinava que nenhum súbdito inglês poderia ser detido sem mandato judicial por mais de 24 horas.

No entanto, o conflito entre a Coroa e o Parlamento agravou-se após a morte de Carlos II. O seu irmão, Jaime II, que lhe sucedeu no trono, não ocultava a sua filiação abertamente católica nem a sua intenção de restaurar a monarquia absoluta. Entrando em conflito com o Parlamento, não conseguiu realizar os seus propósitos, sendo obrigado a fugir das ilhas Britânicas e a refugiar-se em França. O Parlamento, que tinha desempenhado um papel fundamental na Revolução de 1640, assumiu, de novo, o protagonismo, apelando ao *stadhouder* Guilherme III de Orange para assumir o trono. Esta mudança dinástica foi designada por *Revolução Gloriosa (Glorious Revolution)* (1688), substituindo definitivamente a monarquia de direito divino, que Jaime II tentou restabelecer, por uma monarquia constitucional, já que o novo monarca foi obrigado a assinar a Carta dos Direitos (*Bill of Rights*), pela qual se comprometia a partilhar a autoridade política com o Parlamento. No mesmo ano, foi aprovada a

Lei da Tolerância (*Toleration Act*), que concedia às restantes confissões protestantes, mas não aos católicos, a liberdade de culto público. Em 1701, foi aprovada a Lei do Acordo (*Act of Settlement*), que impedia o acesso de pretendentes católicos ao trono e, já após a morte de Guilherme III, ocorrida em 1702, a Lei da União (*Act of Union*), em 1707, que esteve na origem da união política entre Inglaterra e a Escócia sob a designação, que se manteve até hoje, de Reino Unido da Grã-Bretanha.

A propriedade e a liberdade como direitos naturais

John Locke nasceu em 1632 em Wrington, no condado de Somerset, no Sudoeste de Inglaterra. Filho de um jurista puritano que participou ao lado das forças do Parlamento na Revolução de 1640, seguiu os passos do progenitor. Ao contrário de Hobbes, que era um académico, Locke, apesar de se ter tornado professor da Universidade de Oxford, era um militante político da causa do Parlamento. Em 1679, tornou-se suspeito de envolvimento numa alegada conjura para assegurar a exclusão ao trono de Jaime II. Quatro anos depois, correndo o risco de ser condenado à morte, foi obrigado a exilar-se nos Países Baixos por ter sido associado ao *Rye House Plot*, conspiração que visava prender e neutralizar Carlos II e o seu irmão. Expulso de Oxford, regressou a Inglaterra em 1689 com Guilherme de Orange. Durante o reinado do novo monarca, ocupou diversos cargos políticos, sendo um dos grandes inspiradores da Carta dos Direitos e da Lei da Tolerância.

Teórico do materialismo e do empirismo sensualista, segue os passos do seu antecessor, Thomas Hobbes, embora sem o seu rigor metodológico, a que, porventura, não é estranho o seu intervencionismo político que lhe retirava disponibilidade para se ocupar de questões mais «académicas». Fruto daquela concepção é o seu *Essay Concerning Human Understanding* (*Ensaio sobre o Entendimento Humano*), a sua obra filosófica geral, publicado em 1689. No âmbito da teoria política, escreveu os *Ensaios sobre a Lei Natural*, em latim, entre 1660 e 1664, a célebre *Epistola de Tolerantia* (*Carta sobre a Tolerância*), em 1689, a que se seguiriam mais duas versões em 1690 e 1692 com o objectivo de rebater as críticas feitas à primeira, e sobretudo os *Two Treatises of Government* (*Dois Tratados sobre o Governo*), originalmente publicados em 1690, mas com reedições em 1694 e 1698. A sua experiência de professor universitário inspirou provavelmente o seu interesse pelos temas pedagógicos, de que resultou o ensaio *Some*

Thoughts Concerning Education (*Pensamentos sobre a Educação*), publicado em 1693. O seu interesse pela economia, influenciado provavelmente pelo seu cargo no Conselho de Comércio e Plantações, que integrou até se aposentar em 1700, esteve na origem da brochura *Some Considerations of the Consequences of the Lowering of Interest and Raising of the Value of Money* (*Algumas Considerações sobre a Redução dos Juros e do Aumento do Valor do Dinheiro*), publicado em 1692. Três anos depois, publicou *The Reasonableness of Christianity* (*A Razoabilidade do Cristianismo*). Passou os dois últimos anos da sua vida a redigir as *Paraphrases of the Epistles of St. Paul* (*Paráfrases das Epístolas de São Paulo*), que seriam publicadas após a sua morte, ocorrida em 1704.

Já no *Primeiro Tratado sobre o Governo*, Locke manifesta-se abertamente contra o poder absoluto dos reis, desmontando magistralmente a teoria sobre a origem divina do poder dos monarcas, defendida por Robert Filmer no livro *O Patriarca*. Mas é no *Segundo Tratado sobre o Governo* que desenvolve os grandes princípios da sua doutrina política. Tal como Hobbes, inspira-se no jusnaturalismo laico emergente. No entanto, é mais o que o separa do autor de *Leviathan* do que o liga a este. Partindo, tal como o seu predecessor, de um hipotético estado de natureza, considera que o indivíduo desfruta da liberdade de ordenar as suas acções como quiser, bem como do direito de dispor da sua propriedade e da própria pessoa. Neste estado, todos os indivíduos são naturalmente iguais, pois nenhum está submetido à autoridade tutelar de outro. Liberdade, igualdade e propriedade são, por conseguinte, direitos naturais, isto é, direitos que precedem a constituição do Estado e da sociedade civil.

A liberdade é um direito natural a que Locke dedica particular atenção. Argumenta que o estado de natureza é um estado de liberdade, mas não um estado de licenciosidade, porque a lei natural, definida como uma regra de conduta moral que «prescreve o que deve ser ou não ser feito» (Locke, 1973, p. 5), impõe a cada um o dever de respeitar a liberdade dos outros. A lei natural é uma norma que expressa a racionalidade da criatura humana, visando sobretudo a coexistência dos arbítrios. Como os homens são iguais no estado de natureza, cada um desfruta do direito de punir e exigir a reparação proporcionada aos prejuízos infligidos pelo arbítrio dos outros. Isto significa que neste estado, dada a ausência de um poder mediador, o indivíduo pode ser juiz em causa própria, o que suscita a parcialidade para consigo e relativamente aos outros, tanto mais que a própria lei natural apenas vincula, por assim dizer, a consciência e a razão do indivíduo, e não propriamente os seus actos, não estando, por isso, garantido à partida que os seus preceitos sejam respeitados por todos:

> «Foi precisamente para reparar a parcialidade e a violência entre os homens que Deus estabeleceu os governos na terra. Concederei, com toda a facilidade, que o *governo civil* é o remédio adequado para os inúmeros e graves inconvenientes do estado de natureza onde os homens são juízes em causa própria.» (Locke, 2007, p. 42)

Apesar dos «inúmeros e graves inconvenientes», o estado de natureza de Locke não é, como o de Hobbes, um estado de guerra de todos contra todos com vista à apropriação dos bens escassos. Apesar de considerar que a terra e os produtos espontâneos da natureza são possuídos em comum pelos homens no estado de natureza, supera a dificuldade que o seu compatriota foi incapaz de dar resposta com a tese que legitima eticamente a apropriação privada neste estado: cabe ao trabalho de cada um retirar do comum a todos o que necessita para sobreviver, fundando deste modo o direito de propriedade. No entanto, tal direito é limitado pelas necessidades elementares do indivíduo, bem como pelo carácter perecível dos produtos de que este se apropria. Todo aquele que acumula bens fungíveis ou deterioráveis para lá das suas necessidades despoja os outros do indispensável comum, não podendo, por conseguinte, ser considerado como um legítimo proprietário.

Locke distingue, porém, três etapas da evolução do direito de propriedade no estado de natureza, argumento que não existia em Hobbes. Numa primeira etapa, a mais elementar, é o trabalho de remoção que funda o direito de propriedade individual. Numa segunda etapa, o trabalho de cultivo está na origem do direito de propriedade privada da terra e dos seus frutos. Em ambos os casos, o limite do direito de propriedade ainda são as necessidades do recolector e do cultivador, não podendo haver acumulação legítima de bens deterioráveis. Porém, numa terceira etapa, que surge com a invenção e circulação do dinheiro, da moeda de ouro e prata, bem duradouro e não deteriorável por excelência, tal limite é superado: o proprietário-cultivador mais empreendedor pode agora obter do cultivo da terra mais produtos dos que necessita para viver, trocando-os por dinheiro, que tem a característica de poder ser acumulado sem se deteriorar. A partir deste momento, a propriedade baseada no trabalho passa a ser uma propriedade mobiliária, uma propriedade que pode crescer e ampliar-se com a acumulação de dinheiro e o investimento.

A última etapa da evolução do direito de propriedade significa que a sua protagonista, a propriedade da terra, está extremamente diferenciada, o dinheiro circula e as trocas intensificam-se. Paralelamente, cresce também a desigualdade de repartição da propriedade fundiária, que, no entanto, não põe em causa a igualdade natural originária, mas apenas uma comunidade de bens primitiva, que, ao contrário da preconizada por Platão, era um estado de partilha de uma miséria comum no qual apenas o trabalho de cada um contribui para superar. É precisamente em consequência deste carácter produtivo do trabalho criador de valores de uso e, posteriormente, de valores de troca, ideia que inspirou Adam Smith e a economia clássica britânica, que a própria desigualdade de repartição da propriedade privada é conforme à lei natural, sendo tacitamente reconhecida por todos antes da formação da sociedade política:

> «Os homens viabilizaram uma repartição desigual de possessões particulares através da atribuição de um valor ao ouro e à prata, chegando tacitamente a acordo sobre a utilização do dinheiro, ainda antes de se unirem em sociedade e sem que tivessem celebrado qualquer contrato social entre si.» (*Idem*, p. 75)

O legislativo como poder supremo

Diferentemente de Hobbes, o estado de natureza de Locke não é um estado de guerra de todos contra todos. Ao contrário do que defendia Macpherson, Locke não pode ser classificado dentro dos parâmetros do individualismo possessivo, já que não concebe os homens como seres portadores de necessidades ilimitadas relativamente aos recursos disponíveis, mas como seres cujas necessidades evoluem no tempo e são proporcionadas ao trabalho e aos meios requeridos para satisfazê-las (Macpherson, 1979, pp. 205–273). No entanto, a condição do homem no estado de natureza não deixa de ser precária e insegura, pois pode tornar-se juiz em causa própria no exercício do seu direito natural de punir as ofensas que são cometidas contra si e de exigir a respectiva reparação. Porém, não é tanto o perigo hipotético, embora este exista, de a sua propriedade ser invadida pela incursão de outros — a desigualdade de repartição da propriedade privada é tacitamente reconhecida por todos antes da formação da sociedade política —, mas o perigo bem mais real do direito de propriedade e as liberdades serem violados pelos governos *já* instituídos, de que se destacam as monarquias absolutas, que o preocupa. Eis como a «ficção» do estado de natureza em Locke aponta mais para a resolução dos problemas que se poderão colocar no futuro do que prevenir o retorno a uma guerra de todos contra todos, como acontecia em Hobbes:

> «O estado de natureza é insuportável, na medida em que nele os homens são juízes em causa própria. Portanto, para que o governo civil possa constituir o remédio adequado para os males de que enferma, torna-se necessário que me expliquem que tipo de governo é esse, e que vantagens apresenta sobre o estado de natureza, já que nele um só homem comanda um povo inteiro.» (Locke, 2007, p. 43)

De facto, numa monarquia absoluta, em que o poder do rei não está submetido a um controlo político-institucional, a condição dos homens é pior do que no estado de natureza, em que, pese embora a insegurança mútua, nenhum está submetido ao arbítrio de outro e pode replicar e defender-se. Por conseguinte, o abandono deste estado é determinado pela necessidade de instituir não uma qualquer forma de governo para tutelar as relações interindividuais, mas um governo que tenha como objectivo garantir o direito de propriedade e a liberdade de que os indivíduos já desfrutavam precedentemente. Ao contrário da monarquia absoluta, esta forma legítima de governo resulta de um contrato segundo o qual os indivíduos concordam em delegar, mas não em transferir, como acontecia com Hobbes, o poder de serem juízes em causa própria para uma *maioria representativa* que actue em nome de todos:

> «Aquilo, que cria e que, na verdade, *constitui uma qualquer comunidade política*, não é mais do que o consentimento de um conjunto de homens *livres*, em cujo seio se possa constituir uma maioria para se unir e incorporar a essa sociedade. Eis o que deu ou poderia ter dado início a um qualquer governo *legítimo* neste mundo, isto e apenas isto.» (*Idem*, p. 120)

A fundamentação *democrática* do governo, expressa apenas pelo princípio da subordinação da minoria à maioria, constitui um enorme avanço da «arte da política», da *politeia*. Pela primeira vez, é claramente posto em causa e abertamente contestado não apenas o governo absolutista monárquico que tinha sido derrubado em Inglaterra em 1640 e impedido de se reconstituir em 1688, mas também todos os que se reclamam ou se inspiram na razão de Estado, de cuja herança Hobbes não se tinha ainda libertado completamente. Eis a razão pela qual para o seu sucessor, John Locke, é menos importante discutir a origem da soberania do Estado do que estabelecer as linhas vermelhas que os governos instituídos não podem ultrapassar, sob pena de se tornarem governos ilegítimos. Desde logo, os fins do governo civil anunciam os limites da extensão do seu poder: garantir o direito de propriedade privada e as liberdades individuais. Para este efeito, forma-se o poder legislativo, que estabelece as normas gerais, e as leis positivas, que todos devem respeitar por terem consensualmente abdicado do direito de serem juízes em causa própria. O legislativo é o poder supremo, pois estão-lhe subordinados tanto o poder executivo, ou o poder do governo em sentido estrito, como o poder judicial, que, em Locke, constitui uma extensão do legislativo, não sendo ainda um poder verdadeiramente distinto e separado.

No entanto, a supremacia do legislativo não significa arbitrariedade e ausência de controlo. Tal significa desde logo que o poder do governo civil, de que o legislativo é o máximo representante, é, por assim dizer, a experiência dos seus próprios limites. De facto, enquanto representantes do povo, os governantes não podem governar através de decretos arbitrários, somente através de leis publicamente reconhecidas por todos, apropriar-se de nenhuma parte da propriedade do súbdito sem o seu consentimento expresso e estabelecer impostos e taxas sem autorização da maioria ou de quem a representa. A fonte do poder legislativo é, em última instância, o povo, o que significa que não é mais do que um poder delegado que retornará à sua origem quando violar os direitos que presidiram à sua instituição. Eis como, de uma forma bem mais assertiva, Locke retoma a tese aquiniana do direito de resistência ou desobediência civil aos governos que se tornaram tirânicos e injustos para defender a legitimidade plena da sua destituição:

> «Os governantes podem proclamar tantas vezes e tão alto como lhes aprouver que são sagrados e divinos, filhos de Júpiter que desceram dos céus, ou que deles receberam o poder que detêm; poder-se-ão fazer passar por aquilo que quiserem. Quando o povo se vir atirado para a *miséria* e *exposto aos abusos do poder arbitrário*, o resultado será sempre o mesmo. *O povo que foi habitualmente mal governado* e de forma contrária a todo o direito não hesitará em desembaraçar-se de um fardo que lhe pesa, e muito, logo que tenha oportunidade de o fazer.» (*Ibidem*, p. 234)

A cidade terrena como horizonte

Maquiavel e os teóricos da razão de Estado iniciaram a libertação da *politeia* da hipoteca religiosa transcendentalista da agostiniana «cidade de Deus». No entanto, fizeram-no ainda de uma forma reducionista, pois tinham em vista o interesse do Príncipe ou do Estado-nação em formação, não reconhecendo verdadeiramente a existência de direitos individuais que a autoridade política deveria necessariamente respeitar e garantir.

Com Locke, inicia-se uma nova etapa. Antes de tudo, é explicitamente afirmado na sua primeira *Carta sobre a Tolerância* que o governo civil não propõe fins salvíficos de carácter extramundano, limitando-se a tarefas bem mais prosaicas, isto é, preservar «os interesses de índole civil», que são «a vida, a liberdade, a saúde, o descanso do corpo e a posse de bens materiais, tais como dinheiro, casas, terras móveis e outras semelhantes» (Locke, 2001, p. 140). Tal como o governo, o magistrado civil não tem nenhuma jurisdição sobre as almas dos cidadãos, já que o seu poder é apenas temporal e não espiritual, e a conversão dos espíritos é de ordem puramente pessoal e do foro da consciência, não estando, por conseguinte, submetida tanto ao poder político como a uma igreja institucionalizada. Tudo se passa então como se a agostiniana cidade de Deus deixasse de ser, definitivamente, peregrina na Terra para encontrar o seu último refúgio nos recônditos da consciência individual. A política passa então a encontrar o seu sentido e a sua razão de ser na cidade terrena, em que o indivíduo, liberto da milenar hipoteca extramundana que o subordinava a uma autoridade religiosa «mediadora» entre as duas cidades, renuncia à transcendência para procurar uma felicidade mundana e essencialmente privada.

CAPÍTULO 3

ESPINOSA: A CIDADE DEMOCRÁTICA

A razão e as paixões

Bento Espinosa nasceu em 1632, em Amesterdão, no seio de uma família judaica portuguesa — para outros espanhola — que tinha fugido da Inquisição. Entre 1639 e 1650, frequentou estudos talmúdicos e, dois anos depois, os de latim, que se tornaria a sua língua franca em casa do jesuíta Van den Enden, onde travou relações com os círculos protestantes liberais ligados ao regime republicano de Johan de Witt. Tornou-se uma figura herética que teve a ousadia de trocar a teologia pela física, isto é, pela ciência da natureza emergente. Tal postura valeu-lhe a expulsão da sinagoga judaica, o que demonstra que os intolerantes estão, infelizmente, presentes em todas as confissões religiosas. Frequentou como ouvinte a Universidade de Leiden, transferindo-se para Rijnsburg, perto desta cidade neerlandesa, onde trabalhou em lentes, que, sendo vendidas pelos amigos, lhe garantiram o sustento. Em 1662, redigiu o *Breve Tratado de Deus e do Homem*. Um ano depois, muda-se para Varburg, perto de Haia, onde escreveu os *Pincipiae Philosophiae Cartesianae* (*Princípios da Filosofia Cartesiana*) e iniciou a redacção da sua obra-prima, escrita também em latim, *Ética More Geometrica* (*A Ética Segundo o Método Geométrico*), publicada postumamente. Em 1670, dois anos antes do assassinato de Johan de Witt e do seu irmão, instalou-se em Haia, onde publicou o seu *Tractatus Theologico-Politicus*. Em 1676, recebeu a visita do filósofo alemão Leibnitz. Um ano depois, morre tuberculoso «sem mostras de penitência ou conversão dos seus pecados». Restaram-lhe os amigos que organizaram a publicação da sua *Opera Posthuma*, que incluiu, além da

Ética, o *Tratado sobre a Reforma do Entendimento*, o *Tratado Político*, obra inacabada, e parte das *Cartas*.

Na sua época, Espinosa foi, e ainda é, um pensador fecundíssimo e inovador para a política. Este judeu de ascendência ibérica combina o sensualismo com o racionalismo mais requintado e apurado, o que o leva a defender contra todas as formas de transcendentalismo religioso a imanência, representada por um mundo natural e humano que não é regido por uma causalidade fragmentária e mecanicista, como a de Hobbes, mas compreensiva e abrangente, e onde a transcendência não tem lugar. Este desejo de uma racionalidade mais compreensiva do que intelectiva, a *Vernunft*, distinta do *Verstand* alemão, tão do agrado do filósofo Georg Wilhelm Friedrich Hegel, encoraja-o a desenvolver o projecto de uma ciência da política capaz de interpretar objectivamente, isto é, sem recorrer a subterfúgios moralistas, a conduta dos homens em sociedade. Para isso, é necessário, como afirma no seu *Tratado Político*, fazer o contrário do que os filósofos, precisamente os seres menos idóneos para governar a cidade dos homens, geralmente tendem a fazer: concebê-los como são efectivamente e não como desejariam que fossem, o que é uma resposta a Platão.

O seu apelo ao que poderemos designar por uma «racionalidade integral do ser humano» associa-se a uma concepção materialista — substancialmente diferente tanto da versão mecanicista hobbesiana como da versão empirista lockiana — em que o homem, apesar de ser uma criatura racional, permanece como ser determinado, em última instância, pelas paixões, as quais não expressam tanto a sua natureza autocentrada e egoísta, como em Hobbes, mas sim a sua tendência para se autoconservar e perseverar no seu ser. Toda a existência é uma luta entra as paixões e a razão que visa moderá-las e contê-las, luta essa que encontra na política o seu ambiente de eleição. Eis como a agostiniana luta interior entre a cidade de Deus e a cidade terrena cede o lugar a uma nova luta totalmente secularizada sem nenhuma concessão a qualquer tipo de crença religiosa tradicionalista e cujo fim não é outro senão o da própria *politeia*: criar uma ordem imanente e mundana onde cada um possa, apesar das influências das paixões que o impelem a perseverar no seu próprio ser e a conservar-se independentemente dos outros e muitas vezes contra eles, coexistir e conviver com os seus semelhantes. Se em Locke a cidade de Deus tinha procurado refúgio nos recônditos da consciência individual, em Espinosa tende a sair definitivamente de cena.

É na sua *Ética* que lança os grandes alicerces da sua concepção do mundo e do seu pensamento político:

«Enquanto os homens» — afirma — «são dominados por sentimentos, podem ser diferentes por natureza e opostos uns aos outros [...] Pelo contrário, os homens, na medida em que vivem sob a conduta da razão, fazem o que é bom para a natureza humana e, por conseguinte, para cada homem, isto é, o que concorda com a natureza de cada homem. E, portanto, os homens entram em acordo uns com os outros desde que vivem sob a conduta da razão.» (Espinosa, 1964, p. 274)

Por um lado, como ser determinado pelas paixões, o indivíduo age segundo o apetite, tudo fazendo para se autoconservar e persistir no seu próprio ser, frequentemente sem nenhuma consideração pelos outros; por outro lado, enquanto ser racional, pode controlar o apetite e as paixões de modo a poder coexistir com os outros, já que não pode exterminá-las, cabendo, de certo modo, à arte da política opô-las umas às outras para neutralizar as que mais se opõem ao convívio social. De qualquer das formas, são sempre as paixões, e não uma razão abstracta, especulativa, que tendem a determinar o comportamento dos indivíduos nas suas relações mútuas e a expressar o que se poderá definir como «a sua natureza humana *demasiado humana*»:

«Não desejamos uma coisa porque pensamos que ela é boa, mas, pelo contrário, pensamos que ela é boa porque a desejamos [...] Assim, o avarento julga que a abundância de dinheiro é o melhor, e que ser privado deste é o pior. O ambicioso não deseja nada mais do que a glória e, pelo contrário, não teme nada mais do que a vergonha. Para o invejoso, nada é mais agradável que a infelicidade de outrem, e nada é mais insuportável que a felicidade dos outros. E, assim, cada um, segundo o seu próprio sentimento, julga que uma coisa é boa ou má, útil ou inútil.» (*Idem*, pp. 188–189)

A originalidade de Espinosa relativamente aos seus contemporâneos reside em conceber a Natureza como poder ou potência de Deus, que tem sobre todas as coisas um direito soberano. Porém, este poder universal da Natureza não existe fora da multidão dos indivíduos, uma multidão solitária. De facto, a sua tese central é que cada um participa neste poder ou nesta potência da Natureza ou, como afirma no *Tratado Teológico*

Político, tem «um direito soberano sobre tudo o que está em seu poder, ou seja, o direito de cada um estende-se até onde se estende o poder determinado que lhe pertence» (Espinosa, 1965, p. 262). Este direito absoluto do indivíduo no estado de natureza, aparentemente, só coincide com o de Hobbes. Apesar de considerar, como o filósofo britânico, que os homens são determinados a agir mais pelas paixões do que pela razão, Espinosa não associa o individualismo possessivo do autor de *Leviathan* à sua caracterização da conduta humana. Tal caracterização é, de certo modo, mais abrangente, menos centrada na figura ideológica obsessiva do individualismo possessivo, pois representa o que é comum a todos enquanto seres da natureza: a capacidade ou a força de existir, maior ou menor segundo cada caso, *para si*, ou seja, de autoconservar-se e de perseverar no seu próprio ser.

O pacto social

No estado de natureza, o indivíduo, tanto o que está sob influência do apetite e das paixões como o que está sob a influência da razão, procura essencialmente o que contribui para a sua conservação ou para o aumento do poder ou da potência do seu ser, pelo que é expectável que pretenda apoderar-se pela força, pela astúcia ou por outros meios de tudo aquilo que considera ser-lhe útil, não hesitando em considerar como inimigo na sua busca todos os que se lhe oponham. É precisamente neste ponto que o indivíduo, enquanto ser racional, toma consciência de que a sua situação insegura neste estado lhe acarreta mais desvantagens do que vantagens. Tal consciência, que, formalmente, não é mais do que um cálculo de características puramente utilitárias determinado pelo «temor de um mal maior ou na esperança de um mal menor» (*Ibidem*, 1965, p. 264), convence-o a estabelecer com os outros um pacto *social* em que se compromete a renunciar ao direito absoluto sobre todas as coisas para transferi-lo para a comunidade política a instituir, de modo que este direito passará de absoluto a relativo, pois já não é determinado «pela força ou pelo apetite do indivíduo, mas pelo poder e pela vontade de todos em conjunto» (*Idem*, p. 264).

A nova situação criada pelo abandono do estado da natureza chama-se *civil*, constituindo a multidão, antes desunida e sob o controlo do apetite e das paixões, um *Estado* ou uma *cidade* em que cada um concorda passar a conduzir-se segundo a razão, a controlar os próprios apetites e paixões e a respeitar o direito dos outros como se fosse o próprio. O indivíduo pode, a partir do momento da constituição da cidade, ser concebido segundo duas acepções distintas, mas, simultaneamente, complementares: primeiro, como cidadão ou membro associado da cidade, titular já não de direitos naturais absolutos, mas de direitos civis relativos no sentido em que os partilha igualmente com todos os outros; segundo, como súbdito, na medida em que está subordinado às instituições ou leis do Estado sob cuja autoridade voluntariamente se colocou.

A ordem civil

Se, formalmente, o pacto social que institui a cidade é fruto de uma razão instrumental, que permite aos indivíduos aperceberem-se de que maiores são os benefícios ou menores os custos em abandonar o estado de natureza em que constituíam uma multidão desunida, o que aproxima Espinosa de Hobbes, o seu fim é substancialmente diferente, pois não visa apenas controlar os efeitos nefastos do individualismo possessivo e garantir a esfera privada de cada um, mas também a construção de uma verdadeira comunidade política, que se distingue nitidamente do Estado soberano hobbesiano, concebido apenas como detentor do monopólio tanto da violência física legítima como, para empregar a expressão de Pierre Bourdieu (Bourdieu, 2014, pp. 15-17), da violência simbólica legítima, da ordem jurídica normativa. Para Espinosa, o indivíduo, na ordem civil, desfruta de uma liberdade mais rica e abrangente do que desfrutava no estado de natureza, pois deixa de ser escravo dos seus próprios apetites e paixões para passar a agir sob a batuta da própria razão. Eis a razão pela qual, como afirma no *Tratado Político*, «[...] os homens não nascem civis, fazem-se» (Espinosa, 2008, p. 112), encerrando assim também o capítulo do confronto com os pensadores da Antiguidade Clássica e da Idade Média, pois o homem não nasce realmente um animal político, mas torna-se.

Ao contrário de Hobbes, e de forma totalmente inédita para a época, Espinosa, no *Tractatus Theologico-Politicus*, defende que a forma de Estado mais adequada à preservação da liberdade que a natureza continua a reconhecer a cada um é o Estado democrático, pois

«neste Estado ninguém transfere o seu direito natural a outro de modo que não possa ser em seguida consultado; transfere-o para a maioria da sociedade de que ele próprio faz parte; e, nestas condições, todos permanecem iguais como eram antes no estado de natureza» (Espinosa, 1965, p. 268).

Apesar de não reconhecer ainda o princípio da soberania popular, para Espinosa, o cidadão constitui o protagonista e a figura central da cidade democrática. Este difere do escravo porque não está submetido ao comando arbitrário do senhor nem a nenhuma autoridade tutelar, como acontece com o filho menor relativamente aos progenitores. Pelo contrário, está subordinado ao poder do soberano, que ele próprio, em conjunto com os outros, instituiu e que não é mais do que um poder comum a todos pelo qual as liberdades e os direitos individuais de cada um são garantidos. Neste sentido, na ordem civil, o indivíduo não se limita, como em Locke, a perseguir uma felicidade essencialmente privada, mas apercebe-se de que, sendo a liberdade comum a condição de preservação da sua própria liberdade pessoal, é, de certo modo, necessário edificar uma verdadeira comunidade política em que este não se limita a coexistir com os outros, mas a participar com eles na construção de um destino partilhado com os demais:

> «Ninguém ignora a que crimes o descontentamento com a sua condição actual e o desejo de mudança, a cólera incontida e o desprezo pela pobreza pressionam os homens e como estas paixões ocupam e agitam as suas almas. Prevenir todos estes males, constituir uma cidade com um poder tal que não haja mais lugar para a fraude; bem melhor, estabelecer em toda a parte instituições que façam com que todos, seja qual for a sua compleição, ponham o direito comum acima das suas vantagens privadas é a obra laboriosa a empreender.» (*Idem*, p. 280)

Por sua vez, o poder soberano não confere aos seus detentores, como em Hobbes, um poder absoluto, pois «por mais amplo que concebamos o direito e o poder de quem exerce a soberania no Estado, este poder nunca será tão grande que os que o detenham disponham de um poder absoluto sobre tudo o que quiserem» (*Ibidem*, p. 279). Este juízo é reforçado pelo argumento de que a renúncia ao poder que cada um detinha no estado de natureza não é uma renúncia à dignidade humana, que faz parte da sua própria condição. Além disso, ao «obedecer» ao soberano, o indivíduo não renunciou, ao contrário do escravo e do tutelado por outro, à sua autonomia, mas a tudo o que o impedia de coexistir e conviver com os outros, o que significa que conserva uma grande parte do seu direito, que, enquanto participante na liberdade *inclusiva* assim constituída, não pode ser suspenso pelo decreto de outro, mas apenas pelo seu consentimento. A forma de obediência consentida e o poder limitado dos que detêm a autoridade soberana em representação da maioria, pese embora o facto de Espinosa não apontar nenhuma forma institucional para o seu controlo, constituirá o fundamento da cidade democrática:

«A obediência, com efeito, é a vontade constante de executar aquilo que, pelo decreto comum da cidade, deve ser feito. Além disso, aquela cidade cuja paz depende da inércia dos súbditos, os quais são conduzidos como ovelhas, para que aprendam só a servir, mais correctamente se pode chamar uma solidão do que uma cidade.» (Espinosa, 2008, p. 113)

IV PARTE

A SUPERAÇÃO DO JUSNATURALISMO E A REVOLUÇÃO FRANCESA

CAPÍTULO 1

MONTESQUIEU: A MONARQUIA CONSTITUCIONAL

Natureza e princípios das formas de governo

Charles-Louis de Secondat, barão de Montesquieu, nasceu no castelo de la Brède no seio de uma família nobre. Entre 1705 e 1708, frequentou direito em Bordéus, sendo nomeado, em 1714, conselheiro do Parlamento desta cidade, instituição do *Ancien Régime* que exercia funções de natureza judiciária. Dois anos depois, foi eleito para a sua academia. Em 1721, publicou anonimamente em Amesterdão as *Lettres Persanes* (*Cartas Persas*), uma finíssima sátira política e social à França da sua época escrita sob a forma de uma novela epistolar, em que dois persas, Usbek e Rica, que visitavam Paris e outras cidades europeias, transmitiam aos amigos as suas observações sobre os hábitos e costumes europeus em confronto com os da sua pátria. Em 1728, Montesquieu foi eleito para a Academia francesa. Após um período de viagens pela Europa, que culminou com a sua eleição para membro da Royal Society em Londres, publicou, em 1734, *Considérations sur les Causes de la Grandeur des Romains et leur Décadence* (*Considerações sobre as Causas da Grandeza e da Decadência dos Romanos*), obra em que estabeleceu a sua reputação como historiador do mundo antigo. Em 1748, publicou *L'Esprit des Lois* (*O Espírito das Leis*), e, dois anos depois, *Défense de l'Esprit des Lois* (*Defesa do Espírito das leis*), para responder aos ataques de que foi alvo a sua obra-prima. Em 1751, o livro foi colocado no *Índice* e, em 1754, a Sorbonne censurou 19 proposições extraídas da edição de 1750. Charles-Louis de Secondat morreu em Paris em 10 de Fevereiro de 1755.

Montesquieu destacou-se como um dos primeiros autores a entrar em ruptura com a tradição jusnaturalista dominante no século XVII, abandonando a ficção e a conjectura sobre a existência de um estado de natureza pré-político. Para ele, as leis e as instituições jurídico-políticas devem ser estudadas no seu contexto geográfico, histórico e cultural. A lei natural, embora não desapareça de todo do seu horizonte intelectual, cede cada vez mais o lugar às leis civis e políticas, enquanto a distinção entre estado de natureza e estado civil ou político, que, de uma forma ou de outra, percorria o pensamento jusnaturalista, cede o lugar a uma tipologia das formas de governo que se distinguem segundo a sua estrutura específica e o seu móbil ou princípio organizativo. Porém, a sua principal inovação foi a doutrina da separação e interdependência de poderes, que viria a influenciar as constituições políticas dos Estados modernos, particularmente a dos Estados Unidos da América do Norte com o seu sistema de *checks and balances*.

Montesquieu define lei como «a razão humana que governa todos os povos da terra» (Montesquieu, 1979, p. 128). Esta definição geral de lei é totalmente laica, já que não remete para uma referência a uma ordem transcendente e, de certo modo, inspira-se na definição da mesma por Cícero na sua *República*. Tal como o jurista romano, Montesquieu considera que as leis civis e políticas são casos particulares a que se aplica esta razão universal, que está na sua origem. A sua originalidade reside em considerar que estas leis são *relativas*: à geografia do país, ao grau de liberdade de todos os que estão sob a sua jurisdição, ao modo e estilos de vida, costumes e riqueza dos seus habitantes. Em suma, são, por assim dizer, configuradas pelo contexto natural e, sobretudo, histórico-social, que as pressupõe e determina em última instância.

Outra importante inovação de Montesquieu é a crítica à concepção de Hobbes sobre a tendência natural do homem para dominar o outro homem. Considera que tal concepção, além de não ser «razoável», é simplista, porque «a ideia de império e dominação é tão composta, e depende de tantas outras ideias, que não seria a que ele tivesse pela primeira vez» (*Idem*, p. 126). Neste sentido, as leis naturais são apenas as que «derivam da constituição do nosso ser» sem nenhuma conotação moral, destacando-se entre estas as que levam os homens a procurar os bens de subsistência de que necessitam para viver. Contrariamente às concepções jusnaturalistas, o autor defende que o estado de guerra não surge efectivamente no estado de natureza, que, de resto, não passa de uma conjectura, mas antes no estado social, pois «logo que os homens estão em sociedade, perdem o sentimento da sua fraqueza; a igualdade que existia entre eles cessa, e começa o estado de guerra» (*Ibidem*, p. 127).

A concepção do estado social como estado de guerra, que inspirou o *Discurso sobre a Origem e o Fundamento da Desigualdade entre os Homens*, de Rousseau, é extensível à relação entre nações e, a nível interno de cada uma delas, entre governantes e governados e dos particulares entre si. Para pôr fim a este estado de guerra generalizado, são necessárias leis positivas, a institucionalização de uma ordem jurídico-política para a gestão dos conflitos. Assim, o direito das gentes, antepassado do direito internacional, regula as relações entre nações e, embora não impeça as guerras, limita os seus efeitos, pois baseia-se no princípio de que «as diversas nações devem fazer na paz o maior bem e na guerra o menor mal possível, sem prejudicarem os seus verdadeiros interesses» (*Ibidem*, p. 127). Por sua vez, o direito político, antepassado do actual direito constitucional, regula as relações entre governantes e governados, dando origem ao chamado «estado político», que consiste na «reunião de todas as forças particulares» (*Ibidem*, p. 128). Por fim, o *estado civil*, que para os jusnaturalistas não se distinguia verdadeiramente do estado político, surge como pressuposto deste, pois consiste numa união de vontades concordantes sem a qual não é possível nenhuma união de forças. Esta determinação do político pelo civil e a ideia da institucionalização e regulação dos conflitos por via do direito constituem contributos relevantes para a *politeia*.

A natureza conflitual das sociedades remete para a necessidade de existência de formas de governo sem as quais estas não poderiam subsistir. Montesquieu distingue, de acordo com a tradição clássica, três formas de governo: republicana, monárquica e despótica. Cada uma delas está associada a um princípio organizativo e a uma estrutura específica. Enquanto a segunda determina a sua natureza, isto é, o que a faz ser o que é, a primeira é, por assim dizer, o seu elemento activo, desempenhando o papel que Hobbes atribuía abstractamente ao soberano: é o seu móbil o que a faz agir, permitindo a coesão da ordem social.

O governo republicano é aquele em que o povo, em conjunto ou apenas uma parte dele, governa. No primeiro caso, tendo em conta a estrutura do governo, teremos a democracia, concebida como democracia directa, enquanto no segundo caso teremos a aristocracia. O princípio ou móbil da democracia é a virtude, que consiste na subordinação do interesse particular ao interesse público. Esta concepção, que seria posteriormente desenvolvida por Rousseau, confina a democracia a algumas repúblicas da Antiguidade Clássica, de que se destaca o exemplo ateniense. Esta forma de democracia, a democracia directa, apesar de mergulhar as suas raízes num passado longínquo que já não pode ser reconstituído, é um pretexto para Montesquieu formular um juízo severo sobre a monarquia absoluta francesa do seu tempo, que não deixará de ter implicações revolucionárias, apesar de não ser essa a intenção do autor:

> «Outrora o bem dos particulares formava o tesouro público; mas agora o tesouro público torna-se património dos particulares. A república é um corpo morto cuja força é constituída pelo poder de alguns cidadãos e pela licença de todos.» (*Ibidem*, p. 45)

Na aristocracia, também concebida segundo o modelo clássico, o princípio activo é a moderação, uma espécie de virtude atenuada que reina entre os nobres que detêm o poder político e que se pode caracterizar como um espírito de corpo que os une entre si e, simultaneamente, enfrenta o contrapoder do povo representado pelos tribunos da plebe no contexto de um equilíbrio dinâmico de forças que contribui para a manutenção da ordem republicana. Prova disso é que esta moderação tem a sua origem na virtude republicana, na subordinação do interesse particular ao interesse público, e não no culto nobiliárquico das distinções e honrarias que caracteriza a monarquia do *Ancien Régime*. Não restam dúvidas que o modelo proposto não é outro senão o da república romana antiga, que Montesquieu tão brilhantemente descreveu nas suas *Considerações sobre as Causas da Grandeza e Decadência dos Romanos* (Montesquieu, 1965, pp. 93–103).

A monarquia tem como móbil a honra, ou seja, «o preconceito de cada pessoa ou condição» (Montesquieu, 1979, p. 149), que toma o lugar da virtude nas repúblicas democráticas e da moderação nas aristocráticas. Membro da nobreza de toga, Montesquieu tem em vista a monarquia francesa do Antigo Regime, em que a existência de uma nobreza de sangue está associada a um conjunto de privilégios políticos, que determina a posição do indivíduo no seio de uma hierarquia de estatutos sociais diferenciados. A honra contribui para a reprodução destas distinções hierárquicas, reclamando distinções, preferências e preeminências para cada um segundo a sua condição social. Ao contrário do que acontece na forma de governo republicano, na monarquia «cada um se dirige para o bem comum, acreditando dirigir-se para os seus interesses particulares» (*Idem*, p. 149). A este argumento não é porventura estranha a defesa que Montesquieu faz da política da venalidade dos cargos, que permite a ascensão de uma nova nobreza, no aparelho de Estado da monarquia absoluta francesa, bem como uma certa renovação das elites dirigentes. Além do mais, a desigualdade na repartição das riquezas, que caracteriza as monarquias relativamente às repúblicas, estimula a competição pelo prestígio, que tem no luxo um dos seus mais potentes móbeis:

> «Para que o Estado monárquico se mantenha, o luxo deve aumentar, do camponês para o artesão, para o negociante, os nobres, os magistrados, os grandes senhores, os principais cobradores de impostos, os príncipes; sem o que, tudo estaria perdido.» (*Ibidem*, p. 229)

Por fim, o princípio activo do governo despótico não é a honra, mas sim o medo. Nesta forma de governo, os homens são, ao contrário do que acontece na monarquia, *iguais*, mas apenas de forma negativa, já que «sendo todos escravos, ninguém pode ser preferido a quem quer que seja» (*Ibidem*, p. 150). Esta concepção, que também exerceu uma notável influência sobre a obra *Discurso sobre a Origem e Fundamentos da Desigualdade entre os Homens*, de Rousseau, marca a diferença do despotismo relativamente à monarquia, pois no governo despótico não existem corpos intermédios que medeiam a relação entre o soberano e os súbditos. Isto significa que entre a decisão política e a execução não existem mecanismos institucionais equilibradores, pelo que «a vontade do príncipe uma vez conhecida, deve ter infalivelmente o seu efeito, tal como uma bola lançada contra outra deve ter o seu» (*Ibidem*, pp. 151–152). Enquanto na monarquia o princípio da honra e o escalonamento das diferenciações sociais modera, de certo modo, o exercício da autoridade política, nos regimes despóticos não existem limites institucionais à arbitrariedade do poder. Justamente por isto, o temor e o medo têm um papel determinante na reprodução da ordem social e política.

A separação de poderes e o mandato representativo

A monarquia absoluta francesa não é, porém, o «tipo ideal» de governo que Montesquieu tem em mente. O seu sistema de referência é a monarquia britânica, que se formou após a Revolução Gloriosa de 1688.

No célebre capítulo VI do livro XI do *Espírito das Leis*, o autor traça as grandes linhas do que considera ser o modelo político-institucional do «governo moderado», ou seja, de uma forma de governo em que a liberdade, concebida como o «direito de fazer tudo o que as leis permitem» (*Ibidem*, p. 292) é possível, pois existem mecanismos e controlos institucionais que tendem a conter tanto o abuso de poder como o próprio voluntarismo da virtude republicana, que, como afirma perspicazmente, «precisa de limites» (*Ibidem*, p. 293).

A primeira característica da monarquia britânica é a separação de poderes, descoberta que faria de Montesquieu um dos maiores precursores do direito constitucional moderno, apesar do seu modelo de referência não ter uma verdadeira Constituição escrita. Distingue fundamentalmente três poderes: o poder legislativo, que elabora as leis ou altera as que estão em vigor; o poder executivo, que garante, na base das leis instituídas e aprovadas, a segurança interna, estabelece a paz e declara a guerra, gere as relações com outros Estados e defende a nação das invasões externas; e o poder judicial, que pune os crimes e resolve os diferendos entre os particulares e entre estes e o Estado. Não pode existir verdadeiramente liberdade política quando o poder legislativo está subordinado ao poder executivo, pois «pode recear-se que o mesmo monarca e o mesmo senado elaborem leis tirânicas para as aplicarem tiranicamente» (*Ibidem*, p. 294). Da mesma forma, o poder judicial, apesar de ser apenas «a boca que pronuncia as palavras da lei» (*Ibidem*, p. 301), não podendo alterá-la ou modificá-la, não pode estar subordinado nem ao poder legislativo nem ao poder executivo. No primeiro caso, o legislador seria juiz em causa própria, ou seja, simultaneamente redactor das leis e seu intérprete exclusivo. Por maioria de razão, no segundo caso, os governantes colocar-se-iam acima das próprias leis, seleccionando as que satisfizessem os seus próprios interesses e os dos seus aliados, rejeitando as outras. Neste caso, a própria imparcialidade e independência de juízo, condição indispensável da equidade judicial, seria posta em causa. Por isso, o poder judicial, apesar de ser um «poder invisível e nulo» (*Ibidem*, p. 296) por se limitar a interpretar e aplicar as leis aprovadas pelo legislativo, tem a mesma dignidade dos outros dois poderes.

Montesquieu é um dos primeiros pensadores políticos a defender explicitamente o mandato representativo, o que está de acordo com a sua doutrina da separação de poderes. Num Estado livre, o povo deve exercer colectivamente o poder legislativo. No entanto, ao contrário do que acontecia na *polis* clássica, a extensão territorial do Estado e a magnitude da população não permitem que este possa ser exercido directamente pelos cidadãos, mas sim através da eleição dos seus representantes. O direito de voto é reservado a todos os cidadãos, com a excepção dos que «são de uma condição tão baixa que se admite não terem vontade própria» (*Ibidem*, p. 297). Esta limitação do sufrágio acaba por excluir a maioria da população da cidadania activa. De facto, segundo Vauban, citado por Werner Sombart, no início do século XVIII, 1/10 da população francesa era composta por mendigos, 5/10 estava à beira da mendicidade e 3/10 encontrava-se em condições precárias. Apenas 1/10 vivia numa situação estável, e só mil famílias viviam no que hoje designamos por «bem-estar» (Sombart, 1978, p. 458). Este argumento tornar-se-ia dominante no século XVIII e na primeira metade do século XIX para justificar o não reconhecimento do direito de voto à maioria da população, em particular aos não-proprietários e aos trabalhadores assalariados.

A cidadania activa dos — poucos — que têm direito de voto limita-se à escolha dos seus representantes, que têm como missão redigir as leis e controlar a sua aplicação. Fiel ao modelo britânico, Montesquieu defende que o poder legislativo deve ser repartido por duas câmaras: uma câmara eleita em representação do povo e uma câmara hereditária composta por nobres, segundo o modelo da Câmara dos Lordes britânica. O poder executivo deve ser desempenhado pelo monarca que participa no poder legislativo através do direito de veto. Por sua vez, este poder, apesar de não dispor do direito de travar as iniciativas do executivo, exerce o controlo do modo como as leis são aplicadas. Será este equilíbrio e esta interdependência de poderes, este sistema de *checks and balances of power* que garantirá a preservação da liberdade política, impedindo a concentração de poderes, que é a antecâmara de todas as formas despóticas de governo. Por isso, as monarquias realmente existentes na época de Montesquieu devem aproximar-se cada vez mais deste tipo ideal, em que o poder limita o próprio poder:

> «Para que não se possa abusar do poder, é preciso que, pela disposição das coisas, o poder trave o poder. Uma Constituição poderá ser tal que ninguém será coagido a executar as acções a que a lei não obriga e a não executar as que a lei lhe permite.» (Montesquieu, 1979, p. 293)

CAPÍTULO 2

ROUSSEAU: A SOBERANIA DO POVO

As origens da desigualdade e a crítica da civilização

Jean-Jacques Rousseau nasceu em Genebra, em 1712. Filho de um relojoeiro, cedo se cansou do provincianismo da sua cidade natal e da profissão a que a tradição o destinava. Aventurando-se pelo mundo, desempenhou diversas profissões, viajou pela Sabóia e o Piemonte e, por fim, instalou-se em Paris. Em 1741, apresentou à Academia da capital francesa o *Project Concernant de Nouveaux Signes de la Musique* (*Projecto sobre os Novos Símbolos da Música*), em que propõe uma nova notação musical, e, em 1743-1744, uma *Dissertation sur la Musique* (*Dissertação sobre a Música*). Três anos depois, acabou a ópera *Les Muses Galantes* (*As Musas Galantes*).

A partir de 1749-1750, os seus interesses transferiram-se da música para as temáticas sociais e políticas com o *Discours sur les Sciences et les Arts* (*Discurso sobre as Ciências e as Artes*), que recebeu o primeiro prémio do concurso da Academia de Dijon. O tema proposto era: «se o restabelecimento das Ciências e das Artes contribui para melhorar os costumes». A sua resposta é uma crítica da civilização entendida como um processo de refinamento dos costumes e dos modos de ser em que o indivíduo aprende a dissimular os seus sentimentos mais nobres sob o manto do decoro e da hipocrisia e a viver na base de aparências socialmente aceitáveis:

«Povos civilizados, cultivai-as [as ciências e as artes]: escravos felizes, deveis-lhes este gosto delicado e fino que vos excita; esta doçura de carácter e esta urbanidade de costumes que tornam o comércio tão atractivo e agradável entre vós; numa palavra, as aparências de todas as virtudes sem terem nenhuma.» (Rousseau, 1964, p. 7)

Esta crítica aparentemente iconoclasta do processo civilizacional é provavelmente a primeira denúncia das formas alienadas de sociabilidade em que cada um vive «fora de si próprio» nunca ousando «parecer aquilo que é» (*Idem*, p. 8). Esta postura valeu a Rousseau inúmeras críticas, de que se destacou a da Voltaire, que não entendeu o significado mais profundo do *Discurso sobre as Ciências e as Artes*. Rousseau regressou ao tema em 1752, no prefácio de *Narcisse*, obra literária e teatral:

> «Todos os nossos escritores consideram como obra-prima do nosso século as ciências e as artes, o luxo e o comércio, as leis e as outras relações que, instituindo entre os homens os vínculos da sociedade através do interesse pessoal, colocam-no num estado de mútua dependência, dão-lhe necessidades recíprocas e obrigam cada um a contribuir para a felicidade dos outros para poder criar a própria.» (Rousseau, Florença, 1972, p. 27)

Em 1753–1754, escreveu o *Discours sur l'Origine et les Fondements de l'Inégalité parmi les Hommes* (*Discurso sobre a Origem e os Fundamentos da Desigualdade entre os Homens*), também escrito em concurso da Academia de Dijon. Este segundo discurso, apesar de não ter sido premiado como o primeiro, viria a marcar o século XVIII e exerceria uma enorme influência na Revolução Francesa de 1789. Com esta obra, Rousseau pôs em causa o argumento tradicionalista dominante sobre uma pretensa desigualdade natural dos homens. Para ele, as raízes da desigualdade entre os homens provêm da sociedade e não da natureza:

> «Concebo na espécie humana duas formas de desigualdade: uma a que chamarei natural ou física, porque é estabelecida pela natureza e que consiste na diferença de idades, de força corporal e de qualidades de espírito ou de alma, outra que se pode chamar desigualdade moral ou política, porque depende de uma espécie de convenção e porque é estabelecida, ou pelo menos autorizada, pelo consentimento dos homens. Esta consiste nos diferentes privilégios de que gozam alguns em prejuízo dos outros, como o ser-se mais rico, mais honrado, mais poderoso do que os outros, ou mesmo fazer-se obedecer por eles.» (Rousseau, 1976, p. 23)

Com esta distinção, Rousseau rompe tanto com a tese jusnaturalista hobbesiana do estado de natureza como um estado de guerra como com a tese mais sofisticada de Locke e do liberalismo nascente, que tende a eternizar ou naturalizar a desigualdade social a partir das diferenças entre as capacidades dos indivíduos que se objectivam através de uma competição agónica em que o ter e o possuir cada vez mais se transformam no horizonte da sua existência e acabam por constituir a condição necessária para a satisfação do desejo de mando e predomínio. Tal como Montesquieu, Rousseau considera que o estado de guerra caracteriza o estado social, e não o estado de natureza, e surge precisamente com a institucionalização da propriedade privada da terra:

> «O primeiro que, tendo murado um terreno, se lembrou de dizer "Isto é meu" e encontrou pessoas simples que acreditaram foi o verdadeiro fundador da sociedade civil. Quantos crimes, quantas guerras, quantos assassínios, quantas misérias e horrores não teria evitado ao género humano aquele que, arrancando as pedras ou tapando o fosso, gritasse para os seus semelhantes: "Tende cuidado, não escuteis esse impostor, estais perdidos se esqueceis que os frutos são de todos e a terra é de ninguém."» (*Idem*, p. 53)

Em 1756, Rousseau abandonou Paris, instalando-se em casa de Mme d'Epinay, em Ermitage. Iniciou-se então o período mais florescente da sua carreira literária. Um ano depois, publicou *La Nouvelle Héloïse*, romance epistolar, tal como as *Lettres Persanes*, de Montesquieu, em que os dois protagonistas são dois amantes, Julie e St. Preux, obra precursora do romance moderno. Em 1758, foi publicada a *Lettre à d'Alembert sur les Spectacles*, em que retomou as críticas à artificialidade civilizacional alienada que tinha introduzido no *Discurso sobre as Ciências e as Artes*. Em 1762, foram editados *Émile*, tratado pedagógico escrito sob a forma romanesca, mas com um fundo político manifesto, bem como *Du Contrat Social* (*Do Contrato Social*), a sua obra-prima de teoria política que, tal como o *Discurso sobre a Origem e os Fundamentos da Desigualdade entre os Homens*, talvez até mais, influenciou profundamente o seu século e tornou-se o livro de cabeceira dos revolucionários franceses de 1793.

A partir daquela data, a sua vida foi a de um perseguido obcecado por justificar as suas ideias e a sua conduta perante a opinião pública nascente e em refutar os seus detractores. *Do Contrato Social* foi impresso nos Países Baixos e proibido em França. *Émile*, impresso em Paris, foi queimado por ordem do Parlamento e Rousseau foi condenado a uma pena de prisão. Porém, o filósofo conseguiu fugir para a Suíça, mas como os dois livros também foram condenados em Genebra, não teve outra alternativa senão a de fugir de novo, refugiando-se em território prussiano, em Neuchâtel.

Regressando a Paris em 1767, acabou na capital francesa as *Confessions* (*Confissões*), obra cujo título se inspira na sua homóloga de Agostinho de Hipona, mas totalmente laica. Esta espécie de autobiografia justificativa da sua vida acabou por lhe criar novos problemas, pois a leitura de alguns extractos nos salões aristocráticos da época valeu-lhe novas interdições policiais. Ganhando a vida como copista de música, redigiu *Rousseau, Juge de Jean-Jacques: Dialogues* (*Rousseau, Juiz de Jean-Jacques: Diálogos*). Terminando esta obra em 1776, começou as *Rêveries du Promeneur Solitaire* (*Devaneios de um Passeante Solitário*), texto que, juntamente com *La Nouvelle Héloïse*, foi precursor do romantismo, a última das suas obras que não pôde terminar. Morreu em Ermenonville, em 1778. Os seus restos mortais viriam a ser transladados para o Panteão francês, o que atestou a sua importância como referência inquestionável da Revolução Francesa de 1789–1793, que marcou o nascimento do mundo moderno.

O contrato social e a vontade geral

Ninguém melhor do que Rousseau expressou o princípio constitutivo da democracia clássica através da fórmula quimicamente perfeita do contrato *social*: «Encontrar uma forma de associação que defenda e proteja com toda a força comum a pessoa e os bens de cada associado e em que cada um, ao unir-se a todos, só obedeça a si mesmo e continue tão livre como antes.» (Rousseau, 1964, p. 360)

O contrato proposto por Rousseau é um contrato *sui generis*: não se trata de um contrato com o governo com o objectivo de limitar os seus poderes, como acontece com o contratualismo liberal, mas sim de um pacto de associação em que cada um se empenha com todos a transferir a sua pessoa e todo o seu poder não para uma autoridade política separada que se limita a garantir a sua segurança privada, mas para a comunidade política a instituir. Como cada um se entrega inteiramente à comunidade política *futura*, as condições estipuladas pelo contrato *social* são iguais para todos, e, em consequência, nenhum tentará impor aos outros uma obrigação a que não se submeta também ele próprio. Com este acto de associação entre indivíduos que viviam precedentemente isolados uns dos outros forma-se um *eu comum*, uma vontade *geral*, em que a vontade de todos encontra o seu vínculo e a sua unidade. Assim, cada um perde o seu carácter de pessoa abstracta, separada, para conquistar uma dimensão existencial mais rica e abrangente ao transformar-se em parte integrante da comunidade ético-política que se empenhou a instituir com os outros.

A comunidade instituída chama-se *República* (*Republique*) e é designada pelos associados por *Soberano* (*Souverain*), enquanto é *activa*, e *Estado* (*État*), enquanto é *passiva*. Estes formam um *Povo* (*Peuple*), e chamam-se *Cidadãos* (*Citoyens*) ao participarem na assembleia do povo ou *Soberano* e *Súbditos* (*Sujets*) quando se encontram submetidos às leis do Estado. Cada associado será, então, simultaneamente, cidadão e súbdito, mas não segundo a mesma perspectiva: é súbdito enquanto indivíduo que obedece às leis porque possui uma vontade particular distinta da vontade geral; é cidadão quando renuncia à sua vontade particular para elevar-se à vontade geral como legislador. Portanto, cada um submete-se às leis que a si próprio se dá enquanto parte integrante da assembleia soberana. Mas isso significa que ninguém pode ser excluído do direito de sufrágio, já que «para que a vontade seja geral nem sempre é necessário que seja unânime, mas é indispensável que todos os votos sejam contados: qualquer exclusão formal quebra a generalidade» (*Idem*, p. 369).

O soberano é a vontade geral enquanto dirige a força pública do Estado. Como a vontade geral tem como objectivo a realização do interesse comum, o soberano não tem de se empenhar perante o súbdito. Pelo contrário, poderá obrigá-lo a empenhar-se para com ele, ou seja, a respeitar a vontade geral, porque a sua vontade particular leva-o frequentemente a tentar desfrutar de todos os direitos de cidadania sem querer suportar os seus encargos e atribulações. Esta obrigação é a condição da liberdade comum, porque cada um, empenhando-se perante todos, nunca dependerá de ninguém, mas apenas das leis que contribui para elaborar enquanto membro de pleno direito da assembleia soberana do povo.

As leis têm sempre um objecto geral. Sendo as declarações da vontade geral, nunca podem estatuir sobre questões particulares nem sobre as acções deste ou daquele indivíduo. Daqui resulta que o poder soberano, apesar de ser o poder supremo do Estado, não pode impor a um súbdito um encargo que não tenha, simultaneamente, imposto aos outros, já que a sua actividade baseia-se na elaboração de leis que vinculam todos de modo igual. Portanto, é necessário um órgão que disponha da força pública do Estado para actuar sobre os indivíduos em conformidade com as directivas gerais e as regras da convivência civil necessárias à preservação da comunidade política. Este órgão é o *Governo* (*Gouvernement*).

O governo é um corpo intermédio entre o soberano e o Estado para a execução das leis e a manutenção da liberdade comum. O acto que o institui não é, como no *Discurso sobre a Origem e o Fundamento da Desigualdade entre os Homens*, de 1754, um contrato em que o povo consente submeter-se a um chefe ou a chefes, mas sim um *mandato* em que a assembleia do povo soberano comissiona a meros funcionários o depósito da força pública do Estado. Estes poderão ser demitidos sempre que não cumpram as deliberações colectivas que foram encarregados de executar. A legitimidade de uma forma de governo não depende então do maior ou menor número de magistrados que exercem o poder executivo, mas do facto de o poder legislativo pertencer à assembleia do povo soberano. Por isso, a república é a forma legítima de governo, enquanto a sua essência é a *democracia*, que se baseia na soberania indivisível e inalienável do povo.

O poder executivo do governo depende da relação que se estabelece entre o poder legislativo da *universalidade* dos cidadãos *reunidos* e a soma dos súbditos *isolados* que obedecem às leis. À medida que a população aumenta e o Estado cresce territorialmente, a participação do indivíduo na assembleia do povo soberano diminui, embora a sua condição de súbdito permaneça como anteriormente: este continua a suportar «todo o império das leis» (*Ibidem*, p. 397), apesar de o seu sufrágio — que é a *medida* da sua liberdade política — ter um peso cada vez menor nas deliberações colectivas. É necessário então que o poder de intervenção do governo aumente para conservar a coesão da comunidade política ou a supremacia da vontade geral perante a tendência crescente para o afastamento das vontades particulares relativamente a esta. Contudo, maior deverá ser o poder da assembleia do povo para evitar que o corpo dos magistrados a que comissionou o depósito da força pública do Estado usurpe o exercício da sua soberania.

Para exercer um controlo efectivo sobre o governo, é necessário que o povo permaneça periodicamente reunido. A duração das assembleias e a sua convocação têm origem numa lei a que o governo deve submeter-se porque o seu poder executivo é «suspenso» quando «o povo está legitimamente reunido como corpo soberano» (*Ibidem*, p. 427). O crescimento territorial do Estado obriga o povo a federar-se, ou seja, a reunir-se em grupos e a mudar frequentemente os depositários do seu poder. Isso faz com que o exercício da soberania não possa ser delegado, já que os deputados do povo não são os seus representantes, mas apenas os seus comissários. Tal como o governo, estão submetidos ao vínculo do *mandato imperativo* e, em consequência, poderão ser destituídos sempre que não cumpram as deliberações para que foram mandatados.

Apesar desta fundamentação, Rousseau é incapaz de desenvolver o conceito de «democracia» que tão brilhantemente preconizou. Em primeiro lugar, a democracia só pode existir para o genebrino sob a forma de democracia directa, já que, sendo a soberania inalienável, não pode ser representada. Em segundo lugar, esta é possível apenas em Estados muito pequenos, em que o povo seja facilmente convocável e em que cada cidadão conheça todos os outros. Por fim, ela não é possível em Estados em que existam grandes desigualdades de classe e de fortuna, pois nestas condições é posta em causa irreversivelmente a concepção de liberdade como ausência de predomínio que constitui o fundamento último do carácter comunitário da democracia. Por isso, afirma desconsolado:

«Se existisse um povo de deuses, governar-se-ia democraticamente. Um governo tão perfeito não convém aos homens.» (*Ibidem*, p. 406)

O mandato imperativo e a democracia directa

Esta confissão de impotência expressa os limites e as insuficiências da forma de democracia, a democracia directa, preconizada e defendida por Rousseau. Concebendo o indivíduo como o pressuposto da formação da associação política e não como uma articulação da sociedade, o que denota ainda a influência do jusnaturalismo, Rousseau é incapaz de encontrar uma mediação entre a vontade geral e a vontade particular, já que a sua comunidade política tem como base apenas os indivíduos concebidos como puros átomos. Por isso, a exigência de subordinação das vontades particulares à vontade geral surge mais como um imperativo moral, com os sucessivos apelos à virtude configurada sob as vestes da república romana clássica, bem como através de uma série de expedientes, de que se destaca o apelo a um legislador a quem, qual *Deus ex machina*, caberá uma tarefa sobre-humana:

«Aquele que ousa empreender a instituição de um povo deve sentir-se capaz de modificar, por assim dizer, a natureza humana, de transformar cada indivíduo, que, por si mesmo, é um todo perfeito e solitário, numa parte de um todo maior, do qual este indivíduo recebe o seu ser; de alterar a constituição do homem para a reforçar; de substituir por uma existência parcial e moral a existência física e independente que todos recebemos da natureza.» (*Ibidem*, p. 381)

A este primado da política junta-se ainda a necessidade de instituir uma religião civil, «sem templos, sem altares, sem ritos, limitado ao culto puramente interior do Deus supremo e aos eternos deveres da moral» (*Ibidem*, p. 464). Outra limitação do carácter puramente voluntarista da democracia directa preconizada por Rousseau é a sua teoria do mandato imperativo que lhe está associada. Na realidade, nesta forma de democracia não existem mecanismos e controlos político-institucionais que possam impedir que os comissários do povo usurpem a soberania que este lhes delegou, transformando, na prática, o povo soberano no *povo dos comissários soberanos* revestidos, em nome da vontade geral, de poderes ditatoriais, como de certo modo aconteceu em França em 1793. Rousseau tenta resolver esta dificuldade através de uma lógica política simplista: o recurso obsessivo a referendos e plebiscitos que, pelo facto de incidirem mais sobre as emoções do que sobre o debate de argumentos racionais, podem ser facilmente objecto de manipulação, constituindo, por conseguinte, a forma política menos idónea para o controlo do poder. Eis a razão pela qual Montesquieu, com a sua teoria da separação e interdependência de poderes, tem alguma razão em defender que «só o poder trava o poder», mesmo tendo em conta que esta teoria, apesar dos seus inegáveis méritos, acabou por ser frequentemente utilizada pelas doutrinas liberais para desqualificar a teoria da soberania popular, acusada de ser a fonte de uma pretensa «democracia totalitária» (Talmon, Bolonha, 1967, pp. 57–93).

James Madison (1751–1836), principal responsável pela aprovação da Carta de Direitos na nova Constituição norte-americana de 1791 e Presidente dos EUA entre 1809 e 1817, fez, em 22 de Novembro de 1781, em *O Federalista*, uma crítica perspicaz às insuficiências da democracia directa:

«Uma democracia pura, termo com que pretendo referir-me a uma sociedade consistindo num pequeno número de cidadãos, que se reúnem e administram o governo em pessoa, não pode admitir um remédio para as acções prejudiciais das facções. Em quase todos os casos, uma maioria do todo sentirá uma paixão ou terá um interesse comum; a comunicação e a concertação resultam da própria forma de governo; e não existe nada para manter em respeito os incitamentos a sacrificar o partido mais fraco ou um indivíduo odioso. Por isso é que essas democracias deram sempre um espectáculo de turbulência e discórdia; e nunca foram consideradas compatíveis com a segurança pessoal ou os direitos de propriedade; e tiveram, em geral, vidas tão curtas como violentas foram as suas mortes. Os políticos teóricos, que patrocinaram essa espécie de governo, supuseram erradamente que, dando aos homens uma perfeita igualdade de direitos, estes ficariam, ao mesmo tempo, perfeitamente igualizados e assimilados nos bens, nas opiniões e nas paixões.» (Madison, 2003, pp. 82–83)

Tal como Montesquieu, James Madison é partidário de um sistema representativo, que designa por *República* para distingui-lo da *democracia pura*, em que uma assembleia eleita composta por homens *sábios* e *ponderados* pode depurar, por assim dizer, os pontos de vista facciosos gerados pelas emoções momentâneas das multidões e decidir serenamente sobre as questões de interesse geral. No entanto, tal como os autores posteriores que partilham a mesma opinião de Madison, a racionalidade defendida como fonte da política serve de pretexto para excluir a maioria do povo — mergulhado numa vida de subsistência precária e, por conseguinte, incapaz de se constituir em sujeito dotado de uma autonomia que lhe permita «elevar-se» à consciência do «interesse geral» — dos mais elementares direitos políticos, de que se destaca o direito de voto sem o qual nenhuma forma de democracia é possível. Em contraponto, devem destacar-se, apesar das suas aporias metodológicas, as grandes linhas do projecto democrático de Rousseau que marcaram decididamente a emergência da modernidade:

- Povo como fonte da soberania política;
- Controlo dos governantes pelos governados;
- Sufrágio universal;
- Construção de uma comunidade política baseada numa concepção inclusiva de liberdade como ausência de predomínio, pois todos são livres, no sentido em que ninguém está subordinado a outros e é dominado por eles, preservando cada um, por conseguinte, a sua capacidade de autodeterminação.

CAPÍTULO 3

KANT:
O ESTADO REPRESENTATIVO
E A PAZ PERPÉTUA

A emergência da Prússia

Após a morte de Carlos VI, imperador da Áustria em 1740, sucedeu-lhe a filha, Maria Teresa (1740–1780), iniciando-se uma grave crise que opôs os esposos das duas sobrinhas do imperador falecido, o eleitor da Saxónia e da Baviera ao rei da Prússia Frederico II (1740–1786), que invadiu e ocupou a Silésia, território sob o domínio dos Habsburgo. Adversárias desta dinastia, a França e a Baviera aliaram-se ao monarca prussiano. Em contrapartida, a Grã-Bretanha, que disputava com os gauleses o domínio ultramarino colonial, e a Rússia apoiaram Maria Teresa.

Em 1742, a Boémia, território do Império Habsburgo, foi ocupada pela coligação franco-bávara, sendo proclamado rei Carlos VII, que seria nomeado imperador em 1742. A Áustria de Maria Teresa ripostou, assegurando a fidelidade da Hungria após o reconhecimento de alguns direitos, o que lhe permitiu expulsar os franceses de Praga. Assegurando-se do apoio da Grã-Bretanha, das Províncias Unidas e de vários Estados alemães, conseguiu assinar uma paz separada com Frederico II em 1742. No entanto, a vitória francesa de Fontenoy sobre as tropas anglo-neerlandesas, em 11 de Maio de 1745, conduziu à ocupação dos Países Baixos pela França e reactivou o conflito, gerando uma nova partilha de poderes: em 1748, pelo Tratado de Aix-la-Chapelle, os franceses cederam os Países Baixos — que só recuperariam a sua independência após a derrota de Napoleão em Waterloo, em 1815 — à Áustria, enquanto os britânicos e os franceses restituíam as possessões coloniais que tinham conquistado uma à outra.

Porém, a paz entretanto conseguida foi extremamente precária, facto extensível às alianças dos Estados beligerantes determinadas pelo estado mutável das relações de força e pelos interesses circunstanciais de cada um. Frederico II, que espreitava a ocasião propícia para reconquistar a Silésia, aproximou-se da Grã-Bretanha, cuja rivalidade colonial com França apenas tinha sido momentaneamente suspensa pelo Tratado de Aix-la-Chapelle. Em contrapartida, o soberano francês aliou-se ao inimigo de ontem, a Áustria, o que gerou o ataque da Prússia à Saxónia, território do Império Habsburgo, e o desencadeamento de um conflito que duraria sete anos (1756–1763) tanto no continente europeu como no mar e nas colónias, no caso britânico e francês. A Guerra dos Sete Anos, como foi conhecida, terminaria com a assinatura do Tratado de Hubertusburg, em que a Prússia recuperava a Silésia. Por sua vez, no conflito colonial, a Grã-Bretanha reforçou a sua hegemonia esmagadora sobre a França na Índia e também na América do Norte.

A Guerra dos Sete Anos assinalou a emergência de uma nova potência na Europa continental: a Prússia de Frederico II, o *rei filósofo*, autor do ensaio *O anti-Maquiavel*, publicado em 1741, em que procurou refutar ponto por ponto as concepções políticas do autor de *O Príncipe*. Admirador da cultura francesa, chamou à sua corte «intelectuais iluministas», de que se destacou Voltaire, e correspondeu-se com d'Alembert. Considerando-se o primeiro servidor do Estado prussiano, realizou uma obra de centralização monárquica com a eliminação de muitos privilégios locais em benefício da fiscalidade real e uma reforma jurídica que reforçou a autonomia do poder judicial, embora não pusesse em causa os privilégios da nobreza, que se mantinha como grande proprietária fundiária e fornecedora exclusiva dos quadros do exército. A situação dos camponeses também não melhorou, já que até às invasões napoleónicas estes mantiveram-se submetidos ao regime de servidão da gleba, predominante na Europa Oriental e na Rússia czarista.

Protótipo do déspota iluminado, Frederico II fundou a Academia de Ciências alemã. No plano económico, seguiu uma política mercantilista de controlo estatal de preços e de concessão de monopólios e privilégios reais às manufacturas, fundando o Banco de Berlim. No entanto, o reino da Prússia permaneceu fundamentalmente agrícola quando comparado com a Grã-Bretanha e mesmo com a França. Porém, o monarca contribuiu para a modernização da agricultura com a introdução de prados artificiais, a drenagem de pântanos, que aumentou a extensão das terras aráveis, e o desenvolvimento da criação de bovinos. Mas a sua obra máxima foi a reforma do exército, que até à derrota das tropas prussianas na Batalha de Iena, em 1806, era considerado o mais poderoso da Europa.

Cidadãos activos e cidadãos passivos

Immanuel Kant nasceu em 1724 em Königsberg, passando toda a sua existência na Prússia Oriental. Quarto filho de uma prole de 11, provinha de uma família modesta, o pai era seleiro. Em 1732, ingressou no colégio Frederico de Königsberg, onde lhe foi administrada uma formação clássica. Em 1740, ano em que se iniciou o reinado de Frederico II, entrou na universidade da sua cidade natal, na qual absorveu a influência pietista. Em 1755, escreveu a *História Universal da Natureza* e a *Teoria do Céu*, que esteve na origem da teoria sobre o sistema solar, conhecida como teoria de Kant-Laplace ou hipótese nebular. Escreveu também a *Nova Explicação dos Primeiros Princípios da Metafísica*, o que lhe conferiu o título de *Privat-Docent*, isto é, a possibilidade de dirigir um curso privado na universidade, fora do ensino oficial. Neste período, entrou em contacto com o pensamento britânico e as doutrinas de Rousseau, que exerceram uma grande influência sobre o seu pensamento político. Em 1770, redigiu a obra *Da Forma e dos Princípios do Mundo Sensível e do Mundo Inteligível*, mais conhecida por *Dissertação de 1770*, que lhe deu a possibilidade de ascender ao cargo de professor ordinário da Universidade de Königsberg, isto é, de participar de pleno direito no ensino oficial, onde se manteve até 1797.

Em 1781, publicou a primeira das três *Críticas*: a *Crítica da Razão Pura*, a sua teoria do conhecimento. Sete anos depois, foi editada a *Crítica da Razão Prática*, onde estabeleceu os princípios gerais da sua doutrina ética. Em 1790, foi a vez da *Crítica do Juízo*, obra em que desenvolveu as suas ideias estéticas. Grande expoente do iluminismo numa Prússia que, apesar das reformas do déspota iluminado Frederico II, permanecia ainda estruturalmente feudal, expressou de forma brilhante o espírito de uma época que anunciava a Revolução Francesa de 1789, evento a que Kant assistiu, à distância, no seu observatório de Königsberg. No número de Dezembro da revista *Berlinische Monatsschrift*, num artigo significativamente intitulado «Sobre a questão: o que são as luzes», escreveu esta passagem que se tornou célebre:

«O que são as luzes? *A saída do homem da menoridade de que ele próprio é responsável. Menoridade*, isto é, incapacidade de se servir do seu intelecto sem a direcção de outrem, menoridade *de que ele próprio é responsável*, pois a sua causa não reside numa deficiência do intelecto, mas na falta de decisão e de coragem de se servir deste sem a direcção de outrem. *Sapere aude*! Tem a coragem de te servires do próprio intelecto! Eis o símbolo das luzes.» (Kant, 1976, p. 46)

Em 1795, publicou o seu opúsculo *Para a Paz Perpétua*, provavelmente a sua obra política de referência, onde defende, num mundo dilacerado pelas guerras quase permanentes e regido pela política de potência da razão absolutista de Estado, um projecto ético-político cosmopolita para a instauração de um estado duradouro de paz, ideia que teve uma profunda influência na formação da Organização das Nações Unidas em 1948. Dois anos depois, escreveu os *Princípios Metafísicos da Doutrina do Direito*, a sua obra política fundamental, que, juntamente com os *Princípios Metafísicos da Doutrina da Virtude*, em que desenvolve a aplicação à sociedade da sua doutrina ética formulada na *Crítica da Razão Prática*, formou a obra *Metafísica dos Costumes*. Em 1798, publicou a *Antropologia Pragmática*, onde reafirmou a sua fidelidade aos princípios do iluminismo. Kant morreu em 1804 na sua cidade natal.

Tal como Rousseau, Kant é ainda um pensador político influenciado pela tradição jusnaturalista, mas tenta superá-la, pese embora ter herdado algumas das suas limitações. Na sua *Doutrina do Direito*, Kant define o *estado civil* como «o estado dos indivíduos num povo, em relação uns com os outros» e o Estado (político) «a relação do todo com cada uma das partes», que, tal como em Rousseau, institui a condição de súbdito, sendo a «coisa pública» o elemento activo deste conjunto, isto é, a união dos indivíduos pelo «interesse comum de todos em estar no estado jurídico» (Kant, 2011, p. 275). Desde logo, nota-se nestas definições uma dicotomia que percorrerá toda a sua obra política: de um lado, o indivíduo como pressuposto do estado civil e político; do outro, o indivíduo concebido nas suas relações com os outros, como se pudessem separar dois momentos indissociáveis, pois este não é senão o fruto de relações sociais historicamente determinadas em que é, simultaneamente, um elemento activo e passivo.

A constituição do estado civil é fruto desta dicotomia, já que tem como objectivo estabelecer uma «legislação exterior», uma legislação que se distingue da lei interior ou moral que vincula a consciência do indivíduo ao imperativo categórico — «Age de modo tal que as tuas máximas possam transformar-se em princípios de uma legislação universal.» Esta última não tem um poder efectivo para reger as suas relações com os outros, pois «os homens têm como máxima a violência e, pela sua maldade, combatem entre si» (*Idem*, p. 176). Sem a instituição de uma lei coactiva, a lei jurídica, que obrigue cada um a respeitar a esfera privada dos outros, não é possível a coexistência recíproca. A consciência da necessidade desta lei está na origem da sociedade civil, que ainda não se distingue estruturalmente da sociedade política ou do Estado, uma herança da tradição jusnaturalista:

«Uma acção é conforme ao direito quando permite ou quando a sua máxima permite fazer coexistir a liberdade do arbítrio de cada um com a liberdade de todos segundo uma lei universal.» (*Ibidem*, p. 43)

Ao contrário da ordem civil instituída pelo contrato social de Rousseau, a de Kant não tem como fim construir uma verdadeira comunidade política, ou seja, uma comunidade inclusiva em que a liberdade comum é condição da liberdade de cada um, mas visa apenas a coexistência do arbítrio de cada um com o dos outros, o que tem como sistema de referência uma ordem legal coactiva que se torna independente dos indivíduos, mas que, ao mesmo tempo, estes reconhecem como necessária para evitar que a liberdade exclusivista de cada um ponha em causa a liberdade dos demais e que, por conseguinte, a ordem civil degenere numa guerra hobbesiana de todos contra todos:

«Tudo aquilo que não é conforme com o direito é um obstáculo à liberdade, segundo leis universais; mas a coerção é um impedimento ou resistência com que se defronta a liberdade. Consequentemente, se um determinado uso da liberdade é, ele próprio, um obstáculo à liberdade segundo leis universais (i.e., não conforme com o Direito), a coerção que se lhe opõe, como impedimento a um obstáculo à liberdade, está de acordo com a liberdade, quer dizer: é conforme ao Direito.» (*Ibidem*, p. 45)

Em suma: é necessário coagir quem viola a liberdade do outro para restabelecer a liberdade. Mas esta espécie de «negação da negação» apenas confirma que, ao contrário da liberdade «interior» ou da moral regida pelo imperativo categórico, a liberdade «exterior» ou civil só é possível no contexto de uma ordem legal coactiva que impede que a esfera privada de cada um possa ser violada ou invadida pelos outros. Na prática, a liberdade civil acabará por se transformar numa não liberdade real, em que cada um toma consciência da necessidade de se submeter a um sistema legal de coacção omnilateral para conservar a sua liberdade exclusivista.

Com o seu pacto de associação, Rousseau defendia que os indivíduos apenas se submetiam às leis, na condição de súbditos do Estado, porque contribuíam para a sua elaboração enquanto cidadãos, ou seja, enquanto membros activos do poder soberano, sem qualquer exclusão — a indispensabilidade de contar todos os votos —, o que está na origem do sufrágio universal. A posição de Kant a este respeito é muito diferente. Para o filósofo de Königsberg, a autonomia do indivíduo é determinada pela propriedade que se constitui no estado civil. Neste sentido, apenas o proprietário é um cidadão *activo*, o que lhe permite agir concertadamente com os outros na República. Justamente por isto, apenas ele pode ser titular do direito de voto, tornar-se eleitor e candidato a ser eleito. Pelo contrário, os não-proprietários estão relegados à condição de cidadãos *passivos*, ou seja, estão submetidos às leis, mas não podem ser eleitores nem candidatos às eleições legislativas:

> «Só a capacidade de votar qualifica o cidadão como tal; mas essa capacidade pressupõe a independência daquele que, no povo, não quer ser meramente parte da comunidade, mas também membro dela, quer dizer, quer ser uma parte da comunidade que age segundo o seu próprio arbítrio em conjugação com os outros. Mas a última qualidade torna necessária a distinção entre cidadão activo e passivo, se bem que o conceito deste último pareça estar em contradição com a explicitação do conceito de cidadão em geral. Os exemplos seguintes podem servir para superar esta dificuldade: o aprendiz ao serviço de um comerciante ou de um artesão; o serviçal (não me refiro ao que está ao serviço do Estado); o menor (*naturaliter vel civiliter*); as mulheres e, em geral, aqueles que não possam prover à sua existência (ao seu sustento e protecção) por via da própria actividade, mas que se vêem forçados a colocar-se na dependência de outrem (que não o Estado), carecem de personalidade civil e a sua existência é, por assim dizer, somente inerência.» (*Ibidem*, p. 181)

Além da ordem legal coactiva, existe uma ordem hierárquica que transforma os não possuidores em sujeitos duplamente subordinados: no plano político, já que estão submetidos às leis que outros elaboraram e, por conseguinte, relegados à condição de súbditos do Estado; e no plano económico e social, porque estão subordinados à vontade de outro sob cuja direcção exercem a actividade que lhes permite ganhar a vida. Entre os cidadãos passivos, as mulheres encontram-se no escalão mais baixo da hierarquia de subordinação, pois não são mais do que meros objectos de fruição para o homem, e vice-versa. Kant, um celibatário, considera que «a comunhão sexual (*commercium sexuale*) é o uso recíproco que um ser humano faz dos órgãos e das faculdades sexuais de outro» (*Ibidem*, p. 120). É precisamente este «uso recíproco» que impede a transformação da mulher numa coisa, num objecto, como o escravo para o senhor, já que «ao ser uma pessoa adquirida por outra como coisa, esta, por seu turno, adquire-a reciprocamente, pois, assim, ela recupera-se a si mesmo e restabelece a sua personalidade» (*Ibidem*, p. 121). No entanto, a categoria lógica de «acção recíproca» não é suficiente para converter a mulher num sujeito autónomo tanto no plano pessoal como no plano civil. De facto, a «comunhão sexual», que se supõe conferir-lhe uma certa autonomia, só é legítima no âmbito do casamento e da família patriarcal em que o homem detém toda a autoridade. Que acontecerá então se a mulher abandonar o lar conjugal? Kant não tem a menor dúvida a este respeito quando afirma:

> «Se um dos cônjuges se separou ou se entregou à posse de um terceiro, o outro tem, sempre e de modo incontestável, o direito de o fazer reconduzir ao seu senhorio, tal como se se tratasse de uma coisa.»
> (*Ibidem*, p. 122)

Como cidadã passiva, a mulher nem sequer possui o direito, reconhecido aos restantes cidadãos passivos que não são servos da gleba dos *junkers* prussianos, de mudar de patrão, e não tem mais valor legal do que uma galinha escapada da capoeira doméstica do seu proprietário sempre que viola os códigos de conduta legitimamente consagrados no matrimónio. É também neste âmbito que a ordem legal coactiva revela a sua verdadeira face: uma ordem em que impera a não liberdade contraposta à liberdade interior do sujeito moral que não tem nenhuma efectividade no âmbito das relações sociais, permanecendo, na prática, como um estéril «dever ser». Prova disso é o facto de Kant, na esteira de Lutero, não reconhecer aos cidadãos nenhum direito de resistência à autoridade política instituída, pregando a submissão «ao poder legislativo actualmente existente, qualquer que seja a sua origem» (*Ibidem*, p. 198).

Contra a política de potência

À postura reaccionária de Kant relativamente à condição da mulher não foi certamente estranha a Prússia de Frederico II, que, apesar do despotismo iluminado do monarca, permanecia mergulhada num arcaísmo retrógrado feudal na esfera dos costumes, dos direitos e das liberdades. Relativamente ao direito de resistência, a sua posição é, em grande parte, fruto de uma concepção que será retomada pelas doutrinas liberais em que o povo surge apenas como fruto da ordem política constituída e não como fonte primária da sua constituição, embora em algumas passagens da sua obra política defenda, tal como Rousseau, esta última hipótese. Contudo, a sua oposição a este direito está também, de certo modo, relacionada com a Revolução Francesa. Tendo em conta a sua condição de funcionário do Estado prussiano, que o impedia de apoiá-la abertamente, aliada ao seu conservadorismo e a uma certa timidez política, Kant adopta uma posição prudente que, apesar de não condenar este evento histórico de alcance universal, se serve do mesmo argumento que utilizou para negar a não legitimidade do direito de resistência à autoridade constituída, o que acaba, qual *negação da negação*, por colocar no mesmo plano de legitimidade política tanto a revolução como a contra-revolução:

> «Se uma revolução triunfou e se estabeleceu uma nova Constituição, a ilegitimidade do começo e do pôr em prática dessa Constituição não pode eximir os súbditos da obrigação de, como bons cidadãos, se submeterem à nova ordem de coisas e não podem recusar-se a obedecer lealmente à autoridade que detém agora o poder. O monarca destronado que sobrevive àquela revolução não pode ser demandado pela sua administração anterior, e ainda menos pode ele ser punido, se regressado à sua condição de cidadão, prefere a sua tranquilidade e a do Estado ao risco de se exilar para, na qualidade de pretendente, empreender a aventura da sua reconquista, seja mediante uma contra-revolução desencadeada clandestinamente seja com a ajuda de outras potências. Mas se prefere esta última atitude, o seu direito àquilo que anteriormente possuía permanece intacto, dado que o levantamento que o desapossou foi injusto.» (*Ibidem*, p. 194)

Kant é partidário de uma república representativa inspirada no modelo de separação de poderes de Montesquieu, em que o legislativo, expressão de «vontade unida do povo», constitui o poder soberano ou supremo, o executivo compete ao governo «em observância da lei» e o judicial «atribui a cada um de acordo com a lei» (*Ibidem*, pp. 178-179). Esta república, apesar de se basear no sufrágio censitário ou na distinção entre cidadãos activos e passivos, é a antepassada do moderno Estado de direito, já que garante ao cidadão um conjunto de direitos de que se destaca a liberdade, a igualdade perante a lei e a independência civil, a qual se caracteriza por este «dever a própria existência e conservação não ao arbítrio de outro no povo mas aos seus próprios direitos como membro da comunidade» (*Ibidem*, pp. 179-180). Na sua melhor formulação, o filósofo de Königsberg, de certo modo a contra-corrente da sua concepção dominante, defende que o povo é a fonte da soberania:

«Toda a verdadeira República é e não pode ser senão um sistema representativo do povo que pretende em nome do povo e mediante a união de todos os cidadãos cuidar dos seus, por intermédio dos seus delegados (deputados) [...] O povo unido não só representa o soberano como é ele próprio soberano; porque é nele (no povo) que se encontra originariamente o poder supremo do qual hão-de derivar todos os direitos dos indivíduos, como meros súbditos (ou então como funcionários do Estado).» (*Ibidem*, p. 224)

O ponto mais alto da doutrina política kantiana é a sua crítica à política de potência, um juízo progressista e extraordinariamente inovador sobre uma época, a sua, em que a paz constituía praticamente uma excepção e a guerra a regra. Inspirado pelas doutrinas jusnaturalistas, Kant considera que, nas suas relações recíprocas, os Estados encontram-se num estado não jurídico ou natural que não é mais do que um estado de guerra intermitente interpolado por períodos de paz precária. É um imperativo moral, mas também uma necessidade política abandonar este estado de beligerância e tudo fazer para entrar num estado jurídico que garanta a paz. Além disso, no Estado republicano apenas os representantes eleitos do povo podem decidir em última instância sobre a declaração da guerra, e apenas nestas condições pode o executivo dispor e mobilizar os cidadãos para fins bélicos.

No seu *Tratado sobre a Paz Perpétua*, Kant vai ainda mais longe. Neste opúsculo, redigido dois anos antes da *Doutrina do Direito*, Kant defende que uma união federativa de Estados não é apenas uma forma de evitar a guerra, mas também a de contribuir para um estado de paz perpétua.

Esta união exprime o acordo da política com a moral, um aspecto relevantíssimo da *politeia* do futuro: por um lado, tendo em conta que a razão belicista de Estado predominava na arena internacional onde cada Estado não olhava a meios para aumentar a sua potência relativamente aos outros, constitui um imperativo categórico que cada um renuncie à força, pois, em caso contrário, tornar-se-á impossível instituir um Estado de direito no contexto das suas relações recíprocas; mas, por outro lado, dizer que um Estado se deve abster de utilizar a força sem propor a criação de instituições políticas supranacionais — uma união federativa, segundo a sua perspectiva — que possam contrariar os seus desígnios belicistas de aumentar a sua potência à custa dos outros exprime um dever moral estéril, sem real eficácia. Para Kant, a recusa em instituir tal união pode mesmo ser considerada «uma falta de sabedoria e uma injustiça camuflada» (Kant, 1974, p. 165).

O objectivo do filósofo de Königsberg é a superação do tradicional direito das gentes e a constituição de uma nova forma de direito, o direito cosmopolita, em que não apenas os Estados decidem voluntariamente abandonar «o estado anárquico de selvajaria para entrar numa *Sociedade das Nações*» (Kant, 1976, p. 36), mas que visa a longo prazo a formação de um «Estado cosmopolita universal» em que «se desenvolverão todas as disposições primitivas da espécie humana» (*Idem*, p. 42). Tal como a união federativa de Estados, este estado de paz universal que abraçará todos os povos da terra «não é algo de filantrópico (ético), mas sim um princípio jurídico» (Kant, 2011, p. 240). E conclui contra os defensores do realismo político que ridicularizam este projecto:

> «Pode dizer-se que a instituição universal e duradoura da paz não constitui apenas uma parte, mas o fim último na sua globalidade da doutrina do Direito nos limites da simples razão [...] Pois o que é que pode ser metafisicamente mais sublime do que precisamente esta ideia que, não obstante o que aqueles afirmam, tem a mais sólida realidade objectiva, que se deixa facilmente expor também nos casos que ocorrem e que é a única que pode conduzir, numa contínua aproximação, ao bem político supremo, a paz perpétua, intentada e executada não revolucionariamente, de supetão, quer dizer mediante o derrube violento de uma Constituição defeituosa existente até ao momento — (porque nessa decorrência surgiria um momento de destruição de todo o estado jurídico) —, mas mediante uma reforma paulatina, de acordo com sólidos princípios.» (*Idem*, pp. 244-245)

CAPÍTULO 4

FICHTE: A LEGITIMIDADE DA REVOLUÇÃO FRANCESA

Prólogo sobre a Revolução Francesa (1789-1799)

Em Janeiro de 1789, Emmanuel-Joseph Sieyès, no opúsculo que se tornaria famoso — *O que É o Terceiro Estado?* —, enuncia três frases premonitórias:

«O que é o Terceiro Estado? Tudo. O que foi até agora na ordem política? Nada. O que pede? Tornar-se alguma coisa.» (Sieyès, 1976, p. 49)

Em 5 de Maio de 1789, Luís XVI foi obrigado a convocar os Estados gerais em que os representantes do Terceiro Estado, entre os quais Sieyès, um dos mais activos, reivindicaram que a votação por ordens, que favorecia a nobreza e o clero, sustentáculos da monarquia absoluta francesa, se passasse a fazer por cabeça. Esta reivindicação revolucionária acabou por triunfar, dando origem, em 17 de Junho de 1789, à formação da Assembleia Constituinte, representante da nação francesa em formação. Em 14 de Julho, o povo de Paris entrou em cena tomando a Bastilha, a prisão onde o regime monárquico absolutista encarcerava arbitrariamente os seus opositores políticos. No final de Julho de 1789, a insurreição estendeu-se às zonas rurais, onde os camponeses reivindicavam a abolição dos direitos feudais. O resultado deste movimento popular foi a abolição dos que incidiam sobre as pessoas, os mais iníquos, mas já em desaparecimento, mas não os que recaíam sobre a terra, que deviam ser resgatados pelos camponeses na base de um contrato que, pretensamente, tinham lavrado como rendeiros com os legítimos proprietários.

Em 26 de Agosto é aprovado pela Assembleia Constituinte o primeiro grande documento da Revolução de 1789, a Declaração Universal dos Direitos do Homem e do Cidadão, que se tornaria um dos fundamentos dos constitucionalismos modernos. Logo no seu artigo 1.º, afirma-se que «os homens nascem livres e iguais em direitos», o que decreta o fim do regime de privilégios nobiliárquicos. Liberdade, propriedade, segurança e resistência à opressão são considerados «direitos naturais e imprescritíveis do homem» (artigo 2.º). A soberania reside na Nação e ninguém pode exercer uma autoridade que desta não promane. A liberdade é definida como o «poder de fazer tudo o que não prejudique outrem» (artigo 4.º). Por fim, a lei é concebida como «expressão da vontade geral», todos os cidadãos podem contribuir para a sua formulação, sendo iguais perante ela e idóneos para candidatar-se aos cargos e dignidades públicas (artigo 6.º).

Em Setembro de 1791, é aprovada uma Constituição que consagrou o novo regime político. Inspirado em Montesquieu, este documento instituiu uma monarquia constitucional baseada na separação de poderes: o executivo cabe ao monarca, o legislativo a uma assembleia eleita e o judicial aos juízes. No entanto, o sufrágio universal não é reconhecido e o sufrágio censitário é instaurado: o direito a eleger foi atribuído aos homens com mais de 25 anos que pagassem uma contribuição igual a três dias de trabalho; estes, por sua vez, elegiam um colégio eleitoral constituído pelos cidadãos que pagassem uma contribuição equivalente a dez dias de trabalho; por fim, apenas os eleitores que pagassem o «marco de prata» e possuíssem uma propriedade imobiliária eram elegíveis para a Assembleia Nacional.

O novo regime revolucionário, inspirado nos princípios do liberalismo político e económico, aboliu todos os resquícios do regime feudal absolutista. No plano das instituições judiciais, foram suprimidos os tribunais senhoriais e instituídos os julgados de paz, os tribunais judiciais e os tribunais criminais. No plano político, foi estabelecida a igualdade de todos os cidadãos perante os impostos, o que acabou com as isenções fiscais da nobreza e do clero, bem como com o acesso de todos os cidadãos a cargos públicos, em conformidade com os princípios da Declaração Universal dos Direitos do Homem e do Cidadão. Foram também aprovadas medidas que estabeleceram a liberalização económica: supressão das alfândegas e portagens internas; abolição das corporações, que se traduziu pela proibição das associações operárias (Lei de Le Chapelier, de 14 de Junho de 1791), a qual permaneceria em vigor até 1864 para o direito à greve e até 1884 para o direito sindical; emparcelamento das terras, que favoreceu a concentração da propriedade na classe burguesa ascendente; e nacionalização do património fundiário eclesiástico.

Este conjunto de medidas esteve na origem da emigração da nobreza e da fuga gorada do rei em 21 de Junho de 1791, que regressaria a Paris quatro dias depois. Em 1 de Outubro de 1791, foi eleita a Assembleia Nacional, regida pelos novos princípios constitucionais. Desde logo, a sua composição reflectiu uma fractura política, que se aprofundaria posteriormente: à direita, 260 deputados partidários da monarquia constitucional; à esquerda, em minoria, 140 deputados opositores do regime monárquico; ao centro, 360 deputados com possibilidade de fazer oscilar as decisões políticas ora para um dos lados ora para o outro.

Em 10 de Agosto de 1792, verificou-se a queda da monarquia. Luís XVI foi encarcerado na prisão do templo por, alegadamente, terem sido encontrados no seu palácio documentos comprometedores que o implicavam em tentativas de restabelecer a monarquia absoluta com o apoio de potências estrangeiras hostis à revolução. Julgado e condenado por «conspiração contra a liberdade pública» e «atentados contra a segurança nacional», foi executado em 21 de Janeiro de 1793.

Uma nova fase revolucionária mais avançada do que a precedente foi instituída: a Assembleia Legislativa regida pela Constituição de 1791 dissolveu-se, sendo criada uma nova Assembleia Constituinte, a Convenção, eleita por sufrágio universal (masculino), que instaurou a República. A vitória da França revolucionária sobre as tropas prussianas em Valmy reforçou o novo poder. Derrotados os partidários da monarquia constitucional, a composição política da nova assembleia alterou-se: a direita era composta por 160 deputados provenientes maioritariamente da alta burguesia, defensores de uma república censitária sob um modelo federalista; a esquerda e a extrema-esquerda eram representadas por 140 deputados com origem na pequena e média burguesia, defensores de uma república democrática, unitária e não federalista com uma forte componente social. Ao centro, os oscilantes, designados por «pântano», com posições ideológicas indefinidas, constituíam a maioria, com 350–400 deputados.

No início de Junho de 1793, os bens da nobreza foram divididos em parcelas para que os camponeses os pudessem adquirir com um prazo de dez anos para o respectivo pagamento. Em 10 de Junho, a

Convenção aprovou a partilha dos bens comunais em partes iguais por cada habitante domiciliado. Em 17 de Junho, foram suprimidos, sem indemnização, todos os direitos feudais. Em 24 de Junho foi aprovada a Constituição de 1793.

Os princípios que orientavam a nova Constituição foram consideravelmente diferentes dos de 1791. Estas diferenças assinalaram-se desde logo com uma nova Declaração dos Direitos do Homem e do Cidadão. Antes de tudo, a inspiração jusnaturalista da Declaração de 1789 perdeu importância na nova Declaração, para a qual «a finalidade da sociedade é a felicidade comum». Esta teve também um forte conteúdo social que inspiraria a formação dos futuros Estados de direito democráticos. Neste sentido, as ajudas públicas foram consideradas «uma dívida sagrada», o que consagrou o princípio segundo o qual «a sociedade deve a subsistência aos cidadãos, quer procurando-lhes trabalho quer assegurando os meios de vida àqueles que não estão em condições de trabalhar» (artigo 21.º). No artigo 22.º, a educação foi concebida como «uma necessidade de todos, devendo a sociedade colocá-la ao alcance de todos». O direito de resistência consagrado na Declaração de 1789 foi substituído, no artigo 33.º, pelo «direito à insurreição», que serviu de inspiração ao derrube do regime monárquico.

No plano político-institucional, o novo regime é concebido como uma república unitária composta por uma Assembleia Legislativa eleita por sufrágio universal directo por um ano e por um Conselho Executivo de 24 membros, escolhidos pela Assembleia Legislativa entre os 83 candidatos dos departamentos. Seguindo a inspiração rousseauniana, os membros do executivo são responsáveis perante a Assembleia Legislativa, de que constituem uma simples comissão. Também em conformidade com Rousseau, os constitucionalistas de 1793 estabelecem o instituto do referendo. Em 10 de Agosto deste ano, a nova Constituição foi ratificada pelo povo francês.

No verão de 1793, o agravamento do antagonismo entre as diversas correntes políticas e a iminência de uma invasão das potências estrangeiras conduziram à expulsão dos deputados da direita girondina do governo revolucionário, sendo os seus principais dirigentes executados. Em Agosto de 1793, foi proclamada a mobilização geral. Um mês depois foi estabelecido um controlo rigoroso dos preços e dos salários (lei do *maximum*). Entre Outubro e Dezembro, foi instituída uma ditadura revolucionária que teve como protagonista o Comité de Salvação Pública, presidido por Maximilien Robespierre (1758–1794).

As execuções e condenações à morte, que incidiram tanto sobre elementos situados à direita do espectro político como sobre elementos situados à esquerda, multiplicaram-se, dando origem ao período que se designou por «terror revolucionário». Segundo números citados pelo historiador Albert Soboul, nos três últimos meses de 1793, foram deliberadas 177 condenações à morte em 395 acusações; por sua vez, o número de detidos nas prisões parisienses no final de Agosto ascendeu a 4525 em 21 de Dezembro (Soboul, 1979, p. 291). Pecando ou não por defeito, estes números são muito inferiores aos milhares de vítimas da Comuna de Paris, sumariamente executadas pelo exército sob o comando dos partidos da ordem de filiação monárquica em 1871.

Em 25 de Dezembro de 1793, Robespierre, num relatório apresentado à Convenção em nome do Comité de Salvação Pública a que presidia, estabeleceu a distinção entre governo revolucionário e governo constitucional:

> «O governo revolucionário tem necessidade de uma actividade extraordinária porque se encontra em estado de guerra [...] O governo constitucional encarrega-se principalmente da liberdade civil; e o governo revolucionário, pelo contrário, da liberdade pública.» (Robespierre, 1984, p. 146)

Em 5 de Fevereiro de 1794, num discurso à Convenção sobre Os *Princípios da Moral Política*, Robespierre formulou as grandes linhas da legitimidade revolucionária:

> «Queremos uma ordem de coisas em que todas as paixões baixas e cruéis sejam acorrentadas, em que todas as paixões benéficas e generosas sejam reforçadas pelas leis; em que a ambição seja o desejo de merecer a glória e servir a pátria; em que as distinções não nasçam senão da própria igualdade; em que o cidadão se encontre submetido ao magistrado, o magistrado ao povo e o povo à justiça; em que a pátria assegure o bem-estar do indivíduo, e em que todos os indivíduos desfrutem da prosperidade e da glória da pátria; em que todos os ânimos se engrandeçam com a contínua comunhão dos sentimentos republicanos, e com a exigência de merecer a estima de um grande povo; em que as artes sejam o ornamento da liberdade que as enobrece, o comércio seja a fonte da riqueza pública e não apenas a da opulência monstruosa de algumas casas.» (*Idem*, p. 160)

Porém, o sucesso conseguido contra a rebelião interna e as potências monárquicas coligadas contra a França revolucionária ditou o fraccionamento dos apoiantes do Comité de Salvação Pública: de um lado, o sector radical, que exigia a abolição da grande propriedade e a aplicação de medidas redistributivas para nivelar as fortunas; do outro, o número crescente daqueles que defendiam a normalização da vida pública, contestando o estado de mobilização permanente instaurado por uma ditadura revolucionária que se tornava cada vez mais insustentável no plano político. Apesar da sua extraordinária eloquência, Robespierre perdeu o apoio da ala radical extraparlamentar, cujos líderes foram guilhotinados no decurso do terror revolucionário, acabando ele próprio e o seu jovem companheiro Saint-Just, outra das figuras mais eloquentes da Revolução, por serem executados em 28 de Julho de 1794 (10 de Termidor, segundo o calendário da Revolução). A Revolução Francesa de 1789 entrava então na sua fase de «normalização» e institucionalização política burguesa moderada.

A nova Constituição, aprovada em 1795, rompia com alguns princípios de 1789 e erradicava praticamente os que tinham origem em 1793. Assim, na sua Declaração de Direitos, foi abandonado o princípio de que «todos os homens nascem livres e iguais em direitos» com o argumento capcioso de que poderia legitimar a rebelião contra o novo poder instituído. A igualdade foi reduzida à sua expressão mínima como igualdade de todos perante a lei (artigo 3.º). Todo o articulado sobre os direitos sociais da Declaração de 1793 foi suprimido. Por maioria de razão, o mesmo aconteceu com o direito de insurreição. O ponto alto do documento foi, no artigo 8.º, a formulação do direito de propriedade, que passou a ser considerado o fundamento da ordem social:

> «É sobre a manutenção da propriedade que assenta a cultura das terras, todas as produções, todo o meio de trabalho e toda a ordem social.» (Soboul, 1979, p. 406)

A república resultante da constituição termidoriana é a expressão política deste conservadorismo social. Reinstaurado o sufrágio censitário, o poder legislativo foi repartido por duas câmaras: o Conselho de Anciãos, uma espécie de Senado, composto por 250 membros, com idade não inferior a 40 anos, casados ou viúvos; e o Conselho dos Quinhentos, a Câmara Baixa, constituído por indivíduos com idade não inferior a 30 anos, um terço dos quais renováveis todos os anos. Esta câmara dispunha da iniciativa legislativa e adoptava resoluções que a primeira examinava e transformava em lei. O executivo coube a um Directório (*Directoire*) nomeado pelos Anciãos sobre uma lista de dez apresentada pelos Quinhentos e renovável em um quinto cada ano. Este órgão era responsável pela segurança interna e externa, vigiava a aplicação das leis e dirigia a administração pública.

Sem apoio popular, o regime termidoriano viu-se sob o fogo cruzado, por assim dizer, de dois adversários irredutíveis: de um lado, as tentativas de subversão realista na Vendeia e na Bretanha; do outro, as conspirações de carácter jacobino radical, de que se destacou, em Março de 1796, a Conjura dos Iguais, liderada por Gracchus Babeuf, que seria guilhotinado em Maio do ano seguinte. Este equilíbrio negativo de forças favorecia o aparecimento de uma figura providencial que pudesse preservar as principais conquistas da revolução de 1789 contra as tentativas de usurpação aristocrática e o radicalismo democrático de inspiração jacobina, bem como dos que, tal como Babeuf, reivindicavam a abolição da grande propriedade privada e a instauração de um regime de comunidade de bens. Napoleão Bonaparte, que já se tinha distinguido no comando dos exércitos franceses na campanha de Itália, encarnou esta figura histórica. Em 18 de Novembro de 1799 (18 de Brumário), acudiu ao apelo de Sieyès e Roger Duclos para, através de um golpe militar, pôr termo ao regime termidoriano.

O Directório e as duas câmaras legislativas foram dissolvidos. Em sua substituição formou-se um triunvirato, composto por Napoleão, Sieyès e Duclos, dotado de plenos poderes. Apesar da proclamação solene sobre a institucionalização de uma república una e indivisível baseada na divisão de poderes e na garantia da liberdade, igualdade perante a lei, segurança e propriedade — o «programa mínimo» da Revolução de 1789, espécie de menor denominador comum das diferentes fracções da nova classe ascendente, a burguesia —, foi aberto o caminho à ditadura militar napoleónica, que depressa concentrou todos os poderes e que esteve na origem do primeiro império. A mobilização interna, que tinha caracterizado o período ascendente da Revolução até à instauração do regime termidoriano, deu lugar a uma mobilização no plano militar que, passando à ofensiva contra as potências monárquicas coligadas, contribuiu para implantar algumas das conquistas revolucionárias, sobretudo nos países da Europa Central, de que se destacaram os pequenos Estados alemães e a própria Prússia. Eis como o Império Napoleónico acabaria por demonstrar um facto insofismável: toda a revolução tem necessariamente o seu Termidor, quanto mais não seja para preservar as suas conquistas essenciais.

A subordinação do Estado à sociedade civil

Johann Gottlieb Fichte nasceu na aldeia de Rammenau, na Saxónia, em 19 de Maio de 1762, filho mais velho de um tecelão. Em 1791, conheceu Kant, que apreciou o seu manuscrito *Ensaio de Uma Crítica de toda a Revelação*, que publicou com o seu nome em 1792. Em 1793, no período de vigência do governo revolucionário francês, escreveu duas importantes obras: *Reivindicação da Liberdade de Pensamento* e *Contributo para Rectificar os Juízos sobre a Revolução Francesa*. Em 1794, entrou como professor na Universidade de Iena com uma candidatura patrocinada por Goethe. Este período, que duraria até 1799, foi o mais fecundo da sua carreira intelectual, com a publicação das suas obras políticas fundamentais: *Lições sobre a Vocação do Sábio* (1794) e *Fundamento do Direito Natural Segundo os Princípios da Doutrina da Ciência* (1796–1797). Acusado de jacobinismo, abandonou a Universidade de Iena, chegando a Berlim em 3 de Julho de 1799.

Em 1800, publicou *O Estado Comercial Fechado* e, em 1804–1805, os seus célebres cursos livres sobre *Os Lineamentos da Época Presente*, outra importante obra política. Em 1805, leccionou na Universidade de Erlangen e, em 1806–1807, na Universidade de Königsberg, onde deu aulas sobre *A Doutrina da Ciência*, a sua obra filosófica geral, publicada em 1794. Em 1808, publicou os *Discursos à Nação Alemã*, um dos quais, o quarto, sobre as alegadas diferenças entre os alemães e os outros povos, expressou uma forte componente étnico-nacionalista. Três anos depois, é eleito primeiro reitor da Universidade de Berlim. Em 1813, interrompeu a sua actividade didáctica para promover uma campanha a favor da guerra de libertação do domínio napoleónico. Morreu em 29 de Fevereiro de 1814, em consequência de uma doença infecciosa, provavelmente tifo, transmitida pela mulher, que se dedicava ao tratamento de feridos de guerra nos hospitais de Berlim.

Fichte é, indubitavelmente, o pensador político que, pela primeira vez, tentou provar, contra grande parte dos intelectuais alemães da época, de que se destaca o próprio Kant, a legitimidade da Revolução Francesa e, sobretudo, da sua etapa jacobina radical democrática. Logo na *Reivindicação sobre a Liberdade do Pensamento*, coloca uma questão que revela todo o sentido do seu pensamento político: os homens estariam em piores condições se não vivessem em nenhum regime político do que vivendo sob os ditames autocráticos dos regimes monárquicos absolutistas da sua época? A formulação desta questão, à qual não dá uma resposta explícita, aponta para a denúncia das inexoráveis limitações da maioria dos ordenamentos políticos existentes e, acima de tudo, para a necessidade de os transformar, instituindo regimes políticos melhores. Mas para isso existem desde logo duas vias: a via gradualista, dos pequenos passos, defendida por Kant, e a via revolucionária. Apesar de considerar a primeira preferível, Fichte não descarta a segunda, considerando mesmo que com esta «um povo pode progredir mais em meio século do que em dez» (Fichte, 1999, p. 81).

A necessidade da revolução afirma-se quando está em causa a liberdade de pensamento. Retomando a divisa de Kant, *Sapere Aude*, «Ousa servir-te do próprio intelecto», Fichte atribui-lhe uma dimensão mais trágica e exortativa: «Povos, sacrificai tudo, mas não a liberdade de pensamento.» (*Idem*, p. 83) Quando são estabelecidos limites que não podem ser ultrapassados sob um regime opressivo de tutela moral e política,

> «o curso contido da natureza rebenta violentamente e destrói tudo o que se encontra à sua passagem, a humanidade vinga-se de modo mais cruel dos seus opressores e as revoluções tornam-se necessárias» (*Ibidem*, p. 82).

O direito à liberdade de pensamento, que define a autonomia do indivíduo concebido à maneira idealista como ser pensante, é para Fichte a primeira das liberdades fundamentais e, por conseguinte, um direito que, ao contrário do direito sobre as coisas e das transacções comerciais, sendo inalienável, o Estado deve respeitar e garantir. Mas isso significa que o direito de estabelecer o que deve ser admitido como verdade oficial na base de pretensos dogmas inatacáveis não tem validade, já que «a livre investigação de todo o objecto possível de reflexão, levada em qualquer direcção possível e até ao infinito, é decerto um direito do homem» (*Ibidem*, p. 99). Eis a razão pela qual o príncipe não pode ser uma autoridade paterna, tutelar, que, sob o manto da sua pretensa benevolência, mantém os súbditos numa perpétua menoridade intelectual:

> «Não, príncipe, tu não és o nosso *Deus*. De Deus esperamos a felicidade; de ti, a protecção dos nossos direitos. Connosco não deves ser *bondoso*. Deves ser justo.» (*Ibidem*, p. 85)

No *Contributo para Rectificar os Juízos sobre a Revolução Francesa*, Fichte prossegue e amplia o princípio formulado na *Reivindicação sobre a Liberdade de Pensamento*: não é a sociedade civil que deve estar subordinada ao Estado, mas, pelo contrário, este àquela. Este opúsculo parte da formulação de uma questão que já se baseia implicitamente neste princípio revolucionário: «Tem um povo, em princípio, o direito de modificar a sua constituição política?» (Fichte, 1978, p. 117) A resposta a esta questão é positiva. Tendo em conta que as leis civis dependem da aceitação voluntária por parte dos indivíduos, estes jamais poderiam concordar em estabelecer uma associação política estatal que não pudessem modificar ou melhorar. Porém, o contratualismo de Fichte expressa uma grande originalidade relativamente ao dos seus antecessores: não é a formação do Estado por via do contrato que está na origem da sociedade civil, já que esta é, de certo modo, prioritária relativamente à sua constituição. Isto significa que o Estado não pode atribuir nem subtrair direitos e, sobretudo, o que é verdadeiramente original, não existe um estatuto de precedência dos direitos do homem relativamente aos direitos do cidadão, já que ambos não podem ser abstractamente separados:

> «Um direito que possuo como homem nunca posso, *se sou cidadão*, possuí-lo como cidadão; e um direito que devo possuir como cidadão não posso já tê-lo possuído como homem. É, portanto, um grave erro julgar que o estado de natureza do homem seja suprimido pelo contrato político; este não pode mais ser suprimido, mas articula-se ininterruptamente e contemporaneamente com a existência do Estado.» (*Idem*, p. 134)

Como a sociedade civil é prioritária relativamente ao Estado político, é possível, através de um novo contrato de todos com todos, formar uma nova associação política que substitui a precedente, quando a maioria das partes contratantes expressa a sua adesão. Relativamente à velha ordem, todos os contratos pretensamente formulados com os privilegiados podem ser rescindidos desde que a parte contratante que suporta o seu peso se apercebe das suas desvantagens. Neste sentido, não são válidos os contratos que instituem as *corvées* ou as servidões da gleba, tanto as ilimitadas, que obrigam o camponês a trabalhar gratuitamente para o senhor seis dias por semana, como as limitadas, em que o camponês trabalha menos dias para o senhor. Também são inválidas todas as outras formas de tributação feudal que reduzem o camponês a uma mísera subsistência, enquanto o proprietário não conhece limites ao seu consumo sumptuário. A alternativa a esta grave situação de injustiça social é a livre troca de produtos da terra na base da formação de uma propriedade camponesa autónoma:

> «*O fruto da propriedade fundiária e de toda a propriedade é inversamente proporcional à sua grandeza*; o solo, sem leis agrárias violentas, que são sempre injustas, subdividir-se-á por si próprio a pouco e pouco entre um maior número de pessoas, e assim o nosso problema será resolvido.» (*Ibidem*, p. 147)

A limitação do direito de propriedade

A defesa fichtiana de uma pequena propriedade camponesa não submetida a vínculos feudais segue as grandes conquistas agrárias do período revolucionário francês de 1793-1794. Este é o ponto de partida para a defesa de uma nova concepção do direito de propriedade que se inspira nos princípios democráticos da Constituição de 1793. Na obra *Fundamento do Direito Natural*, Fichte considera a propriedade do indivíduo não apenas um direito relativo — a propriedade sobre as coisas define a sua esfera privada na condição do respeito da esfera privada do outro —, mas um direito ao uso dos objectos que adquire com o seu trabalho, não se estendendo, porém, como em Locke, após a descoberta da moeda de ouro e prata, a uma acumulação ilimitada de bens trocáveis por dinheiro:

> «Ele recebe-os exclusivamente com vista a um certo uso; e é somente deste uso dos objectos e, sobretudo, daquilo que é prejudicial para este uso que ele tem o direito de excluir quem quer que seja.» (Fichte, 2012, pp. 251-252)

No *Estado comercial* fechado, Fichte reformula o tradicional direito jusnaturalista de propriedade: este não consiste na posse exclusiva de uma coisa, mas sim «num direito exclusivo a uma determinada actividade livre» (Fichte, 1978, p. 236). Esta concepção remete para um limite que o direito de propriedade não poderá ultrapassar: o poder viver, o direito à existência, o qual tem um estatuto de prioridade ontológica, o que contribui para reforçar a tese de que este não é, nem formalmente e por maioria de razão, de facto um direito de usar e abusar. Esta tese está na origem do princípio de que não apenas todos devem poder viver do seu trabalho, mas também que quem não consegue obter o mínimo indispensável para viver condignamente com o desempenho da sua actividade deixa de ser obrigado a reconhecer a propriedade dos outros. Porém, tal não significa uma incitação à violação do direito de propriedade, mas um apelo para evitar uma situação de insegurança social e injustiça, que será tanto maior quanto maior for o número de pessoas despojadas do necessário indispensável para viver. É precisamente por isto que o direito legítimo de propriedade deve conter uma cláusula inovadora:

> «Todos devem, nos termos do Direito e em consequência do contrato social, ceder algo que é seu para que ele possa subsistir.» (Fichte, 2012, pp. 254–255)

Este princípio de solidariedade — que define a natureza do contrato constitutivo da comunidade política de uma forma mais precisa do que a de Rousseau, convertendo-o num contrato genuinamente *social* — foi consagrado na Constituição de 1793, em que Fichte se inspira, sendo precursor do moderno Estado social de direito que, além dos direitos individuais e políticos, preconiza a existência de direitos de carácter social que permita que todos os cidadãos sem exclusão vivam com dignidade. Fichte formula perspicazmente esta cláusula inovadora, que mostra que direitos individuais e direitos sociais não se opõem entre si, mas são simultaneamente distintos e complementares, não podendo ser abstractamente separados uns dos outros:

> «Cada um promete fazer o que lhe seja possível para poder viver graças à liberdade e aos direitos que lhe cabem; em contrapartida, a colectividade promete, em nome de todos os indivíduos, conceder-lhe mais, se, não obstante, ele não tiver ainda o suficiente para viver.» (*Idem*, p. 257)

Tornar supérfluo o governo

Retomando esta temática da igualdade nos *Lineamentos da Época Presente*, Fichte traça uma importante distinção entre duas formas de Estado. Na primeira, que poderemos designar por *liberal*, existe «uma igualdade de direito, mas não uma igualdade de direitos» (*Ibidem*, p. 252).

Isto significa que, apesar de reconhecer formalmente a todos os indivíduos uma esfera privada que lhes garante um direito a exercer livremente uma actividade e um direito de propriedade sobre as coisas, esta forma de Estado caracteriza-se pelo facto de uma parte significativa dos frutos do trabalho comum pertencer apenas a alguns em detrimento dos outros, uma parte dos quais nem sequer possui o indispensável para viver com dignidade:

> «Neste caso, os excluídos, explicitando as suas forças, apenas trabalham para o corpo comum a que pertencem, e em parte não trabalham para este, mas para os corpos privilegiados; pelo que embora não totalmente, mas de algum modo neste aspecto particular, aqueles seriam meros instrumentos dos fins perseguidos por estes.» (*Ibidem*, pp. 258–259)

A segunda forma de Estado, que poderíamos designar por *democrática*, caracteriza-se pela igualdade relativa de direitos e de património de todos. Esta forma de igualdade não exclui as diferenciações económicas e sociais, não constituindo, como defendem os seus detractores, defensores do modelo anterior, uma igualdade *negativa* de todos, ou seja, uma igualdade de todos na miséria e na pobreza. Nesta, os frutos do trabalho comum são equitativamente repartidos por todos, de modo que ninguém pode ser privado do indispensável para viver, da mesma forma que todos, sem excepção, deverão desfrutar de um considerável bem-estar:

> «Não se deve, porém, tolerar nenhuma classe e nenhum exercício exclusivo de energia que não visem a totalidade, que não sejam completamente necessários e de cujo produto não sejam tornados realmente participantes todas as outras classes que lhe pertencem segundo a sua capacidade de desfrute.» (*Ibidem*, p. 253)

Na época presente, ou seja, na de Fichte, a primeira forma de Estado está ainda em aperfeiçoamento, enquanto a segunda constitui, na prática, e também ainda na nossa época, o horizonte a alcançar. Nas *Lições sobre a Vocação do Sábio*, Fichte define a nova sociedade que está na origem desta forma de Estado com a expressão «interacção pela liberdade» (Fichte, 1999, p. 36). Nesta, a liberdade é concebida de forma *inclusiva* e não como uma liberdade *exclusivista*: «Livre é somente aquele que tudo quer tornar livre à sua volta» (*Idem*, p. 38), o que significa que não pretende exercer um domínio sobre os outros, mas, pelo contrário, contribuir para a promoção da sua liberdade. Concebida sob esta forma, a liberdade é compatível com a igualdade de direitos da segunda forma de Estado defendida por Fichte nos *Lineamentos da Época Presente*, pois consiste num processo de cooperação em que cada um é alternadamente sujeito activo e passivo: cada um age sobre os outros não com o objectivo de os dominar à maneira hobbesiana, mas sim de contribuir para o seu aperfeiçoamento, recebendo simultaneamente a influência dos restantes com vista ao seu próprio aperfeiçoamento. Mas será precisamente nesta sociedade, em que *o livre desenvolvimento de cada um é condição do livre desenvolvimento de todos*, antecipação da célebre fórmula de Marx no *Manifesto do Partido Comunista*, que o Estado enquanto poder separado da sociedade civil se tornará prescindível:

> «A vida no Estado não se encontra entre os fins absolutos do homem [...] mas é um meio que só tem lugar em certas condições para a afirmação de uma sociedade perfeita. O Estado, bem como todas as instituições que são simples meios, visa a sua própria aniquilação: o fim de todo o governo é tornar supérfluo o governo.» (*Ibidem*, p. 36)

CAPÍTULO 5

HEGEL: O ESTADO COMO «SUPERAÇÃO» DA SOCIEDADE CIVIL

A Alemanha no contexto do Império Napoleónico

Em 1806, o exército de Frederico Guilherme III, rei da Prússia, foi derrotado pelas tropas napoleónicas em Iena. Esta derrota, além de acabar com a fama da superioridade do exército prussiano, herdada das reformas empreendidas por Frederico II, teve como consequências a desagregação dos restos do Sacro Império Romano-Germânico e a formação do *Rheinbund*, Confederação do Reno, envolvendo o território da Prússia e 16 Estados da parte ocidental da Alemanha que ficaram sob a tutela napoleónica. Nestes Estados, foram promovidas reformas inspiradas nos princípios da Revolução Francesa: abolição dos dízimos e das corveias feudais; libertação dos servos e abolição das corporações de ofícios que limitavam o número de artesãos e submetiam a produção industrial a um conjunto de regulamentações extremamente restritivas e a força de trabalho a uma tutela patriarcal que não se diferenciava muito da servidão da gleba. Nas cidades, as municipalidades passaram a ser eleitas. Por fim, foi introduzido em território alemão a pérola da legislação napoleónica, o Código Civil.

A Prússia não ficou imune a estas transformações institucionais. Em 1807, o barão von Stein (1757–1831) publicou o Édito de Outubro, que concedeu a emancipação aos servos. No entanto, a reforma foi duramente contestada por uma coligação de senhores feudais que conseguiu afastá-lo do poder. O novo ministro, Hardenberg, seu antigo colaborador, aboliu-a, substituindo, em 1811, o Édito de Outubro pela *Regulamentação das Relações entre os Proprietários da Terra e o seu Pessoal*, que instituiu, tal como em 1791 em França, o resgate. Aos servos foram reconhecidas apenas as liberdades de casamento e domicílio. A estas reformas juntaram-se ainda o reconhecimento da autonomia de gestão das municipalidades e, sobretudo, a reforma do exército, inspirada no modelo napoleónico, que passou a basear-se na mobilização e no recrutamento. Paralelamente, o despertar do sentimento nacional, de que Fichte, com os seus *Discursos à Nação Alemã*, tinha sido um destacado intérprete, contribuiu para a vitória sobre as tropas napoleónicas em Leipzig.

Em 1815, formou-se a *Burschenschaft*, uma associação de estudantes que, com as palavras de ordem «liberdade, honra e pátria», contribuiu para a mobilização dos meios intelectuais contra a ordem absolutista prussiana. No entanto, a derrota de Napoleão em Waterloo, em 1815, e a consequente adesão da Prússia de Frederico Guilherme III à Santa Aliança, liderada pelo ministro austríaco Metternich, não permitiu grandes veleidades aos movimentos oposicionistas, que só em 1848 voltariam à tona. Em 1819, a *Burschenschaft* foi proibida e as universidades submetidas a vigilância policial. Frederico Guilherme III consolidou o seu poder de monarca absoluto, centralizando a administração e reformando o exército. Em 1830, instituiu o *Zollverein*, o Tratado da União Aduaneira entre a Prússia e os outros Estados alemães, que seria o ponto de partida da unificação económica e política alemã, concretizada apenas na década de 1870.

O sistema das necessidades

Georg Wilhelm Friedrich Hegel nasceu em 1770 em Estugarda. Estudou filosofia e teologia, primeiro em Tubingen, em 1790, onde se licenciou, depois em Berna, entre 1793 e 1796, em que foi preceptor, e Frankfurt, de 1796 a 1800. Em 1801, transferiu-se para Iena, cidade em que fez a sua dissertação de doutoramento e onde foi professor universitário até 1806. Dedicando-se ao estudo de Espinosa e do economista político britânico Adam Smith, fenómeno inédito entre os filósofos da época, que pouco ou nenhum interesse manifestavam pelo fundador da nova ciência social, fundou, em 1802, com o seu amigo Schelling, a *Revista Crítica de Filosofia*. Foi nesta publicação que surgiu o seu primeiro escrito político importante: *Sobre os Métodos Científicos no Direito Natural, a sua Posição na Filosofia Prática e a sua Relação com as Ciências Jurídicas Positivas*. Neste período foram também publicadas a *Constituição da Alemanha* (1800–1802) e a *Teoria da Constituição*.

Com a vitória de Napoleão em Iena, Hegel mudou-se para Berlim. Em 1807, publicou a *Fenomenologia do Espírito*, obra que, juntamente com a *Ciência da Lógica*, de 1812, constitui o núcleo duro do seu sistema filosófico. Em 1816, tornou-se professor da Universidade de Heidelberg e, um ano depois, da Universidade de Berlim. Neste ano, publicou a *Enciclopédia das Ciências Filosóficas*, obra divulgadora do seu sistema filosófico. Em 1821, foi editada a sua principal obra política: *Lineamentos da Filosofia do Direito*. Em 1830, Hegel tornou-se reitor da Universidade de Berlim e uma espécie de representante intelectual oficial da monarquia prussiana de Frederico Guilherme III. Morreu em 14 de Novembro de 1831. Os seus discípulos publicaram postumamente diversas obras: *Filosofia da Religião*, *Estética*, *História da Filosofia* e *Filosofia da História*.

No Manuscrito «Homeyer», um caderno de notas redigido por um estudante que acompanhava os cursos sobre Direito Natural e Direito Político no semestre de Inverno de 1818–1819, Hegel considera que a sociedade civil se constitui a partir de «uma multiplicidade de famílias que se confrontam umas em relação às outras como pessoas autónomas» (Hegel, 1979a, p. 37). Porém, na sociedade civil, a particularidade dos fins e a autonomia privada dos indivíduos não é absoluta, mas sim relativa, já que cada um está integrado num sistema de relações de interdependência que ligam a satisfação das suas necessidades ou carências à satisfação das necessidades ou carências dos outros. A divisão social do trabalho e as trocas constituem o elemento mediador que liga a existência e o bem-estar de cada um ao bem-estar dos outros, de tal modo que, apesar de o indivíduo perseguir o seu interesse privado, é obrigado a produzir para satisfazer as necessidades dos outros para poder satisfazer as suas.

O sistema de interdependência das necessidades, dos modos e meios de as satisfazer tende a complicar-se cada vez mais à medida que a divisão social do trabalho se aprofunda, já que o homem, ao contrário do animal, não está reduzido a um círculo limitado de necessidades, mas caracteriza-se pelo alargamento destas e pela multiplicação dos modos de satisfazê-las, que se tornam cada vez mais requintados, e pela invenção de novos meios tecnológicos que permitem produzir mais em menos tempo. A principal consequência deste jogo de relações e interdependências é que as necessidades se tornam cada vez menos naturais e cada vez mais sociais, pois só através da mediação do trabalho e da actividade dos outros as podemos satisfazer e, reciprocamente, contribuir para a satisfação das de outrem:

«É pelo facto de ter de regular a minha conduta em função do outro que entra em jogo aqui a forma da universalidade. Adquiro junto dos outros os meios de satisfação e, de acordo com isto, devo aceitar o parecer deles. Mas, ao mesmo tempo, sou obrigado a fornecer os meios para a satisfação dos outros. Há, pois, um jogo de um no outro e uma conexão de um e do outro. Tudo o que pode haver de particular torna-se neste sentido qualquer coisa de social.» (*Idem*, p. 78)

O sistema de interdependências que permite a cada um apropriar-se de uma parte do produto social não conduz ao nivelamento das capacidades, mas, pelo contrário, à sua crescente diferenciação. Este não é regulado socialmente, mas funciona de modo espontâneo, porque os pontos de partida não são iguais para todos, sendo condicionados pelos recursos acumulados ou não por cada um e por uma multiplicidade de circunstâncias contingentes que favorecem uns em detrimento de outros, potenciam determinadas capacidades e atrofiam outras. A desigualdade da repartição da riqueza é uma das principais consequências do funcionamento espontâneo da sociedade civil, regida, de certo modo, por uma espécie de necessidade inconsciente: os indivíduos não visam construir uma verdadeira comunidade e, por conseguinte, não perseguem fins universais, tentando apenas satisfazer os seus interesses particulares. Porém, são obrigados a limitar o seu individualismo e egoísmo, privados em função do sistema de interdependência omnilateral que conecta as necessidades e o trabalho de cada um ao trabalho e às necessidades dos outros. O «universal» impõe-se-lhes, *malgré eux*, como mero limite aos seus interesses particulares, pois «a subsistência e o bem-estar do indivíduo singular, assim como a sua existência jurídica, estão entrelaçados na subsistência, no bem-estar e no direito de todos, neles têm a sua base e só nessa conexão têm realidade efectiva e segurança» (*Ibidem*, p. 163). Como o «universal» não constitui o fim imanente e consciente dos membros da sociedade civil, Hegel designa-a como um mero «estado externo», ou seja, como uma esfera em que os indivíduos se juntam apenas para se dividirem, isto é, coexistem uns com os outros, mas em que são incapazes de organizar a convivência comum.

Ao contrário do liberalismo kantiano, a sociedade civil não se reduz para Hegel a uma sociedade jurídica de proprietários ou a um somatório de indivíduos subordinados ao império de uma lei coactiva que obriga cada um a respeitar ou a não invadir a esfera privada do outro. A divisão social do trabalho está na origem da formação de classes ou estados sociais. Hegel distingue fundamentalmente três: a classe *substancial*, a classe da *indústria* e a classe *geral*. A primeira engloba os que têm o seu rendimento e modo de vida na cultura e na propriedade da terra. A segunda é a classe que vive da propriedade mobiliária, que reflecte o desenvolvimento da sociedade civil, subdividindo-se em três estratos: os artesãos, que produzem para a satisfação das necessidades mais concretas e delimitadas; os fabricantes ou gerentes de manufactura, que produzem para um mercado mais vasto com base no trabalho mecânico e para a satisfação de necessidades mais generalizadas; e os comerciantes, que se ocupam das trocas. A classe geral ocupa-se do «interesse geral», ou seja, dos negócios públicos, pelo que deve ser libertada do trabalho de prover directamente à própria subsistência.

Além destas classes, Hegel reconhece que o funcionamento cego e espontâneo da sociedade civil conduz à formação de uma plebe, ou seja, de um conjunto de indivíduos desprovidos de propriedade e que constituem o contraponto da acumulação da riqueza e da opulência, o outro «extremo» da sociedade civil. A plebe hegeliana representa, de certo modo, o proletariado nascente e resulta da

> «decadência de uma grande massa, abaixo de um certo nível de subsistência, que se considera por si mesmo como necessário para uma componente da sociedade [...] o que, simultaneamente, conduz a uma maior facilidade de concentrar em poucas mãos riquezas desproporcionadas» (*Ibidem*, p. 136).

A sociedade civil oferece-nos assim o espectáculo tanto do luxo e da opulência como da miséria e indigência sociais. Mas isso significa que «no *excesso da riqueza*, a sociedade civil *não é suficientemente rica*, isto é, não possui na própria riqueza o suficiente para evitar o excesso de pobreza e a formação da plebe» (*Ibidem*, pp. 137–138). Incapaz de gerar internamente a procura necessária para a aquisição da riqueza produzida, esta não pode ficar encerrada nas fronteiras nacionais, sendo obrigada a

> «procurar fora de si, em outros povos, que lhe são inferiores relativamente aos recursos que tem em excesso, os consumidores e, por conseguinte, os meios necessários de subsistência» (*Ibidem*, p. 138).

A subordinação da economia à política

Hegel destaca-se ainda do liberalismo porque considera que não é a «mão invisível» do mercado que poderá conectar o bem-estar de cada um com o bem-estar de todos e superar a tendência da sociedade civil para a polarização entre riqueza e pobreza, possuidores e não possuidores. Embora condene a plebe por, «por um lado, não ter a honra de achar a subsistência no seu trabalho, e, no entanto, por outro lado, reivindicar como direito encontrar a sua subsistência», chegando a concluir de forma conservadora e reaccionária que a pobreza tem uma origem «natural» — «face à natureza, ninguém pode pretender um direito» (*Ibidem*, p. 137) —, Hegel defende que não compete à caridade privada, mas sim à intervenção pública como «prevenção universal com vista ao bem-estar do indivíduo singular e à existência do direito» (*Ibidem*, p. 40), a função de intervir na sociedade civil com o objectivo de tentar prevenir ou reduzir as extremas disparidades entre pobreza e riqueza. Com isto, Hegel reconhece implicitamente a anterioridade do Estado — que ainda não fez a sua aparição, mas está presente desde o início como totalidade ou «comunidade superior» onde se realiza a «ideia ética» — relativamente à sociedade civil, que não pode constituir a finalidade da existência humana, já que entregue a si própria nem sequer consegue garantir que o bem-estar e a subsistência do indivíduo sejam reconhecidos como um direito, pois

> «no *sistema das carências*, a subsistência e o bem-estar apresentam-se como uma *possibilidade* cuja realidade efectiva está condicionada pelo seu [arbítrio] e pela sua particularidade natural» (*Ibidem*, p. 125).

Perante a liberdade económica sem freio, «existe um outro extremo que é a determinação do trabalho de todos por meio de uma organização pública» (*Ibidem*, p. 129). Embora Hegel considere que esta organização e regulamentação caracteriza as sociedades que não reconheciam ainda a liberdade do indivíduo trabalhar para si segundo o seu livre-arbítrio — refere o exemplo da construção das pirâmides do Antigo Egipto —, a intervenção e a regulamentação públicas tornam-se tanto mais necessárias se pensarmos que o interesse particular que se julga rei e soberano

> «invoca aquela liberdade, contra a mais elevada disciplina; mas quanto mais cegamente mergulha no fim egoísta, tanto mais necessidade terá

de uma regulação para o reconduzir ao universal e reduzir e mitigar as perigosas convulsões e a duração do intervalo de tempo em que os conflitos devem ser conciliados pela via da necessidade inconsciente» (*Ibidem*, p. 129).

Em suma, ao contrário do liberalismo, para Hegel, a sociedade civil não se reduz ao económico, já que a prevenção e regulamentação públicas devem corrigir o seu funcionamento desregulado. Cabe, portanto, ao político regular o económico e não se limitar a garantir e a preservar os interesses da sociedade civil. Se a sociedade civil se serve do indivíduo para os seus fins, também este tem um direito inalienável de ser protegido e defendido das suas contingências e da sua imprevisibilidade:

«Ao arrancar o indivíduo ao laço familiar, a sociedade civil lança-o num ambiente em que nada está garantido, em que reina a contingência, fazendo depender a família de circunstâncias que, ela própria, não domina. Pelo facto de que o indivíduo se tornou filho da sociedade civil, esta tem tantas exigências relativamente a ele como este tem direitos relativamente a ela.» (*Ibidem*, p. 131)

A sociedade civil não se reduz ao *homo oeconomicus*, não é apenas um somatório de indivíduos em competição pela acumulação da riqueza. Outra das suas características é a formação de associações a que Hegel chama «corporações». Porém, estas formas associativas são distintas das corporações medievais, embora Hegel, em consequência do atraso da Prússia da sua época, não tenha encontrado um termo mais adequado para designá-las. Seja como for, se tivermos em conta o seu conteúdo, as corporações hegelianas estão próximas das ordens profissionais modernas, dos sindicatos, das associações empresariais e outras que encontramos no mundo actual. Hegel é muito claro a este propósito quando refere a corporação como uma espécie de «corpo intermédio» moderno entre a sociedade civil e o Estado:

«Se nos períodos recentes se suprimiram as corporações, isso significa que o indivíduo singular é suposto encarregar-se de si próprio [...] e, contudo, é necessário proporcionar ao homem ético uma actividade universal fora dos seus fins privados. Esse universal que o Estado moderno nem sempre lhe dá encontra-o ele na corporação [...] É certo que é preciso haver acima desta a vigilância superior do Estado, porque senão ossificar-se-ia, recolher-se-ia na sua própria concha e afundar-se-ia num miserável sistema corporativo feudal. Mas justamente a corporação não é uma organização corporativa feudal fechada: é muito mais a eticização da indústria no estado singular e disperso, a sua admissão num círculo superior onde adquire força e honra.» (*Ibidem*, p. 148)

Mais uma vez, Hegel é inovador relativamente ao liberalismo, que, nos seus primórdios, não reconhecia nenhuma legitimidade às formas associativas que despontavam na sociedade civil, como, por exemplo, os sindicatos confundidos com entidades corporativas de carácter pré-moderno, reconhecendo apenas a sociedade política como a representante do interesse geral. A corporação exprime a tendência para os indivíduos se agruparem e se associarem com vista a defenderem-se das contingências e dos imprevistos resultantes do funcionamento cego dos mecanismos de mercado, da concorrência e da competição. O facto de os membros da sociedade civil se associarem em função das suas afinidades profissionais e outras contribui, de certo modo, para limitar ou depurar socialmente os seus fins egoístas. De resto, a corporação participa no «universal», já que está «juridicamente habilitada» (*Ibidem*, p. 145) e a actividade dos seus associados é «reconhecida, garantida e elevada ao mesmo tempo à actividade consciente com vista a um fim colectivo» (*Ibidem*, p. 146).

O Estado como «realidade da ideia ética»

Porém, a corporação como organização da sociedade civil continua, de uma forma ou de outra, a visar fins de natureza particular e não universal. Nem a corporação nem as disposições tutelares e regulamentadoras da administração podem, por si só, garantir a construção de uma verdadeira comunidade. Para Hegel, esta é representada pelo Estado, a esfera em que «a liberdade alcança o seu direito supremo» (Hegel, 1979b, p. 239) e em que o indivíduo toma consciência do universal contraposto à particularidade dos fins da sociedade civil. O Estado surge então como «superação» da família e da sociedade civil, como «realidade da ideia ética» (*Idem*, p. 238), de que ambas são meros momentos:

«Na realidade, o Estado em geral é, antes, o *primeiro princípio*, apenas no seio do qual a família se desenvolve em sociedade civil, e é a própria ideia do Estado que se divide nestes dois momentos.» (*Ibidem*, p. 238)

A forma de Estado defendida por Hegel é a monarquia constitucional. No entanto, é-lhe totalmente indiferente a distinção aristotélica entre monarquia, aristocracia e democracia, pois considera que se tornou uma «questão completamente supérflua, qual de entre elas será a melhor» (*Ibidem*, pp. 270–271). O que lhe interessa fundamentalmente é a origem e o exercício do poder político. Neste sentido, Hegel contrapõe a soberania do Estado, encarnada no monarca constitucional, à soberania popular, já que

> «o povo considerado sem o seu monarca e sem a organização necessariamente e imediatamente conectiva da totalidade é a multidão informe que já não é Estado, a quem já não se refere nenhuma das determinações que existem apenas na totalidade organizada em si — soberania, governo, jurisdição, magistratura, classes e qualquer outra» (*Ibidem*, p. 279).

O povo considerado por Hegel como o elemento do Estado que «*não sabe o que quer*» é expropriado da sua soberania a favor da burocracia ou administração estatal, já que «os mais altos empregados do Estado têm necessariamente uma «penetração mais profunda e compreensiva da natureza das instituições e das necessidades do Estado» (*Ibidem*, p. 298). O conservadorismo de Hegel é evidente: não existe momento constituinte do Estado, pois o povo é considerado uma massa atomizada incapaz de exercer a soberania e, por conseguinte, de fundar o Estado. Este vale para si como poder separado em que a autoridade do governo e dos seus funcionários surge como o elemento que permite evitar que os interesses particulares dos membros da sociedade civil ponham em causa o interesse geral, mas à custa da supressão da democracia política:

> «*A manutenção do interesse geral* do Estado e da legalidade no seio destes direitos particulares, e a recondução dos mesmos ao primeiro, exige uma tutela da parte dos delegados do poder governativo, dos *funcionários* executivos *do Estado* e das mais altas autoridades que dispõem de um poder de decisão (enquanto constituídas colegialmente), que convergem nos escalões de poder mais elevados que se situam próximo do monarca.» (*Ibidem*, p. 289)

O poder legislativo elabora as leis e toma decisões sobre as questões internas de carácter geral. Para Hegel, este poder é exercido por duas câmaras: uma câmara alta, não electiva, e uma câmara baixa, eleita. Este bicamaralismo, a que não é estranho provavelmente a monarquia restaurada em França após a derrota de Napoleão em Waterloo, que lhe serve formalmente de modelo, reflecte indubitavelmente o conservadorismo do Estado hegeliano. Prova disso é o modo como são representadas no Estado as classes e organizações da sociedade civil. De um modo geral, as classes ou estados sociais que têm assento nas duas câmaras constituem os elementos de mediação entre «o governo em geral, de um lado, e o povo, disperso em esferas de indivíduos diferentes» (*Ibidem*, p. 300). No entanto, para Hegel o elemento mediador que garante a estabilidade do poder monárquico é a Câmara dos Pares, onde está «representada» a nobreza, definida como a classe da «eticidade natural, que tem como fundamento a vida familiar e, relativamente à subsistência, a propriedade fundiária» (*Ibidem*, p. 303). Esta classe é uma garantia de «estabilidade» porque não pode dispor livremente da sua propriedade e transmiti-la livremente aos filhos, já que o seu património é «um *bem hereditário inalienável*, delimitado pelo morgadio» (*Ibidem*, p. 303).

Na segunda câmara está representada a sociedade civil propriamente dita. Apesar do seu conservadorismo, Hegel viu de forma correcta a função de mediação que a classe ligada à propriedade mobiliária e as organizações da sociedade civil exercem entre o governo e a própria sociedade civil através da sua representação na Câmara dos Deputados. Esta distingue-se tanto da «classe geral», que está ao serviço directo do Estado e do governo, como da classe que vive das rendas da propriedade fundiária inalienável e do vínculo de morgadio, já que os seus membros dependem da propriedade industrial e comercial, bem como do trabalho, o elemento que medeia a satisfação das suas necessidades individuais. O carácter móvel e instável dos seus meios de vida e subsistência manifesta-se através da eleição de deputados, que podem assim representar ou elevar ao «universal» ou à dignidade ético-política os interesses que, na sociedade civil, estavam confinados à esfera económica-corporativa, para utilizar uma expressão gramsciana:

> «Mas se estes deputados são representantes da sociedade civil, resulta imediatamente que esta faz isto na qualidade do que ela é, ou seja, não como dispersa em individualidades atomísticas e reunindo-se apenas para um acto isolado e temporário sem outra consistência, mas organizada nas suas associações, comunidades e corporações de resto constituídas, que deste modo mantêm o vínculo político.» (*Ibidem*, p. 304)

As classes que dependem da propriedade mobiliária, as associações, as comunidades e as corporações da sociedade civil, são, de forma confusa ainda, uma espécie de versão pré-moderna dos partidos políticos, a meio caminho entre os estados políticos medievais e as classes sociais no sentido moderno. No entanto, apesar dos seus inegáveis méritos no que respeita tanto à descoberta da estrutura representativa do Estado moderno como à distinção clara entre sociedade civil e Estado político, que marca a derradeira etapa, por assim dizer, da superação das doutrinas jusnaturalistas, Hegel continua prisioneiro do seu tempo e, particularmente, do ambiente político conservador e reaccionário instaurado pelo Congresso de Viena. Embora os representantes da sociedade civil se ocupem formalmente da discussão e da decisão sobre as questões políticas gerais, existe alguém — o corpo de funcionários estatais tutelados pelo monarca e pelo governo — que as «conhece melhor» do que eles, o que leva Hegel a rejeitar qualquer forma de mandato imperativo, já que os deputados não estão na condição de serem «mandatários, comissários ou portadores de instruções» de quem os elege (*Ibidem*, p. 306). Além disso, a função de mediação política desempenhada pelas classes e organizações da sociedade civil só é possível através do monarca, o portador directo da soberania política, que lhes concede graciosamente o direito a serem representadas e detém o poder de convocar a câmara dos deputados. Assim, apesar de mediar formalmente a sociedade civil no Estado, a deputação ou representação política concebida nestes moldes expressa não apenas a sua radical separação e dissociação mas também a subordinação da primeira à tutela do segundo.

A condenação do terror revolucionário e a apologia da política de potência

A rejeição da doutrina da soberania popular na base do argumento de que o povo não é idóneo para a exercer, sendo uma massa informe e atomística de indivíduos incapaz de se converter num verdadeiro sujeito político, alinha Hegel com os opositores da Revolução Francesa, com particular destaque para os do seu período jacobino de 1793–1794, e com o conservadorismo político instaurado pela restauração das monarquias saídas do Congresso de Viena. Prova disso é a sua crítica às doutrinas do contrato social de Rousseau, que tiveram, na Alemanha, em Fichte o seu principal defensor e apologista. Para Hegel, o filósofo genebrino e o seu «discípulo» alemão conceberam a vontade geral como uma vontade universalizante abstracta em contraposição à vontade particular dos indivíduos singulares, que decidem associar-se através do contrato social para constituírem uma comunidade política. Considerando o Estado como «a racionalidade em si e para si da vontade», ou seja, como a «realidade da ideia ética», Hegel rejeita que este tenha a sua origem num contrato cujo fundamento é «o seu arbítrio, a sua opinião e um seu qualquer consenso expresso» (*Ibidem*, p. 240). Contudo, a tentativa de configurar a realidade social segundo os ditames de uma razão e vontade geral abstractamente universal sem nenhuma mediação político-institucional, como sucedeu no período do terror revolucionário jacobino, muito inspirado pelo *Contrato Social* de Rousseau, livro de cabeceira de Robespierre, teve como consequência o espectáculo das mortes na guilhotina, ou seja, o triunfo da própria realidade na sua expressão, mais cruel, irracional e rudimentar:

> «A suprema realidade e a realidade mais contraposta à liberdade universal, ou melhor, o único objecto que todavia devém para ela, é a liberdade e a singularidade da própria autoconsciência real. Pois aquela universalidade que não chega à realidade da estruturação orgânica e tem como fim a sua manutenção na continuidade indivisível diferencia-se em si, ao mesmo tempo, porque é movimento e consciência em geral. E, certamente, em virtude da sua própria abstracção, separa-se em extremos igualmente abstractos, na simples e fria universalidade inflexível e na meticulosa pontualidade da autoconsciência real. Uma vez que procedeu ao cancelamento da organização real e subsiste agora para si, este é o seu único objecto; um objecto que não tem outro conteúdo, nenhuma outra possessão, existência e extensão exterior, mas que é apenas este saber de si mesmo singular absolutamente puro e livre. Aquilo em que pode ser apreendido é apenas a sua existência *abstracta* em geral. Por conseguinte, a relação entre estes dois termos, por serem indivisivelmente absolutos para si, e não poderem, por isso, destacar nenhuma das suas partes para que sirva de termo médio que os articule, é a pura negação totalmente *não mediada*, e cabalmente a negação do singular como *aquilo que é* no universal. A única obra e o único acto da liberdade universal é, por isso, a *morte*, e, além disso, uma *morte* que não tem nenhuma amplitude nem conteúdo interior; porque o que é negado é o ponto não preenchido do si abolutamente livre; esta é, portanto, a morte mais fria e mais insípida, sem nenhum outro significado que o de cortar uma cabeça de couve ou de beber um gole de água.» (Hegel, 1966, pp. 346–347)

Esta crítica magistral das ditaduras revolucionárias que visam remodelar e reconstruir a sociedade na base de uma vontade universal, mas que permanece ainda demasiado abstracta, apesar de exagerar nitidamente o número de mortes ocorridas no decurso do terror de inspiração jacobina, se o compararmos com eventos históricos posteriores a que Hegel não assistiu, não deixa de ser perspicaz e legítima, revelando a genialidade do seu autor. No entanto, depressa se transmuta numa reacção conservadora contra a Revolução Francesa e, sobretudo, contra a doutrina do contrato social que inspirou a sua etapa radical-democrática, sem a qual esta, apesar das suas vítimas, de certo modo inevitáveis, mas nunca justificáveis em qualquer revolução, não teria triunfado. Para Hegel, a alternativa àquela doutrina é o conceito romântico-organicista de «espírito de um povo» (*Volksgeist*). Este expressa a consciência que um determinado povo tem de si próprio no decurso da História universal, configurando-se nas suas instituições jurídico-políticas, nas suas normas morais, na sua religião e nas suas formas de arte, em suma, no que poderá ser designado pela sua *cultura* em sentido lato. Apenas alguns homens providenciais «conhecem» este espírito e sabem dirigir-se por ele. Os restantes, pelo contrário, perdem perante este a sua autonomia, pois «os indivíduos desaparecem perante a substância universal que forma os indivíduos que necessita para o seu fim» (Hegel, 1974, p. 66).

O providencialismo historicista hegeliano junta-se ao seu conservadorismo monárquico teutónico nacionalista, bem conforme ao espírito reaccionário de Europa contra-revolucionária da Santa Aliança, para ressuscitar a política de potência e promover mesmo uma apologia da guerra, o que constitui um enorme recuo político relativamente ao projecto político cosmopolita kantiano sobre a paz perpétua. Segundo Hegel, nas suas relações recíprocas, os Estados encontram-se no estado de natureza, numa relação negativa em que, na ausência de um poder mediador a nível internacional, cada um visa afirmar «a sua individualidade substancial», isto é, «a sua independência e soberania relativamente aos outros» (Hegel, 1979b, p. 318). O resultado desta espécie incontornável de «princípio da realidade» é a guerra. Ao contrário de Kant e da tradição jusnaturalista inspirada no *De Iuri Belli ac Pacis*, de Hugo Grozio, Hegel, apesar de defender o respeito pelos tratados bilaterais que, na ausência de um verdadeiro direito internacional, conduzam à paz, considera que esta é «o momento em que a idealidade do *particular consegue o seu direito* e se torna realidade» (*Idem*, p. 319), podendo mesmo converter-se num elemento da «saúde ética dos povos», que são assim *preservados* da *inércia* a que seriam reduzidos «por uma paz duradoura, ou melhor, perpétua» (*Ibidem*, p. 319). Apesar disto, não compete aos povos e às suas assembleias representativas, como defendia justamente Kant, decidir em última instância sobre as declarações de guerra. Tal entra nas atribuições do poder executivo, competindo exclusivamente ao monarca, a cúpula do Estado autoritário hegeliano, conduzir a guerra em nome de um povo que, qual multidão informe, não é outra coisa senão *carne para canhão* da política de potência.

Em suma, com Hegel, a Europa da Santa Aliança revela-se no máximo do seu esplendor para memória dos reaccionarismos políticos futuros, não fosse Giovanni Gentile, o ideólogo do fascismo italiano e ministro da Educação de Mussolini, um do mais fiéis intérpretes da sua «mensagem» política: povos sem soberania, nacionalismo belicista e apologia de uma ordem monárquica restaurada após a derrota de Napoleão em Waterloo não apenas contra todas as tentativas de insurgência republicana democrática — que apelassem não apenas aos direitos políticos, como o sufrágio universal, que, pesem embora os excessos revolucionários, foi conquistado em 1793, e depressa abolido pela Constituição termidoriana e, por maioria de razão, pela monarquia restaurada em França por Luís XVIII com a Carta Constitucional de 1814, graciosamente outorgada aos súbditos —, mas também contra o espírito cosmopolita do iluminismo do século XVIII.

V PARTE

O REACCIONARISMO

CAPÍTULO 1

EDMUND BURKE: ORDEM, PROPRIEDADE E TRADIÇÃO

A apologia da desigualdade

Edmund Burke nasceu em Dublin, sendo filho de um advogado. Licenciou-se no Trinity College da capital irlandesa, em 1748, indo depois para Londres frequentar uma famosa escola na capital britânica que formava advogados e solicitadores. No entanto, contrariamente aos desejos paternos, não se identificou com a profissão para que tinha sido destinado, embora tivesse acabado por beneficiar de uma sólida formação jurídica, mesmo nunca tendo exercido a advocacia.

Preferindo seguir uma carreira literária, publicou, em 1756, os seus dois primeiros livros: *Sobre o Sublime e o Belo* (*On the Sublime and the Beautiful*), obra situada no âmbito da Estética, e *Defesa da Sociedade Natural* (*A Vindication on Natural Society*), obra política. Em 1765, tornou-se secretário do ministro das Finanças do reino britânico, *Lord* Rockingham, sendo eleito para o Parlamento. Em 1771, publicou dois panfletos: *Observations on the Present State of the Nation* (*Observações sobre o Estado Actual da Nação*) e *Thoughts on the Present Discontents* (*Reflexões sobre os Actuais Descontentamentos*). Pouco tempo depois é nomeado agente de Londres para o Estado de Nova Iorque, ainda sob o domínio britânico. Em 1774, perde o seu lugar no Parlamento por Bristol, mas o seu protector, *Lord* Rockingham, consegue-lhe outro por Walton. Neste mesmo ano, publicou *On American Taxation* (*Sobre a Tributação Americana*), onde ataca a política colonial britânica relativamente aos futuros Estados Unidos da América do Norte, seguido, um ano depois, de *On the Conciliation with the Colonies* (*Sobre a Conciliação com as Colónias*). A sua obra política maior,

Reflections on the Revolution in France (*Reflexões sobre a Revolução em França*), país cuja capital Burke tinha visitado em 1773, foi publicada em 1790. Morreu em Beaconsfield, em 1797.

Edmund Burke é um dos primeiros autores a manifestar abertamente uma violenta oposição à Revolução Francesa e ao seu princípio de igualdade universal. A ideia de que todas as profissões são igualmente dignas, que marcou a abertura dos Estados gerais e a afirmação do Terceiro Estado, é visceralmente rejeitada, pois «a ocupação de um cabeleireiro, ou de um fabricante de velas de sebo, não pode ser para ninguém um motivo de honra, para não falar ainda de muitas outras ocupações ainda mais servis» (Burke, 2015, p. 103). Inspirando-se numa tradição política reaccionária que remonta a Platão, afirma que os que defendem, tal como sucedeu com alguns revolucionários franceses, o acesso destas classes que vivem do seu trabalho ao governo está «em guerra com a natureza». A sociedade divide-se então em duas classes, uma das quais, que constitui a maioria da população, está destinada a obedecer e a ser comandada, enquanto a outra, a minoritária, que dispõe de propriedades, exerce o mando e o poder. Só esta dicotomia permitirá que alguns possam exercer uma actividade intelectual desinteressada. Tal é confirmado pelo *Eclesiástico* (capítulo XXXVIII, versos 24 e 25), que Burke não hesita em citar para confirmar a sua «tese»:

> «O letrado adquire a sua sabedoria no tempo em que está livre de negócios, e aquele que tem poucas ocupações pode chegar a ser sábio. Como pode ser sábio o que tem de manejar a charrua, que a sua glória é aguilhoar os bois, que se ocupa constantemente dos seus trabalhos e só sabe falar das crias dos touros?» (*Idem*, p. 104)

Eis como a desigualdade recebe, por assim dizer, uma sanção bíblica que acaba por naturalizá-la: para que alguns possam dedicar-se ao culto da «sabedoria», é necessário que os outros trabalhem para os «libertar» dos cuidados a ter com a própria subsistência, ou seja, a sabedoria de alguns forma-se e desenvolve-se à custa do duro e incessante trabalho da maioria, como defenderia mais tarde o ideólogo do fascismo Giovanni Gentile.

Ressuscitando da sua tumba a versão platónica da desigualdade, Burke não abandona este triste manancial. Assim, o acesso de todos aos cargos públicos, independentemente da sua condição, uma das conquistas da Declaração Universal de Direitos do Homem e do Cidadão de

1789, deve ser aceite, mas com reservas, já que — declara — «todos os postos têm de ser abertos a todos, mas não indiferentemente a qualquer homem» (*Ibidem*, p. 104). Mas é precisamente a imposição de limites que põe em causa o princípio democrático do acesso igual de todos aos cargos públicos. Para mais, que se poderá dizer então da ascensão a cargos políticos de responsabilidade relevante por parte dos que provêm de uma «condição obscura»? Burke admite que tal é possível, mas isso implica uma corrida contra um grande número de obstáculos que, provavelmente, fará com que muitos fiquem pelo caminho. Os poucos eleitos que atinjam a almejada meta devem ter sido submetidos, ao contrário dos bem-nascidos e eminentes, a algumas provações para que a sua ascensão seja «legítima»:

> «Eu não hesito em dizer que o caminho para a distinção e o poder, partindo de uma condição obscura, não deveria tornar-se fácil demais, nem certamente uma coisa excessiva. Se um raro mérito é a mais rara entre todas as coisas raras, deve passar por uma certa provação. O templo da honra deve estar assente na eminência.» (*Ibidem*, p. 105)

Mas o mérito pode constituir um perigo real para a ordem política estabelecida se não for devidamente contrabalançado pela propriedade. O primeiro é, geralmente, arrebatado e vigoroso na sua procura de realização, enquanto a segunda, pelo contrário, moderada sob o peso da tradição sedimentada no decurso dos séculos e transmitida de geração para geração, é «lenta, inerte e tímida» (*Ibidem*, p. 105). Mas, afinal, de que «propriedade» em concreto estamos a falar quando falamos em «propriedade»? Burke não tem dúvidas a este respeito: trata-se da grande propriedade fundiária, do latifúndio, o pilar da ordem aristocrática instituída na velha Albion, o garante da «estabilidade» que a Revolução Francesa com as suas leis «subversivas» sobre a partilha das terras pelos camponeses pôs em causa, pois «a característica essencial da propriedade é ser desigual» (*Ibidem*, p. 105). Neste sentido, apenas o latifúndio se poderá converter numa «muralha em defesa das propriedades menores em todos os níveis» (*Ibidem*, 105). A parcelização e divisão da propriedade da terra — iniciada, em França, em 1789, com a abolição dos direitos feudais, mas só completada em 1793, isto é, três anos após a publicação da 1.ª edição da obra de Burke — é fortemente contestada até mesmo nas suas formas mais moderadas. O seu argumento é deveras peregrino: se a grande propriedade contribui para a estabilidade, segurança e ordem sociais, a sua divisão em parcelas apenas estimula a «cobiça» dos que, com os seus desejos «imoderados», suscitados pela «inveja» da riqueza dos outros, se apropriam do que foi no decurso dos séculos pacientemente acumulado por alguns. E, na prática, aquilo que os novos pequenos proprietários obtêm com esta partilha está muito aquém da sua ilimitada insaciedade:

> «Na sua dispersão, a porção que cabe a cada homem é menor do que, na avidez dos seus desejos, ele se pode gabar de obter gastando a propriedade que outros acumularam. A pilhagem dos bens de apenas alguns daria uma parte infinitamente pequena na repartição por muitos.»
> (*Ibidem*, p. 105)

Em suma, a ordem social e política deve basear-se num direito de propriedade extremamente desigual. As instituições da Inglaterra aristocrática assim o confirmam excelentemente: primeiro, com a Câmara dos Lordes directamente baseada na «propriedade e distinção hereditária» e, qual «juiz supremo de toda a propriedade em todas as suas divisões» (*Ibidem*, p. 106), intocável; mas também com a Câmara dos Comuns, cujos membros são eleitos por um sufrágio ultracensitário e que, na sua maioria, têm na propriedade o critério da sua idoneidade política. No fundo, constata Burke, deve deixar-se «os grandes proprietários serem o que eles quiserem», pois «serão sempre, no pior dos casos, o lastro no barco da nação» (*Ibidem*, p. 106). E que dizer então da máxima revolucionária, preâmbulo da Declaração Universal dos Direitos do Homem e do Cidadão de 1789, de que «os homens nascem livres e iguais em direitos»? Nada mais do que, assevera Burke, «especulações de diletantes e pretensiosos de vistas curtas na filosofia» (*Ibidem*, p. 106), pois o reconhecimento de «alguma proeminência decente e comedida» não tem nada de «antinatural», mas deve ser entendida como o pilar de uma «sã» ordem política.

O que aconteceria então se, contrariamente a estes «salutares» princípios, 24 milhões prevalecessem sobre os escassos 200 000 que auferem de direitos políticos exclusivos como cidadãos *activos*? Provavelmente uma catástrofe social, já que a expressão da vontade de muitos é apenas uma fonte de discórdia que acabaria por impedir a formação de um governo que desfrutasse de um mínimo de estabilidade política. Olhe-se então para a França revolucionária, símbolo maior de que a ordem das coisas se extraviou do seu curso «natural», pois «a propriedade de França não governa». Mas tal não significa mais de que «a propriedade está destruída e a liberdade racional não existe» (*Ibidem*, p. 107). Eis como, para Burke, que, apesar do seu reaccionarismo visceral, não é inédito neste argumento — já antes defendido por Kant, embora de forma mais «moderada, e retomado pelo liberalismo político do século xix —, a liberdade só é racional quando está associada ao direito de propriedade que lhe confere um estatuto político: o direito de eleger e ser eleito para a Câmara dos Comuns, já que a Câmara dos Lordes é hereditária.

Direitos do homem: uma mina prestes a explodir

Para Burke, a Revolução Francesa nada mais é do que um evento iconoclasta votado à destruição de tudo o que existe. O único propósito dos revolucionários de 1789 é a «ideia de que tudo na Constituição e no governo do seu país, quer na Igreja quer no Estado, é ilegítimo e usurpado» (*Ibidem*, p. 113). Para ele, pelo contrário, as constituições políticas são imutáveis, sendo confirmadas pelo «teste sólido de uma longa experiência, de uma crescente força do povo e da prosperidade nacional» (*Ibidem*, p. 114). Analogamente, a sociedade não é fruto de um contrato, mas constitui um organismo historicamente regulamentado que visa a satisfação das necessidades e liberdades «objectivamente» configuradas pelas instituições tradicionais, como o costume e os precedentes jurídicos — os *custom and precedent*, fontes da ordem jurídica britânica tradicional — que, ao contrário da doutrina dos direitos naturais, não reconhece verdadeiramente a autonomia do indivíduo e diferencia as suas necessidades com a posição que ocupa numa ordem social hierarquizada: as necessidades dos que se encontram na base da hierarquia devem ser muito limitadas para que as dos que se encontram no topo possam alargar-se sem restrições.

O seu «historicismo», tal como o de Hegel e de todo o romantismo reaccionário, é apenas o mero pretexto para negar a doutrina dos direitos naturais do homem, fonte da Revolução Francesa e da modernidade, os quais são comparados a uma «mina» em vias de explosão (*Ibidem*, p. 114), colocada no subsolo francês pelos revolucionários de 1789–1793, com o perigo de se disseminar por outros países onde vigoram as «verdadeiras» tradições. As *Reflections* de Burke são, em muitos aspectos, uma arenga requisitória ressabiada contra os direitos do homem, uma das grandes conquistas emancipadoras da humanidade. Estes não passam de uma criação de «especuladores», «não deixam nenhum governo procurar a segurança na continuidade da sua permanência ou na justiça ou clemência da sua administração» (*Ibidem*, p. 114). Para Burke, o «bom governo» não está relacionado com o exercício de uma cidadania activa, mas depende exclusivamente da clemência e da boa vontade dos governantes, bem como da pronta obediência dos súbditos. A própria sociedade é «uma instituição benevolente e a própria lei é tão-só benevolência actuando por meio de regras» (*Ibidem*, p. 115).

Apesar da sua «benevolência», a sociedade preconizada por Burke exclui à partida uma efectiva igualdade de direitos, embora a proclame segundo a fórmula oximórica «todos os homens têm iguais direitos, mas não a coisas iguais» (*Ibidem*, p. 115). Isto significa que cada um é avaliado em proporção da sua propriedade: quem possui cinco xelins, tem certamente direito a tal, mas não pode exigir da sociedade os mesmos benefícios de quem aufere um rendimento de quinhentas libras. Não há aqui lugar para um imposto progressivo sobre o património e as grandes fortunas, que constituem algo de intocável, atribuído de uma vez por todas. A sociedade civil resulta de uma «convenção» cuja utilidade é comprovada por uma «longa e sólida» experiência histórica e não na base do reconhecimento de direitos naturais «abstractos». Neste sentido — troa Burke —, é inaceitável que o homem tenha a ousadia de aventurar-se «a deitar abaixo um edifício que há muito responde satisfatoriamente aos fins comuns da sociedade, ou aventurar-se a construí-la de novo, sem ter ante os seus olhos modelos e padrões de utilidade comprovada» (*Ibidem*, p. 118).

Resta saber quais os «modelos de utilidade comprovada», ou seja, que tipo de sociedade nos propõe Burke. Trata-se de uma sociedade autoritária e repressiva em que cada um, tal como na *República* de Platão, ocupa o seu devido lugar. O objectivo do governo e da política não consiste em garantir os direitos do homem, cuja «perfeição abstracta» leva os indivíduos, que perderam todo e qualquer temor perante a sólida autoridade sedimentada por séculos de reverência e submissão, a pôr tudo o que foi tão paciente e laboriosamente construído em causa: «por terem direito a tudo, eles querem tudo» (*Ibidem*, p. 116). O governo deve, antes de tudo, ter como objectivo controlar e refrear as paixões dos homens, contrariar as suas inclinações, que, quando não têm nenhum freio que as contenha, não hesitam em destruir iconoclasticamente toda a ordem constituída e toda a autoridade reverenciada. Em suma, para Burke, os homens são concebidos como uma espécie de crianças grandes que, sem uma «salutar» disciplina repressiva, tal como disse o romancista William Golding, «*would knock down the high walls of authority*» (Golding, Hardmondsworth, Middlesex, 1963, p. 58). De acordo com Burke, os defensores dos direitos do homem falharam precisamente apenas no facto de terem tido em conta as suas liberdades: no elenco faltou incluir as «restrições» a estas.

É necessário, portanto, reformular integralmente a teoria «abstracta» dos direitos naturais dos revolucionários franceses, pois «os pretensos direitos destes teóricos são todos extremos e, na proporção em que são metafisicamente verdadeiros, são moral e politicamente falsos» (Burke, 2015, p. 119). Ou seja: é preciso fazer uma espécie de reavaliação destes direitos «extremistas» na base do sólido bom senso comum, obviamente configurado pela já nossa conhecida «longa e sólida tradição». A solução proposta para este dilema é o velho *juste milieu*, arvorado em princípio de sensatez e sabedoria e não, como em Aristóteles, em factor de equilíbrio e compromisso social e político, versão que, na prática, não é mais do que a aceitação incondicional de uma autoridade política cuja legitimidade é inquestionável ou que, parafraseando o título de um célebre filme do realizador italiano Elio Petri, está acima de qualquer suspeita. Segundo Burke, o que acaba por conferir legitimidade à nova versão dos direitos do homem reduz-se a um mero cálculo de custos e benefícios morais, que, de certo modo, antecipa o utilitarismo de Bentham, sem nenhuma dimensão emancipadora:

> «Os direitos do homem nos governos são as suas vantagens, e estas são frequentemente um balanço entre diferentes bens — em compromissos entre bem e mal e, às vezes, entre um mal e outro mal. A razão política é um princípio aritmético: somando, subtraindo, multiplicando e dividindo moralmente e não metafisicamente ou matematicamente, verdadeiros denominadores morais.» (*Idem*, p. 119)

Para o autor das *Reflexões sobre a Revolução em França*, poder e direito não podem ser incompatíveis, pois só assim «a comunidade como um todo, sempre que entra em acção, não se confronta com nenhuma resistência efectiva» (*Ibidem*, p. 119). Mas isto não significa mais do que eternizar a condição de súbdito passivo e matar à nascença todo o exercício activo da cidadania. Ao contrário do que defende Burke, o poder não é «legítimo» porque se baseia em convenções e tradições centenárias, mas porque respeita determinados direitos e liberdades civis e políticas, entre os quais se destaca o direito a ser governado por quem foi universalmente sufragado pela maioria para tal ou a destituir ou resistir aos que violam estes direitos e estas liberdades conquistadas por todos independentemente da sua riqueza e posição social. Em suma, tal como o provou a Revolução Francesa, que esteve na origem da emergência do mundo moderno, entre poder e direito há, de facto, mais tensão e incompatibilidade do que compatibilidade e harmonia: os que defendem a compatibilidade são precisamente os que, tal como o ideólogo do nazismo Carl Schmitt, visam legitimar ideologicamente as ditaduras e os poderes autoritários. Pelo contrário, é precisamente esta incompatibilidade e tensão que estão na origem das grandes transformações sociais e políticas que fazem, como diria o poeta, que «o mundo pu[le] e avan[ce]».

CAPÍTULO 2

JOSEPH DE MAISTRE: A EFEMERIDADE DAS REVOLUÇÕES

Joseph-Marie de Maistre nasceu em 1 de Abril de 1753, em Chambéry, na Sabóia. Filho mais velho de François-Xavier, presidente do Senado da Sabóia, estudou com os jesuítas, licenciando-se em Direito em Turim, em 1752, cidade em que ingressou na magistratura. Nomeado senador em 1788, escreveu as *Mémoires sur la Venalité des Charges* (*Memórias sobre a Venalidade dos Cargos*). No início da Revolução Francesa, aliou-se à ala direitista, ou seja, aos partidários do Antigo Regime que transitaram para a Assembleia Constituinte. Depressa manifestou a sua oposição à Declaração Universal dos Direitos do Homem e do Cidadão de 4 de Agosto de 1789, aliando-se aos contra-revolucionários a partir desta data.

Em 1792, o exército revolucionário francês invadiu a Sabóia. De Maistre foi obrigado a fugir, abandonando Chambéry para se refugiar na Suíça, primeiro em Genebra, depois em Lausanne. Em 1797, em plena época termidoriana, publicou anonimamente, em Neuchâtel, as *Considérations sur la France* (*Considerações sobre a França*), a que se seguiram três outras edições em vida do autor: em Londres, no mesmo ano, e em Paris, em 1814 e 1821.

Em 1802, Vittorio Emanuele I enviou-o como ministro plenipotenciário a São Petersburgo, na Rússia czarista, país em que exerceu uma grande actividade política e intelectual. No entanto, a sua oposição às reformas de Speransky, ministro de Alexandre I, e o seu favorecimento dos jesuítas acabaram por descredibilizá-lo. Apesar do afastamento do ministro, não foi beneficiado, voltando a Turim em 1817, onde foi nomeado regente da Grande Chancelaria. Dois anos depois, escreveu

Du Pape (*Do Papa*), em dois volumes. Morreu em Turim em 1821. Foram publicadas postumamente as obras *De l'Église Galicane* (*Da Igreja Anglicana*) e *Les Soirées de Saint-Petersbourg* (*As Noites de São Petersburgo*).

A república não pode perdurar

Para de Maistre, a História é regida por uma moral providencial, muito semelhante à «astúcia da razão» hegeliana, que se serve dos homens para a consecução de resultados que ultrapassam as suas intenções: os «monstros» que a Revolução Francesa espoletou trabalham inconscientemente para a restauração da monarquia destituída. Prova disso é ser esta a servir-se dos homens, e não os homens a servir-se dela. O povo nunca é o protagonista do processo revolucionário, mas apenas um agente passivo, que tanto se submete aos revolucionários como aos contra-revolucionários quando a relação de forças se altera. Por sua vez, a revolução mantém-se apenas através do medo: o horror da guilhotina aniquila a mínima resistência e impele as massas, à falta de uma alternativa, contra o inimigo externo. Mas como não é possível manter um estado de mobilização permanente, mais cedo ou mais tarde, os impulsos e as paixões esmorecem e o povo, cansado de ser mobilizado a toda a hora para a defesa da revolução, apenas aspira retornar ao sossego e à tranquilidade que lhe permita retomar as suas tradicionais actividades quotidianas.

Observador perspicaz da república termidoriana centrada num sufrágio censitário, de Maistre defende que uma república deste tipo não poderá durar muito tempo, o que, tendo em conta o 18 de Brumário de Napoleão Bonaparte de 1799, dois anos depois de ter publicado anonimamente as *Considérations sur la France*, lhe dá alguma razão. Para ele, o alegado sistema representativo saído deste regime situa-se aquém do que já existia nos tempos do feudalismo em que o rei convocava os Comuns, que enviavam os seus delegados, os quais eram responsáveis perante os seus mandantes, que podiam destituí-los se não cumprissem o mandato para que tinham sido eleitos. Pelo contrário, o sistema representativo instituído pela Revolução Francesa, ao abolir o vínculo do mandato imperativo defendido por Rousseau, de que de Maistre é, no entanto, um feroz adversário, para quem a soberania não podia ser delegada, acaba, na prática, por despojar o povo do poder que alegadamente lhe tinha sido atribuído. Para preencher este vazio, a Nação, entidade abstracta, transforma-se na verdadeira fonte da soberania, em substituição do povo. Mas isto significa que os direitos deste, mesmo quando o sufrágio universal é instituído, se limitam à eleição dos que mandata para, alegadamente, «representá-lo». De Maistre, figura de direita e apologista do *Ancien Régime*, não hesita em citar o radical de extrema-esquerda Babeuf, condenado à morte pelo regime termidoriano em 1796, para emitir o seu juízo crítico sobre o sistema representativo censitário:

> «Considero o governo actual usurpador do poder, violador de todos os direitos do povo, que foi reduzido à mais deplorável escravidão. Este horrível sistema faz a fortuna de poucos e oprime a massa. O povo está de tal forma enredado, de tal forma refreado por grilhões por este governo aristocrático que quebrá-los se torna mais difícil que nunca.»
> (de Maistre, Roma, 1985, p. 32)

No entanto, as afinidades com Babeuf terminam precisamente aqui. Tal como Burke, de Maistre considera que o povo não tem maturidade política para exercer o poder soberano, já que é falsa a ideia, cara ao sistema representativo, de que «apenas o mandatário pode ser representante» (*Idem*, nota 5 à p. 31). Não é verdade que quotidianamente nos tribunais o louco, a criança e o que está ausente podem ser representados por indivíduos a quem não conferiram nenhum mandato explícito? Na prática, o povo reúne estas três características: é sempre criança, sempre louco e está sempre ausente das decisões políticas que alguns tomam em seu nome. Mais uma razão para a defesa da tese, cara a de Maistre: cansado das vicissitudes da revolução, o povo, essa alegada fonte de soberania, submete-se a um salvador providencial, como Napoleão Bonaparte, que lhe assegure um mínimo de estabilidade e tranquilidade. Eis a razão pela qual a república, tanto a que se baseia no sufrágio censitário como a que se baseia no sufrágio universal, é um contra-senso que jamais poderá durar muito tempo.

A legitimidade histórica da monarquia

Tendo em conta a efemeridade e instabilidade das repúblicas, apenas as monarquias têm verdadeiramente uma legitimidade histórica. Tal é possível, antes de tudo, porque nenhuma constituição resulta de uma deliberação voluntarista, como a eleição de uma Assembleia Constituinte, pois «os actos institucionais e as leis fundamentais não são senão sanções de direitos anteriores, de que apenas se pode dizer que existem porque existem» (*Ibidem*, p. 43). Retornam deste modo, tal como em Burke, os «precedentes» jurídicos instituídos pela tradição «histórica», ou seja, uma espécie de Constituição não escrita — a *Common Law* do direito tradicional britânico é o exemplo mais fidedigno —, como juízo inapelável contra as constituições «deliberativas» resultantes da Revolução Francesa e também da Revolução norte-americana de 1776. Por sua vez, como o povo não pode aspirar a mais do que à condição de súbdito, os direitos de que poderá desfrutar apenas poderão resultar de uma concessão graciosa dos soberanos «legítimos», ou seja, dos monarcas pela graça de Deus, pois a «liberdade, num certo sentido, foi sempre uma dádiva dos reis» (*Ibidem*, p. 45). Mas daqui se deduz que «nenhuma nação pode dar-se a si própria um governo: apenas quando este ou aquele direito já existe na sua constituição» (*Ibidem*, p. 74).

Ao contrário da república, apenas a monarquia garante a estabilidade necessária a qualquer sociedade «bem ordenada». Esta forma de governo garante a máxima distinção ao maior número de pessoas através de um conjunto subtil de gradações ou dignidades que são distribuídas por um grande número de pessoas. Em contraste, a república é a forma de governo que «assegura o maior número de direitos ao menor número de homens que são chamados *o soberano* e que retira mais a todos os outros que são chamados súbditos» (*Ibidem*, p. 81). Estas considerações de Maistre não deixam de ser extraordinariamente perspicazes, já que a república que tem em mente é a república termidoriana, em que a maior parte da população foi privada de direitos eleitorais e a soberania é, na prática, exercida por uma minoria exígua que os usurpou. Mas esta argumentação serve-lhe apenas para tentar persuadir o «povo», essa eterna «criança grande» que precisa de ser tutelada, e, assim, reconhecer a «necessidade» da reinstauração da monarquia:

> «O povo, ou seja, a massa dos cidadãos, não tem, portanto, nada a perder; pelo contrário, tem tudo a ganhar com o restabelecimento da monarquia, que fará ressurgir uma quantidade de distinções efectivas, lucrativas e até hereditárias, no lugar dos empregos efémeros e sem dignidade que a república oferece.» (*Ibidem*, p. 82)

O estado religioso

Na sua obra *Do Papa*, publicada após a restauração dos Bourbons, de Maistre desenvolve estes argumentos tendo como alvo as «ficções» jusnaturalistas sobre a liberdade e igualdade naturais dos homens. Recorrendo de novo à História, de Maistre considera que «o universo até ao cristianismo sempre esteve coberto de escravos e que os sapientes nunca tinham [criticado] tal uso» (de Maistre, 1975, p. 222). Neste sentido, foi, de certo modo, o cristianismo, e não a teoria abstracta dos direitos naturais do homem, que «inventou» historicamente a liberdade, pelo que se justifica dizer que «onde quer que a nossa religião enfraqueça, a nação torna-se em proporção precisa menos susceptível à liberdade geral» (*Idem*, pp. 223–224).

Ao estado de natureza, fonte dos direitos e das constituições que nasceram após as revoluções francesas e norte-americana, deve, portanto, contrapor-se o «estado religioso», o único que poderá libertar os homens das dependências e, sobretudo, dos constrangimentos das sociedades modernas. Que melhor regime político para o homem do que aquele em que, sob uma benévola tutela paternal, adquire o sossego e a tranquilidade que o libertam das constantes pugnas dos conflitos com os outros que caracterizam o seu dia a dia? E de Maistre traça uma imagem do novo Éden, uma espécie de paraíso *regained* miltoniano:

> «O que é o estado religioso nos contratos católicos? É a escravidão enobrecida [...] em vez de aviltar o homem, o voto religioso santifica-o; em vez de os submeter aos vícios de outrem, submete-o a si; submetendo-o a uma pessoa da sua escolha, declara-o livre para com os outros, com os quais já não terá nenhuma briga.» (*Ibidem*, pp. 226–227)

Ou seja: não seriam os homens sob este paternal «estado religioso» mais felizes do que no «sistema da liberdade universal», instituído pela Revolução Francesa, em que «cada um quer ser militar, juiz, escritor, administrador, governante. Perde-se no turbilhão dos negócios; geme sob o peso do papel escrito; e metade do mundo emprega-se em governar a outra sem disso poder sair?» (*Ibidem*, p. 228). Actualmente, o homem não «geme sob o peso do papel escrito», mas sim sob a insustentável ligeireza das plataformas informáticas. Isto significa que, apesar do seu reaccionarismo bastante mais inteligente do que o de Burke, de Maistre é, provavelmente, depois de Rousseau e antecipando, embora noutra perspectiva, Charles Fourier, um crítico do que poderemos designar como «alienações e constrangimentos da vida civilizada». Além disso, apesar da sua visceral oposição à Revolução Francesa, a sua concepção providencialista da História acaba por justificá-la e, por conseguinte, conferir alguma legitimidade à sociedade a que esta deu origem:

> «Não se poderia repetir suficientemente: não são os homens que guiam a revolução, é a revolução que utiliza os homens. Diz-se muito bem quando se diz que esta caminha sozinha. Esta frase significa que nunca a Divindade se tinha mostrado de um modo tão claro em nenhum movimento humano. Se recorre aos instrumentos mais vis é porque pune para regenerar.» (de Maistre, Roma, 1985, p. 6)

Como os desígnios da providência divina são insondáveis, já o dizia Agostinho de Hipona, foi aberto o caminho para pôr à prova os homens e, assim, preparado o advento, qual juízo final, do «estado religioso», esse regime de «suave» tutela que provavelmente será mais «livre» do que o «sistema de liberdade universal» instituído pela Revolução Francesa, em que cada um compete incessantemente com os outros, em todos os domínios da sociedade e da política, para, no fim de contas, alcançar apenas satisfações e glórias efémeras que não compensam jamais os enormes constrangimentos a que está submetido na sua luta quotidiana pelo poder, pelo prestígio e pela riqueza. Apesar disto, de Maistre acaba por reconhecer que o legado da Revolução Francesa para as gerações futuras é, para o bem e para o mal, um facto histórico que nunca poderá ser esquecido e cujos efeitos ultrapassarão em muito o tempo breve da sua eclosão efémera:

> «Isto faz-me pensar que a revolução francesa é uma grande época, que as suas consequências far-se-ão sentir para lá do tempo da sua explosão e dos confins do próprio âmbito.» (*Idem*, p. 18)

CAPÍTULO 3

ROSMINI: A IGUALDADE DO SUFRÁGIO PERANTE A GRANDE PROPRIEDADE

1848, o ano de todas as revoluções malogradas

Em 1852, um célebre escritor escrevia, a propósito dos acontecimentos revolucionários em França, estas considerações premonitórias:

«A revolução social do século XIX não pode extrair a sua poesia do passado, mas antes do futuro. Não pode arrancar enquanto não liquidar radicalmente toda a supersticiosa veneração do passado. As revoluções anteriores tiveram necessidade de reminiscências históricas para se iludirem quanto ao próprio conteúdo. A revolução do século XIX deve deixar que os outros enterrem os seus mortos para realizar os fins a que se propõe. Dantes era a frase que superava o conteúdo, agora é o conteúdo que supera a frase.» (Marx, 1971b, p. 19)

Em Fevereiro de 1848, a insurreição dos operários de Paris pôs fim à monarquia orleanista, que tinha substituído a monarquia legitimista, instaurada após a derrota napoleónica em Waterloo, também no decurso de uma revolução em que estes tinham tido um papel activo, estabelecendo a república. Em 25 de Fevereiro, foi proclamado o sufrágio universal e constituído um governo provisório em que se propunha como objectivo a proclamação de uma república social que não fosse meramente política. Neste sentido, foi reconhecido o direito ao trabalho, para cuja concretização foram criadas as oficinas nacionais (*ateliers nationaux*), que visavam garantir emprego para todos. Em 28 de Fevereiro, é instituída uma Comissão de Governo para os Trabalhadores, que representava o embrião de um futuro ministério de Trabalho.

Em 23 de Abril de 1848, realizaram-se as eleições para a Assembleia Constituinte, em que o número de cidadãos com direito a voto aumentou significativamente, passando de 250 000 para mais de nove milhões. Porém, nestas eleições, os partidos de orientação socialista, recentemente constituídos e responsáveis pela nova política laboral do governo provisório, obtiveram um resultado muito aquém das suas expectativas: apenas 100 deputados contra 500 republicanos liberais-democratas e 300 representantes dos partidos monárquicos, representantes da velha ordem derrubada pela revolução, 200 orleanistas e 100 legitimistas.

A dissolução das oficinas nacionais, a que não foi estranha a composição da Assembleia Constituinte, pouco favorável a esta experiência de instaurar por via política o que no século XX se designou por «pleno emprego», desencadeou, entre 22 e 26 de Junho, uma nova insurreição operária que desembocou num massacre: as vítimas variaram entre 4000 e 15 000, sendo efectuadas 25 000 prisões, das quais resultaram 10 000 condenações à prisão perpétua ou à deportação (Droz, 1977, p. 691).

Em 10 de Dezembro de 1848, Luís Napoleão Bonaparte é eleito Presidente da nova república francesa com o apoio da direita, mas também da massa de pequenos camponeses contra o candidato socialista, que apenas obteve uns míseros 37 000 votos. A conflitualidade entre, por um lado, os partidos republicanos, que se dividiam numa ala liberal moderada e noutra ala jacobina radical democrática, e sobretudo os partidos monárquicos que representavam a direita e a extrema-direita da nova Assembleia Legislativa, formada após a dissolução da Constituinte, e, por outro lado, o operariado e os partidos de orientação socialista, que, com os jacobinos radicais, se situavam à esquerda, não cessou de aumentar, apesar da derrota operária nas jornadas de Junho de 1848. Neste contexto de relações de força mutuamente exclusivas, Luís Napoleão Bonaparte, legitimado pelo sufrágio que o conduziu à presidência da república, acabou por surgir como uma espécie de salvador providencial capaz de garantir a estabilidade política e social. Em Dezembro de 1851, promoveu um golpe de Estado que aboliu a república e instaurou um regime militarista autoritário, ratificado por um plebiscito onde votaram 750 0000 pessoas. Um ano depois, foi instaurado o II Império, também ratificado por um segundo plebiscito, uma mera caricatura reaccionária do I Império de Napoleão Bonaparte, tio do novo ditador.

Na Grã-Bretanha, nação onde nasceu o operariado industrial (ver VII Parte, Capítulo 3), um grupo de artesãos de Londres fundou, em 1836, a London Working Men's Association (LWMA). À frente deste grupo destacaram-se William Lovett (1800–1877) e Henry Hetherington (1792–1849), que desencadearam uma campanha pelo sufrágio universal. Em 28 de Fevereiro de 1837, numa reunião na Crown and Anchor Tavern, foi formalizada uma petição com seis pontos que integraram um documento que seria designado por «Carta» (*Charter*):

- Sufrágio universal;
- Parlamentos anuais;
- Voto por escrutínio secreto;
- Pagamento aos membros do Parlamento;
- Supressão dos vínculos de propriedade para os membros do Parlamento;
- Igualdade das circunscrições.

(Morton & Tate, 1962, pp. 102–103).

Em 1839, realizou-se a primeira Convenção Cartista, também conhecida por «Parlamento do Povo», mas a falta de entendimento entre as diversas correntes do novo movimento social, que englobava intelectuais, representantes das classes médias em ascensão, que defendiam o alargamento do sufrágio, mas não necessariamente o sufrágio universal, e representantes do operariado emergente, conduziu à sua dissolução, com a detenção pelo governo dos seus principais dirigentes e de inúmeros activistas e militantes. No entanto, o Cartismo renasceu em 1842 com uma segunda petição, em que foi acrescentada aos seis pontos da primeira uma denúncia sobre os horários de trabalho que «ultrapassam os limites da resistência humana» (*Idem*, p. 123), os baixos salários e as condições de trabalho sufocantes e insalubres. No entanto, a petição foi rejeitada pelo Parlamento Britânico por 287 votos contra 49. Decidiu-se então, em todas as reuniões dos partidários da Carta, cessar o trabalho até que todos os pontos fossem reconhecidos e se transformassem em lei para todo o país. Foi declarada uma greve geral, ilegal segundo a legislação britânica da época, que não reconhecia o direito à greve, que, porém, sob uma forte repressão, não conseguiu atingir os seus objectivos. Foram efectuadas prisões em massa, com especial destaque, de novo, para as dos principais líderes e activistas do movimento.

A agitação cartista voltou a recrudescer em 1847–1848, sendo preparada uma terceira petição. No entanto, a derrota dos movimentos revolucionários em França, na Alemanha e na Áustria acabaram por conduzir ao desaparecimento do cartismo sem que as suas reivindicações tivessem sido alcançadas.

Ao contrário do que acontecia em França e na Grã-Bretanha, a direcção do movimento democrático que visava a conquista do sufrágio universal e a unificação da Alemanha não possuía operários, já que a indústria estava menos desenvolvida do que naquelas duas nações. Predominavam à sua cabeça membros de profissões liberais, professores, negociantes, lojistas e estalajadeiros. Os soberanos dos diversos Estados em que a Alemanha estava dividida foram obrigados a fazer concessões em consequência da amplitude do movimento. Em Berlim, Frederico Guilherme IV da Prússia prometeu o sufrágio universal. Em Maio de 1848, reuniu-se em Frankfurt um Parlamento que tentou unificar o país. No entanto, a Assembleia Constituinte foi dissolvida por Frederico Guilherme IV, que outorgou aos súbditos uma Constituição muito moderada que estabelecia duas Câmaras e reforçava consideravelmente os seus poderes. Mesmo assim, estas acabariam por ser dissolvidas, restabelecendo-se o poder absoluto do monarca. Na Áustria, as tentativas de acabar com o poder dos Habsburgo foram também votadas ao fracasso, sendo o absolutismo restabelecido em 4 de Março de 1849. A Alemanha só seria unificada em 1871, e a república seria, tal como na Áustria, instaurada apenas após a derrota destas duas potências na Primeira Guerra Mundial.

Em Itália, o Véneto e a Lombardia, regiões integradas no Império Habsburgo, revoltaram-se. Em 18 de Março de 1848, Veneza proclamou a república. Revoltas na Toscânia e em Roma forçaram o Papa a fugir, embora este viesse a restabelecer o seu poder pouco depois. Mas foi no Piemonte que o movimento de emancipação italiana, prelúdio da unificação do país, ganhou maior amplitude. Carlos Alberto de Sabóia (1832–1849) encetou uma série de reformas liberais e promulgou uma Constituição que se tornaria um modelo para o *Risorgimento* italiano. No entanto, não conseguindo o apoio dos outros Estados italianos, acabou por ser derrotado pelas tropas austríacas em Custozza. A unificação italiana só se efectuaria em 1870.

Ao contrário do que dizia Marx, o malogro de todas as tentativas revolucionárias de 1848 não desencadeou a «revolução social do século XIX», pelo menos até à Comuna de Paris de 1871, outra experiência revolucionária fracassada, mas uma nova vaga reaccionária na Europa.

Sufrágio universal e sufrágio censitário

António Rosmini-Serbati, nascido em Rovereto, província de Trento, em 24 de Março de 1797, no seio de uma família aristocrática, foi um dos mais inteligentes representantes desta nova vaga reaccionária europeia, embora seja, de facto, mais correcto classificá-lo mais como um tradicionalista do que propriamente como um reaccionário da estirpe de Burke e de de Maistre: ao contrário do primeiro, não é um apologista do regime aristocrático-parlamentar britânico, baseado nos *landlords* e num sufrágio ultracensitário para a Câmara dos Comuns, e, relativamente ao segundo, não é um partidário da monarquia absoluta do Antigo Regime, derrubada pela Revolução Francesa. Em diversos aspectos, esteve próximo do liberalismo político em ascensão, com evidentes pontos de contacto com dois dos seus expoentes, o francês Alexis de Tocqueville e o britânico John Stuart Mill.

Em 1804, o jovem Rosmini foi inscrito pelo progenitor no curso de instrução primária de Giovanni Marchetti, que tinha fundado em Rovereto uma escola-modelo. Concluindo com distinção o curso dos liceus da época, decidiu tornar-se sacerdote. Com este objectivo, inscreveu-se na Faculdade de Teologia da Universidade de Pádua, onde permaneceu três anos e fez novas amizades. Foi nesta universidade, onde se licenciou em Teologia em 1821, que conheceu Niccolò Tommaseo, jovem estudante de Direito, com a ajuda do qual e de outros concebeu o projecto de redigir uma Enciclopédia católica como alternativa à *Encyclopédie* dirigida por Diderot.

Em 1826, Rosmini estabeleceu-se em Milão. Quatro anos depois, publicou a sua primeira obra filosófica: *Nuovo Saggio Sull'Origine delle Idee* (*Novo Ensaio sobre a Origem das Ideias*). As suas obras políticas mais importantes surgiram posteriormente: *Filosofia della Politica* (*Filosofia da Política*), em 1839, *Filosofia del Diritto* (*Filosofia do Direito*), 1841–1845, *La Costituzione Secondo la Giustizia Sociale* (*A Constituição Segundo a Justiça Social*), em 1848, *Il Comunismo e il Socialismo* (*O Comunismo e o Socialismo*), em 1849, e, postumamente, *Progetti di Costituzione* (*Projectos de Constituição*).

Também em 1826, fundou a Congregação do Instituto de Caridade, que daria origem posteriormente à Ordem dos Rosminianos. Em 1848, participou na tentativa gorada de unificação da Itália, apoiando, a convite de Giobetti, um acordo entre os Estados italianos e o Papa Pio IX. Os últimos anos da sua vida não lhe foram favoráveis politicamente. Em 15 de Agosto de 1849, a leitura da sua obra *Le Cinque Piaghe della*

Costituzione (*As Cinco Chagas da Constituição*) foi proibida aos católicos e inserida no *Índice*. Sendo condenado por um decreto eclesiástico em 2 de Novembro de 1849, abandonou a sua cidade natal, instalando-se em Stresa. Morreu em 1 de Julho de 1855, rodeado pelos seus amigos, dos quais se destacou Alessandro Manzoni, autor do célebre romance *I Promessi Sposi*.

Em *A Constituição Segundo a Justiça Social*, Rosmini pronunciou-se deste modo sobre o sufrágio universal instaurado em França, após a revolução de 1848:

> «Não acreditamos que as constituições sejam impostas à nação nem distribuídas com justiça enquanto prevalecer o sistema eleitoral do voto igual; pelo menos, que no sistema de voto igual seja dada alguma garantia à nação, que a justiça prevaleça na imposição e distribuição de tributos.» (Rosmini, 1974, p. 230)

Esta crítica é mais dirigida ao que Rosmini designa por «sistema eleitoral de voto igual» do que ao sufrágio universal propriamente dito, o que revela, desde logo, a sua originalidade relativamente aos seus críticos tradicionais, entre os quais se contam os precursores do liberalismo político, com Kant e os seus sucessores no século XIX à cabeça. Prova disso é que tanto o sistema de voto censitário, que atribui o direito de voto apenas aos cidadãos que estão inscritos num determinado censo eleitoral, como o sistema de voto universal igual não têm, embora de forma distinta, em conta o princípio de que «a justiça prevaleça na imposição e distribuição de tributos», ou, por outras palavras, tendem a repartir de forma «desproporcionada» o direito de propriedade, que, no fundo, é a sua fonte.

Relativamente ao sufrágio censitário, Rosmini, ao contrário de Montesquieu e de Burke, não é apologista do modelo constitucional britânico, em que o direito de voto para a Câmara dos Comuns contestado pelo movimento cartista estava reduzido apenas a 839 519 eleitores e as circunscrições eleitorais estavam estruturadas de modo a que apenas 151 492 eleitores controlassem a maioria dos lugares (Morton, A.L; Tate, G. Lisboa, 1968, p. 102). Embora não critique directamente esta enorme desproporção do sistema eleitoral britânico tradicional, tão elogiado por Burke, Rosmini prova correctamente que quem dispõe de um poder desproporcionado na repartição dos impostos e na formulação das leis são precisamente os *landlords*:

«O que aconteceu sob o peso de um censo tão elevado? Aconteceu aquilo que devia acontecer: os *landlords* fizeram uma lei para seu proveito exclusivo [...] Basta dizer que os terrenos não pagam nem partição nem imposto comunal, nem direito de mudança de propriedade, nem taxa de sucessão; numa palavra [o rendimento bruto] do erário inglês, sendo de 52 milhões de libras, os impostos indirectos [contribuíam] não menos do que para 38 milhões, enquanto os impostos directos sobre as terras, compreendido o [património da coroa], não contribuem para mais 1 532 000.» (Rosmini, 1974, pp. 236–237)

Rosmini critica também as leis dos cereais (*corn laws*), que impediam a livre importação de trigo a preços mais baixos para permitir que os *landlords* vendessem este produto de primeira necessidade, base da alimentação das classes trabalhadoras nos campos e nas cidades, a preços elevadíssimos, pondo assim em causa a subsistência de vastas camadas da população trabalhadora britânica. As *corn laws* foram revogadas em 1846, mantendo-se uma pequena tarifa temporária até 1849, sendo, de facto, a única reivindicação triunfante do movimento cartista que beneficiou a expansão do capitalismo industrial britânico e a perda da hegemonia da grande propriedade na economia, mas não na política.

O juízo crítico do roveretiano estende-se também ao Antigo Regime francês:

«Quantas não eram também as propriedades privilegiadas em França que não pagavam imposto de qualquer espécie? Pode dizer-se que todas as maiores. Flagrante e enorme injustiça.» (*Idem*, p. 237)

Porém, é aqui que começa a crítica ao sistema de voto universal igual, que, ao contrário do voto censitário britânico e dos privilégios nobiliárquicos do Antigo Regime gaulês perante o imposto fundiário, não «respeita» o direito dos grandes proprietários. De facto, para Rosmini, a opressão e a «prolongada injustiça» da nobreza francesa suscitaram o «ressentimento dos oprimidos», que acabaram por estabelecer um sistema oposto igualmente injusto:

«Vós que nos oprimistes até agora, queremos nós agora oprimir-vos, vocês fizeram até aqui a lei como muito bem quiseram, daqui para diante queremos fazê-la como nós quisermos.» (*Ibidem*, p. 236)

Em suma, o que o sistema de voto universal (masculino) igual — instituído em 1793 em França, paralelamente à divisão da propriedade fundiária da nobreza emigrada pelos camponeses, e retomado em 1848 sob a influência do radicalismo democrático de inspiração jacobina e do movimento socialista francês emergente — «impôs» foi precisamente um defeito de sinal contrário, em que os pequenos proprietários e também os não-proprietários vão acabar por ter uma influência «desproporcionada» na formulação das leis relativas à repartição dos impostos em geral, e dos impostos sobre o património fundiário, em particular.

A violação do «princípio da proporcionalidade» no sufrágio universal igual

Referindo-se aos acontecimentos de 1848 em França, de que foi testemunha indirecta através da imprensa italiana da época, Rosmini centra a sua argumentação no imposto fundiário. Assim, a instauração do sufrágio universal em França deu origem a dez milhões de eleitores. Entre estes, 150 000 são grandes proprietários que possuem um quarto das terras e pagam um quarto do imposto sobre o património fundiário, enquanto os restantes 9 850 000 são pequenos e médios proprietários que pagam três quartos deste imposto. Então, poder-se-á perguntar onde reside a injustiça na repartição do imposto, já que, se este fosse progressivo e não proporcional, como resulta dos cálculos de Rosmini, os grandes proprietários deveriam pagar mais de um quarto e os restantes menos de três quartos, alguns dos quais deveriam ser isentos em consequência de baixíssimos rendimentos ou mesmo de rendimentos negativos do seu exíguo património fundiário? Este é que é, efectivamente, o princípio da justiça tributária, e não a alegada «proporcionalidade» defendida por Rosmini.

Porém, o roveretiano defende um ponto de vista completamente diferente com este curioso exemplo:

> «De facto, os que pagam um quarto do imposto, isto é, 150 000 eleitores, que pertencem às famílias dos maiores proprietários, em vez de terem um quarto na Câmara dos Deputados, só têm 1/66, e, portanto, por cada voto seu têm 65 contra.» (*Ibidem*, p. 242)

Numa nota explicativa, esclarece que este valor resulta, como é óbvio, da divisão de 150 000 por dez milhões de votantes, o que lhe permite «especificar» ainda mais o seu cálculo aritmético:

«Portanto, aqueles que pagam três quartos do imposto e que, por isso, dividido o imposto em 66 partes, pagam 48 partes, têm o poder de dar o consenso por 65 partes, isto é, dão o consenso por 48 partes que pagam eles e por 17 que eles não pagam, mas que têm de pagar os maiores proprietários sem o seu consenso e mesmo contra o seu próprio consenso.» (*Ibidem*, p. 242)

O que Rosmini tem verdadeiramente em mente com este exemplo numérico é sublinhar a diluição, por assim dizer, dos grandes proprietários na «massa» indiferenciada dos pequenos proprietários e dos que não são proprietários, mas sim trabalhadores assalariados, o que, dado o número muito exíguo dos primeiros, apenas 150 000 em dez milhões de eleitores, lhes retira a influência política que o seu património lhes deveria garantir e instaura aquilo a que o liberal francês Alexis de Tocqueville designou por «despotismo das maiorias» no seu livro *A Democracia na América*, publicado em Paris, em 1835 (ver VI Parte, Capítulo 3):

«Como» — interroga-se Rosmini — «se poderá dizer que esta nação é livre? Uma tal liberdade em que a maior parte das contribuições se impõe com a força e o arbítrio dos não pagadores não será uma ilusão? Os mínimos proprietários e os proletários não são eles soberanos absolutos? Pelo que a soberania absoluta não muda de natureza por ser resposta nas mãos de um só ou de muitos; mas no operar arbitrariamente, no poder de dispor dos bens de outrem sem [compensações], sem garantias, sem reclamação possível. Ora tal relativamente aos impostos, é indeclinavelmente o resultado do sistema eleitoral que atribui um voto igual a cada cidadão sem ter em conta o que possui.» (*Ibidem*, p. 243)

Em suma, o sufrágio universal igual, ou seja, o sufrágio baseado no princípio democrático «um homem, um voto» — as mulheres só conquistariam o direito de voto no século XX —, não atribui aos grandes proprietários o peso que deveriam ter na formulação das leis. Isto significa que os pequenos proprietários e os proletários acabarão sempre por prevalecer em consequência do seu elevado número, relegando aqueles para uma posição residual no âmbito das grandes decisões políticas.

Quais as consequências que poderão advir desta «violação» do princípio *sui generis* de «proporcionalidade» rosminiano — os mais ricos e abastados devem ter, depreende-se, embora o roveretiano não o afirme explicitamente, direito a um maior número de votos do que os restantes —, que se baseia, em última instância, na extensão e concentração da propriedade fundiária? Isto é, o que é que acontecerá se os pequenos proprietários e os proletários, ou seja, a maioria dos votantes, predominarem claramente sobre os grandes proprietários?

Bem informado sobre os acontecimentos de 1848 em França, Rosmini não tem dúvidas a este respeito, opondo-se a todas as políticas redistributivas que visem restringir a opulência de alguns para melhorar a sorte dos mais desfavorecidos, tese que seria retomada pelas doutrinas neoliberais e libertárias de direita no século xx:

> «Àqueles que têm pouco ou nada não [importa] grandemente que as Finanças do Estado sejam economicamente administradas e que não existam delapidações e prodigalidades: aliás, desejam-no porque do que se espera todos retiram. As obras públicas de utilidade, e também o luxo, eles as cumprem sem incómodo, porque retiram as despesas dos cofres dos ricos impondo-lhas com a mais absoluta das ordens tal como é uma lei.» (*Ibidem*, p. 244)

Ou seja: os «mínimos proprietários» e os proletários não passam de seres «irresponsáveis» e «despesistas» que não reconhecem o «devido valor» do património acumulado, além de — já o liberal *avant la lettre* Immanuel Kant o defendia — apresentarem um enorme «défice» de racionalidade, não se apercebendo, por isso, dos orçamentos de Estado «equilibrados», tão em voga na Zona Euro actual, ou em que, de acordo com o princípio «racional» da parcimónia — que apenas os grandes proprietários, devido ao seu «excedente» relativo de racionalidade, entendem —, as despesas devem ser proporcionadas às receitas. Conhecedor do insucesso das oficinas nacionais em França, não hesita em mostrar como esta experiência constituiu o exemplo mais fidedigno da «delapidação» dos recursos públicos, que deveriam ser mais bem administrados:

> «Leio agora de um jornal o que se segue: «o número de pessoas inscritas nos registos das [oficinas] nacionais de Paris é de pouco mais de 120 000: a despesa que traz o seu trabalho improdutivo é de mais

de 4 milhões de francos por mês, só em Paris. Mas a instituição das [oficinas] nacionais, já má à partida, ainda se tornou pior pelos abusos que aí se infiltraram. Albergou muitas pessoas sob a cor da necessidade, que possuíam outros meios de subsistência. Muitos aí se introduziram fraudulentamente e, assim, recebiam maiores pagamentos do Estado.» (*Ibidem*, p. 244)

Embora estas considerações sejam em grande parte determinadas pelo ressentimento das classes proprietárias ricas, de que Rosmini é um perspicaz e sagacíssimo representante ideológico, não deixam de ter um fundo de verdade. Segundo Jacques Droz, coordenador da famosa *História Geral do Socialismo*, publicada em Paris em 1972, as oficinas nacionais foram um monumental fiasco:

«Aquelas não são mais do que uma continuação das oficinas de caridade, tal como o Antigo Regime as tinha conhecido. Fora aliás neste espírito que Marie, ministro das obras públicas no governo provisório, as organizara desde o princípio. Graças ao agravamento do desemprego motivado pela crise económica, os operários inscritos nas oficinas nacionais são cada vez mais numerosos. Conta-se com 115 000 em 18 de Maio, pertencendo a 75 profissões diferentes. Embora alguns deles só recebam salários ridículos, a empresa fica ainda mais cara pelo facto de os operários empregados na remoção da terra no *Champ de Mars* não se dedicarem a nenhum trabalho produtivo.» (Droz, 1977, pp. 690–691)

Não será difícil, então, para Rosmini estabelecer uma «conexão» entre sufrágio universal igual e socialismo:

«O voto igual na eleição dos deputados conduz como seu último resultado ao socialismo, a esse sistema que tende a converter toda a nação numa única grande [oficina], numa imensa fábrica manufactureira cujo único empreendedor é o Governo.» (Rosmini, 1974, p. 244)

As perspectivas do roveretiano não se confirmaram: a conquista do sufrágio universal, tanto masculino como feminino, nas nações modernas não conduziu ao socialismo de Estado que ele tinha em mente. Este foi instaurado pela via revolucionária na Rússia, em 1917, e na China de Mao Zedong, posteriormente à Segunda Guerra Mundial, que degeneraram em regimes políticos ditatoriais. Resta, porém, a «alternativa» proposta por Rosmini ao sistema «iníquo» do sufrágio universal igual como forma de restabelecimento da «justa proporcionalidade» violada:

> «Dai-me as contribuições equitativamente compartidas sobre todas as propriedades do Estado, proporcionalmente ao que rendem, fazei com que os proprietários que mais pagam tenham a compensação da maior influência de decretá-las; vereis acabadas muitas cisões entre os cidadãos, vereis que todos os cidadãos tomam um interesse igual pelo bem comum porque sentem que em tal caso são iguais em direito, ninguém sente ser sacrificado à prevalência injusta de outrem; vereis que todos se interessam pela propriedade, pela glória da pátria, vereis acabarem os partidos, todos pagarem generosamente e sem lamentações porque são eles que o querem; vereis ao mesmo tempo introduzir-se a mais severa administração dos fundos públicos e com um *budget* menor conseguir maiores obras públicas para o melhoramento igual de todas as partes e para o esplendor de toda a nação.» (*Idem*, pp. 246–247)

Estranha equidade esta em que o voto de alguns acaba por contar mais do que os dos restantes e em que não se sabe em que lugar desta pretensamente justa proporcionalidade se situam os que não têm nenhuma propriedade imobiliária e mobiliária. O liberal John Stuart Mill retomaria esta concepção rosminiana sobre o sufrágio em *Considerações Sobre o Governo Representativo*, publicado em 1861, explicando, porém, de forma diferente a sua «necessidade», por assim dizer, mas propondo, explicitamente, a solução do voto plural (ver VI Parte, Capítulo 4). No fundo, para o italiano de Rovereto, a sociedade civil é concebida como uma grande sociedade anónima de responsabilidade limitada em que os accionistas, apesar de terem todos direitos de voto, não têm o mesmo peso nas decisões estratégicas, que cabem apenas aos que têm a maioria ou uma parte relevante dos títulos representativos da sua riqueza, pois só estes são verdadeiramente responsáveis e racionais. Mas que bela alternativa ao tão odiado «socialismo de Estado»!

Não se pense, porém, que a solução encontrada por Rosmini está ultrapassada. Pelo contrário, tem toda a razão de ser se tivermos em conta alguns sinais emitidos pela nossa época dita «pós-moderna»: não é verdade que já foram criticadas por alguns constituições de países, universalmente sufragadas pelo povo, por se tornarem um obstáculo às políticas de austeridade que cortam salários, reduzem pensões e põem em causa despesas sociais imprescindíveis, como as relativas à saúde e educação públicas? Não é verdade também que outros, num registo diferente, mas complementar, já pediram que se suspendesse temporariamente a democracia se a maioria do povo soberano se opusesse às medidas de «salvação nacional» que preconizam? E, por fim, não é verdade também que outros continuam a propor a repetição de eleições até conseguirem alcançar a necessária «estabilidade política», mesmo que para tal defendam, como Mussolini, a instituição de um «prémio de maioria» que converte uma maioria relativa em absoluta? Eis algumas das razões pelas quais Rosmini, apesar do seu tradicionalismo, é, ao contrário de Burke e de de Maistre, plenamente actual nos tempos sombrios que correm.

VI PARTE

O DESENVOLVIMENTO DO LIBERALISMO POLÍTICO

CAPÍTULO 1

WILHELM VON HUMBOLDT: O ESTADO COMO MAL NECESSÁRIO

Wilhelm von Humboldt, irmão mais velho de Alexander von Humboldt, célebre geógrafo, naturalista e explorador, nasceu em Potsdam, na Prússia, em 22 de Junho de 1767, e distinguiu-se fundamentalmente como pensador político, embora a sua actividade intelectual se estendesse a outras áreas do saber, de que se destacam a pedagogia e a linguística. Humboldt cursou Direito em Frankfurt e Göttingen, o que lhe conferiu uma sólida formação jurídico-política. Esteve em Paris durante a Revolução Francesa, viajando depois por Espanha, França e Itália, onde, em 1802, foi nomeado embaixador da Prússia em Roma. Entre os seus cargos políticos, distinguiram-se os de ministro para o Culto no gabinete liberal de Altenstein, bem como os de embaixador em Viena e em Londres e o de Conselheiro de Estado. No entanto, em 1819, desiludido com a política cada vez mais reaccionária da Prússia, abandonou a actividade política para se dedicar exclusivamente à escrita.

Humboldt manifestou um grande interesse pela reforma da educação, elaborando um sistema geral de educação pública que abrangia tanto as escolas básicas como as escolas secundárias. A sua actividade neste campo estendeu-se ao estabelecimento de um sistema de exames nacionais e de inspecções e à criação de currículos e livros de texto. Fundou também a Universidade de Berlim. No entanto, os seus planos para a reforma do sistema educativo prussiano só viram a luz muito depois da sua morte, tal como o seu tratado *Teoria da Educação Humana*, escrito em 1793.

No âmbito da linguística, Humboldt interessou-se pelo estudo de uma língua praticamente desconhecida na Europa, o basco, de que resultou o ensaio *Investigação sobre os Primeiros Habitantes de Espanha com a Ajuda da Língua Basca*, publicado em 1821. Em 1836, enquanto preparava a sua obra sobre a antiga língua kavi da ilha de Java, publicou uma introdução a esta obra intitulada *A Heterogeneidade da Linguagem e a sua Influência no Desenvolvimento Intelectual da Humanidade*.

Mas foi no pensamento político que Humboldt pontificou e exerceu uma importante influência sobre os seus contemporâneos. Em vida, publicou as *Ideias sobre a Constituição dos Estados Sugeridas pela Carta Constitucional Francesa de 1792*, em 1813. No mesmo ano, publicou o *Memorial sobre a Constituição Alemã*, e seis anos depois, o *Memorial sobre a Constituição Prussiana por Estados*. A sua obra mais importante — *Ensaio sobre os Limites da Acção do Estado* —, precursora do liberalismo político europeu oitocentista, apesar de ter sido escrita em 1791–1792, ainda no decurso da fase ascendente da Revolução Francesa, só foi publicada postumamente em 1850, graças à iniciativa do seu irmão Alexander. Humboldt morreu em Tegel, na sua Prússia natal, em 8 de Abril de 1835.

Os objectivos da política

Para Humboldt, a política tem fundamentalmente dois objectivos: estabelecer quem deve governar e quem deve ser governado e instituir os limites a que a intervenção do Estado na sociedade se deve circunscrever. Este último objectivo é, para ele, primordial, já que o primeiro deve ser entendido como um meio para a sua realização, o que significa desde logo que Humboldt, como pensador liberal, está muito mais interessado em traçar os limites do poder de Estado do que, como acontecia com Rousseau e com os teóricos da democracia, em investigar o tema das origens da soberania política e do controlo dos governantes pelos governados. Prova disto é que considera de uma forma um tanto simplista que o governo em confronto com a liberdade constitui sempre um mal, pelo que é um contra--senso preocupar-se com o estudo daqueles temas que tanto suscitaram a atenção das correntes radicais democráticas da Revolução Francesa:

> «A liberdade» — afirma — «é apenas a possibilidade de actividades diversificadas e indefinidas, enquanto o governo, ou exercício da dominação, é uma actividade singular, mas real, o ardente desejo da liberdade é, antes de tudo, suscitado pela consciência profundamente sentida da sua ausência.» (Humboldt, 1854, p. 9)

Investigar o tema dos limites a que a liberdade individual está submetida, que constitui a sua preocupação fundamental, passa, antes de tudo, por comparar como esta era concebida nas repúblicas da Antiguidade Clássica relativamente às sociedades modernas geradas pela Revolução Francesa. Nas primeiras, todas as instituições relacionadas com a vida privada dos indivíduos estavam sob a vigilância da *polis* ou da *civitas*, sendo a sua constituição preservada pela subordinação dos interesses particulares ao interesse colectivo. Isto significava fundamentalmente que a liberdade pública e a liberdade privada variavam na razão inversa uma da outra, pois a primeira aumentava sempre na proporção em que a segunda diminuía, e vice-versa. Esta limitação da liberdade privada caracterizava-se pela intervenção da Cidade enquanto entidade política colectiva situada acima dos indivíduos — em rigor, tal como vimos na Introdução deste ensaio, é um contra-senso falar em «Estado» no mundo greco-romano — na modelação do seu carácter com vista ao seu aperfeiçoamento moral e cívico, ou seja, à promoção do que era designado por «virtude».

No caso das sociedades modernas, as preocupações políticas têm um estatuto deveras diferente, pois estas preocupam-se com questões bem mais «prosaicas», como, por exemplo, o bem-estar material e a felicidade individual, permanecendo neutras e mesmo indiferentes relativamente ao carácter moral e cívico dos indivíduos, que não é uma questão pública, mas que diz respeito ao foro íntimo de cada um que não pode ser obrigado a tornar-se um bom cidadão e muito menos um cidadão exemplar. Ao contrário do que acontece nas sociedades que emergiram após a Revolução Francesa, apesar das correntes radicais democráticas de 1793–1794 conceberem a democracia sob a forma plebiscitária das repúblicas da Antiguidade Clássica, a intervenção do governo no aperfeiçoamento do carácter dos indivíduos privados no mundo antigo implicava a limitação das suas liberdades individuais, bem como da sua capacidade para livremente disporem das próprias forças para os fins que mais lhes aprouvessem. Neste sentido, estas sociedades pré-modernas eram «mais opressivas e perigosas do que as actuais» (*Idem*, p. 7), pois, de uma forma ou de outra, acabavam sempre por conceber o indivíduo como um ser sob tutela da comunidade política que definia como devia comportar-se perante si próprio e perante os outros.

Para os modernos, pelo contrário, a virtude moral ou cívica dos indivíduos é uma questão de tal modo irrelevante em termos políticos e sociais que na sua formulação mais elaborada, a de Immanuel

Kant, surge apenas como um «imperativo categórico», um dever–ser abstracto que vincula os indivíduos apenas no seu foro íntimo, mas que é desprovida de qualquer efectividade no âmbito do relacionamento com os outros e com a comunidade política. Os modernos preocupam-se fundamentalmente com a prosperidade individual, o conforto material e o esforço produtivo para acumularem riqueza. Estes são, por assim dizer, coagidos pela contingência das circunstâncias envolventes e pela abolição das tutelas políticas tradicionais, como as corporações e as ordens medievais do passado, a projectarem-se no mundo e a lutarem duramente pela própria preservação, a não ser que sejam muito ricos ou herdem uma grande fortuna. Humboldt apercebe-se muito bem dos desafios que os modernos devem enfrentar no seu dia-a-dia:

> «Connosco, é verdade, o indivíduo é menos restringido; mas a influência das circunstâncias envolventes actua apenas para gerar de forma contínua uma influência limitadora — uma situação que, no entanto, não impede a possibilidade de iniciar um conflito contra estes obstáculos externos, com a nossa própria força antagonista interna.» (*Ibidem*, p. 11)

Como os modernos se preocupam mais com o que «o homem possui do que com o que o homem realmente é» (*Ibidem*, p. 11), mais com o «ter» do que com o «ser», como dizia Erich Fromm, não cultivam, como os antigos, as faculdades morais, nota-se entre eles a diminuição daquele tipo de energia cívica que constituía a fonte de mobilização da comunidade inteira, condição indispensável de uma «cultura mais elevada e diversificada» (*Ibidem*, p. 8). O «pecado» dos modernos, como já sublinhava Hegel, é o carácter «prosaico» da sua vida social, enquanto entre os antigos a força colectiva da comunidade constituída por indivíduos empenhados em defendê-la perante as outras contribuía para a mobilização das energias de cada um. O dilema dos modernos é como manter a chama das energias individuais num mundo tão desencantado, ou seja, num mundo em que os imperativos morais são meras abstracções, que se mantém e reproduz sem nenhuma referência a valores que os empenhem na prossecução de fins de natureza colectiva e em que o horizonte das alternativas à prosaica ordem existente é extraordinariamente limitado. Referindo-se a Kant, o filósofo que anunciou a modernidade, Humboldt, afirma a este propósito com grande perspicácia:

> «Os antigos procuravam a felicidade na virtude, os modernos pensaram demasiado tarde em desenvolver a virtude a partir da felicidade.

E mesmo aquele que pode conceber e representar a moralidade na sua forma mais pura, julga-se obrigado a proporcionar a felicidade ao seu ideal de natureza humana através do médium de uma maquinaria altamente artificial na sua forma mais pura, e mais como uma recompensa a partir do exterior do que como uma dádiva obtida a partir dos próprios esforços do homem.» (*Ibidem*, p. 13)

Condições do desenvolvimento inter-humano

A liberdade e a diversidade das circunstâncias são as condições de desenvolvimento do indivíduo em sociedade. O principal obstáculo a este desenvolvimento é a uniformidade das condições de vida, que hoje designaríamos por «rotina», pois «mesmo o homem mais livre e confiante é contrariado no seu desenvolvimento pela uniformidade da sua posição» (*Ibidem*, p. 11). Para evitar esta limitação, o indivíduo não deve restringir a aplicação da sua energia a um só campo, já que o critério que está na origem do seu desenvolvimento consiste em diversificar a sua actividade. No entanto, esta diversificação só é possível em sociedade: apenas em sociedade o indivíduo pode efectivamente aperfeiçoar-se e desenvolver-se, pois sendo a sociedade baseada nas necessidades e nos talentos diferenciados de cada um, apenas a cooperação recíproca lhe permitirá «participar nos ricos recursos colectivos de todos os outros» (*Ibidem*, p. 12).

Duas componentes caracterizam as ordens sociais «sãs»: a liberdade de cada um e a percepção do vínculo social que o une a todos os outros. Sem este, ninguém poderá reconhecer o outro, não será possível a coexistência e, por maioria de razão, uma verdadeira convivência. Sem aquela, cai-se na uniformidade redutora, encurta-se cada vez mais o leque das opções, esgota-se a energia individual que deve ser a fonte da diversidade que alimenta e faz viver o conjunto. Se a diversidade que se traduz pelas diferenciações sociais for demasiado elevada, o vínculo social debilita-se, pois ninguém se reconhecerá no outro; se, pelo contrário, aquela for demasiado reduzida, todos os estímulos que incentivam os que estão numa situação pior a melhorar a própria condição são debilitados, pois «deixam de admirar e desejar para si o que o outro possui e assimilá-lo ao seu carácter» (*Ibidem*, p. 13). Embora estes estímulos actuem, como é próprio das sociedades modernas, mais na esfera do «ter» do que na esfera «ser», podendo ser responsáveis por uma certa puerilidade das ambições humanas, a forma ideal de coexistência para Humboldt será aquela em que o indivíduo pode, não isoladamente, mas em conjunto com os outros, desenvolver autónoma e livremente as suas capacidades:

> «A razão não pode desejar para o homem outra condição diferente daquela em que o indivíduo desfruta da mais absoluta liberdade de se desenvolver pelas suas próprias energias, na sua perfeita individualidade, mas em que a natureza externa apenas recebe do homem a forma que o indivíduo livremente lhe dá, segundo as suas necessidades e os seus instintos, unicamente restringidos pelos confins dos seus poderes e direitos.» (*Ibidem*, p. 18)

A liberdade positiva

O Estado tem dois fins em vista: promover a felicidade ou evitar o mal que deriva geralmente da violação dos direitos dos outros. No primeiro caso, temos a liberdade *positiva*. No segundo, surge a liberdade *negativa*, que está geralmente associada à garantia estatal da segurança individual e colectiva.

Para Humboldt, o primeiro objectivo deve ser reduzido à sua expressão mínima, de acordo com os parâmetros do liberalismo político que representa. Assim, a intervenção do Estado no bem-estar material dos cidadãos, como, por exemplo, garantir a subsistência dos mais pobres, de que as «leis dos pobres» são o exemplo mais emblemático na sua época, na promoção do desenvolvimento da agricultura, da indústria e do comércio, na regulamentação dos câmbios, das finanças, do comércio externo e mesmo na prevenção e reparação das catástrofes naturais são «positivamente prejudiciais e completamente inconciliáveis com uma verdadeira política» (*Ibidem*, p. 22), cujas linhas, no entanto, nem sequer se dá ao trabalho de enunciar.

Este ultraliberalismo no plano económico e social é uma marca do individualismo nascente, constituindo uma severa limitação à construção de uma ordem social mais justa e inclusiva. Para Humboldt, ao unirem-se em sociedade, os homens concordaram em renunciar a uma parte das suas posses e das suas fruições para poderem beneficiar das vantagens da vida associada, o que denota ainda a influência das doutrinas contratualistas, a que não é estranho o facto de que o *Ensaio sobre os Limites da Acção do Estado* tenha sido escrito ainda no século XVIII. Mas esta renúncia não significa, de acordo com o credo liberal nascente, concederem ao Estado uma «carta branca» para que este intervenha na sociedade, já que «a própria diversidade que resulta da união dos indivíduos é o bem supremo que a vida social pode atribuir, e esta diversidade transforma-se em uniformidade proporcionalmente à grandeza da intervenção do Estado» (*Ibidem*, p. 22). Tudo se passa então como se a sociedade fosse composta apenas por indivíduos — outra marca do Século das Luzes — que se relacionam uns com os outros, e não por grupos e classes sociais com interesses distintos e até antagónicos, e em que a tão apregoada «diversidade social» se caracteriza, na prática, por uma grande disparidade de condições de existência, já manifestada no decurso da Revolução Francesa e que se aprofundará com a Revolução Industrial, que está a dar os seus primeiros passos na Grã-Bretanha. Destaca-se sobretudo, a este respeito, a disparidade que separa possuidores de não possuidores, a grande massa camponesa submetida à servidão da gleba na Prússia, em contraste com os *junkers*, os grandes proprietários fundiários, figura de uma história que não entra na cartilha liberal de Humboldt, ao contrário do que acontecia com o democrata Fichte, seu compatriota, que defendia a sua emancipação e o seu direito de partilha na repartição da propriedade fundiária.

A educação é outra esfera em que a intervenção do Estado não deve existir ou deve ser minimalista. Para Humboldt, o desenvolvimento das capacidades intelectuais dos indivíduos deve ser conseguido à custa das suas próprias forças ou energias. O Estado tende a coartar esta liberdade «positiva» porque «habitua o homem a procurar instrução, orientação e assistência a partir de fora em vez de confiar nos seus próprios expedientes» (*Ibidem*, p. 24). Não se percebe, porém, como numa sociedade tão desigual como a da Prússia do final do século XVIII, a que «expedientes» poderá recorrer quem não tem capacidade económica para tal, já para não falar dos camponeses, a grande massa da população prussiana condenada a uma condição de analfabetismo perpétuo. Só por um acaso, um rebento das classes pobres, como sucedeu com o próprio Fichte, filho de um pobre tecelão, pôde desfrutar de uma educação formal, graças ao *junker* da localidade onde vivia Ernst Haubold von Miltitz, que ficou impressionado pela sua extraordinária inteligência. Na melhor das hipóteses, Humboldt defende um «sistema nacional de educação» que tenha em vista a formação dos jovens, que provavelmente será destinado aos filhos dos nobres e da alta burguesia, embora nada nos diga a este respeito. Mas como as reformas educativas preconizadas por Humboldt foram rejeitadas, propõe um sistema «negativo» de instrução em que o Estado não intervém directamente, limitando-se a propor medidas indicativas que orientam as escolhas do indivíduo de modo «a capacitá-lo a descobrir a melhor solução para si, a partir de todos os obstáculos contingentes» (*Ibidem*, p. 24). Desconhece-se, no entanto, como poderão superar os «obstáculos contingentes» os que estão reduzidos ao limiar de sobrevivência ou abaixo deste, que, na época de Humboldt, opositor à «lei dos pobres, constituíam a maioria da população.

A intervenção do Estado na tentativa de modelar o carácter dos indivíduos é ainda mais perniciosa, já que contribui para deteriorar a sua «energia activa», que constitui o recurso subjectivo fundamental para o desenvolvimento da sua autonomia. Um indivíduo que está sob a tutela e orientação de outro sacrifica a sua espontaneidade, alienando assim a sua autonomia em benefício de quem o tutela e orienta. Perde também o espírito de iniciativa, pois o hábito de cumprir qualquer tarefa ou dever, a não ser os que lhe são impostos pelo Estado, fica severamente debilitado. Por fim, extravia-se o seu sentido de responsabilidade na sua relação com os outros:

> «Na proporção em que cada indivíduo confia na assistência vigilante do Estado, aprende a abandonar à sua responsabilidade o destino e o bem-estar dos seus compatriotas. Mas a tendência inevitável deste abandono é matar a força viva da simpatia e tornar inactivo o impulso natural para a assistência mútua. Pelo contrário, quanto mais o homem é persuadido de que tudo depende de si, tanto mais activo é o interesse que tem pelos outros; a própria experiência demonstra que nas classes oprimidas e abandonadas pelo Estado o sentimento de solidariedade é mais desenvolvido.» (*Ibidem*, p. 26)

A solidariedade das classes «oprimidas e abandonadas» pelo Estado não depende minimamente do individualismo, mas sim da partilha de uma experiência comum que vincula os seus membros uns aos outros e que nada tem que ver com a pretensa «força viva da simpatia espontânea» que Humboldt defende. Em suma, este acaba por concluir que «a felicidade para que está destinado o homem não é outra senão a que as suas próprias energias lhe permitem assegurar» (*Ibidem*, p. 27). Isto é particularmente evidente nas regiões dos «pensamentos elevados», entre os artistas, escritores, intelectuais em geral, para os quais «os objectos externos apenas fornecem um escopo mais amplo e material para o seu desenvolvimento» (*Ibidem*, p. 28). No entanto, apesar de Humboldt condenar a escravatura no seio dos antigos por esta sacrificar a maior parte dos indivíduos para que alguns pudessem elevar-se àquelas regiões e dedicarem-se ao exercício da sabedoria desinteressada, esquece-se de que, na sociedade em que lhe foi dado viver, os que moram nestas alturas espirituais não podem ser dissociados dos que trabalham duramente e incessantemente com os seus braços tanto para assegurarem a sua parca subsistência como para «libertá-los» da relação produtiva com «os objectos externos» que servem de estímulo à sua actividade intelectual, tanto mais que a maioria destes produtores, tendo em conta o atraso da Alemanha, também não são livres, mas estão sujeitos à servidão da gleba e, por conseguinte, despojados de direitos individuais e políticos.

O Estado deve também abster-se de intervir nas relações recíprocas em sociedade, porque «os homens não se uniram para renunciar a nenhuma parte da sua individualidade, mas apenas para diminuírem a exclusividade do seu isolamento» (*Ibidem*, pp. 35-36). De novo, nota-se aqui a influência das doutrinas contratualistas. No entanto, o que Humboldt tem em mente é o relacionamento e interacção sociais propriamente ditos. Neste âmbito, aproxima-se, embora de forma muito rudimentar, do Fichte das *Lições sobre a Vocação do Sábio*, pois tal relacionamento consiste num processo em que cada um se esforça por reconhecer a individualidade do outro, agindo sobre ele, e, simultaneamente, receber a influência deste sobre o seu próprio «eu»:

> «O princípio do relacionamento social consiste em apreender a individualidade mais profunda do outro, avaliar-se a partir desta e, penetrado pelo mais profundo respeito por ela, como a individualidade do outro, actuar sobre esta — uma espécie de acção em que o mesmo respeito não nos permitirá outros meios para este fim senão manifestar-nos a nós próprios e instituir uma comparação, por assim dizer, entre duas naturezas, perante os olhos da outra.» (*Ibidem*, p. 36)

Apesar de este conceito de interacção social apontar para uma forma de liberdade inclusiva, que alguns designam impropriamente pelo termo «liberdade positiva», não distingue a relação social da relação interindividual. A primeira não pode ser reduzida à segunda, como faz Humbodt, mas também Fichte, pois é basicamente uma relação entre classes e grupos sociais com uma forte componente hierárquica que, em última instância, determina a posição social de um indivíduo relativamente aos outros que não fazem parte do seu círculo familiar ou de amizades, bem como a sua postura e o seu modo de ser em sociedade, que modelam a sua própria individualidade. Hegel foi o primeiro a descobrir esta dimensão objectiva do relacionamento social com o seu conceito da distinção entre sociedade civil e Estado e a existência de classes sociais. Reduzindo o relacionamento social ao relacionamento interindividual, de novo uma marca do século XVIII no seu pensamento político, e fiel aos seus princípios liberais, Humboldt defende que o Estado deve intervir neste âmbito apenas «nos casos de absoluta necessidade». Em todos os outros, Humboldt põe em causa a «espontaneidade» destas relações, transformando a sociedade «mais numa massa acumulada de instrumentos vivos sem energia e satisfação do que numa multidão de poderes activos e usufruidores» (*Ibidem*, p. 41).

A liberdade negativa

A intervenção do Estado no bem-estar dos indivíduos deve ser rejeitada, pois afecta a sua liberdade *positiva*, que só estes podem, autonomamente e sem tutelas de espécie alguma, gerir como bem entendem quando atingem a maioridade. A sua intervenção deverá então limitar-se à manutenção da segurança privada e pública, ou seja, ao âmbito do que é designado por liberdade *negativa*, segundo a fórmula:

> «Que o Estado seja libertado de qualquer cuidado com o bem positivo dos cidadãos; que não intervenha em mais do que é necessário para lhes dar a segurança interna e externa; que nunca lhe limite a liberdade para outra finalidade diferente.» (*Ibidem*, p. 44)

O Estado deve limitar-se então a contrastar a tendência do indivíduo para ultrapassar os limites que lhe estão legalmente consignados, para violar a esfera privada dos outros. Humboldt regressa assim ao imperativo kantiano da compatibilização dos arbítrios privados numa sociedade civil dissociada, o que demonstra que as próprias relações interindividuais, que caracterizam a alegada liberdade positiva, não podem estar entregues a uma espontaneidade sem regras e normas jurídicas vinculativas para todos. A preocupação pela manutenção da segurança é, para Humboldt, «o fundamento essencial e o objecto da acção do Estado» (*Ibidem*, p. 51). De facto, sem a manutenção da segurança tanto no interior do Estado, nas relações recíprocas entre os cidadãos, como relativamente aos inimigos externos, aos outros Estados, «é impossível que o homem possa desenvolver as suas faculdades, ou desfrutar dos frutos dos seus esforços» (*Ibidem*, p. 52). É precisamente por isto que o Estado, como garante da segurança, sem a qual a liberdade não se pode desenvolver, apesar de ser sempre um mal, acaba, quando muito, por se converter num mal necessário.

CAPÍTULO 2

BENJAMIN CONSTANT: A REPÚBLICA CENSITÁRIA

Nascido em Lausanne, na Suíça, em 25 de Outubro de 1767, no seio de uma família protestante de origem francesa imigrada na Suíça, Benjamin Constant conheceu a Revolução Francesa de 1789, o período termidoriano, a derrota napoleónica de Waterloo, a restauração monárquica e, pouco antes de morrer, assistiu à revolução de 1830, que elevou ao trono Luís Filipe. Homem de vários talentos que abarcaram a reflexão e a actividade política, em que se distinguiu como eloquente tribuno parlamentar, a crítica teatral e a ficção romanesca, desfrutou também de uma intensa e agitada vida amorosa, de que resultaram diversas paixões, casamentos e divórcios.

Foi também um viajante incansável desde a sua juventude, o que acentuou o seu carácter cosmopolita. Fez a sua primeira viagem a Inglaterra em 1780, frequentou as universidades de Erlangen e Edimburgo e, em 1795, foi para Paris e Bruxelas, regressando um ano depois a Lausanne. Um ano antes, conheceu Mme de Staël, que exerceu sobre ele uma forte influência. Em 1796, publicou *De la Force du Gouvernement Actuel de la France et de la Nécessité de s'y Rallier* (*Da Força do Governo Actual da França e da Necessidade de Aderir-lhe*). Um ano depois, seguiu-se *Les Effets de la Terreur* (*Dos Efeitos do Terror*) e *L'Essai sur la Contre-Revolution d'Angleterre en 1660* (*Ensaio sobre a Contra-Revolução em Inglaterra em 1660*).

Em 1799, é nomeado membro do tribunato termidoriano, mas o seu nome acabou por ser vetado por Napoleão Bonaparte. Em 1813, publicou *De l'Esprit de Conquête et Usurpation* (*Do Espírito de Conquista e Usurpação*), a que se seguiram diversos opúsculos sobre a liberdade de imprensa e a responsabilidade dos ministros. Com o regresso de Napoleão em 1815, fugiu de Paris, mas depressa regressou para escrever a sua principal obra política: *Principes de Politique Applicables a Tous les Gouvernements Répresentatifs et Particulièrement à la Constitution de la France* (*Princípios de Política Aplicáveis a Todos os Governos Representativos e particularmente à Constituição da França*). Foi nomeado membro do Conselho de Estado, para o qual redigiu *L'Acte Additionel aux Constitutions de l'Empire* (*O Acto Adicional às Constituições do Império*).

Depois da derrota de Napoleão em Waterloo, tornou-se membro da comissão para a negociação da paz. Em 1816, publicou o romance *Adolphe* e, logo depois, *De la Doctrine qui Peut Réunir les Partis en France* (*Da Doutrina que Pode Congregar os Partidos em França*). Entre 1820 e 1824, publicou as *Mémoires sur les Cent Jours* (*Memórias sobre os Cem Dias*). Eleito deputado em 1824, editou o primeiro volume de *De la Religion Considérée dans sa Source* (*Da Religião Considerada na sua Fonte*), que completou posteriormente. Reuniu e publicou os seus *Discursos Parlamentares (1827–1828)*, os *Mélanges de Litérature et Politique* (*Miscelâneas de Literatura e Política*) e *Reflexions sur la Tragédie* (*Reflexões sobre a Tragédia*). Foi reeleito deputado em 1830, apoiando o novo monarca Luís Filipe. Pronunciou o seu último discurso parlamentar em 1830. Morreu em 8 de Dezembro de 1830, sendo sepultado no Cemitério do Père-Lachaise e após um funeral nacional.

Liberdade dos antigos e liberdade dos modernos

Benjamin Constant distinguiu-se por contestar o fascínio dos revolucionários franceses de 1793–1794 e dos seus grandes inspiradores, de que se destacaram Mably e sobretudo Rousseau pelas repúblicas da Antiguidade Clássica, aprofundando a análise iniciada por Humboldt. No seu *Discours de la Liberté des Anciens Comparée avec celle des Modernes* (*Discurso da Liberdade dos Antigos Comparada com a Liberdade dos Modernos*), publicado em 1819, considera que Rousseau, «transferindo para os nossos dias o poder social da soberania colectiva que pertencia a outros séculos», fornece, apesar do seu apego à liberdade, «pretextos funestos para mais de um tipo de tirania» (Constant, 1982, p. 228). Benjamin Constant torna-se assim um precursor dos que, tal como Jacob Talmon, consideram o genebrino como o precursor do que designam por «democracia totalitária», tese que conta com muitos adeptos na nossa época pós-moderna. A sua crítica dirige-se também a Mably (1709–1785), que «pode ser considerado o representante do sistema que, conformemente às máximas da liberdade antiga, quer que os cidadãos sejam completamente submetidos para que a nação seja soberana e que o indivíduo seja escravo para que o povo seja livre» (*Idem*, p. 128).

Estas considerações sobre Mably são desenvolvidas mais detalhadamente num capítulo do seu ensaio *O Espírito de Conquista e Usurpação*, onde Constant inicia a sua hostilidade contra a liberdade dos antigos para explicitá-la no seu *Discurso* de 1819. Nesta pequena obra, tenta demonstrar que a liberdade dos antigos gregos e romanos é completamente incompatível com a liberdade dos modernos, que surgiu com a Revolução Francesa de 1789, mas que foi posta em causa, segundo o autor, pelo radicalismo democrático jacobino de 1793-1794 inspirado no *Contrato Social* de Rousseau.

As repúblicas da Antiguidade Clássica caracterizavam-se pela reduzida extensão do território, que nem sequer atingia a dimensão física e populacional das mais pequenas repúblicas modernas. Isto estava associado a duas características distintivas: a primeira era a guerra permanente de umas contra as outras, como o demonstram os inúmeros conflitos bélicos entre as repúblicas gregas — Esparta, Atenas e outras — e os que opunham a Roma primitiva aos outros povos da Península Itálica; a segunda, indissociavelmente associada à primeira, era «a submissão total do indivíduo à autoridade do conjunto» (*Ibidem*, p. 221). No entanto, esta submissão era condição da sua própria preservação e expansão, da manutenção da sua independência e autonomia. O estado de mobilização quase permanente a que o cidadão estava submetido traduzia-se pela sua participação directa no governo da cidade, facto muito elogiado por Rousseau, partidário da democracia directa. Porém, tal só era possível porque o cidadão greco-romano estava liberto da tarefa de prover à própria subsistência, a qual era garantida por escravos subordinados não só ao trabalho agrícola, mas também ao trabalho nas actividades industriais. Se os cidadãos livres fossem obrigados a exercer uma actividade produtiva como os escravos, não teriam disponibilidade para se dedicarem integralmente às deliberações públicas na ágora grega ou nos comícios romanos.

Outra característica das repúblicas antigas, muito elogiada por Mably, era o não reconhecimento da autonomia do indivíduo, que se traduzia pela incessante intromissão do governo na sua esfera privada. Na maior parte destas repúblicas, com excepção provavelmente de Atenas, a mais «liberal» no sentido moderno, a liberdade civil não existia verdadeiramente, o que significava que o cidadão, embora participante directo no governo da Cidade, era, de certo modo, como já tinha sublinhado Humboldt, escravo da comunidade política que integrava. Apesar de ser simultaneamente legislador e soberano, característica central da democracia directa preconizada por Rousseau, todo o seu comportamento estava submetido a uma vigilância que se estendia aos mais íntimos pormenores da sua vida privada, de que se destacavam os costumes, o modo de vida e a própria religião.

Nas sociedades modernas, todas as características que caracterizavam as repúblicas antigas são completamente incompatíveis com o seu funcionamento, e tentar impô-las apenas poderá conduzir a um enorme retrocesso civilizacional. Assim, diferentemente do mundo antigo, as nações modernas caracterizam-se por uma grande extensão territorial e por uma população abundante, o que constitui o primeiro impedimento para o exercício directo do poder político pela grande massa dos cidadãos. Além disto, os povos modernos não dispõem, como os da Antiguidade Clássica, de escravos, já que todos devem, de uma forma ou de outra, exercer uma actividade produtiva para satisfazerem as suas necessidades materiais. Por conseguinte, apenas lhes resta a alternativa de elegerem quem os represente e delibere em seu nome para se poderem dedicar sem entraves aos seus negócios privados. Neste sentido, enquanto os antigos renunciavam aos direitos e prazeres privados para poderem deliberar e participar na administração da comunidade política, os modernos, orientados para a procura de uma felicidade que permanece essencialmente privada, são obrigados a relegar para um plano secundário os negócios públicos. O seu elemento é o que Benjamin Constant designa de «comércio», ou seja, a dedicação exclusiva às actividades produtoras de riqueza mobiliária, tão desprezadas pelos cânones da Antiguidade Clássica. Tendo em conta a falta de disponibilidade e interesse da maioria dos cidadãos modernos para exercerem funções públicas, a única forma de evitar que o sistema representativo se transforme num sistema opressor é uma empenhada vigilância sobre os seus representantes, a sua renovação em períodos que não podem ser demasiado longos, o seu afastamento quando não satisfazem as expectativas para que foram eleitos e a sua destituição quando abusam do poder que lhes foi delegado.

Se é verdade que «quanto mais o exercício dos nossos direitos políticos nos deixará tempo para os nossos interesses privados, tanto mais a liberdade nos será preciosa» (*Ibidem*, p. 236), não é menos verdade que o escasso interesse que os modernos demonstram pelo exercício «activo» dos seus direitos constitui um risco que tende a aumentar, tanto mais que estes se preocupam apenas com a promoção da sua felicidade privada e dos seus interesses particulares, especificamente os de natureza pecuniária. Tal comportamento impede que os indivíduos se dediquem ao próprio aperfeiçoamento cívico, que representa o seu destino mais elevado, e que apenas a liberdade política, «o meio mais enérgico e poderoso de aperfeiçoamento que o céu nos tenha dado» (Ibidem, p. 237), poderá garantir. Justamente por isto, as instituições políticas modernas não podem renunciar a intervir na formação moral e cívica dos cidadãos, no respeito dos seus direitos individuais e da sua esfera privada, chamando-os a intervir o mais empenhadamente que lhes é possível na Res Publica:

> «Enquanto respeitam os seus direitos individuais e políticos e tutelam a sua independência, estas devem, porém, consagrar a sua influência sobre a coisa pública, chamá-los a concorrer com as suas deliberações e com os seus sufrágios ao exercício do poder, devem garantir-lhes um direito de controlo e vigilância através da manifestação das suas opiniões e, formando-os de tal modo mediante a prática para estas elevadas funções, devem dar-lhes simultaneamente o desejo e a faculdade de exercê-las.» (Ibidem, pp. 238–239)

Só a propriedade confere direitos políticos

Esta derradeira passagem do *Discurso da Liberdade dos Antigos Comparada com a Liberdade dos Modernos* acaba por ser enganadora, não correspondendo, de facto, às expectativas que parece enunciar. A discriminação entre cidadãos *activos* e cidadãos *passivos* torna-se uma das mais relevantes características do liberalismo nascente, de que Benjamin Constant, um dos seus mais importantes representantes da primeira metade do século XIX, é um convicto defensor, precisando ainda mais claramente do que Kant, a quem deve ser ou não atribuído o direito de voto. Na sua obra *Principes de Politique*, considera que «os cidadãos possuem direitos individuais independentes de toda a autoridade social e política e que toda a autoridade que viola estes direitos se torna ilegítima» (Ibidem, p. 59). Os direitos são a liberdade individual, a liberdade religiosa, a liberdade de opinião, a fruição da propriedade e a garantia contra a arbitrariedade. No entanto, apesar de todos os cidadãos serem titulares de um conjunto de direitos individuais ou civis que o

Estado não pode violar, característica marcante da matriz do liberalismo político clássico, nem todos possuem direitos políticos. Constant não pode ser mais claro a este respeito quando afirma:

> «Nas nossas sociedades, o nascimento no país e a idade adulta não são suficientes para conceder aos homens a qualidade específica dos direitos políticos [...] É necessário, portanto, uma outra condição, além do nascimento e da idade prescrita pela lei. Esta condição é o tempo indispensável à aquisição da cultura e de um juízo recto. Apenas a propriedade garante esta disposição: apenas a propriedade torna os homens aptos para exercer os direitos políticos.» (*Ibidem*, p. 100)

Exercer o direito político elementar do sufrágio não é um atributo quantitativo, uma questão que toca a todos, à massa dos cidadãos sem discriminações — o princípio de «um homem (mulher), um voto, ele próprio expressão simbólica de um valor ético-político que concebe cada cidadão e cidadã como detentores de uma parte ou fracção da soberania» —, mas, pelo contrário, uma questão de «qualificação» que só a propriedade pode atribuir ao feliz contemplado. Apenas esta garante a aquisição da cultura e do discernimento racional que tornam possível o «juízo recto». No entanto, nem todos os proprietários possuem «qualificações» suficientes para exercerem os seus direitos eleitorais. Constant deixa bem claro que apenas «quem possui o rendimento necessário para viver independente da vontade de outro» (*Ibidem*, p. 102) se encontra nestas condições, o que exclui desde logo os pequenos proprietários dos diversos ramos de actividade. Da lista de inclusões fazem parte, naturalmente, em lugar de destaque, os grandes proprietários fundiários, que, pela sua «proeminência moral», garantem a «estabilidade» das instituições. Segue-se o que Constant designa genericamente por «propriedade industrial», que, sendo sinónimo de «propriedade mobiliária», integra grandes industriais, comerciantes e banqueiros e «assegura a independência dos indivíduos» (*Ibidem*, p. 104). No que respeita às exclusões, além dos que não possuem uma propriedade com dimensão suficiente para poderem ser «autónomos», acrescentam-se, por maioria de razão, os trabalhadores assalariados:

> «Relativamente aos que apenas têm como propriedade a sua indústria, estão votados por uma necessidade que nenhuma instituição poderá ganhar a ocupações mecânicas, estão despojados de todos os meios para

se instruírem e podem, com as mais puras intenções, fazer suportar ao Estado a factura dos seus inevitáveis erros. É necessário respeitar estes homens, protegê-los, dar-lhes garantias contra as opressões do rico, eliminar todos os obstáculos que incidem sobre os seus trabalhos, facilitar sempre que possível a sua carreira laboriosa, mas não é preciso transportá-los para uma esfera nova onde o seu destino não os chama, onde a sua participação é inútil, onde as suas paixões seriam perigosas e a sua ignorância prejudicial.» (*Ibidem*, p. 105)

O conservadorismo social do liberal Constant tudo sacrifica à propriedade, até a própria autonomia, que diz ser resultado do «tempo indispensável para a aquisição da cultura e de um juízo recto». Prova disso é que, lembrando-se talvez dos tempos conturbados da Revolução de 1789–1793, apenas concorda com a atribuição do direito de voto aos membros das profissões liberais quando estes estiverem associados «à propriedade, para que a sua influência não seja funesta nas discussões políticas» (p. 106). Eis como, a pretexto de sufocar as paixões políticas que fizeram avançar, apesar dos excessos cometidos em nome da liberdade e da igualdade, a Revolução Francesa e impediram o regresso do Antigo Regime, que nem a restauração monárquica após a queda do regime de Napoleão Bonaparte conseguiu restabelecer, o liberalismo político, representado por Constant, põe completamente em causa o legado democrático de Rousseau no que respeita ao reconhecimento do sufrágio universal. A negação deste legado vai ainda mais longe, porque, para ele, o direito de propriedade acaba mesmo por sobrepor-se à própria liberdade de pensamento e discussão, que, nas suas formas mais controversas e apaixonadas, pode pôr em causa a estabilidade social e política que apenas a propriedade pode garantir:

«O nosso primeiro atributo, a nossa faculdade distintiva, é o pensamento, e quem o usa tem o direito à nossa estima, até independentemente do sucesso; quem o ultraja ou rejeita, abdica do nome de homem e coloca-se fora da espécie humana. Todavia, todas as ciências dão ao espírito de quem as cultiva uma direcção exclusiva, que se torna perigosa nas questões políticas, a menos que seja contrabalançada. Ora, o contrapeso só pode encontrar-se na propriedade, a única que estabelece entre os homens vínculos uniformes, põe-os em guarda contra o sacrifício imprudente da felicidade e da tranquilidade dos outros, englobando neste sacrifício o seu próprio bem-estar e obrigando-os a avaliaram-se. Fá-los, em suma, descer do alto das suas teorias quiméricas e dos exageros inaplicáveis, estabelecendo entre eles e os outros membros da associação relações numerosas e interesses comuns.» (*Ibidem*, pp. 106–107)

Com estas considerações, o liberalismo político representado por Benjamin Constant, que não é um autor isolado, além de rejeitar a democracia em nome do direito de propriedade, sobrepõe a plácida tranquilidade burguesa ao conflito e à luta política, que é, quer se queira quer não, uma das dimensões fundamentais, a par da deliberação argumentativa e do compromisso, da *politeia*, mesmo tendo em conta que nenhuma sociedade pode subsistir por muito tempo num estado de insurreição permanente, como o demonstrou o período do terror revolucionário. Mas são precisamente os operários têxteis de Lyon, que ergueram, em 1830, a primeira barricada contra uma ordem instituída que os despojava dos mais elementares direitos e os condenava a futuros candidatos ao massacre e às execuções sumárias, como o que aconteceu nas jornadas de Julho de 1848 e na Comuna de Paris de 1871, que iniciaram a demonstração de que a solidariedade constituirá a condição de formação de uma nova liberdade mais abrangente e inclusiva do que a liberdade política circunscrita ao direito de propriedade proclamada por Kant, Burke e Constant.

CAPÍTULO 3

ALEXIS DE TOCQUEVILLE: O DESPOTISMO DAS MAIORIAS

Alexis-Charles-Henri Clérel, visconde de Tocqueville, nasceu em Verneuil, na Normandia, em 29 de Julho de 1805. Estudou Direito em Paris, ingressando na magistratura em 1827. Em 1830, ano da revolução que instaurou uma nova dinastia, abandonou a magistratura e embarcou para a América na companhia do seu amigo Gustave de Beaumont com o objectivo de analisar o sistema político norte-americano, em particular o seu sistema penitenciário. Esta viagem, a que se seguiu três anos depois outra a Inglaterra, constituiu a fonte da sua célebre obra *De la Démocratie en Amérique* (*Da Democracia na América*), cujos dois primeiros volumes foram publicados em 1835 e os dois últimos em 1840.

Tocqueville teve também uma intensa actividade política. Em 1830, candidatou-se à Câmara dos Deputados, mas foi derrotado. Em 1839, conseguiu ser eleito, seguindo-se uma série de sucessos em que pontificaram a eleição para a Assembleia Constituinte em 1848 e o cargo de ministro dos Negócios Estrangeiros no ano seguinte, no ministério de Odilon Barrot da Segunda República, presidida por Luís Bonaparte. Em 1850, foi obrigado a abandonar a Assembleia em consequência de uma tuberculose pulmonar que afectaria gravemente a sua saúde. Participou na revisão constitucional de 1848, mas o golpe de Estado de Luís Bonaparte levou-o a afastar-se definitivamente da ribalta política. Em 1856, surgiu a sua obra de maturidade — *L'Ancien Régime et la Revolution* (*O Antigo Regime e a Revolução*) —, onde caracterizou magistralmente a Revolução Francesa de 1789 e reflectiu sobre as suas consequências sociais e políticas. Tocqueville morreu em Cannes em 16 de Abril de 1859.

A nova forma de servidão

Tocqueville pode, de certo modo, ser considerado um discípulo de Montesquieu, um partidário do que poderia ser designado por «liberalismo aristocrático» e um primeiro crítico do que alguns designam por «democracia de massa», que dava os seus primeiros passos nos Estados Unidos da América, apesar de os escravos negros das plantações do Sul do país, a que o autor não faz nenhuma referência, estarem excluídos dos mais elementares direitos individuais e políticos. Fortemente influenciado pela Revolução Francesa, liberta-se da polémica sobre a liberdade dos antigos e dos modernos, que tinha monopolizado a atenção de Humboldt e Constant. Partindo da hipótese de que uma das conquistas desta revolução foi a instauração da igualdade, que está na origem da democracia moderna, considera, no entanto, que esta pode gerar duas tendências opostas: a primeira é a independência, que gera o risco da anarquia, tal como aconteceu nos períodos mais conturbados da Revolução Francesa; a segunda é a centralização política, uma das consequências mais importantes e definidoras deste evento, que analisa com mais detalhe na sua obra *O Antigo Regime e a Revolução*, que pode gerar no contexto de uma democracia de massa uma nova forma de despotismo e servidão.

As sociedades aristocráticas que a Revolução Francesa derrubou, apesar de serem governadas por um conjunto restrito de famílias de origem nobre, caracterizavam-se, como já tinha referido Montesquieu, por um conjunto de poderes intermédios — castas, classes, corporações, como refere na sua obra de maturidade (Tocqueville, 1967, p. 51) — que serviam de contrapeso ao poder do monarca. Pelo contrário, nas sociedades que se formaram posteriormente àquele evento político que assinalou a modernidade, o desaparecimento e a proibição destes corpos intermédios representativos dos grupos sociais conduz, simultaneamente, a um processo de centralização política sem nenhuma contrapartida e ao isolamento dos indivíduos na sociedade civil a quem não são reconhecidos direitos de associação para a defesa dos seus interesses específicos perante o Estado, de que destaca a lei de Le Chapelier, de Junho de 1791, que, com o pretexto de dissolver as corporações de ofícios do Antigo Regime, proibiu, na prática, o direito de associação dos trabalhadores.

Nas sociedades modernas em que vigora a democracia de massa, apesar de o indivíduo desfrutar de uma maior liberdade e autonomia para decidir o seu próprio destino, não é mais do que um cidadão solitário no meio da multidão a quem não é reconhecido o direito de se organizar com os outros que partilham os mesmos interesses. A ausência de corpos intermédios que medeiem a relação entre a sociedade civil e o Estado em consequência do processo de centralização política implica que a autonomia e a independência de que desfruta é ilusória, pois o seu isolamento reforça o poder social concentrado no Estado, que se torna cada vez mais omnipotente com a uniformidade mecânica das suas normas burocráticas e administrativas aplicáveis a todos de modo igual, o que tende a gerar uma nova forma de despotismo — o «despotismo das maiorias», segundo a designação tocquevilliana —, que se sobrepõe à liberdade e autonomia individuais, gerando apatia política e conformismo social:

«Com efeito, é difícil que homens que renunciaram completamente a hábitos de se governarem a si próprios podem ser capazes de escolher devidamente aqueles que devem governá-los, e não é possível acreditar que um governo liberal, enérgico e hábil consiga sair do sufrágio de um povo de servos.» (Tocqueville, 2002, p. 840)

Outra das características das democracias modernas, que já tinha sido referida por Benjamin Constant, é o facto de o tempo dedicado pelos indivíduos aos seus negócios privados os afastar das funções políticas que são transferidas para o Estado, o único representante do chamado «interesse geral». Corolário deste comportamento demissionista perante a política numa época em que os partidos políticos ainda estavam em formação é a orientação do indivíduo para a esfera dos seus interesses privados, em que se destaca, tal como já tinha referido Constant, o amor pelo ganho, o bem-estar e as fruições materiais, outros tantos estímulos que geram indiferença política e afastam os cidadãos das democracias modernas da participação política e da dedicação ao interesse público. Eis como a pretensa autonomia do indivíduo nas sociedades modernas acaba por gerar um efeito contrário: a concentração e centralização dos poderes que interferem na vida de todos, apesar da sua pretensa autonomia, num Estado político separado.

A abolição dos corpos intermédios e dos poderes locais, que foi uma das principais consequências da Revolução Francesa, a oposição a soluções de tipo federalista defendida pelos girondinos, de que, ao que tudo indica, Tocqueville é partidário, em nome da unidade do Estado nacional em formação, está na origem de um processo de centralização política e administrativa que atinge o seu apogeu no período do terror revolucionário de 1793-1794. Mas isto significa que a distância entre os governantes que exercem efectivamente a soberania e a grande massa dos cidadãos relegada, na prática, à condição de mero súbdito do poder instituído e a quem não resta senão a aclamação, tende a aumentar cada vez mais. Por sua vez, as tarefas administrativas mais complexas do aparelho de Estado tendem a ser confiadas a um conjunto de peritos que o cidadão comum não pode controlar, porque não possui a mínima preparação técnica para exercê-las.

A crítica de Tocqueville ao processo de centralização política e administrativa do Estado moderno acaba por revelar as suas limitações e insuficiências que resultam do seu credo liberal, podendo muito bem ser subscritas pelos seus sucedâneos do século XX, de que se destaca Friedrich Hayek (ver XVII Parte, Capítulo 2). Tal como Humboldt e Constant, Tocqueville opõe-se à intervenção do Estado na economia e na sociedade. Particularmente significativa a este respeito é a sua condenação das medidas públicas de protecção social, ou seja, nas suas palavras, «dar pão a quem tinha fome, socorrer e fornecer um asilo aos doentes e um trabalho aos ociosos» (*Idem*, p. 824), defendendo que estas medidas deveriam ser entregues à caridade privada, uma postura tradicionalista relativamente à de Hegel. No mesmo sentido, recuando relativamente a Humboldt, opõe-se a que a educação se transforme num assunto de âmbito nacional com o argumento falacioso e nada original de que tal conduzirá à uniformidade e provocará o desaparecimento da «diversidade» (*Ibidem*, p. 825). Recuando ainda relativamente ao Adam Smith da «mão invisível do mercado», não vê com bons olhos, tal como Humboldt, a intervenção do Estado na construção de infra-estruturas necessárias ao desenvolvimento das actividades produtivas, transformando-se assim num dos partidários mais fundamentalistas do *laissez-faire, laissez-passer*.

É absolutamente falso que as funções redistributivas do Estado reforcem a tendência para o «despotismo das maiorias», tanto mais que, além das maiorias estarem desprovidas na Europa Ocidental de direitos eleitorais, a que se acrescentam nos Estados Unidos da América os escravos negros, emerge na sociedade em que vive uma classe, o operariado, desprovida do direito de associação para defender os seus interesses perante o Estado político, submetida a longos horários de trabalho, a salários de miséria e ao despotismo das minorias, as entidades patronais, que contam com o beneplácito dos poderes instituídos, particularmente no caso dos governos da sua época, que professam os princípios do liberalismo político e económico. Para esta nova classe, falar de autonomia e independência, o tema central do liberalismo político de todos os matizes, coloca-se de forma radicalmente diferente: é um problema de sobrevivência, já para não falar de uma vida digna que não se reduz ao conceito reducionista de bem-estar burguês, de direitos associativos, de melhoria e controlo das condições de trabalho perante a prepotência dos empregadores, pressupostos de uma autonomia e independência que não se circunscreve à esfera privada dos seus membros individualmente considerados, mas abrange um universo social muito mais vasto.

A liberdade como alternativa

A parte mais fecunda da reflexão de Tocqueville, pese embora o seu liberalismo aristocrático, reside na ideia de que a sociedade civil não pode estar reduzida a um somatório de indivíduos isolados, mas necessita de estruturas intermédias, de novas formas associativas, que permitam a organização dos indivíduos em função dos interesses e afinidades que os ligam entre si perante o poder concentrado do Estado político:

> «Uma associação política industrial e comercial, ou uma científica e literária, é como um cidadão instruído e poderoso cuja vontade não pode ser vergada e que não consegue oprimir na sombra e que, ao defender os seus direitos pessoais contra as exigências do poder, salva as liberdades comuns.» (*Ibidem*, p. 843)

Embora Tocqueville não tenha em vista a defesa da abolição da lei de Le Chapelier — as associações operárias seriam apenas legalizadas em França em 1869 e o direito de greve apenas em 1884 — e conceba o direito de associação como uma defesa de «direitos pessoais», mas que é sobretudo uma garantia de reconhecimento de direitos comuns a determinados grupos e categorias sociais desprovidos de poder, tem genericamente razão por considerar implicitamente que é o dinamismo da sociedade civil, medido não pelo isolamento dos indivíduos que competem uns com os outros pelo predomínio e para a realização dos seus interesses particulares exclusivos de carácter pecuniário, mas sim pela diversidade e multiplicidade das suas formas associativas, que pode constituir um dos mais poderosos antídotos contra a indiferença política, que favorece o despotismo das maiorias, e um importante estímulo para o exercício de uma cidadania activa. Sem estas novas estruturas intermédias, nem mesmo a renovação do pessoal político em eleições legislativas periódicas, subordinadas, além do mais, na época de Tocqueville, a um sufrágio censitário na maioria das nações «democráticas», poderá exercer um efectivo controlo sobre o poder de Estado:

> «Em vão, se encarregam esses mesmos cidadãos, que tão dependentes se tornam do poder central, de escolherem, de tempos a tempos, os seus representantes para esse mesmo poder, esta utilização do seu livre-arbítrio, que é tão rara, não obstará que eles percam gradualmente a sua faculdade de pensar por si próprios, nem que desçam, pouco a pouco, para baixo do nível que é humano.» (*Ibidem*, p. 839)

Além das associações de carácter social e político que possam representar os cidadãos perante o poder concentrado do Estado e exercer um contrapoder, Tocqueville defende outras alternativas para o mesmo fim. A primeira é a substituição dos funcionários hereditários completamente dependentes da máquina do Estado e meras correias de transmissão do seu poder por funcionários eleitos. A liberdade de imprensa, outro direito que reflecte o dinamismo da sociedade civil, coloca à disposição dos cidadãos uma arma a que podem recorrer na defesa dos seus direitos perante o abuso do poder. Completa este quadro a clássica independência do poder judicial, instituição que constitui a maior garantia para a preservação da independência individual na democracia de massa.

Na sua obra de maturidade, Tocqueville considera com mais vigor que a característica essencial de todas as formas de despotismo é tentar afastar o mais possível os homens das questões públicas que a todos dizem respeito, encerrando-os nos restritos confins dos seus negócios privados. Fá-los escravos do desejo de uma ordem e tranquilidade burguesas que «provocam neles o terror, perante a simples ideia das revoluções» (Tocqueville, 1967, pp. 51–52). A única alternativa para contrastar a indiferença que os mergulha numa espécie de letargia política não pode ser outra senão o exercício activo da liberdade que lhes resta:

> «Apenas a liberdade, pelo contrário, pode nestas sociedades combater os vícios que lhe são conaturais e contê-los no declive para onde resvalam. Apenas esta pode, com efeito, retirar os cidadãos do isolamento em que a própria independência da sua condição os faz viver, para os aproximar uns dos outros, que os reúne e os anima cada dia pela necessidade de

se entenderem, de se persuadirem e de se satisfazerem mutuamente na prática dos assuntos comuns. Só esta é capaz de arrancá-los ao culto do dinheiro e às preocupações mesquinhas dos seus negócios particulares, de fazê-los perceber e sentir em todos os momentos a pátria acima e ao lado deles; só esta substitui de tempos a tempos o amor do bem-estar pelas paixões mais enérgicas e elevadas, fornece à ambição objectivos mais vastos do que a aquisição de riquezas e cria a luz que permite vislumbrar os vícios e as virtudes dos homens.» (*Idem*, p. 52)

CAPÍTULO 4

JOHN STUART MILL: A DEMOCRACIA QUALIFICADA

Nascido em Londres em 1806, filho do filósofo James Mill (1773-1836) e padrinho do célebre matemático e filósofo Bertrand Russell (1872--1970), foi educado pelo pai segundo as ideias utilitaristas de Jeremy Bentham (1748-1832). Em 1822, visitou França, onde conheceu o economista liberal Jean Baptiste-Say (1767-1832) e contactou com o reformador social Claude-Henri de Saint-Simon (1760-1825). Em 1823, tornou-se funcionário da Companhia das Índias Orientais. Treze anos depois, tornou-se editor da *London and Westminster Review*.

Em 1843, publicou *The Spirit of Logic* (*O Espírito da Lógica*) e, em 1848, *Principles of Political Economy* (*Princípios de Economia Política*). Em 1849, editou o seu ensaio *On Liberty* (*Sobre a Liberdade*), dedicado à sua mulher, Harriet Taylor, falecida um ano antes, e *Thougts on Parliamentary Reform* (*Reflexões sobre Reforma Parlamentar*). Abandonando a Companhia das Índias Orientais em 1858, entregou ao prelo, três anos depois, em forma de livro, *Utilitarianism* (*Utilitarismo*), que reflecte a influência de Bentham no seu pensamento filosófico, e *Considerations on Representatif Government* (*Considerações sobre o Governo Representativo*), provavelmente a sua melhor obra política. Em 1865, foi eleito deputado por Westminster, perdendo, porém, o seu cargo parlamentar na eleição geral três anos depois. Defensor do «sufrágio» feminino, publicou, em 1869, *On Subjection of Women* (*Sobre a Sujeição das Mulheres*). Morreu em Cannes, em 1873.

O indivíduo e a sociedade

No seu ensaio *On Liberty*, John Stuart Mill opõe-se à tradição contratualista, defendendo que a sociedade não é fruto de um contrato que estipula consensualmente as obrigações sociais e políticas do indivíduo. No entanto, este está desde logo vinculado a adoptar uma linha de conduta relativamente aos outros em troca dos benefícios que recebe da sociedade. Esta linha de conduta consiste em não prejudicar os interesses dos outros e assumir a responsabilidade que lhe cabe nas tarefas que lhe são exigidas para defender a sociedade das ofensas e dos ataques contra ela e contra os membros que a integram.

Tal como Humboldt, Stuart Mill considera que a conduta do indivíduo relativamente aos outros está subordinada a um conjunto de normas gerais legalmente estabelecidas, que constitui a medida da sua liberdade negativa, embora desfrute de um livre-arbítrio, de uma liberdade positiva, que lhe permite o livre exercício das suas faculdades físicas e mentais, desde que não prejudique o dos seus semelhantes:

> «Os que são considerados deveres para nós próprios não são socialmente vinculativos, a não ser que as circunstâncias os transformem simultaneamente em deveres para os outros.» (Mill, 1972, p. 135)

Não sendo o indivíduo um ser completamente isolado dos outros, como defendiam os jusnaturalistas com as suas conjecturas sobre a existência de um estado natural pré-político, todos os actos que lhe são prejudiciais acabam, de uma forma ou de outra, por afectar os que lhe são mais próximos, podendo tornar-se um peso para estes quando em virtude de uma conduta negligente põe em causa a sua saúde ou delapida o seu património, de que os seus mais próximos dependem. Mas neste tipo de casos, a sociedade não deve intervir, já que o indivíduo adulto é exclusivamente responsável pela sua conduta, a não ser que esta entre no âmbito da lei penal. O mesmo não acontece quando este exerce funções públicas:

> «Nenhuma pessoa pode ser castigada por ser bêbeda, mas um soldado ou um polícia deve ser punido por beber em serviço.» (*Ibidem*, p. 138)

Referindo-se ao período em que os puritanos governaram a Inglaterra, Mill defende que nenhum governo pode interferir na esfera privada dos indivíduos, impondo-lhe uma linha de conduta na base de princípios morais rigoristas, como foi o caso durante o governo de Cromwell, que proibiu as representações teatrais, os espectáculos musicais, os jogos públicos e todos os divertimentos em que os cidadãos ocupavam os seus tempos livres. Da mesma forma, o argumento defendido por algumas associações da sua época — de que se destaca a Alliance, influenciada pelo puritanismo do outro lado do Atlântico — de que alguém dispõe de uma espécie de «direito social» de impedir outro de actuar contra os seus princípios morais e religiosos devido à ingestão de bebidas alcoólicas, com a justificação de que «impede o meu direito a um livre desenvolvimento intelectual e moral, rodeando o meu percurso de perigos e desmoralizando a sociedade» (*Ibidem*, p. 145), é, para Mill, «muito mais perigoso do que qualquer outra interferência na liberdade», pois «não reconhece nenhum direito a qualquer liberdade que esta não justifique», bem como «não reconhece nenhum direito a qualquer liberdade, com a excepção da que mantém as opiniões em segredo sem nunca as manifestar» (*Ibidem*, p. 146). Este tipo de «polícia de costumes», de que a famigerada *Lei Seca* norte-americana da década de 1930 é o exemplo mais emblemático, não apenas põe em causa a autonomia do indivíduo, mas também submete as leis políticas a princípios morais e religiosos, pondo em causa a separação entre Estado e religião que caracteriza as sociedades modernas nascidas com a Revolução Francesa.

Diferentemente dos outros expoentes do liberalismo político, Stuart Mill é adepto da não intervenção do Estado na economia e na sociedade. Assim, considera que o Estado deve intervir no livre funcionamento do mercado para prevenir as fraudes e as adulterações das mercadorias comercializadas, bem como na protecção dos trabalhadores que exercem profissões de risco elevado. Relativamente à educação, defende que o Estado deve promovê-la e exercê-la apenas nas sociedades que se encontram num estado de grande atraso, bem como encarregar-se dos grandes trabalhos públicos quando não existem no país empresas com dimensão suficiente para promovê-los. Porém, nas sociedades mais desenvolvidas, estas tarefas devem caber à iniciativa privada, mas, no caso específico da educação, o Estado deve patrociná-la e assegurá-la gratuitamente às classes mais desfavorecidas, garantindo uma remuneração aos professores. O autor torna-se, assim, um precursor do liberalismo social, sobretudo no seu escrito *The Dificulties of Socialism* (tradução portuguesa: *As Dificuldades do Socialismo*, Lisboa, Edições 70, 2021), no qual alarga as suas medidas sociais à saúde, à construção de infra-estruturas e ao combate à pobreza.

Em suma, a relação entre o indivíduo e a sociedade deve estar submetida a dois princípios orientadores:

«Primeiro, que o indivíduo não é responsável perante a sociedade pelas suas acções, desde que estas não digam respeito aos interesses de nenhuma pessoa senão à dele próprio. Conselho, instrução, persuasão e impedimento por outras pessoas, se o julgarem necessário para o seu próprio bem, são as únicas medidas pelas quais a sociedade pode justificadamente exprimir o seu descontentamento ou desaprovação pela sua conduta; segundo, relativamente às acções que prejudicam os interesses dos outros, o indivíduo é responsável e pode ser submetido a uma punição social ou legal, se a sociedade é da opinião de que uma ou outra são um requisito para a sua protecção.» (*Ibidem*, pp. 149-150)

A representação diferenciada

Sobre a Liberdade não é uma obra muito original: Stuart Mill pouco mais acrescentou ao que Humboldt e Constant tinham enunciado. O mesmo não acontece nas *Considerações sobre o Governo Representativo*, obra de algum modo heterodoxa relativamente aos cânones do liberalismo político tradicional. Ao contrário de Locke e Constant, Stuart Mill não considera que o governo se deva limitar a garantir os tradicionais direitos civis da liberdade e da propriedade. O objectivo fundamental do «bom governo» deve ser o de «promover a virtude e a inteligência do próprio povo» (*Ibidem*, p. 193). A ideia é inovadora, já que o «bom governo» não se propõe garantir ou proteger o que já existe, mas sim criar algo novo. Trata-se fundamentalmente de contribuir para o desenvolvimento intelectual e moral do indivíduo, preocupação que não encontramos nos liberais típicos e utilitaristas vulgares, para quem a questão do «bom governo» nem sequer se coloca ou é uma questão historicamente ultrapassada. Pouco preocupado com isso, Stuart Mill assume a sua heterodoxia no contexto do pensamento político liberal, considerando que o mérito que «um conjunto de instituições pode possuir» consiste «em parte, na sua capacidade para promover o aperfeiçoamento geral da comunidade, incluindo nesta designação o aperfeiçoamento intelectual, da virtude, da actividade prática e da eficiência; e, em parte, no grau de perfeição com que organiza o valor moral, intelectual e activo que já existe, de modo a exercer a maior influência nos negócios públicos» (*Ibidem*, p. 195).

Longe estamos do *laissez-faire, laissez-passer* que assinala a vinda ao mundo do liberalismo. Mas a questão do «bom governo» não se limita aos objectivos que deve promover: relaciona-se também com o problema da soberania, esse tabu que o pensamento liberal tradicional sempre tentou neutralizar, dado o seu pavor à doutrina da soberania popular, antecâmara do sufrágio universal que ameaçava o regime da propriedade burguesa. Tal como no primeiro caso, Mill não tem receio de quebrar o tabu. Partindo da ideia de que numa sociedade diferenciada e complexa não é possível o exercício directo da soberania, defende que a melhor forma de governo é o «governo representativo». No entanto, ao contrário dos liberais tradicionais para quem o mandato representativo era um pretexto para a exclusão dos não-proprietários do exercício activo da soberania, Mill junta-se à herança de Rousseau, defendendo contra a ortodoxia liberal dominante que «a soberania, ou o poder supremo de controlo em última instância, reside no conjunto da comunidade (*the entire aggregate of community*); tendo cada cidadão não apenas uma voz no exercício da soberania suprema, mas sendo, pelo menos ocasionalmente, chamado para fazer parte do governo, através do desempenho pessoal de uma função pública, local ou nacional» (*Ibidem*, p. 207).

A soberania da *ideally best form of government* não admite exclusões: não apenas as que resultam da capacidade eleitoral, mas também no acesso aos cargos públicos e, sobretudo, na capacidade de ser eleito para o parlamento e, assim, representar o *entire aggregate of community*. Mas isso significa que nem os trabalhadores nem as mulheres podem ser excluídos de participarem na formação da vontade colectiva. Relativamente aos primeiros, Mill contesta a tese de que a opinião sobre as questões laborais deve ser reservada aos empregadores, defendendo que o juízo dos representantes das classes trabalhadoras deve ser tido em conta, particularmente no que respeita ao exercício do direito de greve. No que toca às segundas, afirma que «seria já uma grande melhoria na posição moral das mulheres nunca mais serem declaradas por lei incapazes de darem uma opinião, e não terem direito a uma preferência relativamente às mais importantes preocupações da humanidade» (*Ibidem*, p. 291). Só a participação de todos poderá evitar a indiferença e apatia políticas, já que os excluídos têm «menos oportunidades e incentivos para exercer as suas capacidades em proveito próprio e da comunidade» quando os seus interesses «são deixados sem a protecção concedida aos restantes» (*Ibidem*, p. 211).

No entanto, mesmo sendo a *ideally best form of government*, a democracia representativa tem perigos. O primeiro consiste nas «insuficientes qualificações intelectuais» dos que integram o *controlling body*, isto é, o parlamento, órgão supremo do exercício da soberania. Isso implica que deverá ser nomeada pela Coroa uma comissão composta por pessoas seleccionadas com o objectivo de elaborar as leis, já que uma «assembleia numerosa» não tem competência para dedicar-se a uma tarefa cujo desempenho exige não apenas «mentes experimentadas e exercitadas, mas também preparadas por um longo e laborioso estudo» (*Ibidem*, p. 235). O parlamento limitar-se-á então a propor alterações às leis ou a sugerir directivas para a sua elaboração. No entanto, não poderá modificá-las após terem sido elaboradas, mas apenas sancioná-las ou rejeitá-las ou, no caso de rejeição parcial, remetê-las à comissão para serem expurgadas dos aspectos contestados.

O segundo perigo do governo representativo é o da *class legislation*, ou seja, a formação de uma maioria numérica que expresse o ponto de vista de uma classe incapaz de exprimir o interesse geral. Esta classe é constituída precisamente pelos «trabalhadores manuais», que possuem um «nível demasiado baixo de inteligência política» para poderem exercer um controlo sobre o governo (*Ibidem*, p. 283). No entanto, a «classe mais numerosa» não pode ser despojada do direito de voto, pois isso poria em causa a tese de Mill sobre o alargamento do sufrágio enquanto antídoto contra a apatia e a indiferença cívica dos politicamente excluídos. Como resolver então esta contradição? De forma muito simples, atribuindo um «voto plural» aos mais qualificados intelectualmente:

> «Um empregador é, em média, mais inteligente do que um trabalhador; porque deve trabalhar com a sua cabeça e não apenas com as suas mãos; um capataz é geralmente mais inteligente do que o trabalhador ordinário, e um trabalhador especializado do que um não especializado; um banqueiro, negociante ou industrial é provavelmente mais inteligente do que um pequeno comerciante, porque tem interesses maiores e mais complexos para gerir [...] dois ou mais votos devem ser atribuídos a todas as pessoas que exercem estas funções superiores. As profissões liberais, quando são realmente e não nominalmente exercidas, implicam, certamente, um maior grau de instrução; e onde um exame rigoroso, ou exigentes condições de educação são solicitadas antes de entrar numa profissão, os seus membros devem ter imediatamente direito a uma pluralidade de votos. A mesma regra deve ser aplicada aos licenciados pelas universidades; e mesmo aos que demonstram ter certificados satisfatórios de frequência de uma escola em que os ramos mais nobres do conhecimento são ensinados, com o comprovativo de que o ensino é real, e não um mero pretensiosismo.» (*Ibidem*, p. 285)

Em suma, parafraseando livremente Orwell: «os homens são todos iguais politicamente, mas há alguns mais iguais do que outros». Eis ao que se reduz o voto plural de Mill. Tudo se passa como se a magna questão da propriedade, que tinha sido expulsa pela porta da frente, acabe por entrar sorrateiramente pela porta do cavalo, e que o liberal progressista John Stuart Mill tenha assumido sob uma nova forma a herança do tradicionalista Rosmini. Certamente que não é a propriedade que, segundo o primeiro, qualifica directamente alguns para exercerem um direito de voto plural. No entanto, a ausência de uma educação universal a que todos tenham acesso faz com que apenas os proprietários ou as pessoas com rendimentos relativamente elevados tenham acesso a uma formação intelectual que os qualifique para o exercício de funções «complexas». Nem mesmo a insistência de Mill nas profissões liberais, que Constant privava do direito de voto, desde que não associadas a um título de propriedade, ou na licenciatura em universidades ou na frequência de escolas congéneres, livra a sua democracia «qualificada» da hipoteca discriminatória do direito de propriedade, que, aparentemente soterrado, acaba por emergir sob uma nova forma. Mas como poderão ser estimuladas as «classes mais numerosas» a participar na formação do governo se, na prática, os seus votos contam menos do que os dos outros? E que interesse terão elas em participar na eleição de um parlamento desprovido de uma real iniciativa legislativa? A democracia «qualificada» de John Stuart Mill não tem resposta para estas questões. Por isso, transforma-se numa aposta falhada, não podendo reivindicar sequer o mérito de constituir uma verdadeira alternativa aos defensores do sufrágio censitário. Apenas o movimento operário e as correntes socialistas que acompanharam o seu desenvolvimento defenderão o sufrágio universal, demonstrando contra o elitismo do liberalismo político nas suas diversas versões que a democracia política ou é de massa, apesar das tendências «populistas» que poderá suscitar quando o vínculo que liga representantes a representados entra em crise, gerando o fenómeno tocqueviliano do despotismo das maiorias, ou não é de todo uma verdadeira democracia: não existe nenhuma «terceira via» a este respeito, como a proposta por Stuart Mill, já que uma democracia que não se baseia num sufrágio igual para todos e todas não passa de um contra-senso que, além de ferir os mais elementares princípios da lógica, introduz uma forma de discriminação política que, na prática, restabelece uma nova versão do voto por ordens que a Revolução Francesa aboliu.

VII PARTE
A FORMAÇÃO DO PROJECTO SOCIALISTA

CAPÍTULO 1

SAINT-SIMON: O ESTADO NÃO REPRESENTA OS «PRODUTORES»

Claude-Henri de Saint-Simon nasceu em Paris, em 1760, no seio de uma família aristocrática. Entre 1776 e 1784, dedicou-se à vida militar, de acordo com a sua origem social, desempenhando diversas missões. Em 22 de Junho de 1788, foi nomeado coronel de infantaria sem estar ligado a nenhum regimento. Depois de uma estada em Espanha, onde apresentou um projecto para ligar Madrid ao Atlântico através do rio Guadalquivir, regressou a França um ano depois para morar com a mãe, herdeira da fortuna paterna, na propriedade de Falvy-sur-Somme. Foi então que a Revolução Francesa, que exerceria sobre ele uma enorme influência, se iniciou.

Em 1791, estabeleceu-se em Cambrai para a aquisição dos bens nacionais, fundando a Sociedade dos Amigos de Cambrai. Em 30 de Junho de 1793, foi nomeado capitão da Guarda Nacional em Péronne, mas, inexplicavelmente, abandonou o seu posto. Denunciado pelo comité revolucionário de Péronne, assumiu, em 20 de Setembro de 1793, o estado civil com o nome «popular» de Claude-Henri Bonhomme. No entanto, acabou por ser preso em 19 de Novembro em Sainte-Pélagie, apesar do certificado de civismo que lhe tinha sido concedido. Transferido para a prisão do Luxemburgo em 3 de Maio de 1794, seria apenas libertado em 28 de Agosto por intercedência de uma solicitação da sociedade popular de Péronne.

Em 1798, retomou os estudos em Paris, dedicando-se à matemática e à física, organizando por sua conta e risco cursos gratuitos com a duração de três anos dirigidos pelo matemático Poisson. Em 1802, dirigiu-se para Genebra, onde redigiu a *Lettre d'un Habitant de Genève à l'Humanité* (*Carta de Um Habitante de Genebra à Humanidade*), republicada e ampliada com o título definitivo *Lettre d'un Habitant de Genève à ses Contemporains»*, em Paris, em 1803. Realizou, entretanto, viagens à Alemanha e a Inglaterra, regressando a França arruinado. Atravessando um período de grandes dificuldades financeiras que o obrigaram a desempenhar funções de carácter rotineiro e administrativo, conseguiu, apesar de um esgotamento nervoso em 1812, publicar, em Outubro de 1814, com a ajuda do seu secretário, Augustin Thierry, *De la Réorganisation de la Société Européenne* (*Da Reorganização da Sociedade Europeia*). Em Dezembro de 1816, iniciou a publicação de *L'Industrie* (*A Indústria*), e, em Novembro de 1819, publicou a primeira carta de *L'Organisateur*, mais conhecida por *Parábola de Saint-Simon*.

Em Junho de 1820, iniciou a publicação da sua obra mais célebre, *Le Système Industriel* (*O Sistema Industrial*), que terminou em 1822. Um ano depois, conheceu o seu benfeitor, Olinde Rodrigues, que o livraria de dificuldades económicas até à sua morte. Nesse ano, iniciaria a sua colaboração com Auguste Comte (1798–1857), futuro fundador da doutrina positivista, que se tornaria seu secretário. Com a sua colaboração, iniciou a publicação do *Cathécisme des Industriels* (*Catecismo dos Industriais*). Na Primavera de 1824, rompeu relações com Comte, que seguiria o seu caminho, deturpando a influência do seu inspirador e antigo mestre. Em Março de 1825, publicou a sua última grande obra, *Le Nouveau Christianisme* (*O Novo Cristianismo*), que seria publicada por Olinde Rodrigues. Morreu em 19 de Maio de 1825, rodeado pelos seus amigos e discípulos, sendo sepultado no Cemitério do Père-Lachaise.

As três «classes» e a Revolução Francesa

Publicadas no início da ditadura militar napoleónica, as *Cartas de Um Habitante de Genebra aos seus Contemporâneos* representam, em germe, todo o desenvolvimento posterior da obra de Saint-Simon como reformador social. Saint-Simon proclama como máxima «Acabem as honras pelos Alexandres e vivam os Arquimedes» (Saint-Simon, 1975, p. 120). Com esta máxima, pretende iniciar uma reforma das mentalidades, ainda subordinadas às concepções militaristas de expansão e conquista territorial, com origem no mundo medieval e nas monarquias absolutas, que ponha em lugar de destaque o saber e a ciência. No entanto, esta reforma não deve restringir-se ao plano intelectual, pois o seu verdadeiro objectivo é conseguir sem violência a concordância entre o interesse pessoal e o interesse geral, projecto que a Revolução Francesa ensaiou, mas nunca conseguiu verdadeiramente atingir. Para a sua realização, distingue três «classes»: a primeira é composta pelos cientistas e artistas, que são responsáveis pelos avanços intelectuais da humanidade; a segunda é constituída pelos proprietários, que não estão incluídos na precedente e que têm como divisa «nenhuma inovação»; a terceira é formada pela maioria dos seres humanos, isto é, pelos não-proprietários. Durante a Revolução Francesa, particularmente durante o período do terror revolucionário de 1793-1794, a primeira classe tinha como objectivo destruir todas as instituições do regime monárquico absolutista, servindo-se das «paixões fogosas dos não-proprietários» (*Idem*, p. 124), os chamados *sans-culottes*, para empreender aquele projecto político. Apesar de a segunda classe ter sido derrotada e a terceira ter ascendido ao governo, gerou-se uma situação de instabilidade permanente que não poderia durar muito tempo. A explicação de Saint-Simon para esta situação é liberal-conservadora, mas constitui ao mesmo tempo uma crítica à ordem política tradicional: os não-proprietários são incapazes de governar porque estiveram durante séculos sob o comando dos proprietários, que dispunham das capacidades intelectuais acumuladas para o exercício das funções políticas dirigentes, concebidas segundo uma óptica de dominação do homem pelo homem. Apercebendo-se desta «incapacidade» dos não-proprietários, a primeira classe, no fundo, a elite intelectual revolucionária, acabou por reconhecer a «superioridade intelectual» dos proprietários relativamente aos não-proprietários, acabando por aceitar que uma parte da autoridade perdida durante os períodos mais críticos da revolução regressasse às suas mãos para «restabelecer o regular funcionamento das instituições» (*Ibidem*, p. 125).

Com estas considerações, Saint-Simon apercebe-se, brilhantemente, de que a fase ascendente das revoluções sociais e políticas deve necessariamente, mais cedo ou mais tarde, ter um termo — não existem «revoluções permanentes», como defenderia Leon Trotsky, o brilhante revolucionário bolchevique (ver IX Parte, Capítulo 4) — e que deve seguir-se um período de «normalização» institucional para preservar as principais conquistas transversais da revolução, ou seja, as conquistas comuns às diferentes camadas e grupos revolucionários. Com esta argumentação, Saint-Simon justifica o período termidoriano, bem como, de certo modo, a ascensão de Napoleão ao poder. Que resta então aos não-proprietários que perderam o poder? Estes, apesar de serem mais numerosos do que os proprietários, devem reconhecer que os segundos «possuem mais luzes» e que, por conseguinte, a hegemonia política deve ser repartida segundo este critério, e não na base do mero comando sob outrem conferido pela propriedade como direito hereditário, como acontecia na época pré-revolucionária. Paralelamente, devem reconhecer a autoridade da primeira «classe», dos cientistas e artistas. Os proprietários poderão assim contribuir para a melhoria da instrução dos não-proprietários, o que constituirá o primeiro passo para diminuir «a parte do predomínio que os ricos exercem sobre eles» (*Ibidem*, p. 131). Por sua vez, a primeira «classe», que depende também do trabalho dos não-proprietários, contribuirá para a sua formação intelectual e, parafraseando o grande dramaturgo alemão Friedrich Schiller, para a sua «educação estética», «através dos prazeres mais adequados para elevar a vossa inteligência, orientando-a para as mais delicadas matizes das vossas sensações» (*Ibidem*, p. 133).

Opondo-se ao princípio da igualdade instituído pela Revolução Francesa com o argumento de que nem todos podem governar, Saint-Simon acaba por defender uma hierarquização da sociedade já não na base da propriedade, mas sim na base do talento, que situa os cientistas e os artistas nos lugares cimeiros:

> «Defendo que todas as classes da sociedade se encontrariam bem numa organização como esta: a autoridade espiritual em mãos dos cientistas; a temporal em mãos dos proprietários; a faculdade de quem é chamado a exercer as funções dos grandes líderes da humanidade nas mãos de todos; como salário dos governantes, a estima de todos.» (*Ibidem*, p. 124)

Pressupõe-se que, sendo pagos pela «estima geral», os governantes serão os proprietários que exercerão a título gratuito as funções políticas porque dispõem de recursos económicos para tal, o que está de acordo com a ideologia liberal nascente de que Saint-Simon é ainda partidário.

Do domínio sobre os homens à administração das coisas

O Organizador e *O Sistema Industrial*, redigidos entre 1819 e 1822, em pleno período da restauração dos Bourbons, constituem as obras onde Saint-Simon dá uma forma mais elaborada ao seu projecto de intervenção social e política. Por isso, é necessário fornecer alguns elementos sobre o regime político que foi instituído após a derrota de Napoleão em Waterloo.

A monarquia restaurada tem como referência a Carta de 1814, outorgada pelo novo monarca, Luís XVIII, aos súbditos. Esta instituiu, juntamente com uma Câmara Alta, a Câmara dos Pares, uma Câmara Electiva, a Câmara dos Deputados, que detinha o poder legislativo e aprovava o orçamento do Estado. É também reconhecido um conjunto de liberdades que a Revolução Francesa tinha estabelecido: liberdade de opinião, de culto e de imprensa. Numa primeira fase, logo após a instituição do regime, em Outubro de 1815, formou-se uma Câmara de Deputados ultra-realista, a *Chambre Introuvable*, designação da autoria do próprio Luís XVIII, que, com grande júbilo, afirmava:

> «Quem diria ainda que a França possuísse ainda tais homens e fosse possível encontrar no seu seio uma assembleia que parecia dever ser *introuvable*.» (*Ibidem*, p. 256)

No entanto, a *Chambre Introuvable* seria dissolvida em 5 de Setembro de 1816. Em 5 de Fevereiro de 1817, foi aprovada uma nova lei eleitoral que, dentro dos limites de um sufrágio censitário, alargou o direito de voto: o direito de voto passivo, ou direito a ser eleito, foi concedido aos indivíduos do sexo masculino com uma idade não inferior a 40 anos e que dispusessem de 1000 libras de rendimento tributário, enquanto o direito de voto activo, ou direito a eleger, foi alargado aos homens com uma idade não inferior a 30 anos que possuíssem um rendimento tributário de 300 libras. Depois de em *Aos Eleitores de 1816* ter defendido a Câmara ultra-realista, com argumentos que seriam provavelmente subscritos por Burke e de Maistre, Saint-Simon tornar-se-ia um indefectível partidário da nova reforma eleitoral em *Sobre a lei Eleitoral*, publicada em 1820.

Na sua célebre *Parábola*, primeira carta de *O Organizador*, Saint-Simon interroga-se sobre o que aconteceria à sociedade francesa se, subitamente, desaparecessem os seus melhores cientistas, artistas e artesãos, bem como os principais industriais, os negociantes, os seus melhores banqueiros, em suma, todos os que directa ou indirectamente são responsáveis pela produção da riqueza, bem como os que têm a seu cargo a investigação científica e a educação estética de todos os cidadãos. A França, tal como na *Fábula das Abelhas* de Bernard Mandeville (1714), regrediria civilizacionalmente, tornando-se completamente irreconhecível. Porém, o mesmo não aconteceria se a nação gaulesa perdesse os nobres, os dignitários eclesiásticos, os juízes, os marechais e outras patentes do exército e a maior parte dos que exercem funções no aparelho administrativo do Estado. Lamentar-se-ia a sua perda por razões humanitárias, mas a sociedade continuaria, no essencial, a funcionar sem a sua presença. Além disso, como as actividades parasitárias ou económicas e socialmente improdutivas da maior parte deles continuariam a ser sustentadas pelos impostos que recaem em grande parte sobre os que produzem a riqueza, promovem bem-estar e melhoram a cultura de todos, poder-se-ia concluir, sem grande margem de erro, que uma sociedade organizada deste modo não é mais do que «a constituição do mundo às avessas» (*Ibidem*, p. 438).

É necessário então criar um novo sistema social e político regido pelos «produtores». Este deve ter um duplo objectivo: fornecer aos homens todos os meios que possam ser utilizados para melhorar as suas condições materiais de existência; e a formação de uma nova mentalidade baseada na ciência que substitua o sistema teocrático herdado do feudalismo, o qual, apesar de ter sido abalado pela Revolução Francesa, nunca foi verdadeiramente desmantelado, mantendo-se ainda como poder espiritual dominante, pesem embora os grandes avanços da ciência. Isto significa que as novas personagens, os cientistas, os artistas, os artesãos e os industriais, a que se acrescentam os negociantes e os banqueiros, devem transformar-se na nova classe dirigente, gerindo as actividades produtivas, artísticas e científicas, enquanto os velhos governantes, ligados à classe improdutiva, ou seja, os «ociosos» que vivem à custa da operosidade dos outros, devem renunciar à intervenção na práxis produtiva, artística e científica para as quais não dispõem da mínima competência, limitando-se a garantir que os verdadeiros produtores, onde estão incluídos os artistas e os cientistas, mas também os camponeses e os trabalhadores assalariados das indústrias nascentes, não sejam perturbados nas sua actividades socialmente necessárias.

Porém, a renovação social não será possível sem uma reforma política que permita aos «produtores» desenvolver os seus projectos. O sistema de referência da nova ordem política deve ser a Câmara dos Comuns britânica, que constitui a fonte de inspiração da Câmara de Deputados da monarquia de Luís XVIII. No entanto, esta Câmara deve adoptar uma nova composição política onde estejam representados os dirigentes dos diversos tipos de «trabalho industrial», ou seja, todos os que exercem uma função *activa* na economia produtiva, seja produzindo directamente como os industriais, seja dedicando-se ao comércio, seja financiando a actividade dos outros, como os banqueiros. Excluem-se deste grupo de «produtores» os proprietários ociosos, urbanos e rurais, que vivem de rendas da propriedade imobiliária e mobiliária, verdadeiros zângãos na diligente colmeia das abelhas produtivas.

A reforma eleitoral de 1817 permitiu que os «industriais» conquistassem o direito de voto, mas não o direito a serem eleitos, o que manteve o predomínio político das velhas classes representadas pelo poder religioso tradicional, pelo «feudalismo militar» legado pela expansão napoleónica e pela casta nobiliárquica proveniente do que restou do *Ancien Régime*, derrubado pela Revolução Francesa. Aquela reforma eleitoral é apenas o primeiro passo de uma reforma política mais profunda que deve basear--se na instituição de três novas câmaras: a Câmara de Invenção, a Câmara de Exame e a Câmara de Execução.

A Câmara de Invenção consta de trezentos membros que se dividem em três secções, a primeira das quais é constituída por engenheiros civis, a segunda por poetas ou literatos e a terceira por pintores, arquitectos e músicos. A sua função consiste essencialmente em promover os trabalhos públicos que contribuam para aumentar a riqueza produzida, para melhorar as condições de vida dos cidadãos, tanto relativamente ao fornecimento de produtos socialmente úteis como em todos os empreendimentos que aperfeiçoem o seu gosto e a sua cultura estética.

A Câmara de Exame contará também com trezentos membros, sendo composta por cientistas, tanto no âmbito da física como no das ciências biológicas, e ainda por matemáticos. Esta câmara examinará os projectos apresentados pela primeira, sobre os quais emitirá um parecer, mas a sua principal função será a de elaborar um projecto de educação pública subtraído ao domínio teocrático, que terá como objectivo «tornar os jovens o mais competentes possível para dirigir e executar trabalhos úteis» (*Ibidem*, p. 449). Terá também como tarefa organizar um projecto de festas públicas.

A Câmara de Execução, constituída por representantes dos diversos sectores da indústria e por deputados, terá como base a Câmara Baixa da monarquia, que será reconstituída logo que as duas primeiras se formem. Ao contrário dos membros que fazem parte da Câmara de Invenção e da Câmara de Exame, os membros da Câmara de Execução não serão remunerados, já que provêm de uma classe de dirigentes industriais, em sentido lato, que possuem fortuna própria. A sua principal função é de natureza técnica, pois consiste em dirigir a execução dos projectos aprovados e em recolher os impostos necessários para financiar as intervenções públicas. A duração do seu mandato é de cinco anos, podendo ser reeleitos ou substituídos.

Enquanto o velho sistema social e político era formado pela combinação do poder espiritual papal e teológico com o poder temporal feudal e militar, o novo sistema baseia-se na aliança entre as ciências e as belas-artes e a produção, ou seja, na práxis artística, científica e produtiva, e não na tradicional política concebida como domínio do homem pelo homem. Historicamente, este novo sistema, designado por «sistema industrial», começou a constituir-se no seio do sistema feudal entre os séculos XI e XVI, atingindo o seu apogeu no século XVIII, a «época crítica» da Revolução Francesa. No plano temporal, o seu elemento propulsor foi o processo de urbanização, que criou uma nova forma de propriedade, a propriedade industrial, radicalmente distinta da propriedade fundiária, baseada no poder militar feudal. Paralelamente, este processo de urbanização foi acompanhado, no plano espiritual, pelo desenvolvimento da capacidade científica, que começou a pôr em causa o poder teológico tradicional. Saint-Simon destaca a importância de Galileu, que derrubou a concepção teológica que punha a Terra no centro do Universo e que considerava que a natureza tinha sido criada para servir o homem. Outros dois importantes eventos reforçaram o novo poder espiritual: o aparecimento da imprensa, que esteve na origem da «soberania da opinião pública» (*Ibidem*, p. 472), e a reforma luterana, que pôs em causa a autoridade papal, destruindo «o princípio da crença cega, substituindo-o pelo direito ao exame» (*Ibidem*, p. 467).

A luta entre o sistema nascente e o velho reforçou-se a partir do século XVI, atingindo o seu apogeu no século XVIII. No entanto, para Saint-Simon, a Revolução Francesa de 1789 tomou uma direcção errada por ter derrubado a monarquia sem estabelecer verdadeiramente um sistema político alternativo que pudesse substituí-la com sucesso. A reconstituição da monarquia sob a égide dos Bourbons após a derrota de Napoleão em Waterloo é, para ele, uma prova demonstrativa da sua tese. No entanto, admite que aquela acabou por legar à posteridade algumas conquistas civilizacionais fundamentais:

«abolição dos privilégios, proclamação do princípio ilimitado da liberdade de consciência e, por fim, a instituição da constituição inglesa concedida pelo poder real» (*Ibidem*, p. 476).

O objectivo do sistema político não é o domínio sobre os homens, mas sim a intervenção na natureza para transformá-la e, assim, satisfazer as suas necessidades. Passa-se assim do domínio do homem pelo homem para uma nova relação em que cada um age em cooperação com os outros sobre as coisas com o objectivo de melhorar as suas condições de existência. Para Saint-Simon, apenas este objectivo, e não o da dominação, está de acordo com a «natureza humana»:

«O grande desejo de quase todos os indivíduos não é, de facto, o de agir sobre os homens. Não há, de facto, nenhum que não se apresse a renunciar a uma autoridade absoluta, se o exercício desta autoridade exclui a possibilidade de desfrutar de benefícios da civilização, que são o resultado da acção recíproca sobre as coisas.» (*Ibidem*, p. 487)

Outra característica importante do sistema industrial é a transformação radical da própria política: esta torna-se cada vez mais insignificante e prescindível, deixa de ser cada vez mais uma actividade separada da maioria da sociedade para ser colocada ao seu serviço e não apenas ao de alguns. Enquanto no velho sistema social predominava a separação política entre governantes e governados, na nova ordem social

«logo que a massa do povo aprendeu a comportar-se nos assuntos comuns da vida segundo os próprios conhecimentos e, portanto, encontra-se nas condições em que o colocámos, não tem necessidade de ser governado, pode dirigir-se a si próprio, sem que a paz corra riscos» (*Ibidem*, p. 406).

Em contrapartida, na velha sociedade, uns comandavam, enquanto outros se limitavam a obedecer, a maioria estava reduzida à condição de súbdito ou de cidadão passivo. O comando de natureza hierárquica e militar da velha sociedade é substituído na nova sociedade pela «orientação» por parte dos dirigentes da indústria. Isto significa que os antigos súbditos transformam-se todos em

«colaboradores, todos associados, do mais simples trolha ao mais rico industrial até ao engenheiro mais iluminado» (*Ibidem*, p. 499).

A subordinação do Estado à economia

Na obra *O Sistema Industrial*, Saint-Simon defende que o século XIX será um período de organização da sociedade, contrariamente ao século XVIII, ainda uma época «crítica», dominada pela Revolução Francesa. Nesta obra, retoma a análise do novo sistema «orgânico», o sistema industrial, considerando que entre este e o velho sistema teológico-feudal se formou um sistema intermédio que preparou o seu advento. Este sistema tem como referência no campo temporal os legistas e, no campo espiritual, os metafísicos. Os primeiros são responsáveis pela abolição das jurisdições feudais e pela formação de um sistema jurídico unificado, enquanto os segundos destacam-se pela introdução do princípio da liberdade de consciência, que pôs em causa a hegemonia do poder teológico. Porém, ambos acabam por transformar-se em obstáculos ao estabelecimento do sistema industrial, em que o poder espiritual cabe aos cientistas e o poder temporal aos industriais:

> «Os legistas e os metafísicos protegeram o novo sistema nas suas origens contra a acção do velho sistema na plenitude da sua idade, mas depois, desde que a criança se tornou adulta e o homem maduro se tornou enfermo, toda a intromissão é inútil e nociva, e o novo homem deve negociar directamente com o velho.» (*Ibidem*, p. 595)

O homem «velho» é aqui representado pela monarquia restaurada, já que a Revolução Francesa de 1789-1793, conduzida pelos legistas e metafísicos, não atingiu o objectivo que tinha imediatamente em vista: a instituição de um «regime económico liberal» que conseguisse «a maior fonte de bem-estar possível para a classe laboriosa e produtiva, que constitui no nosso estado de civilização a verdadeira sociedade» (*Ibidem*, p. 598). Para a realização deste objectivo, é necessário um novo acordo entre a monarquia e os Comuns, em que os industriais devem assumir empenhos políticos, subtraindo-os aos seus tradicionais detentores, os legistas. Os industriais-cultivadores, os manufactureiros (incluídos os operários), os negociantes e os banqueiros financiadores da actividade económica constituem uma classe distinta que deve agir para a realização dos seus interesses, que representam o verdadeiro interesse geral. Este acordo passa, antes de tudo, por uma profunda reestruturação política que tem como elemento estratégico a formação de um ministério das Finanças presidido por um industrial durante um período inferior a dez anos, bem como por um Conselho de Industriais, designado por «Câmara da Indústria», que discutirá e aprovará o orçamento de Estado, a disposição legislativa central da nova ordem social e cujo primeiro artigo é «garantir a existência dos proletários, procurando trabalho aos válidos e assistência aos inválidos» (*Ibidem*, p. 637). Seguem-se um ministério da Administração Interna, presidido por um industrial durante seis anos consecutivos, mas cuja composição inclui, além dos industriais, cientistas (físicos, químicos e fisiólogos) e engenheiros civis e, finalmente, um ministério da Marinha, que será

> «presidido por um cidadão que tenha tido domicílio num porto de mar durante vinte anos e tenha estado pelo menos dez anos à frente de uma empresa comercial que fabrique armamentos» (*Ibidem*, p. 638).

As reformas propostas por Saint-Simon implicam uma mudança de paradigma, já que, ao contrário do que aconteceu no decurso da Revolução Francesa, particularmente no seu período jacobino (1793––1794), o Estado deve estar subordinado à economia e não a economia ao Estado. Tais reformas não podem ser promovidas por uma Câmara de Deputados em que, apesar da reforma eleitoral de 1817, os industriais não estão representados, mas que continua a ser dominada pelos legistas tradicionais, que, tal como os metafísicos, tendem a «substituir a substância pela forma e as coisas pelas palavras» (*Ibidem*, p. 501). Tal como em *O Organizador*, Saint-Simon inclui neste novo paradigma um projecto de instrução pública promovido pelas duas academias existentes, a Academia das Ciências e a Academia das Ciências Morais e Políticas, que formavam o Institut, antes da reorganização napoleónica de 1803. O novo Institut supervisionará a instrução pública, que será totalmente laica.

Como a Câmara dos Deputados não poderá ser idónea para promover as reformas que contribuam para o triunfo da nova organização da sociedade, Saint-Simon defende que estas devem ter como ponto de partida um decreto do poder real. Além disso, defende, opondo-se ao liberalismo político, que o regime parlamentar não pode ser «o regime definitivo», mas pode «servir apenas de transição para o sistema industrial» (*Ibidem*, p. 795). Saint-Simon propõe ainda a abolição da Câmara dos Pares, constituída por proprietários ociosos e que dependem exclusivamente das pensões e dos encargos honoríficos que o poder real lhes concede, a abolição da «casta militar» com a sua incorporação no exército regular e a dissolução do Parlamento actual com a eleição de novos deputados defensores do sistema industrial.

Em «Fragmento de um Trabalho Inédito», integrado na obra *L'Organisation Social* (*A Organização Social*), publicada em 1825, Saint-Simon dirige-se explicitamente aos operários que integram numa posição subordinada a classe industrial. Tal como no seu primeiro escrito, baseia esta subordinação não na propriedade mas numa divisão intelectual do trabalho: os dirigentes da indústria em sentido estrito trabalham com a cabeça, enquanto os operários trabalham predominantemente com as mãos, o que legitima, segundo o autor, que estes sejam dirigidos por aqueles. No entanto, os segundos devem ter como principal interesse o aumento da produção dirigida pelos líderes industriais, de que são, por assim dizer, «colaboradores». Por sua vez, a instituição do novo sistema social e político permitirá que todos encontrem trabalho para viver, a difusão do conhecimento no seu seio em consequência do projecto de instrução pública e o desenvolvimento de todos os recursos que lhes proporcionem «prazeres e fruições apropriados para desenvolver a sua inteligência» (*Ibidem*, p. 1079). Para estes, e também para o povo em geral, a instituição de um bom orçamento é o «único problema político» pelo qual deverão manifestar o seu interesse, já que lhes garante a instrução e a satisfação das suas necessidades permanentes com uma administração e gestão económicas, isto é, em que as despesas necessárias para realizar estes objectivos sejam «as menos onerosas possíveis» (*Ibidem*, p. 788). Mas isto significa que os que dirigiram a Revolução Francesa cometeram um «enorme erro político», pois «todos tentaram aperfeiçoar a acção do governo, enquanto deveriam torná-la subalterna e organizar como acção suprema a acção administrativa» (*Ibidem*, p. 1080).

A subalternização da política e as suas implicações no projecto socialista

Axel Honneth caracteriza assim o projecto socialista:

«A ideia de socialismo é uma filha da industrialização capitalista. Ela nasceu quando ficou demonstrado que as exigências de liberdade, igualdade e fraternidade não passaram de promessas vazias para uma grande parte da população.» (Honneth, 2017, p. 19)

Segundo esta definição, Saint-Simon poderá ser considerado um dos precursores do projecto socialista por três motivos: contestou a concepção do político como domínio do homem pelo homem, propôs a formação de um poder cooperativo com vista à transformação da natureza ou à «administração das coisas» e criticou a constituição de uma ordem política que não representa os que produzem directa e indirectamente a riqueza e, consequentemente, a autoridade de um Estado separado da sociedade que não representa os cidadãos verdadeiramente activos no plano produtivo. No entanto, o seu contributo para a formação deste projecto acaba precisamente nestes dois pontos, já que relativamente ao juízo político sobre a Revolução Francesa, Saint-Simon é um autor estruturalmente conservador e, em certos momentos, mesmo reaccionário. Embora tenha, tal como Hegel, alguma razão na sua crítica à retórica política tribunícia, particularmente dominante no período de 1793-1794, que foi responsável pelos milhares de vítimas do terror dito «revolucionário» e não resolveu nenhum problema económico e social, em grande parte devido a uma concepção ainda demasiado abstracta de cidadania, acaba por condenar algumas importantes conquistas da revolução, de que se destaca a doutrina dos direitos humanos das Declarações Universais de 1789 e 1793, em termos que poderiam até ser subscritos sem reservas por um reaccionário como Burke: «A teoria dos direitos humanos» — acusa — «é apenas uma aplicação da alta metafísica à jurisprudência.» (Saint-Simon, 1975, p. 625)

Se é verdade que não defende, como Burke, que os direitos do homem são uma «mina» cuja iminente explosão destruiria toda a autoridade baseada nos «precedentes históricos», não é menos verdade que estes direitos são meras construções de mentes especulativas, completamente incapazes de criarem uma organização «funcional» que tenha em vista a mera gestão e administração das coisas, em que o Estado deve estar ao serviço da economia produtiva e não de uma retórica de natureza jurídico-política formalista e revolucionarista que, na prática, se revelou incapaz de constituir uma verdadeira alternativa ao desmantelamento das instituições políticas do *Ancien Régime*.

Saint-Simon opõe-se também à doutrina da soberania popular, fonte da democracia política, com o argumento paternalista de que «o povo sabe muito bem que, à excepção de momentos de curtíssima duração, não tem possibilidade de ser soberano» (*Idem*, p. 687). Considera ainda que, tal como a doutrina dos direitos humanos, a da soberania foi introduzida pelos legistas e metafísicos que dirigiram a Revolução francesa, utilizando o povo como uma espécie de banco de ensaio para a concretização das suas ideias especulativas. Ao contrário destas personagens, os industriais apenas desejam a estabilidade e receiam a desordem, sendo contrários à «participação no poder da massa do povo», que, devendo preocupar-se apenas com a criação da riqueza e o aumento da prosperidade geral, acaba por renunciar a esta ideia «desestabilizadora» para ser «eminentemente encaminhada para a ordem» (*Idem*, p. 688), sob o «benevolente» comando dos industriais.

Last but not least, Saint-Simon é um opositor da igualdade política e social. Retomando as teses do movimento fisiocrático francês do século XVIII, considera que a verdadeira igualdade, a igualdade industrial,

> «consiste no facto de que cada um retira da sociedade benefícios exactamente proporcionais ao seu contributo social, isto é, à sua capacidade positiva, ao emprego útil que faz dos seus meios, entre os quais é preciso incluir os seus capitais» (*Ibidem*, nota *c* à p. 709).

Poder-se-ia perguntar: e quem não possui capitais, os trabalhadores assalariados, retira benefícios «exactamente proporcionais» à utilização da sua capacidade de trabalho pelos capitalistas industriais? Certamente que não! O futuro movimento socialista teria como objectivo demonstrar a falsidade deste argumento, ao analisar uma relação desigual que na França da restauração dos Bourbons, horizonte de referência de Saint-Simon, mal se tinha constituído: a relação entre trabalho assalariado e capital.

No entanto, paradoxalmente, foi precisamente a regressão saint-simoniana no âmbito da política que teve os efeitos mais nefastos na formação do projecto socialista. Esta regressão teve como consequência fundamental uma concepção meramente instrumental da política como «administração das coisas», em que a democracia parlamentar é apenas uma etapa intermédia para instaurar o governo dos «verdadeiros» produtores ou de quem se proclama assumir a sua representação exclusiva, que, como a História do século XX provou, acabaria por revestir formas ditatoriais, por mais «revolucionárias» que estas se declarassem. Eis como Saint-Simon, um partidário da ordem monárquica restaurada que tentou, em vão, convencer os Bourbons a apoiar os seus projectos de reforma social e política, acabou, involuntariamente, por servir de inspiração aos defensores futuros de uma «ditadura revolucionária do proletariado», que tentariam, sem sucesso, instaurar o projecto de uma sociedade gerida e administrada pelos «produtores associados», ou seja, já não os «industriais» de Saint-Simon, mas os operários, em que o Estado político separado, criticado por este, sendo reassumido pela sociedade, se tornaria, por conseguinte, supérfluo e prescindível. (ver Capítulo 5 desta Parte).

CAPÍTULO 2

CHARLES FOURIER: A NOVA ORDEM SOCIETÁRIA

François Marie Charles Fourier nasceu em Besançon, França, em 1772. Filho de um rico negociante, recebeu 40% do património do pai em 1781. No entanto, 12 anos depois, perdeu todos os seus bens numa especulação mal conduzida, o que certamente despertou a sua aversão visceral ao jacobinismo de 1793–1794 e a todas as formas de revolução política, atitude que persistiria até ao fim da sua vida. Sem dinheiro, foi obrigado a encontrar emprego como caixeiro-viajante, que lhe permitiu, apesar de detestar todas as formas de actividade comercial, percorrer França. Obtendo um emprego melhor numa empresa comercial, acabou por estabelecer-se em Lyon.

Em 1808, concebeu o seu projecto social na obra *Théorie des Quatres Mouvements et des Destinées Générales* (*Teoria dos Quatro Movimentos e dos Destinos Gerais*), onde lançou as bases da sua doutrina sobre a «atracção passional» e criticou com grande perspicácia as injustiças e as contradições da ordem social do seu tempo. Em 1822, publicou o *Traité de l'Association Domestique-Agricole* (*Tratado da Associação Doméstica-agrícola*), conseguindo reunir à sua volta um grupo de discípulos.

Em 1829, transferiu-se para Paris, onde escreveu e publicou *Le Nouveau Monde Industriel et Sociétaire* (*O Novo Mundo Industrial e Societário*). Em 1835–1836, seguiram-se dois volumes da *Faux Industrie* (*Falsa Indústria*) e um grande número de opúsculos e panfletos, sendo que a maioria dos quais permaneceu sob a forma de manuscrito. Nos últimos anos da sua vida, tentou promover os seus projectos de reforma social, reunindo os seus inúmeros discípulos, mas nunca encontrou um governo nem um rico e poderoso benfeitor dispostos a apoiá-los e a financiá-los.

Adoecendo no final do Verão de 1837, morreu em 10 de Outubro desse ano.

A crítica da civilização mercantil

Fourier lamentava-se por ter desperdiçado uma parte significativa da sua vida ao serviço da «desonestidade dos comerciantes» e considerava-se estupefacto por ser obrigado a desempenhar «funções decepcionantes e degradantes» para ganhar a vida. Esta «confissão» contribuiu provavelmente para alimentar a sua feroz oposição à ordem mercantil da sua época. Ao contrário de Saint-Simon, não considera que os negociantes façam parte da classe «industrial», dos «produtores», sendo, pelo contrário, uns dos seus maiores inimigos:

> «O mecanismo do comércio é organizado a contrapelo do senso comum. Este subordina o corpo social a uma classe de agentes parasitas e improdutivos, que são os negociantes. Todas as classes essenciais da sociedade, o proprietário, o cultivador, o manufactureiro, e mesmo o Governo, são dominadas por uma classe acessória, pelo Negociante, que lhe devia estar subordinada, ser o seu agente comissionado e responsável, e que, no entanto, dirige e bloqueia a seu bel-prazer todos os mecanismos da circulação.» (Fourier, 1971a, p. 222)

Para Fourier, o termo «comércio» tem um significado mais vasto do que o corrente. Este não se limita a ser a mera intermediação entre produtores e consumidores, mas abarca as operações especulativas na Bolsa, o negocismo financeiro, que geram bancarrotas fraudulentas, bem como as práticas muito disseminadas na sua época e durante a Revolução Francesa de açambarcamento de subsistências e matérias-primas essenciais por coligações organizadas de negociantes sem escrúpulos que visam apenas enriquecer-se à custa dos males dos outros. Fourier ataca também os banqueiros que já não são agentes económicos responsáveis que se limitam a conceder crédito aos produtores, mas que se entregam cada vez mais a financiar projectos de natureza especulativa que, frequentemente, terminam mal, provocando enormes prejuízos sociais que têm de ser suportados pelas suas vítimas:

> «Em toda a parte se encontram homens que, sob o nome de banqueiros, apenas têm como ofício os empréstimos usurários e atiçar as guerras

da concorrência. Sustentam com os seus empréstimos uma multidão de negociantes supérfluos que se lançam ao desafio nas especulações mais ridículas, e que vêm, depois dos seus fracassos, pedir ajuda e fazer-se resgatar pelos banqueiros. Estes, posicionados na arena mercantil para atiçar o choque, assemelham-se àquelas hordas árabes que volteiam em torno dos exércitos e se rejubilam, esperando pelos despojos dos vencidos amigos ou inimigos.» (*Idem*, pp. 252-253)

O termo «livre concorrência», tão incensado pelos liberais e pelos economistas, os novos sacerdotes da ordem mercantil dominante, é apenas a máscara de um sistema baseado na «traficomania» que usurpa o lugar da igualdade e da fraternidade da Revolução Francesa. Os novos ídolos do século já não são os intelectuais e os artistas, como defendia Saint-Simon, nem as virtudes cívicas que a retórica tribunícia do jacobinismo elevou aos píncaros, mas pura e simplesmente

«os que nos explicam os mistérios da Bolsa em libras, soldos e dinheiros. [A poesia e as Belas-Artes são desprezadas] e o Templo da Memória apenas se abre àqueles que nos ensinam por que motivo os açúcares *enfraqueceram*, porque é que os sabões *flectiram*» (*Ibidem*, p. 274).

A livre concorrência é apenas a exposição do domínio generalizado do espírito e práticas mercantis sobre a sociedade. Esta conduz a resultados contrários à eficácia na alocação de recursos que os economistas e outros ideólogos do liberalismo não se cansam de apregoar. É em nome da livre concorrência que se processam as bancarrotas fraudulentas, uma das características da expansão da ordem mercantil, em que alguns se servem do crédito e da confiança de inúmeras pessoas de recursos relativamente modestos para operações arriscadas na Bolsa que, frequentemente, geram enormes perdas suportadas pela sociedade, enquanto os traficantes da credulidade alheia se safam com perdas mínimas ou mesmo com enormes ganhos, caso consigam desembaraçar-se a tempo dos activos desvalorizados em que apostaram. Fourier não se limita, porém, a denunciar estas práticas, pois é dos primeiros autores a propor medidas contra elas, que viriam a ser adoptadas em inúmeros países muitos anos após a sua morte:

«Em resumo, o corpo dos negociantes, sendo depositários de uma parte da fortuna pública, e cada negociante, servindo-se dos seus depósitos

para arriscar especulações aventurosas que apenas têm como regra o seu capricho individual, de que devem resultar numerosos equívocos e bancarrotas, na sequência das quais os produtores e os depositantes de capitais suportam as perdas dos loucos empreendimentos que não consentiram. Para fazer frente a esta injustiça, seria necessário submeter o corpo comercial a uma *garantia* tal que todos os negociantes e sociedades de empreendedores apenas pudessem arriscar e perder o que possuem.»
(*Ibidem*, p. 236)

Infelizmente, as sociedades por acções, que começavam a despontar na época de Fourier, foram inventadas precisamente para evitar esta *garantia*, que, actualmente, se reduz à legislação que separa a banca de negócios da banca de depósitos e cuja não observância, como aconteceu na crise das *subprime* de 2007-2008, esteve na origem de uma crise financeira de proporções gigantescas. Mas isto confere à medida proposta por Fourier uma penetrante actualidade, já que esta legislação tende a ser periodicamente abolida. O autor estende também a sua crítica a outras práticas comerciais fraudulentas, de que se destaca o açambarcamento de subsistências e matérias-primas por coligações de negociantes organizados. Associa estas práticas predatórias ao princípio da liberdade absoluta de comércio, que impede, em nome da defesa incondicionada do direito de propriedade privada, todas as formas de intervenção pública que visam evitar que alguns açambarquem bens essenciais tanto ao consumo como à indústria para provocarem o aumento em flecha dos preços e, assim, ganharem fortunas à custa da fome da população mais pobre e da ruína de muitos industriais. Tal como para a bancarrota, Fourier não se limita a condenar tais práticas, mas propõe medidas para combatê-las:

«*Deixai fazer aos comerciantes*. Não certamente; reconheçam, pois, que o direito de liberdade comercial deve sofrer restrições segundo as necessidades do corpo social; que o homem provido em excesso de um género de que não é nem produtor nem consumidor deve ser considerado como *DEPOSITÁRIO CONDICIONAL* e não como proprietário absoluto. Reconheçam que os comerciantes ou intermediários das trocas devem ser, nas suas operações, subordinados ao bem da massa, e não livres para entravar as relações gerais pelas manobras mais desastrosas, que são admiradas pelos vossos Economistas.» (*Ibidem*, p. 240)

A hipertrofia dos circuitos de distribuição e comercialização é outra das características da civilização mercantil. Designando-a por «parasitismo comercial», Fourier considera-a responsável por três graves consequências sociais: a primeira é a irracionalidade e o desperdício, que subtrai à economia braços produtivos que são substituídos por uma legião de agentes comerciais que fazem concorrência uns aos outros sem desempenharem nenhuma função produtiva real; a segunda é um aumento generalizado dos preços de venda, que poderiam ser muito mais baixos, apesar da concorrência feroz, se a multidão dos intermediários que se limitam a vender e a comprar os produtos dos outros sem nenhuma contrapartida produtiva fossem reduzidos ao mínimo e os verdadeiros produtores comprassem directamente as matérias-primas na fonte, enviando comissários pagos por eles próprios para adquiri-las e vender os produtos transformados ao público; por fim, as práticas de *dumping*, que actualmente estão formalmente proibidas, mas muito correntes na sua época, gerando um grande número de falências. Estas práticas têm como único objectivo o que Fourier designa por *écrasement*, isto é, o esmagamento dos concorrentes, transformando-se numa espécie de alfa e ómega do parasitismo mercantil:

> «É um erro julgar que o comerciante está submetido ao seu único interesse; este é fortemente escravo da sua inveja e do seu orgulho; uns arruínam-se pela honra estéril de conduzirem negócios imensos; os outros pela mania de *esmagar* um vizinho cujo sucesso os desespera.» (*Ibidem*, p. 251)

A civilização mercantil é concebida como parte integrante de um processo civilizacional mais vasto que se desenvolve em quatro fases. A primeira é caracterizada pela monogamia ou pelo casamento exclusivo e centra-se nos direitos civis do esposo. A segunda é designada por «feudalidade nobiliárquica», estando, porém, tal como em Saint-Simon, a partir de um certo período, ligada à libertação dos industriosos (*affranchisement des industrieux*). A terceira fase do processo civilizacional é, simultaneamente, a primeira da civilização mercantil. Esta tem como germe o espírito mercantil e como elemento propulsor o «monopólio insular». Por fim, a quarta e última fase do processo civilizacional e a segunda da civilização mercantil conduzem ao que Fourier designa por «feudalismo mercantil» (*Ibidem*, p. 218).

O que caracteriza esta última fase do processo civilizacional é a constituição de monopólios — Fourier designa-os por *maîtrises fixes* —, que se erguem sobre os escombros da livre concorrência e, de certo modo, são uma consequência imprevista do seu funcionamento desregulado, acabando por dominar os mercados e converter os pequenos produtores em seus vassalos, tal como no passado os camponeses eram vassalos da «feudalidade nobiliárquica»:

> «Diversas circunstâncias tendem a fazer com que os negociantes se corporativizem, a organizá-los em companhias federais que, de acordo com os grandes proprietários, teriam reduzido todos os pequenos a uma vassalagem comercial, e tornar-se-iam, por intrigas combinadas, senhores de toda a produção. O pequeno proprietário teria sido forçado *indirectamente* a dispor das suas colheitas segundo as conveniências dos monopolistas; tornar-se-ia um empregado explorando por conta da coligação mercantil. Enfim, ver-se-ia renascer o feudalismo por ordem inversa e baseado em ligas mercantis, em vez de ligas nobiliárquicas.»
> (*Ibidem*, p. 266)

Fourier não é, porém, inimigo da concorrência, mas apenas daquela forma de concorrência desregulada, a «livre concorrência» dos economistas do liberalismo emergente, que acaba por gerar o seu contrário, o monopólio, à medida que os concorrentes mais débeis vão sendo eliminados ou subordinados às coligações mercantis organizadas. Em alternativa, defende o que designa por «concorrência societária», que tem características opostas à precedente: transforma o conjunto dos comerciantes em proprietário condicional, não absoluto, dos produtos transaccionáveis; concede à agricultura e à indústria, claramente concebidas como actividades produtivas, uma parte significativa do comércio, garantindo a sua protecção contra todas as manobras que visam subtrair-lhes o controlo do seu processo de produção; transfere para funções produtivas três quartos da força de trabalho que era utilizada nas funções improdutivas da actividade mercantil; por fim, subordina, através do que designa como «finança progressiva», os negociantes às obrigações públicas, acabando definitivamente com todos os procedimentos de natureza especulativa e fraudulenta, que, na civilização mercantil, beneficiam alguns à custa da ruína e do empobrecimento de muitos e contribuem para o endividamento do próprio Estado.

Tal como Saint-Simon, Fourier é um crítico da Revolução Francesa, mas segundo uma perspectiva mais severa, pois «foi [apenas] em 1789 que os comerciantes foram de repente transformados em semideuses, e que a cabala científica se alinhou no seu partido e os exaltou como elementos úteis aos seus desígnios» (*Ibidem*, p. 226). Estas considerações bastantes críticas do liberalismo económico e do positivismo cientificista do discípulo de Saint-Simon, Auguste Comte, estendêm-se ao período do terror revolucionário, que, tal como os «trapaceiros mercantis», mas segundo uma forma política, não económica, em que predominava a retórica tribunícia, «sabiam interpor-se entre o Governo e o povo para controlar um e outro», acabando por «dominar todos segundo os seus interesses» (*Ibidem*, pp. 247-248).

Outro dos seus alvos é a doutrina dos direitos humanos. No entanto, a sua crítica a esta doutrina é substancialmente diferente da de Saint-Simon, adquirindo um novo sentido. O que lhe desperta a atenção é que estas doutrinas, conhecidas actualmente como «doutrinas da 1.ª Geração dos Direitos Humanos», se preocupam apenas com o indivíduo e não com a sociedade. É, de facto, em nome dos direitos «invioláveis e imprescritíveis do indivíduo», de que se destaca o direito de propriedade e o seu corolário, a liberdade de comércio, que as bancarrotas fraudulentas, as práticas impunes de açambarcamento de bens e matérias-primas essenciais e a especulação financeira com o seu cortejo de milhares de vítimas, se consumam sem nenhum controlo da sociedade que os possa prevenir. Fourier torna-se então um precursor das «doutrinas da 2.ª Geração dos Direitos Humanos», os direitos sociais, apenas timidamente aflorados na Declaração Universal dos Direitos do Homem e do Cidadão de 1793, ao defender que a sociedade tem um direito sobre o indivíduo para proteger todos da conduta predatória de apenas alguns:

> «Autores políticos que compõem teorias sobre os deveres do homem, não admitis também os deveres do Corpo Social; e o primeiro destes não é o de reprimir os parasitas que desolam a indústria e apenas baseiam a sua fortuna sobre as pragas que afligem a sua pátria?» (*Ibidem*, p. 245)

Esta crítica aos direitos humanos «individualistas», que exerceu uma grande influência no Marx de *A Questão Judaica*, alarga-se a dimensões mais profundas e totalmente inéditas que são a antecâmara do projecto socialista nascente. É o caso do «direito ao trabalho» reconhecido por Fourier como direito humano prioritário relativamente aos que têm a sua origem na esfera mercantil, mas que, no entanto, é completamente menosprezado pelos políticos da sua época, que seguem a tradição da Declaração de 1789:

«Limitar-me-ei a indicar os assuntos que será necessário tratar, o *Direito ao Trabalho*. Não me interessa empreender nenhum debate sobre estas fantasias renovadas dos Gregos sobre os direitos do homem que se tornaram tão ridículas. Depois das revoluções que nos causou o seu reino, acreditem que nos encaminhamos para novas perturbações por se ter esquecido o primeiro destes direitos e o único útil, o Direito ao Trabalho, que os nossos políticos nunca mencionaram, segundo o seu hábito de omitir em cada ramo de estudos as questões primordiais.» (*Ibidem*, p. 265)

O direito ao trabalho, juntamente com os direitos não reconhecidos das mulheres, «cuja opressão destrói a justiça na sua base» (*Ibidem*, p. 293) — que o diga Olympe de Gouges, autora de uma Declaração Universal dos Direitos da Mulher e da Cidadã, em 1791, e guilhotinada dois anos depois —, são possíveis nas sociedades civilizadas, mas a inexistência do primeiro torna todos os outros inúteis, embora não prescindíveis. Ao contrário de Saint-Simon e juntamente com Robert Owen (ver próximo capítulo), Fourier é um dos primeiros autores a reflectir sobre a miséria da condição operária no capitalismo nascente, bem como sobre os horizontes de precariedade a que a civilização mercantil condena muitos jovens quando afirma premonitoriamente que «se a civilização se prolongar apenas meio século quantas crianças mendigarão à porta das mansões habitadas pelos seus pais!» (*Ibidem*, p. 280). Responsabiliza também a «imperícia» dos sistemas sociais das «nações civilizadas» que «não asseguram ao indigente os meios de trabalho e de subsistência» (*Ibidem*, p. 260). No *Novo mundo industrial e societário* aprofunda este juízo crítico com a sua fórmula lapidar de que «a pobreza nasce na civilização da própria abundância» (Fourier, 1995, p. 69). Esta afecta sobretudo a classe emergente dos trabalhadores assalariados, ainda genericamente designada por «povo», condenada prematuramente a diversos tipos de morte por fome:

«Nos locais em que o povo civilizado não morre de fome *premente*, morre de fome *lenta* pelas privações, de fome *especulativa* que o obriga a alimentar-se de coisas insalubres; de fome *iminente* pelo excesso de trabalho, por entregar-se por necessidade a umas funções perniciosas, a umas fadigas exageradas que produzem as febres, as doenças; trata-se de encaminhá-los sempre para a morte pela fome.» (*Idem*, p. 64)

A civilização mercantil baseia-se na oposição entre o interesse individual e o interesse colectivo, tornando-se um sistema social irracional.

Crítico das teses mandevillianas sobre a utilidade do desperdício gerador de emprego (Mandeville, 1974, pp. 29-39), Fourier considera que esta oposição faz com que a fortuna de uns se baseie nos males e desgraças dos outros, gerando enormes desperdícios que não apenas evitam a libertação da força de trabalho para novos ramos de actividade, mas tornam redundantes inúmeras tarefas que se multiplicam inutilmente, para além de alimentar cada vez mais a sobrecarga de trabalho:

> «Todo o homem industrioso está em guerra contra a massa e é maldoso para com ela por interesse pessoal. Um médico desejaria aos seus concidadãos umas boas febres, e um advogado, uns bons processos em cada família. Um arquitecto necessita de um bom incêndio, que reduza a cinzas a quarta parte da cidade e um vidreiro deseja um bom granizo que parta todos os vidros. Um alfaiate e um sapateiro apenas desejam para o público uns tecidos de má qualidade e um calçado de couro medíocre, com o objectivo de utilizarem o triplo desses produtos para o benefício do comércio.» (*Ibidem*, p. 168)

A civilização mercantil é, de facto, um «mundo às avessas». Porém, não constitui o fim último para que tende a humanidade, sendo apenas a etapa da sua ascensão para um mundo diferente e melhor cujo «material», o desenvolvimento da produção e da indústria, já existe, mas de uma forma que gera mais prejuízos do que benefícios para todos. A construção de uma nova ordem societária é, por conseguinte, cada vez mais necessária e não consiste em alimentar a retórica tribunícia de 1793-1794, que tantos estragos e vítimas causaram, mas sim em orientar os «cálculos da política» para a resolução de um único problema:

> «Assegurar aos menos industriosos um bem-estar suficiente para que prefiram constantemente e apaixonadamente os seus trabalhos ao estado de inércia e de exacção a que aspiram hoje em dia.» (Fourier, 1971a, p. 279)

Os cantões societários

Ao contrário de Saint-Simon, Fourier é um adversário da concepção da política como intervenção administrativa para configurar a sociedade conformemente aos interesses dos «produtores». No entanto, rejeita visceralmente a política entendida como *politeia*, que, de resto, é comum aos representantes do projecto socialista emergente, com particular destaque, como veremos mais adiante para os fundadores do chamado «socialismo científico», Karl Marx e Friedrich Engels, já que o seu projecto é decididamente antipolítico, tendo como objectivo «procurar o bem apenas nas operações que não tenham nenhuma relação com a administração e com o sacerdócio, que apenas se baseiam em medidas industriais e domésticas compatíveis com *todos* os governos sem ter necessidade da sua intervenção» (*Idem*, p. 5). Isto significa que todos os governos, quer sejam republicanos, monárquicos, democráticos ou autocráticos, são «fiáveis», desde que estejam dispostos a apoiar os seus projectos de reforma social. Eis como o projecto socialista emergente nasce com uma grave limitação, apesar de a sua consciência da questão social emergente da época, as degradadas condições de vida das classes trabalhadoras: ou como uma instrumentalização da política pela economia, como acontecia em Saint-Simon, ou com um manifesto desprezo por aquela em todas as suas formas, considerando-as igualmente irrelevantes para organizar uma ordem social inclusiva em que, apesar das diferenças e divergências ideológicas, se torna possível que cada um possa coexistir e conviver com os outros numa comunidade não utópica partilhada por todos. Neste sentido, o seu antipoliticismo radical pode, de certo modo, ser considerado precursor das doutrinas anarquistas sobre a abolição do Estado.

O projecto de Fourier tem como objectivo a constituição de um conjunto de associações domésticas agrícolas, as falanges societárias, tomando como ponto de partida os cantões, unidades administrativas francesas, que deverão cobrir todo o país e progressivamente estender-se a todo o globo. Estas associações, constituídas por um máximo de 1600–1700 pessoas ou por um mínimo que não poderá ser inferior a 400, não excluem a indústria, mas, tal como afirma na *Teoria da Unidade Universal*, «apenas intervêm através das funções agrícolas, que são o principal alimento das rivalidades e intrigas industriais» (Fourier, 1971b, p. 5). Com este projecto, Fourier pretende também superar a repartição irracional da propriedade fundiária em França, tomando como ponto de partida o minifúndio, a sua forma predominante, com o objectivo de instituir uma comunidade de produtores associados.

A sua grande originalidade reside em retomar a doutrina das paixões do libertinismo erudito dos séculos XVII e XVIII, doutrina que teve em Bernard Mandeville, da célebre *Fábula das Abelhas* (1714), e em Voltaire, no capítulo VIII do *Tratado de Metafísica* (Voltaire, 1972, pp. 181-195), bem como no seu poema *Le Mondain*, os seus precursores, libertando-a do seu carácter céptico e relativista. Assim, as paixões que resultam da emulação e do amor-próprio, tão condenadas pelos moralistas austeros na base de uma concepção ascética e anacoreta do mundo, são os meios de que se serve a nova associação para a formação de um interesse geral que, ao contrário do que acontece na civilização mercantil, deve estar necessariamente de acordo com o interesse pessoal. Em contraponto ao que pensam estes moralistas, como já tinha sido denunciado por Mandeville e Voltaire,

> «não se pode reprimir as paixões [...] se cada um as reprimisse, o estado da civilização declinaria e regrediria para o estado nómada, no qual as paixões seriam ainda tão maléficas quanto são entre nós; já não acredito mais nas virtudes dos pastores como nas dos seus apologistas» (*Idem*, p. 9).

Para Fourier, é necessário canalizar as paixões dos indivíduos, motivados pelo princípio do prazer, não para a constituição de uma ordem competitiva em que cada um está em guerra permanente com os outros, como acontece em Mandeville e Voltaire, mas, pelo contrário, para uma ordem cooperativa que, porém, não exclui de modo algum a emulação, mas que lhe atribui um carácter completamente diferente e mesmo oposto à que esta reveste no mundo civilizado. A nova associação necessita mesmo de «paixões ardentes e requintadas», pois «desde que a associação se formou, as paixões harmonizam-se tanto mais facilmente quanto mais vivas e numerosas são» (*Ibidem*, p. 9). O seu elemento fundamental é a atracção recíproca dos indivíduos, com particular destaque para os dois sexos, força que Fourier encontra na astronomia, como o provam as leis de gravitação universal descobertas por Newton na astronomia, como no mundo material e espiritual das criaturas que vivem no planeta Terra. Apenas o desenvolvimento do princípio da atracção pode contribuir para a «fortuna social», que não é mais do que «uma opulência graduada que protege as necessidades dos homens menos ricos e que lhes assegura, pelo menos como mínimo, a condição que designamos por mediocridade burguesa» (*Ibidem*, p. 16).

Ao contrário do que acontece com o comunismo babouvista (ver próximo capítulo), as falanges societárias não visam um igualitarismo grosseiro, ou seja, um nivelamento por baixo das fortunas que apenas poderá conduzir a um estado de miséria generalizada, mas baseiam-se numa diferenciação de classes com base no rendimento. Fourier distingue no *Novo Mundo Industrial e Societário* cinco classes: pobre, apurada, mediana, acomodada e rica. Cada uma possui o dobro do rendimento da precedente. No entanto, a «classe pobre», que na civilização mercantil tem frequentemente um rendimento tendencialmente nulo, em consequência da perda recorrente do emprego e dos salários de miséria, desfruta na nova ordem societária de um nível de um bem-estar que supera mesmo o da «classe rica» na civilização mercantil. Tal é consequência do prodigioso aumento do produto societário que se torna possível com a nova organização cooperativa da produção. É também possível antecipar ao povo um rendimento mínimo que não será «um incentivo à preguiça, pois não apenas o trabalho será atractivo, mas o seu produto será significativamente maior para o garantir» (*Ibidem*, p. 16).

O elemento central do modelo de sociedade de Fourier é o «trabalho atractivo», em contraposição ao «trabalho incoerente» da civilização mercantil. O seu produto será repartido em proporção do capital, trabalho e talento. Não rejeitando de todo a divisão do trabalho, mas reduzindo-a à idade e ao sexo como forma de estimular uma saudável emulação entre os diversos grupos de trabalho, Fourier defende que a diversificação das tarefas permitirá superar a repugnância que a maior parte dos indivíduos experimenta pelo trabalho na civilização mercantil, transformando o trabalho incoerente em trabalho atractivo, que se tornará preferível à preguiça. Assim, os diversos grupos de trabalho devem mudar frequentemente de funções, preferivelmente de hora para hora ou no máximo de duas em duas horas: «Um homem pode encontrar-se das 5 às 7 num grupo de pastores; às sete num grupo de cultivadores; às 9 num grupo de jardineiros» (*Ibidem*, p. 15).

O predomínio do trabalho agrícola torna relativamente fácil esta diversificação, que será muito mais difícil no caso do trabalho industrial, que tem uma posição muito subalterna no projecto de Fourier, pois a Revolução Industrial ainda dava os primeiros passos no seu país. Porém, no novo regime societário, cada um desfruta do «direito ao trabalho ou direito de intervir sempre num determinado ramo de trabalho à sua escolha, desde que prove a sua competência e aptidão» (*Ibidem*, p. 15). Tal regime, apesar de admitir a desigualdade das fortunas, visa extirpar a indigência que, segundo Fourier, nasce em grande parte da inércia e da preguiça geradas pelo trabalho incoerente e pelo desemprego recorrente a que os mais débeis estão submetidos, em consequência da irracionalidade e dos desperdícios gerados pela civilização mercantil.

Na nova ordem societária, a melhoria do bem-estar dos mais ricos não se faz à custa do bem-estar dos mais pobres, mas só é possível porque estes participam na melhoria do bem-estar geral. Isto não impede que as falanges societárias se organizem em estruturas residenciais, os falanstérios, conjuntos de edifícios de grandes dimensões, *grands hotels*, com uma distribuição dos apartamentos por quatro andares em que os mais ricos ocupam os do topo e os mais pobres o rés-do-chão.

O modo de funcionamento do novo regime societário baseia-se no mecanismo das «séries passionais», que tem como base no mínimo três grupos de trabalho em que vigora o princípio da diversificação de tarefas, pois tem necessidade de um termo médio para atenuar os contrastes entre os extremos, mas podendo chegar a quatro, número ideal para Fourier, pois as suas «propriedades e relações conectam-se às de uma proporção geométrica» (*Ibidem*, p. 21). As séries passionais não se baseiam na uniformidade, mas sim na emulação suscitada pelos contrastes (de carácter, de idade, de género, etc.), enquanto o mecanismo do seu funcionamento se desenvolve através de diversos agrupamentos em que cada um exerce alguma espécie de paixão, que se transforma em paixão genérica para a série em que se integram. Fourier exemplifica «vinte grupos que cultivam vinte espécies de rosas formam uma série de rosistas quanto ao género, de rosistas-brancos, rosistas-amarelos, rosistas--musgo, quanto à espécie» (*Ibidem*, p. 20).

Sem a exploração destes contrastes, os produtos das séries passionais seriam medíocres, tanto no que respeita à quantidade como à sua qualidade. Sem a diversificação das funções, não seria possível a sua combinação (*engrenage*) com vista à obtenção de resultados comuns partilhados por todos. A nova ordem societária tem como objectivo

> «estabelecer a unidade de acção, conciliar o interesse individual com o interesse geral, que são incompatíveis na civilização, e fazer agir concertadamente em todas as operações os associados desiguais, como se cada cantão pertencesse a um só indivíduo, que afectaria cada parte do território às utilizações mais convenientes» (*Ibidem*, p. 29).

Fourier esperou em vão, tal como Godot, que algum rico benfeitor financiasse o seu projecto. Apenas um admitiu fazê-lo, marcando todos os dias um encontro, ao meio-dia, na sua casa. Apesar de comparecer pontualmente a essa hora todos os dias, a personagem, provavelmente um adversário que queria divertir-se à sua custa, nunca compareceu.

No entanto, o contributo de Fourier para o projecto socialista, pese embora a sua dimensão fantástica, foi inestimável, já que apelou à construção de uma comunidade inclusiva não baseada no nivelamento grosseiro das fortunas, mas socialmente diferenciada sem que tal gerasse antagonismos iconoclastas e destrutivos, em que todos desfrutam de bem--estar e condições de vida dignas, onde ninguém é demasiado opulento para despojar os outros das coisas indispensáveis à vida e a competição é reconhecida não como meio de esmagar o outro e afastá-lo do mercado, mas sim como estímulo e emulação da criatividade de cada um para a obra cooperativa comum.

CAPÍTULO 3

ROBERT OWEN: UMA NOVA CONCEPÇÃO DE SOCIEDADE

A Revolução Industrial britânica e o nascimento do operariado

Durante o século XVIII, a população das ilhas britânicas duplicou de cinco para dez milhões de habitantes em grande parte devido a uma taxa de natalidade de 34–36 por cada mil habitantes e a uma redução da taxa de mortalidade que se fixou em 32 por cada mil habitantes, de que resultou, por conseguinte, um saldo fisiológico positivo. Paralelamente, processou-se uma revolução urbana: em 1750, apenas Londres e Edimburgo, na Escócia, registavam 50 000 habitantes; em 1800, já havia oito cidades que alcançavam esta cifra populacional, enquanto a capital atingia já um milhão de habitantes nos primeiros anos do século XIX (Saraiva, 2003, pp. 231–232).

A paisagem agrícola britânica registou também importantes transformações. Entre estas, destacou-se a concentração da propriedade fundiária através do sistema de emparcelamento (*enclosures*), que agregou as terras comunais e as pequenas propriedades agrícolas aos latifúndios dos *landlords*. Este evento potenciou a introdução de novos métodos de cultivo que contribuíram para o aumento da produção e da produtividade agrícola: abandono da rotação trienal, em que predominava o tradicional sistema de pousio, em benefício de formas intensivas de cultivo da terra, que combinavam a plantação de espécies herbáceas com a criação de gado. Complementarmente, novas culturas provenientes do Novo Mundo, como a do milho e a da batata, foram introduzidas num contexto de inovação tecnológica, que conduziu ao aperfeiçoamento dos arados e à introdução das debulhadoras mecânicas.

Este fenómeno, que alguns designaram por «revolução agrária», permitiu aumentar a produção de bens de subsistência para as zonas urbanas em crescimento, tornando-se assim um pressuposto do desenvolvimento industrial. Foi, no entanto, num ramo industrial emergente, a indústria têxtil algodoeira, que se verificou um importante conjunto de transformações tecnológicas que esteve na origem da primeira Revolução Industrial, fenómeno esse que teve uma repercussão económica e social e, posteriormente, política, comparável ao da Revolução Francesa de 1789. A perda da centralidade da indústria têxtil laneira, em proveito da têxtil algodoeira, associou-se à redução do preço da matéria-prima importada da colónia norte-americana da Grã-Bretanha, os futuros Estados Unidos da América do Norte. Um primeiro conjunto de inovações potenciou a mecanização da produção manufactureira, primeiro na tecelagem, na década de 1730, com a adaptação da lançadeira volante ao tear manual, que aumentou a velocidade da tecelagem relativamente à fiação; depois, este processo estendeu-se à fiação com a *spinning jenny*, um sistema de fusos múltiplos concebido por James Hargreaves; finalmente, em 1785, a invenção do tear mecânico permitiu sincronizar o trabalho dos dois ramos da indústria têxtil algodoeira, o que permitiu que o trabalho fosse organizado cada vez mais independentemente da habilidade e *savoir-faire* do artesão.

Numa segunda fase, as tradicionais formas de energia utilizadas para accionar os instrumentos de produção — animal, humana, vento e água — foram substituídas pelo vapor de água, destacando-se a invenção, em 1769, por James Watt, da máquina a vapor, que permitiu a passagem do sistema de produção manufactureira da fase precedente para o sistema de produção fabril, em que se consumou a separação entre a habilidade manual do trabalhador artesanal e um processo produtivo que passou a funcionar automaticamente segundo padrões científicos e tecnológicos controlados por quem geria a nova organização do trabalho. Esta inovação permitiu um aumento prodigioso da produção e da produtividade do capital no final do século XVIII e na primeira metade do século XIX com a consequente substituição do trabalho manual pelas novas máquinas.

Numa terceira etapa, a Revolução Industrial britânica estendeu-se à siderurgia, sendo lançadas as primeiras bases das futuras indústrias metalomecânicas. Em 1732, o carvão vegetal foi substituído pelo coque, o que contribuiu para aumentar significativamente a produção neste ramo. Assim, o carvão, a par do vapor, tornou-se a força motriz das novas indústrias. Mas foi sobretudo a revolução nas vias de comunicação, com o desenvolvimento do sistema de transporte ferroviário, que substituiu as tradicionais diligências nas longas distâncias, que marcou esta etapa. Em 1829, George Stephenson inventou a locomotiva a vapor. Um ano depois, foi inaugurada a primeira linha de passageiros entre as cidades de Liverpool e Manchester. A via-férrea depressa se estenderia a outros países europeus que encetaram o seu processo de industrialização.

A Revolução Industrial britânica teve também profundas repercussões económicas e sociais. Relativamente às primeiras, destacou-se a redução do peso da agricultura tanto no que respeita à população activa como à formação do produto na produção total, embora durante a primeira metade do século XIX continuasse a empregar, mesmo na Grã-Bretanha, uma parte significativa desta população na Europa que se industrializava. Foi sobretudo a passagem da produção artesanal para a produção de massa no sector secundário que constituiu a transformação marcante da primeira Revolução Industrial. A especialização e a divisão do trabalho, que se alargava à medida que os novos métodos de produção abarcavam novos ramos de actividade, a formação de um mercado nacional para os produtos das novas indústrias, o aumento prodigioso do comércio externo através da exportação de produtos manufacturados, a importação de matérias-primas pelas novas potências industriais, de que se destacava a Grã-Bretanha durante a primeira metade do século XIX, a constituição de um mercado mundial e de uma nova divisão internacional de trabalho entre países que se especializavam na produção de produtos manufacturados e países que se limitavam a exportar matérias-primas e produtos agrícolas completaram o quadro das transformações económicas resultantes da Revolução Industrial britânica.

No plano social, a principal consequência foi a formação de uma nova força de trabalho, os operários fabris, desprovida dos meios de produção, que já não se encontravam na posse das corporações de ofícios artesanais, que foram abolidas em França, pela lei de Le Chapelier de 1791, e, em 1814, em Inglaterra. A população das novas cidades industriais, como Manchester, aumentou significativamente, passando de 22 000 habitantes para 350 000 entre 1770 e 1840, taxa de crescimento demográfico muito superior ao aumento geral da população britânica no mesmo período, que se situava entre 9 e 18% a cada dez anos, valor mesmo assim bastante elevado se tivermos em conta a evolução demográfica actual na Europa (Pietsch, 1964, p. 34).

As fábricas pagavam salários de cinco xelins por semana. Os salários não chegavam a duas libras por um período de 72 horas semanais ou mais. As mulheres recebiam menos de metade dos salários dos homens e as crianças de tenra idade entre um sétimo e um terço. Estes salários de miséria eram, porém, justificados pela ideologia calvinista dominante, que defendia que os trabalhadores deveriam estar reduzidos ao mínimo de subsistência, pois, se tivessem a oportunidade de acumular um magro pecúlio, não estariam dispostos a trabalhar nos dias seguintes.

O trabalho quotidiano efectuava-se em estabelecimentos insalubres por um período ininterrupto de 14 a 16 horas. O novo sistema fabril era periodicamente assolado por crises de superprodução que lançavam milhares de pessoas, famílias inteiras com inúmeras crianças, no desemprego sem nenhuma fonte de rendimento. As taxas de mortalidade, que tinham diminuído na Grã-Bretanha entre 1780 e 1810, aumentaram até 1840, período da industrialização emergente, em grande parte devido ao elevado número de óbitos no seio da população operária. A sua esperança média de vida nas cidades industriais contrastava com as das outras classes, que, porém, eram muito baixas se as compararmos com as actuais na Europa: em 1840, em Manchester, o maior centro industrial, era de 17 anos, contra 38 anos das classes mais favorecidas e 20 anos dos artesãos, enquanto nas zonas rurais poderia atingir mais do dobro (Piqueras, 1995, pp. 13–14).

Um famoso autor da época, Friedrich Engels, sintetizava assim as miseráveis e degradantes condições de existência do operariado nascente nas novas cidades industriais:

> «As grandes cidades são habitadas principalmente por operários, visto que, na melhor das hipóteses, há um burguês para dois, por vezes três e, nalguns sítios, para quatro operários; estes operários nada possuem e vivem do seu salário, que, na maior parte das vezes, só permite subsistir no dia a dia. A sociedade individualizada não se preocupa com eles, e deixa-lhes o cuidado de proverem às suas necessidades e da família; contudo, não lhes fornece os meios de o fazerem de forma eficaz e duradoura. Qualquer operário, mesmo o melhor, está constantemente exposto a privações, quer dizer, a morrer de fome, e um bom número sucumbe. Regra geral, as casas dos trabalhadores estão mal implantadas, mal construídas, mal conservadas, mal arejadas, húmidas e insalubres; nelas, os habitantes estão confinados a um espaço mínimo e, na maior parte dos casos, numa divisão dorme pelo menos uma família inteira. O arranjo interior das casas é miserável; chega-se num certo grau à ausência total de móveis mais indispensáveis. As roupas dos trabalhadores

também são, regra geral, medíocres, e estão frequentemente esfarrapadas. A comida é geralmente má, muitas vezes imprópria para consumo, em muitos casos, pelo menos em certos períodos, insuficiente, e, no extremo, há pessoas que morrem de fome.» (Engels, 1975, pp. 110-111)

O despertar da consciência social perante estas precaríssimas condições materiais de existência gerou uma vaga de revoltas. Numa primeira fase, os trabalhadores dos ofícios artesanais que não podiam competir com as novas indústrias sublevaram-se, tendo como alvo as máquinas, que consideravam responsáveis pela destruição dos seus postos de trabalho. Esta sublevação, particularmente intensa em 1810 no Nottinghamshire e no Derbyshire, mas estendendo-se também ao Yorkshire e ao Lancashire, foi designada por *luddism*, termo proveniente de uma figura libertadora imaginária, Ned Ludd, com que os revoltosos assinaram as suas acções. Em 1812, em nome do direito absoluto de propriedade, como já tinha sido denunciado por Fourier a propósito das práticas de açambarcamento de produtos essenciais à vida e às indústrias, a destruição das máquinas foi punida com a pena de morte na Grã-Bretanha. Esta pena em breve se estendeu a França (1817-1842), à Bélgica (1821-1830) e à Alemanha (1831-1842). Em 1831, os tecelões da cidade francesa de Lyon e, em 1842, os da Saxónia sublevaram-se contra as indignas e intoleráveis condições de trabalho a que estavam submetidos.

A Revolução Industrial britânica contribuiu, mais do que a Revolução Francesa de 1789, para transferir para o âmbito económico e social a luta pela igualdade efectiva, não formal, de direitos, bem como para potenciar a reivindicação, a que o liberalismo político de ascendência kantiana se opunha, sobre o alargamento do sufrágio a todos os indivíduos do sexo masculino, que permanecia restringido na Europa Ocidental às classes possuidoras. Foi, porém, a chamada «Conspiração dos Iguais», protagonizada por Gracchus Babeuf, em 1796, em França, nos últimos estertores do período termidoriano, que assinalou, um pouco *avant la lettre*, o novo período. Babeuf e os conspiradores de 1796, que seriam executados, propunham estabelecer um estado de comunidade de bens através da instauração de uma ditadura revolucionária que tinha como objectivo abolir a propriedade privada, considerada como a fonte das desigualdades económicas e sociais. No entanto, o comunismo de Babeuf e dos seus discípulos, que acabaria por exercer uma profunda influência sobre algumas das correntes socialistas nascentes, mas que seria fortemente criticado por Karl Marx (ver Capítulo 5 desta Parte), baseava-se fundamentalmente num igualitarismo grosseiro de conotações religiosas, pois inspirava-se fortemente na velha concepção da patrística cristã de que o «supérfluo» dos ricos resultava da usurpação do «necessário» dos pobres, o que tornava objectivamente impossível a constituição de uma sociedade próspera e diferenciada, e tendia a instituir um regime que poderíamos designar por «comunismo de miséria»:

> «Tudo o que vocês têm excedendo as vossas necessidades, provêm-vos de vias iníquas; e tudo o que vos falta encontra-se neste supérfluo que souberam subtrair à nossa porção pelas mesmas vias iníquas.» (Babeuf, 1969, pp. 236–237)

Na Grã-Bretanha, a influência da Revolução Francesa foi protagonizada pelos jacobinos ingleses que, em 1792, criaram a *London Corresponding Society*, organização representativa das classes populares. Ao contrário dos liberais, representantes das classes médias em ascensão, a sua reivindicação fundamental era o sufrágio universal e a representação igual, mas incluía também medidas sociais, de que se destacava a restituição das terras comunais que tinham sido expropriadas pelos *enclosures*. A primeira metade do século XIX britânico foi assinalada pela combinação da luta pelo alargamento do sufrágio e pelo direito de associação sindical com reivindicações de carácter social, concretas e não utópicas regressivas, como as de Babeuf, que se situavam para lá da esfera política em sentido restrito, pois tinham como objectivo o estabelecimento de medidas que visavam melhorar as condições de vida e de trabalho do operariado nascente. Em 1830, surgiu a Associação Nacional para a Protecção do Trabalho, fundada por John Doherty, a primeira associação intersindical britânica. Mas foi sobretudo o movimento cartista (ver Parte V, Capítulo 3) que assinalou a natureza cada vez mais «socialista» das reivindicações políticas do novo movimento social. Em 1838, Stephers, um dos seus dirigentes, definia assim os seus objectivos:

> «O cartismo, meus amigos, não é uma questão política, segundo a qual se trata de obter o direito de voto, etc., mas o cartismo é antes uma questão de *garfo e faca*, quer isto dizer que a Carta significa uma boa casa, comida e bebida, bem-estar e um trabalho curto.» (Piqueras, 1995, pp. 25–26)

A formação do carácter

Robert Owen nasceu em 1771 em Newtown, País de Gales, sendo o sexto de sete filhos de um seleiro e ferrageiro. Cedo abandonou a sua cidade natal, dirigindo-se para Manchester, cidade em que se tornou, em 1792, gestor de uma empresa têxtil, a Piccadilly at Bank Top, e, dois anos depois, em parceria com outros empresários, proprietário da Charlton Twist Mills, nos arredores de Manchester. Protótipo do *self-made man*, instalou-se, em 1799, na localidade escocesa de New Lanark, onde se associou ao seu sogro, David Dale, para dirigir a New Lanark Mill. Foi aqui que desenvolveu uma experiência inovadora de melhoria das condições de existência dos trabalhadores e das suas famílias, com particular destaque para as crianças que, à revelia do que acontecia na sua época, frequentaram pela primeira vez a escola.

Em 1810, defendeu e instituiu no seu estabelecimento de New Lanark a jornada de trabalho de oito horas, tornando-se assim um precursor da redução do horário de trabalho. Dois anos depois, sintetizou a sua experiência em *A New View of Society* (*Uma Nova Concepção da Sociedade*), obra em que defendeu que o carácter do indivíduo não é uma variável independente, como sustentava a ideologia liberal dominante, mas sim fruto das circunstâncias sociais em que está inserido. Em 1820, elaborou o *Report to the County of New Lanark* (*Relatório ao Condado de New Lanark*), em que desenvolveu o seu pensamento económico e lançou as bases do socialismo cooperativo.

Em 1825, abandonou New Lanark, transferindo-se para os Estados Unidos da América, onde fundou a colónia-modelo de *New Harmony* no Estado de Indiana. Fortemente crítico da propriedade privada, da religião oficial e do matrimónio burguês, tentou desenvolver uma experiência comunista de autogoverno. Esta valeu-lhe a oposição do *establishment* da sua época, que, anteriormente, tinha visto com bons olhos o seu filantropismo. Porém, o seu resultado foi um enorme fracasso, em grande parte devido à sua tentativa de subordinar a um igualitarismo radical a diversidade social e as diferenças e os estímulos individuais, como já tinha sido entrevisto por Fourier, um dos críticos mais severos da sua experiência comunista:

«Não se vê que esta reunião seja societária; parece apenas ser um agrupamento muito numeroso de 2500 pessoas onde reina uma política benevolente, uma disciplina judiciosa, mas severa até à austeridade, e um pouco semelhante à dos jesuítas do Paraguai. Não se vê ali nenhuma disposição que possa conter a principal condição do vínculo societário, a retribuição por dividendos proporcionais às três faculdades capitais, trabalho e talento.» (Fourier, 1971b, p. 7)

Perdendo grande parte da sua fortuna em New Harmony, regressou a Londres. Apesar de já não ser um próspero empresário, continuou a desenvolver as suas tendências doutrinárias de orientação socialista contra a corrente predominante na sua antiga classe social. Em 1832, estabeleceu o National Labour Exchange System, um entreposto em que as mercadorias eram trocadas pelas *labour notes* (vales de trabalho), ou seja, pelo seu valor medido em horas de trabalho. Esta nova experiência durou até 1833 em Londres e apenas alguns meses em Birmingham. No entanto, libertada da sua carga fantástica e utópica, esteve na origem do desenvolvimento das cooperativas de produção e consumo.

Entre 1836 e 1844, Owen escreveu a sua obra-prima *The Book of the New Moral World* (*O Livro do Novo Mundo Moral*), em que sistematizou de forma orgânica o seu pensamento socialista. Envolveu-se também no nascente movimento sindical britânico, sendo um dos grandes activistas do Cartismo. Porém, nos últimos anos da sua vida, entrou numa fase de religiosidade mística e no espiritismo, afastando-se do movimento operário. Morreu em 1858 em Newtown, a sua cidade natal.

Na sua primeira obra, *Uma Nova Concepção da Sociedade*, Owen põe em causa o princípio calvinista-puritano da responsabilidade individual na formação do carácter, pois considera que este é modelado pelas circunstâncias sociais em que o indivíduo está envolvido e, especificamente, pela forma como é educado ou formado pelas gerações dos seus pais e dos seus avós. Neste sentido, o seu carácter não é formado *por* ele, mas, pelo contrário, *para* ele:

«Qualquer carácter, do melhor ou pior, do mais ignorante ao mais esclarecido, pode ser dado a qualquer comunidade. E até a todo o mundo. Pela adequação dos meios adequados; meios esses que estão em larga medida sob o comando e controlo daqueles que têm influência nos assuntos dos homens.» (Owen, 1976, pp. 99–101)

Esta concepção do indivíduo como «barro» totalmente moldável pelas circunstâncias e pelos «educadores», criticada posteriormente por Marx, constitui, no entanto, uma ruptura com a moral calvinista dominante, associando-se à defesa de um novo princípio de conduta que faz depender a felicidade individual da felicidade comum. Um pouco como Fichte nas *Lições sobre a Educação do Sábio* (ver IV Parte, Capítulo 4), Owen defende que a felicidade do indivíduo apenas se consuma verdadeiramente desde que «se esforce activamente para aumentar e estender a felicidade de todos à sua volta» (Owen, 1976, p. 105).

Mudar a formação do carácter humano de acordo com este novo princípio de natureza social é o grande objectivo de Owen. Como as classes trabalhadoras não podem ser responsabilizadas pela sua miséria e degradação sociais, como a sua sorte não é fruto de um destino irremediável muito tributário da maldição bíblica do *Génesis* «comerás o pão com o suor do teu rosto», reforçada pela doutrina calvinista da predestinação, é possível melhorar as suas condições de vida e de trabalho. Assim, diferentemente de Saint-Simon, a política não tem como finalidade para Owen a «administração das coisas», mas sim a formação do carácter do povo, ou seja, de todos os que trabalham arduamente para viver:

> «Se para o governo de cada país há um dever mais imperioso que outros, esse é o do governo adoptar sem demora os meios mais adequados para formar no povo os sentimentos e hábitos que dêem as mais substanciais e permanentes vantagens aos indivíduos e à comunidade.» (*Idem*, p. 233)

A formação do carácter deve, porém, inspirar-se não em princípios individualistas exclusivistas, mas sim em princípios de solidariedade social, de modo a «preparar a humanidade a «pensar e agir em relação aos outros como gostariam que os outros pensassem e agissem em relação a eles» (*Ibidem*, p. 255). A par da formação e da instrução, ideia que se inspira claramente nas doutrinas iluministas sobre a importância estratégica da educação, a actividade do governo deve também ter como objectivo garantir trabalho para todos em condições dignas e não degradantes e miseráveis. Precursor do futuro Estado social, Owen é também um defensor do pleno emprego, numa época em que crises cíclicas de desemprego resultantes da queda brutal da actividade económica lançavam periodicamente milhares de pessoas sem nenhuma protecção social na miséria e indigência extremas:

> «Deveria ser um dever fundamental de cada governo sinceramente interessado pelo bem-estar dos seus súbditos proporcionar emprego

permanente de real utilidade nacional, no qual todos os que se inscrevem possam ser imediatamente ocupados.» (*Ibidem*, p. 289)

Estes dois objectivos, formação de carácter individual através da educação e garantia de emprego para todos, são prioritários relativamente às reformas de natureza estritamente política, como, por exemplo, o alargamento do direito de voto. Esta mudança de paradigma, do político para o social, que caracteriza o período de formação do projecto socialista, permite-lhe considerar que a política tradicional não terá efeitos práticos na melhoria das condições sociais, pelo que deverá ser radicalmente remodelada, apesar de contar ainda com muitos defensores:

«Nenhum ser racional pode observar atentamente as cenas que se passam durante cada eleição geral, e desejar que essas cenas sejam repetidas. Na verdade, isso seria desejar tudo menos uma reforma de maneiras, hábitos e princípios dos nossos explorados e desiludidos companheiros.» (*Ibidem*, p. 259)

O trabalho como medida de valor

A experiência de New Lanark permitiu que Owen provasse a sua tese de que a conduta dos indivíduos depende das circunstâncias sociais em que estão inseridos. Nesta empresa fabril que dirigia, erradicou o trabalho infantil, as crianças frequentaram a escola e as condições de existência dos operários melhoraram significativamente, tanto relativamente à habitação e outras necessidades como às suas condições de trabalho. Os operários adquiriram os produtos indispensáveis nos armazéns de New Lanark a preços baixos, ao contrário do que acontecia noutras localidades, onde ficavam perpetuamente endividados. Foi também criado um fundo na base das quotizações dos trabalhadores no activo para financiar a sua aposentação no futuro, bem como projectada a construção de lares de terceira idade suportada pela comunidade. Owen tornou-se assim um precursor do princípio da solidariedade intergeneracional, que se transformaria num pilar do futuro Estado social europeu no século XX.

O projecto de New Lanark gerou um relatório em que Owen desenvolveu as suas ideias de reforma social apenas esboçadas na sua primeira obra. Este projecto fundamenta-se na tese de que o trabalho é a «medida natural do valor» de tudo o que é produzido pelo homem (Owen, 1970,

p. 14). Esta concepção com origem em Adam Smith, e posteriormente retomada e aperfeiçoada por Karl Marx, ultrapassa em muito as intenções do fundador da economia política. De facto, se o trabalho é a única fonte do valor dos produtos do trabalho humano, postura que Smith nunca assumiu de modo inequívoco, todas as mercadorias devem ser adquiridas segundo os seus custos em trabalho e, consequentemente, os pagamentos em dinheiro devem ser abolidos. Foi precisamente esta ideia que influenciou posteriormente a criação da Equitable Labour Exchange e a substituição dos pagamentos pecuniários pelos vales de trabalho.

Outra ideia extraordinariamente disruptiva para a época foi a de que o operário não recebe integralmente o produto do seu trabalho. Em consequência disso, os mercados são insuficientes para absorver o extraordinário aumento da produção gerada pelas novas tecnologias, o que provoca periodicamente crises de superprodução acompanhadas pelo desemprego maciço e pelo alastramento da miséria social. Esta tese «subconsumista», apesar de cientificamente falsa (Veiguinha, 2004, pp. 198–275), foi comum a diversos precursores menos famosos do socialismo britânico contemporâneos de Owen, como William Thompson (1775–1833), John Gray (1799–1883) e Thomas Hodgskin (1787–1869), apontando, porém, para um projecto de profunda reforma e reestruturação sociais, o que esteve sem sombra de dúvidas na origem da rejeição pelo Parlamento britânico, onde tinham assento os representantes das classes proprietárias, da moção que tinha como objectivo pôr em prática o projecto de New Lanark, estendendo-o a todo o território britânico. Este adquire um carácter nitidamente socialista, pois, juntamente com a tese de que o carácter individual é modelado pelas circunstâncias sociais, defende que a alternativa ao princípio da competição é o da «união recíproca e de cooperação» (Owen, 1970, p. 17).

O desenvolvimento do novo princípio cooperativo regerá as futuras formas de associação concebidas sob o modelo de New Lanark. Estas surgem como comunidades em que o trabalho agrícola se combina com o trabalho na indústria e em que o trabalho, e não o dinheiro, é a medida do valor socialmente produzido, o que significa que, deduzido o valor do desgaste dos equipamentos e dos edifícios comunitários, cada membro da associação recebe a sua remuneração em proporção do trabalho que forneceu. Na comunidade owenista não existem, como em Fourier, classes sociais, mas apenas os trabalhadores e as suas famílias, a que se acrescentam os gestores dos estabelecimentos industriais, que, não visando o lucro pecuniário, mas apenas o melhoramento das condições de existência dos que empregam, recebem um salário de direcção pelas funções técnicas e organizativas que desempenham em benefício da comunidade.

Tal como Fourier, Owen é um crítico da divisão do trabalho. Para ele, esta é um obstáculo à criação de uma «cordial união de interesses na humanidade» (*Idem*, p. 35). No entanto, no *Relatório ao Condado de Lanark*, não desenha ainda uma alternativa para a sua superação, como sucederá na sua obra *O Livro do Novo Mundo Moral*. Resta, porém, de forma clara, que a combinação da actividade industrial com a actividade agrícola é a característica nuclear da associação oweniana, a que se acrescenta a repartição comunitária dos produtos do trabalho social. Estes são distribuídos pelas famílias pelo «armazém geral da comunidade» de acordo com a quantidade de trabalho que contêm. Esta nova forma de repartição, além de proporcionar aos trabalhadores e às suas famílias bens de qualidade a baixo preço, esteve na origem das futuras cooperativas de consumo de que Owen foi também precursor.

O desenvolvimento do princípio socialista

No *Livro do Novo Mundo Moral*, Owen desenvolve e aperfeiçoa o seu projecto de reestruturação e reforma social. Tal como referido por Fourier, que está na base da constituição deste projecto, os núcleos sociais devem ter um mínimo de 500 membros e um máximo de 2000 membros. Cada núcleo será rodeado por outros à distância de uma milha e meia, a leste, oeste, norte e sul, o que remeterá para agrupamentos de 10 000 pessoas, que, depois, segundo esta repartição, irão aumentando para 18 000, e assim sucessivamente, até cobrirem todo o território. É assim proposta uma nova forma de ordenação territorial como forma de conexão de cada núcleo com os outros através de um processo federativo em que cada um conserva a sua autonomia relativa.

Retomando o projecto de New Lanark, estas comunidades auto-organizadas combinam a actividade produtiva com a formação do carácter da população trabalhadora, o que converte num elemento estratégico a educação das crianças e dos jovens. Diferentemente de Fourier, Owen considera que cada núcleo não deve centrar-se primordialmente na actividade agrícola, devendo possuir também indústrias, minas, zonas de pesca e rotas adequadas para a navegação como formas de assegurar a sua auto-sustentabilidade. Defende também que o governo deveria nacionalizar as redes ferroviárias, bem como os respectivos terrenos, adquirindo-os aos seus proprietários actuais. Com estas medidas, tem em vista a formação de uma nova organização administrativa e social de modo pacífico e gradual. No entanto, subestima fortemente as resistências da velha organização social ao seu projecto, que adquire um sentido estruturalmente socialista.

A grande originalidade de Owen, que o demarca claramente da nova ordem «societária» de Fourier, é uma resposta diferente e mais sustentada ao problema da superação da divisão social do trabalho. Ao contrário das falanges de Fourier, os núcleos sociais de Owen não possuem classes sociais que se distinguem pela fortuna e pelo estatuto, já que cada indivíduo, de acordo com a idade, desempenha, sucessivamente, a função de produtor, educador e governante. Neste sentido, distingue oito categorias etárias, sendo as duas últimas, a sétima, composta por indivíduos com idades compreendidas entre os 30 e os 40 anos, e a oitava, que reúne os que se situam entre os 40 e os 60 anos, responsáveis, respectivamente, pelo governo interno de cada núcleo social e pela sua relação com os outros.

A concepção owenista de governo aproxima-se, neste âmbito, mais de a de Saint-Simon, já que este é entendido não como domínio político do homem pelo homem, dos governados pelos governantes, mas como gestão dos assuntos comuns, embora não possa ser reduzido a uma mera administração «tecnocrática» das coisas. Porém, a sua concepção vai mais longe do que a do autor das *Cartas de Um Habitante de Genebra aos seus Contemporâneos* porque sublinha que a característica essencial dos núcleos sociais é a abolição da distinção entre governantes e governados. De facto, os membros da sétima e oitava categorias etárias que exercem funções governativas já foram anteriormente «governados». Assim, os indivíduos entre os 15 e os 20 anos dedicam-se à produção com vista à satisfação das necessidades materiais dos núcleos sociais; entre os 20 e os 25 anos ascendem à gestão dos estabelecimentos de produção e à educação dos mais jovens; entre os 25 e os 30 anos dedicar-se-ão às funções gerais de administração da produção e à organização da repartição do produto social pelas famílias. Os jovens com idade inferior a 15 anos estão a cargo do sistema educativo da comunidade, iniciando-se a preparação para se tornarem agentes produtivos entre os 12 e os 15 anos.

Os núcleos sociais partilham o princípio de que o carácter do indivíduo é modelado pela organização da sociedade. O seu objectivo é promover a «felicidade de todos» contra os que continuam ainda a considerar o homem como «um animal localizado do preconceito» (Owen, 1973, p. 243), ou seja, como um ser que opõe a sua felicidade privada à felicidade comum, porque se torna consciente de que a primeira só é verdadeiramente possível quando contribui e participa na promoção da segunda:

> «"A pergunta não será mais «que coisa deverei fazer para me manter a mim próprio e à minha família?" ou então "o que é que deverei fazer para tornar próspera a minha família?", porque, neste caso, por família se compreende apenas os filhos gerados por seres irracionais e necessitados. Pelo contrário, em todos os casos dir-se-á: "o que é que poderei fazer para tornar eficazes e duradouros os benefícios da família humana e para promover a felicidade de todos os filhos do homem?"» (*Idem*, pp. 218–219)

CAPÍTULO 4

PROUDHON: O SOCIALISMO AUTOGESTIONÁRIO

Pierre-Joseph Proudhon nasceu em Besançon em 15 de Janeiro de 1809. Filho de um cervejeiro, frequentou o primeiro ciclo do ensino básico na sua cidade natal, mas depressa abandonou a escola, sendo obrigado a trabalhar como revisor e compositor de tipografia. Regressou aos estudos em 1838, obtendo o bacharelato e uma pensão da academia da sua cidade natal. Um ano depois, apresentou a esta instituição *De la Célébration du Dimanche, Considérée sous les Rapports de l'Hygiène Publique, de la Morale, des Relations de Famille et de Cité* (*Da Celebração do Domingo considerada nas suas Relações com a Higiene Pública, a Moral, as Relações Familiares e a Cidade*).

Em 1840, publicou *Qu'est ce que la Propriété?*, que se tornou célebre pela afirmação de que «a propriedade é o roubo!». Três anos depois, deu ao prelo *De la Création de l'Ordre dans l'Humanité, ou Príncipes de Organisation Politique* (*Da Criação da Ordem na Humanidade ou Princípios de Organização Política*), e, em 1846, após ter conhecido Karl Marx, o polémico *Système des Contradictions Économiques ou Philosophie de la Misère* (*Sistema das Contradições Económicas ou Filosofia da Miséria*), que lhe valeu uma crítica violenta do autor de *O Capital* na obra *Miséria da Filosofia* (1847). Crítico das doutrinas comunistas emergentes, Proudhon orientou-se a partir desta obra para um socialismo mutualista e, no plano político, para o federalismo, em aberta oposição ao Estado unitário centralista defendido por Marx na *Crítica do Programa de Gotha* (1875).

Em 4 de Junho de 1848, foi eleito deputado nas eleições parlamentares republicanas após ter falhado as eleições para a Assembleia Constituinte. Neste período, participou intensamente no debate sobre as oficinas nacionais criadas pelo decreto de 5 de Fevereiro de 1848, sob a iniciativa de Louis Blanc. Foi também redactor dos jornais *Le Représentant du Peuple* (Setembro de 1848–Junho de 1849), *La Voix du Peuple* (Setembro de 1849–Maio de 1850) e *Le Peuple* (Junho–Outubro de 1850). Passando à oposição após a eleição de Luís Napoleão Bonaparte para a Presidência da República em 1849, editou *Les Confessions d'un Révolutionaire pour Servir à la Révolution de Février* (*Confissões de um Revolucionário para Servir a Revolução de Fevereiro*). Nesse ano, foi detido com a acusação de ter insultado o novo Presidente, sendo libertado apenas em 1852. Após a sua saída do cárcere, escreveu *La Révolution Social Démontrée par le Coup d'État de 2 Décembre* (*A Revolução Social Demonstrada pelo Golpe de Estado de 2 de Dezembro*), que lhe valeu uma nova condenação e o levou a abandonar França e a refugiar-se em Bruxelas, onde permaneceu até 1862. Regressado ao seu país natal um ano depois, morreu em 19 de Janeiro de 1865. Deixou muitos escritos inéditos, de que se destacou *De la Capacité Politique des Classes Ouvrières* (*Da Capacidade Política das Classes Operárias*), publicado postumamente por alguns amigos no ano da sua morte.

Crítica do direito de propriedade

Em *O que É a Propriedade?*, Proudhon faz um balanço sobre as origens do direito de propriedade. Para os romanos antigos, é «o direito de usar e abusar contanto que a razão o permita», enquanto na Declaração dos Direitos do Homem e do Cidadão de 1793, de inspiração jacobina, é «o direito de gozar e dispor dos bens, lucros, frutos do trabalho». Por sua vez, o Código napoleónico, no seu artigo 544.º, retoma a versão «absolutista» da propriedade do direito romano: «A propriedade é o direito de gozar e dispor das coisas de maneira mais absoluta, contanto que delas não se faça um uso proibido pelas leis e regras» (Proudhon, 1971, p. 35).

A propriedade surge também, juntamente com a liberdade, igualdade e segurança, como um dos direitos naturais e imprescritíveis na mais famosa Declaração Universal dos Direitos do Homem e do Cidadão de 1789, e não na de 1793, como afirma Proudhon. Apesar deste lapso, o sentido da sua argumentação é admitir que a liberdade, a igualdade e a segurança são direitos prioritários, já que sem as três não é possível a constituição da sociedade em que cada associado recebe precisamente dos outros o mesmo que lhes dá de liberdade, igualdade e segurança numa relação baseada na reciprocidade. Em contrapartida, relativamente à propriedade, esta reciprocidade não existe, como rezam as definições dos jurisconsultos romanos e dos redactores do Código Civil napoleónico, pois a propriedade consiste num «direito de usar e abusar», o que significa que é um direito absoluto e, por conseguinte, anti-social. Assim, sociedade e propriedade excluem-se mutuamente, ao contrário do que acontece com os outros direitos, que são relativos:

> «Propriedade e sociedade são coisas que invencivelmente se repugnam uma à outra: é tão impossível unir dois proprietários como juntar dois ímanes pelos pólos semelhantes. É preciso que a sociedade pereça ou então que elimine a propriedade.» (*Idem*, p. 44)

Proudhon passa, em seguida, a analisar as tradicionais fontes de legitimação do direito de propriedade. A primeira é o *direito de ocupação* ou de *primeiro ocupante*. Partindo da hipótese tradicional de um estado de igualdade primitiva de comunidade de bens, admite, tal como defendia Grozio, que a ambição e a ganância dos homens lhe puseram fim, conduzindo a guerras de conquista, seguidas de tratados e convenções que legitimaram o direito do mais forte e institucionalizaram uma grande desigualdade na repartição da propriedade que deixou de ser comum. Além disso, sendo o novo direito de propriedade instituído pela força, «o consentimento tácito da posteridade não lhe dá validade e diremos que se vive num estado permanente de fraude e de iniquidade» (*Ibidem*, p. 49).

A terra é um bem comum a todos os homens. Cada um tem o direito de apropriar-se dos bens que esta fornece sem prejudicar os outros. O direito de viver, como direito de adquirir os bens necessários de subsistência, torna-se então prioritário, de modo que toda a exclusão é uma iniquidade, pois põe em causa o direito mais fundamental, o direito à vida. Tendo em conta o seu carácter exclusivista, o direito de ocupação partilha desta iniquidade, o que atenta contra a legitimidade que lhe é atribuída pelos apologistas do direito de propriedade:

> «O proprietário, qual Robinson na sua ilha, afasta a tiros o proletário que a vaga da civilização submerge e tenta agarrar-se aos rochedos da propriedade. — Dá-me trabalho, grita com toda a força ao proprietário; não me expulses, trabalharei pelo preço que quiseres. — Não quero os teus serviços, responde o proprietário, mostrando o cano da espingarda. — Baixa ao menos a minha renda. — Preciso dos meus lucros para viver.

— Como poderei pagar-te se não trabalho. — Isso é contigo. Então, o infortunado proletário deixa-se arrastar pela corrente ou, se tenta entrar na propriedade, o proprietário visa-o e mata-o.» (*Ibidem*, p. 49)

Outra fonte do direito de propriedade com origem no jusnaturalismo lockiano (ver III Parte, Capítulo 2) é o trabalho. Antes de tudo, Proudhon, ao contrário do filósofo inglês, contesta que o trabalho possa estar na origem de propriedades extremamente desiguais que não podem ser justificadas pela desigualdade das capacidades produtivas e pela escassez do produto seja qual for o tipo de trabalho. Isto é particularmente evidente no caso da terra, bem comum, indispensável à conservação de todos os seres humanos e, consequentemente, não podendo ser propriedade exclusiva de ninguém. Tal significa que é necessário distinguir claramente propriedade de posse. O cultivador tem um direito legítimo de propriedade sobre a colheita, bem como a todas as inovações tecnológicas que melhoram o processo de cultivo. No entanto, tal não lhe concede o direito de propriedade sobre a terra, mas apenas a sua posse. Esta distinção estende-se também a todos os outros instrumentos de produção que devem ser concebidos como propriedade *social*: «o direito ao produto é exclusivo *jus in re*, o direito ao instrumento é comum, *jus ad rem*» (*Ibidem*, p. 95).

Proudhon é também um dos primeiros precursores do projecto socialista a pronunciar-se sobre a nova forma de propriedade, a propriedade que opõe capital e trabalho assalariado. Tal como o servo que detinha a posse da terra cujo proprietário eminente era o senhor, o operário também depende do proprietário do capital ou de quem o representa na empresa para poder trabalhar. Em troca do seu trabalho diário, apenas recebe um salário que, mal lhe dando para viver no dia corrente, não lhe permite subsistir no dia seguinte se não voltar ao trabalho. Em contrapartida, o capitalista, enquanto proprietário dos instrumentos de produção, adquire precisamente a autonomia e a independência de que está completamente despojado o trabalhador que emprega para seu benefício exclusivo. Esta forma de propriedade permite-lhe apropriar-se de um produto que não é fruto de um trabalho individual, mas de um trabalho *social*. Mas isto significa que se o trabalho é a fonte do direito de propriedade, cada trabalhador «tem direito à participação nos produtos e nos benefícios na proporção do trabalho» (*Ibidem*, p. 103). Além disso, neste caso, a propriedade dos instrumentos de produção é também uma propriedade social, já que o próprio capitalista se apodera de um instrumento de produção previamente produzido pelo trabalho social, o que implica necessariamente que «sendo propriedade social todo o capital acumulado, ninguém pode fazer dele propriedade exclusiva» (*Ibidem*, p. 103).

O autor é também um crítico da fórmula de Fourier «a cada um segundo o seu capital, o seu trabalho, o seu talento». Contesta que o capital possa ser uma fonte de retribuição, porque, para um determinado capital, a produção está na razão do trabalho e não da propriedade. Prova disso é que o lucro do capital é uma fracção do produto social que cabe, é certo, ao seu detentor, mas que não lhe confere nenhum tipo de tratamento diferenciado relativamente ao trabalhador:

> «Colocar um capital num empreendimento é, segundo o rigor do direito, trocar esse capital por uma soma equivalente de produtos [...] Assim, o capital pode ser trocado; nunca uma fonte de receita.» (*Ibidem*, p. 107)

Tal como o capital, o talento não pode ser fonte de legitimação de direitos de apropriação diferenciados. De uma forma inédita e extraordinariamente original, Proudhon defende que o talento não é algo de inato, exclusivamente pertencente ao indivíduo singular, mas é, em última instância, uma criação da sociedade. Assim, quem desenvolve um determinado talento é mais devedor do que credor relativamente aos seus compatriotas, que devem ser reembolsados por produzirem os bens que lhes garantem a própria subsistência, enquanto forma e desenvolve o talento que o distingue dos restantes:

> «O artista, o sábio e o poeta recebem a justa recompensa pelo facto de a sociedade lhes permitir que se entreguem exclusivamente à ciência e à arte, de maneira que não trabalham para eles na realidade, mas para a sociedade que os criou e que os dispensa de qualquer outro contingente. A sociedade pode passar sem prosa, versos, música e pintura, sem saber como está a sua *lua* e a sua estrela *polar*, mas não pode passar um único dia sem comida ou alojamento.» (*Ibidem*, p. 125)

Tal como a maioria dos socialistas pré-marxistas, Proudhon é um adepto das doutrinas subconsumistas, o que, pese embora a sua formulação incorrecta sobre o problema do valor-trabalho, não o impede de se aperceber da exploração da força de trabalho no capitalismo nascente.

Segundo ele, no sistema em que vigora a relação entre capital e trabalho assalariado, «a propriedade é impossível, porque onde é admitida a produção, custa mais do que vale» (*Ibidem*, p. 146). Isto significa que o trabalhador recebe menos pelo seu trabalho do que dá em troca ao capitalista, já que uma determinada percentagem do produto constitui um lucro ou uma renda de que o proprietário se apropria. Para ilustrar esta ideia, dá o seguinte exemplo:

>«Mil famílias entregues à cultura extensiva do trigo devem pagar cada ano, em natureza, uma importância de 10 por cento sobre o produto a cem particulares dentre eles [...] Numa tal sociedade, sendo incomensurável a décima parte do produto, há um décimo do trabalho que não é pago: a produção custa mais do que vale.» (*Ibidem*, pp. 146–147)

Segundo esta formulação, a parte do produto que excede o salário do trabalhador ou do cultivador, lucro ou renda do proprietário, é um *profit upon alienation* (lucro de alienação), conceito com origem em James Steuart (1712–1780), economista escocês que exerceu uma grande influência em Adam Smith (Veiguinha, 2017; pp. 67–71, 98–108), que resulta da venda do produto *acima* do seu valor. Na interpretação de Proudhon, esta venda constitui uma troca desigual entre capital e trabalho assalariado e, por conseguinte, um furto cometido pelo primeiro à custa do segundo, o que está na origem da sua famosa afirmação «a propriedade é o roubo!» (*Ibidem*, p. 11).

Apesar do seu sentido contestatário, a frase de Proudhon de que a produção custa mais ao trabalhador do que vale é cientificamente incorrecta. De facto, tanto o lucro como a renda da terra são fruto do trabalho social, o que significa que o valor do produto integra, além da retribuição do trabalhador, estas duas componentes, o que significa que é vendido pelo seu valor e não acima deste. O que caracteriza, então, o capitalismo não é uma troca desigual entre capital e trabalho, pois o trabalhador recebe sob a forma de salário o equivalente do valor da sua força de trabalho e não um valor inferior, como defende Proudhon, mas o facto de uma parte desproporcionada do produto do trabalho social ser apropriada por uma exígua minoria de possuidores, uma parte dos quais, como é o caso dos proprietários fundiários e de todos os que vivem de rendas patrimoniais, nem sequer intervem na organização e gestão da produção, limitando-se a receber os seus proventos sem nenhuma contrapartida, enquanto existe um número significativo de trabalhadores no desemprego ou cujos salários de miséria não lhes permitem sequer viver uma existência condigna. Apenas neste sentido, apesar de ser estruturalmente falsa tanto em termos lógicos como em termos históricos, a célebre frase «a propriedade é o roubo!» tem um grão de verdade, pois a maioria dos que trabalham duramente para viver no dia-a-dia é expropriada de uma parte considerável do produto social, que poderia ser utilizado para a melhoria das condições de existência de todos e, consequentemente, para a erradicação da pobreza e miséria sociais.

Numa outra formulação, Proudhon apercebe-se de uma forma mais correcta da natureza específica da exploração da força de trabalho pelo capital. O que o capitalista ou o seu representante explora é a força de trabalho social ou o trabalho socialmente combinado, em que cada trabalhador está separado dos restantes e, por conseguinte, não controla o processo produtivo, que depende de quem detém o poder de organizá-lo e estruturá-lo sem a sua intervenção consciente:

> «Separem os trabalhadores um do outro, pode ser que a jorna paga a cada um ultrapasse o valor de cada produto individual: mas não é disso que se trata. Uma força de mil homens agindo durante vinte dias foi paga como o seria a força de um só por cinquenta e cinco anos; mas essa força de mil fez em vinte dias o que a força de um só não conseguiria, repetindo o seu esforço durante um milhão de séculos: o mercado está equitativo? Mais uma vez, não: ao remunerar as forças individuais, não foi remunerada a força colectiva: por conseguinte, fica sempre um direito de propriedade colectiva que não adquiriu e de que goza injustamente.»
> (*Ibidem*, pp. 102–103)

O mutualismo

Na sequência de *O que É a Propriedade?*, mas de forma mais explícita, Proudhon defende na *Filosofia da Miséria* que «é o trabalho, e só o trabalho, que produz todos os elementos da riqueza» (Proudhon, s.d., p. 52). O trabalho é, além disso, uma «força colectiva», ou seja, tem um carácter social e baseia-se na divisão de tarefas no seio da sociedade, a divisão social do trabalho, pelo que «a produção realiza-se com o concurso de muitos» (*Idem*, p. 58). Isto significa que apenas em sociedade o homem pode verdadeiramente produzir e que o reconhecimento do trabalho como força colectiva se converte no fundamento de uma nova ordem social e jurídica.

Uma das secções da Economia Política, a nova ciência social fundada por Adam Smith e retomada por Owen e Proudhon, trata da distribuição dos instrumentos de trabalho e da repartição dos produtos. A natureza social do trabalho remete para a constituição de um novo tipo de direito, sancionado pela Economia Política, ciência do trabalho, estruturalmente diferente do direito absoluto de propriedade consagrado pelo Código Civil napoleónico. Trata-se de um direito *económico* que tem como objectivo instituir um regime mutualista, pois «vejo a sociedade, o grupo humano, como um ser *sui generis*, constituído pela afinidade fluídica e pela solidariedade económica de todos os indivíduos, seja da nação, seja da localidade ou associação, seja da espécie inteira» (*Ibidem*, p. 60).

Em contraposição ao direito tradicional de propriedade, um direito absoluto de usar e abusar, o direito mutualista é um direito «relativo e móvel» que visa revolucionar a sociedade. Este assenta na reciprocidade e não na exclusividade, é um direito associativo pelo qual os produtores garantem reciprocamente os seus produtos e serviços e a propriedade privada se transforma em propriedade social. Tal como Owen, Proudhon considera que o povo excluído do direito de propriedade deve ser reintegrado de facto na sociedade, o que significa que «conceder ao povo os direitos políticos [...] teria sido precisamente começar por lhe dar a propriedade» (*Ibidem*, p. 71). Deste modo, a propriedade mutualista converte-se num direito prioritário relativamente aos outros direitos políticos, de que se destaca o sufrágio universal. Esta é fundamentalmente um direito *social* estruturalmente diferente do direito individualista do teu e do meu, em que assenta a ordem jurídica liberal. O novo regime mutualista deve, por conseguinte, estender-se a todos os sectores de actividade económica, à agricultura, à indústria, ao comércio, aos serviços e às próprias instituições de crédito.

Na agricultura, em que vigorava, na época de Proudhon, a pequena propriedade da terra, o pequeno cultivador deve ter, antes de tudo, direito à «mais-valia» que o seu trabalho acrescenta à terra que cultiva, bem como a tudo o que despende para conservá-la e melhorá-la. No entanto, para que possa recolher os benefícios do desenvolvimento tecnológico, não pode manter-se isolado na sua parcela de terreno, mas sim associar-se aos outros proprietários num regime cooperativo. Como a tendência geral de desenvolvimento é converter a exploração da terra numa indústria cooperativa, a renda fundiária deverá ser abolida na economia mutualista e a terra tornar-se propriedade dos que a cultivam.

Relativamente à indústria, o mutualismo assinala uma diferença estrutural relativamente à que vigora na relação entre capital e trabalho assalariado. Os trabalhadores, em vez de trabalharem para um patrão em troca de um salário, trabalham uns para os outros, repartindo entre si o produto comum e os lucros. Como só o trabalho está na origem da amortização dos capitais, nas sociedades anónimas nascentes, que Proudhon observou nos grandes empreendimentos da sua época, de que se destacaram os caminhos-de-ferro, deve haver necessariamente uma paridade entre accionistas que fornecem o capital e os trabalhadores, que devem ter direito a receber uma parte dos lucros proporcionalmente à função que desempenham e ao posto que ocupam, bem como estarem representados nos conselhos de administração, órgãos electivos com um mandato temporário, constituindo metade ou um terço dos seus membros.

Mas o modelo de indústria regido pelos princípios mutualistas é o que Proudhon designa por «companhia operária», que visa revolucionar o tradicional panorama industrial. Antes de tudo, esta «compromete-se a fornecer sempre a preço mais próximo que for possível do preço de revenda os produtos que lhe são pedidos e a satisfazer o público com todos os melhoramentos e aperfeiçoamentos desejáveis» (*Ibidem*, pp. 88–89). Mas a sua principal característica é a democraticidade: todos, independentemente da função que desempenham, têm «um direito indiviso na propriedade da companhia» (*Ibidem*, p. 89), podendo desempenhar todos os cargos de acordo com o género, a idade e o talento. Estes são electivos, os regulamentos têm de ser aprovados pelos associados, os salários são atribuídos em função do cargo, do talento e da responsabilidade e todo o associado participa nos lucros na proporção do seu desempenho. Além disso, a companhia operária preocupa-se com a educação e formação dos trabalhadores, que, sendo obrigados nas idades mais jovens a executar trabalhos mais pesados, terão, em virtude de uma «educação enciclopédica» (*Ibidem*, p. 90) fornecida ao longo do tempo, a oportunidade de ascender na maturidade a cargos de direcção e gestão. Eis a razão pela qual «a divisão do trabalho jamais poderá ser para o operário uma causa de degradação; esta é, pelo contrário, o instrumento da sua educação e o instrumento da sua segurança» (*Ibidem*, p. 90). Por outras palavras, é o ponto de partida para a autogestão das companhias operárias.

As companhias operárias devem federar-se. A constituição de uma federação industrial a nível global será uma alternativa à monopolização, pois baseia-se no princípio da divisão social do trabalho, da solidariedade económica e no autogoverno dos produtores. Esta federação deve também estender-se à agricultura com vista à constituição de uma federação agrícola-industrial que, ao contrário do sistema tradicional, «tende a fazer atingir, cada vez mais, a igualdade através da organização, ao mais baixo preço e noutras mãos que não as do Estado, de todos os serviços [...] pela mutualidade do crédito e dos seguros [...] pela garantia do trabalho» (*Ibidem*, p. 92). Mas também os consumidores não podem ser esquecidos na economia mutualista e autogestionária. Estes tendem a ser oprimidos pelas práticas monopolistas, o que torna necessário o estabelecimento de convenções entre produtores e consumidores com o objectivo de conduzir à formação de associações de consumidores que «possam tratar como um só homem, quer do seu consumo colectivo, quer mesmo, em certos casos, dos seus consumos individuais» (*Ibidem*, p. 93).

Relativamente ao comércio, Proudhon defende o que poderá ser designado por «socialização», que nada tem que ver com a estatização de raiz comunista. A primeira medida consiste na regulação da concorrência, que, sem transgredir as leis da oferta e da procura, visa estabelecer, após negociações entre produtores e comerciantes, uma taxa de lucro máxima e mínima, medida necessária para disciplinar os mercados e evitar os fenómenos de açambarcamento e da especulação sobre os preços, já analisados por Fourier. Em seguida, preconiza a supressão dos grandes intermediários que elevam desproporcionadamente os preços de venda aos consumidores, enquanto pagam os produtos que adquirem aos produtores a preços desproporcionadamente baixos, contribuindo assim para explorá-los em seu próprio benefício. Por fim, esta supressão deve conduzir ao estabelecimento de *estaleiros*, novos instrumentos de troca baseados na reciprocidade, de certa forma próximos das bolsas de trabalho de Owen, que unem o comércio por grosso ao comércio por retalho e são «uma bolsa contínua onde o preço dos artigos se equilibre, rodeada de todas as garantias de boa-fé e de certeza e de um movimento uniforme» (*Ibidem*, p. 98).

Relativamente ao crédito, Proudhon preconiza a formação de instituições de crédito mutualistas, organizadas sob a vigilância do Estado, mas não sob o seu controlo, que não sejam companhias privilegiadas de comanditários privados, mas estejam ao serviço dos associados, actuando em nome da nação e estabelecendo as mais baixas taxas de juro possíveis. O mutualismo deve estender-se também às companhias de seguros. A formação de seguradoras mutualistas constituídas através de um contrato de associação permitirá, ao contrário das seguradoras tradicionais, que todos os associados partilhem os seus benefícios. Proudhon também não esquece a habitação. É provavelmente o primeiro a considerá-la não como uma mercadoria, mas como um direito. Neste sentido, propõe a abolição dos alugueres, defendendo que «o contrato deixaria de ser um *empréstimo para uso* para ser uma venda da parte do empreiteiro da construção ao domiciliado» (*Ibidem*, p. 101). As reparações dos edifícios, bem como as novas construções, ficariam a cargo das associações operárias da construção civil segundo as normas do novo contrato social.

A república federativa

O socialismo autogestionário de Proudhon determina o seu projecto de organização política. O princípio nuclear deste projecto é que o poder político nasce da sociedade e não a sociedade do poder político. O seu corolário é que o Estado, ao contrário do que defendia o pensamento político tradicional, não pode ser concebido como «a universalidade dos cidadãos», pois apenas a associação dos trabalhadores pode ser o fundamento do poder político. Apesar de se autoproclamar «anarquista», o que induziu muitos em erro sobre a sua verdadeira orientação política, que pouco tem que ver com a de Bakunin, autor de *O que É a Propriedade?*, considera que a sociedade não se pode privar de um governo. O que é necessário é que este não seja arbitrário e seja posto ao seu serviço e não ao serviço de alguns. Para isso, deve ser estabelecido um contrato político que tenha como sistema de referência a ideia de democracia. As suas cláusulas pressupõem que o cidadão «tenha tanto a receber do Estado quanto o que se sacrifica por ele; conserve toda a sua liberdade, a sua iniciativa e a sua soberania» (*Ibidem*, p. 120).

A forma de governo preconizada é uma república democrática e social estruturada em moldes federativos. Nesta república, o direito económico e a organização mutualista da agricultura, da indústria e dos serviços de utilidade pública são a base dos direitos individuais, civis e políticos que têm de ser, juntamente com a descentralização administrativa, garantidos: liberdade de imprensa e discussão, liberdade de reunião e associação, princípio da publicidade contra o secretismo palaciano da tradicional razão de Estado, presunção de inocência, inviolabilidade da correspondência e do domicílio e independência dos tribunais relativamente ao governo. Só assim, «o Estado, a coisa pública, *res publica*, está assente na base para sempre inabalável do direito e das liberdades locais, associativas e individuais, do exercício das quais resulta a liberdade nacional» (*Ibidem*, p. 122).

Proudhon opõe-se à república unitária centralista segundo o estilo jacobino, defendendo uma república federativa descentralizada a nível local e regional. Nesta república, a política deve estar subordinada à economia mutualista que transforma as massas trabalhadoras em sujeitos realmente soberanos. Tal como a república democrática e social, a república federativa, que não é mais do que a sua forma organizativa, constitui-se através de um contrato político federativo pelo qual «uma ou várias comunas, ou vários grupos de comunas, se obrigam reciprocamente e igualmente uns para com os outros, para um ou vários objectivos particulares cuja responsabilidade pertence, neste caso especial, aos delegados da federação» (*Ibidem*, p. 130).

A república federativa é, ao contrário da república unitária centralista, estruturalmente democrática: as partes contratantes conservam uma soberania maior da que cedem ao governo; as atribuições do poder federal não podem sobrepor-se às dos municípios e das províncias, devendo respeitar a sua autonomia; o poder central está dependente dos deputados dos departamentos, estes dos delegados das comunas e a autoridade municipal das populações locais. Isto significa que a república federativa se organiza não de cima para baixo, como a república unitária centralista, mas de baixo para cima, da base para o topo:

> «Através da representação nacional, a nação marca a sua unidade; através das suas federações pela independência municipal e provincial, ela atesta as suas liberdades locais, corolário e complemento da liberdade do cidadão.» (*Ibidem*, p. 135)

Proudhon distingue quatro, e não três, poderes na sua república federativa: o primeiro é o *poder consular*, que vigia a aplicação das leis económicas e tem uma actividade propositiva, incentivadora, desaprovadora e repressiva que o transforma num poder geral responsável pelo progresso da comunidade; o *poder executivo* exerce tarefas públicas mais específicas no âmbito da administração da economia interna e das relações externas; o *poder arbitral* tem como objectivo aplicar as leis e o direito, bem como resolver os diferendos; finalmente, o *poder docente* tem em vista a educação dos jovens e a formação profissional de modo a preparar os cidadãos para o exercício das funções de direcção e gestão das empresas da economia mutualista.

O sufrágio universal constitui a condição política necessária para a formação da república democrática e social, bem como a garantia do exercício da liberdade política. No entanto, só por si, não garante nem uma nem outra:

> «Como poderá o sufrágio universal manifestar o pensamento verdadeiro, o pensamento do povo, quando o povo está dividido pela desigualdade das fortunas, em classes subordinadas umas às outras, que votam por servilismo ou por ódio; quando esse mesmo povo, seguro pela trela pelo poder, não pode, apesar da sua soberania, fazer ouvir o seu pensamento sobre coisa alguma; quando o exercício dos seus direitos se limita a escolher, todos os três ou quatro anos, os seus chefes e os seus charlatães [...]?» (*Ibidem*, p. 142)

Existem, porém, alternativas a estas limitações e insuficiências do sufrágio universal tanto no plano político como no plano social. Assim, deve estimular-se a publicitação da discussão política baseada na argumentação e contra-argumentação, promover a síntese das opiniões contrárias como forma de alcançar decisões fundamentadas, mas devem recusar-se as formas de democracia plebiscitária em que os cidadãos pouco informados e manipulados se limitam a votar «sim» ou «não» sobre questões de relevante interesse nacional, o que, em nome de uma pretensa soberania popular, acaba frequentemente por abrir a porta à legitimação de regimes autoritários como o de Luís Napoleão Bonaparte, após o golpe de Estado que perpetrou. No plano social, é necessário «fazer votar os cidadãos por categorias de funções, de acordo com o princípio da força colectiva, que constitui a base da sociedade e do Estado» (*Ibidem*, p. 145). Estas medidas visam essencialmente reduzir a distância entre representantes e representados, a qual transforma o Parlamento numa instância sem nenhuma ligação efectiva às massas que exercem o sufrágio.

Por fim, deve constituir-se uma confederação de Estados soberanos e independentes a partir de um pacto de garantias recíprocas. Esta confederação dispõe fundamentalmente de três órgãos: a Agência Federal, espécie de comissão executiva com um papel de iniciativa geral, de garantia mútua e vigilância; o Conselho Federal, constituído por duas câmaras, uma das quais representa cada Estado de modo igual, independentemente da sua população, e a outra em proporção do número dos seus habitantes; e a Justiça Federal, tribunal supremo da Confederação, a que os cidadãos de cada Estado associado podem recorrer em última instância. O Conselho Federal é também responsável pelo orçamento federal, bem como pelo exército federal.

A confederação de Estados como estrutura política deve também basear-se numa confederação económica para a «protecção recíproca do comércio e da indústria naquilo a que se chama uma união alfandegária» (*Ibidem*, p. 158). Mas esta união, em que também é instituída a liberdade de circulação e de residência, não pode basear-se numa liberdade de natureza mercantil, mas sim numa liberdade mutualista que garanta a abolição da exploração do homem pelo homem:

> «Noutros termos: é necessário ao direito político o contraforte do direito económico. Se a ordem federativa só servir para proteger a anarquia capitalista e mercantil, se [...] a sociedade se encontrar dividida em duas classes: uma de proprietários capitalistas empresários, outra de proletários assalariados [...] mais valeria para os povos a unidade imperial que a federação [...] O verdadeiro problema a resolver não é realmente o problema político; é o problema económico [...] Livrar os cidadãos dos Estados contratantes da exploração capitalista e bancocrática, tanto do interior como do exterior [...] é o caso de uma federação.» (*Ibidem*, pp. 158–159)

Em polémica com Marx: a crítica do comunismo

Proudhon é um forte crítico do comunismo na sua versão babouvista, a forma de comunismo mais grosseira e rudimentar, que se transformaria na forma de comunismo historicamente dominante. Na *Filosofia da Miséria*, o autor de *O que É a Propriedade?* considera que esta forma de comunismo substitui o indivíduo pela colectividade. Para conservar a vida comum, suprime a vida privada e, em nome do que designa por «liberdade geral», suprime a liberdade individual. O princípio da responsabilidade individual, que garante a eficácia do trabalho em proporção da sua complexidade, é substituído por medidas administrativas que nivelam as capacidades diferenciadas pelo menor múltiplo comum e pela mesma bitola uniforme. Em *O que É a Propriedade?*, obra publicada antes da *Filosofia da Miséria*, em que dedica ao tema um longo capítulo, já criticava o que designava por «comunidade sistemática», que, apesar de ser a «negação reflectida da propriedade», se expressa «sob a influência directa do preconceito da propriedade que se encontra no fundo em todas as teorias comunistas». E isto, acrescenta, porque «os membros da comunidade nada têm de seu, mas a comunidade é proprietária não só dos bens, mas das pessoas e das vontades» (Proudhon, 1971, pp. 225-226). Neste sentido, na *Filosofia da Miséria*, defende que a ditadura é a forma de governo que os comunistas mais apreciam:

> «Ditadura da indústria, ditadura na vida social e na vida privada, ditadura por toda a parte: tal é o dogma.» (Proudhon, s.d., p. 47)

O comunismo não reconhece a autonomia da sociedade civil relativamente ao Estado, reprimindo severamente todas as associações particulares que não tenham a sanção administrativa do Estado todo--poderoso, que assim se torna proprietário dos talentos e das faculdades individuais em benefício de um pretenso interesse geral que só ele representa. Na sociedade baseada na propriedade privada predomina a «exploração do fraco pelo forte», e a desigualdade das condições resulta da força, que pode revestir uma grande diversidade de formas: «força física e intelectual; força dos acontecimentos, acaso, fortuna; força da propriedade adquirida» (Proudhon, 1971, p. 226). Em contrapartida, no comunismo predomina «a exploração do forte pelo fraco», enquanto «a desigualdade vem da mediocridade do talento e do trabalho glorificada com a força» (*Ibidem*, p. 226).

Não restam dúvidas de que esta crítica proudhoniana do comunismo grosseiro foi retomada por Karl Marx nos *Manuscritos Económico-Filosóficos (1843-1844)*, sem referir a sua fonte de inspiração, de uma forma especulativa tributária da influência de Hegel, que marcou o chamado «período de juventude» do futuro autor de *O Capital*. Nesta obra, publicada apenas no século XX, Marx caracteriza assim o que designa por «comunismo grosseiro», designação que constitui a única verdadeira originalidade, além do discurso hegelianizante, relativamente à análise deste tema por Proudhon:

> «Negando em toda a parte a personalidade do homem, aquele comunismo não é mais do que a expressão consequente da propriedade privada, que é ela própria esta negação. A *inveja* geral exigida em potência é apenas a restauração disfarçada da cupidez que doravante apenas se satisfaz de

outra forma. O espírito de toda a propriedade privada enquanto tal é a hostilidade — é o menos que se pode dizer — contra a propriedade *mais rica* e manifesta-se pelo desejo de nivelamento de forças que constituem mesmo a essência da concorrência. O comunismo selvagem é apenas a consecução desta inveja e deste nivelamento: tudo deve ser reduzido a um mínimo que se representa segundo uma medida precisa e limitada. Quão pouco esta supressão da propriedade privada é uma apropriação real, é o que prova precisamente a negação abstracta de toda a cultura e civilização, o retorno à frugalidade contrária à natureza, (a exaltação) do homem pobre e sem necessidades que não apenas não ultrapassou o estádio da propriedade privada, mas que nem mesmo conseguiu ainda alcançá-la.» (Marx & Engels, 1972, pp. 227–228)

Infelizmente, Marx acabou por abandonar esta excelente crítica no capítulo III do *Manifesto do Partido Comunista*, publicado juntamente com o seu amigo Friedrich Engels em 1848, onde, além de analisar segundo uma perspectiva sectária os precursores do que Engels designou, erradamente, por «socialismo utópico» em contraposição à de que ambos designavam por concepção «científica» do socialismo, despacha a doutrina socialista autogestionária de Proudhon com o epíteto descredibilizador e anatematizador, como é hábito da tradição marxista, que, posteriormente, seria herdada por Lénine e atingiria o seu apogeu em Estaline, de «socialismo pequeno-burguês», não referindo sequer a forma grosseira de comunismo que, tal como Proudhon, tão bem tinha criticado no seu período de juventude, o tinha influenciado. Esta passagem do *Manifesto do Partido Comunista* não deixa dúvidas a este respeito e esteve na origem da sua crítica tendenciosa à obra do autor de *A Filosofia da Miséria*, considerado «indigno» de pronunciar-se sobre a filosofia hegeliana, que, ao que tudo indica, apenas poderia ser analisada por alemães de pura cepa, como Marx e Engels, ou pelos que soubessem alemão e não recorressem a traduções sempre «deturpadoras» do verdadeiro sentido do original alemão.

A tendenciosidade de Marx volta à carga relativamente a Proudhon na *Crítica do Programa de Gotha*, publicada em 1875, já após a morte do socialista autogestionário francês, em que, além de atacar a república federativa de um autor que se limita a pensar de modo diferente sobre um tema de organização política, defende a república unitária centralista jacobina e opõe ao pretenso «socialismo pequeno burguês» de Proudhon e, consequentemente, ao seu socialismo autogestionário uma «ditadura do proletariado» que, segundo um modelo estatalista centralizado, visava pretensamente preparar a transição da sociedade capitalista para uma sociedade socialista, na qual, num horizonte messiânico fundamentado em pretensas leis objectivas e científicas da História, desapareceriam o Estado e as classes sociais e em que o operariado desempenharia de modo escatológico o papel de «classe universal» por excelência, que Hegel atribuía à burocracia, assumindo a sua própria libertação e de todas as outras classes oprimidas:

«A possibilidade *positiva* de emancipação alemã» reside «na formação de uma classe da sociedade civil, de uma categoria social que seja a dissolução de todas as categorias sociais, de uma esfera que pelos seus padecimentos possui um carácter universal e não reivindique nenhum *direito particular*, já que contra esta não é exercida uma *injustiça particular*, mas a *injustiça sem mais* [...] de uma esfera, enfim, que não pode emancipar-se a si própria sem emancipar-se de todas as restantes esferas da sociedade, e precisamente com isso emancipar todas as restantes esferas da sociedade, a qual, em suma, é a *perda completa* do homem e pode, portanto, ganhar-se novamente a si própria através da *recuperação completa do homem*. Esta dissolução da sociedade enquanto categoria particular é o *proletariado*.» (Marx, 1983, pp. 172–173)

Como comentário breve a esta passagem, basta dizer que esta missão salvífica de natureza religiosa do proletariado, espécie de passaporte para a instituição da Cidade de Deus na terra, que ainda tem alguns apologistas saídos das cavernas mais profundas do tempo, não se confirmou historicamente, mas gerou, após a revolução bolchevique de Outubro de 1917, uma ditadura cruel e impiedosa, responsável por uma intolerância brutal e um comunismo grosseiro que gerou milhões de vítimas, desabando como um castelo de cartas quando as condições que estiveram na sua origem e foram responsáveis pela sua reprodução durante 75 anos deixaram de existir. Mas tal apenas confirma a legitimidade da crítica de Proudhon ao comunismo e aos seus apologistas. Numa carta escrita a Marx, em 17 de Maio de 1846, o autor da *Filosofia da Miséria* assinala a sua diferença relativamente a este, mas tenta também abrir a porta a uma aproximação:

«Uma vez que estamos à cabeça do movimento, não nos tornemos chefes de uma nova intolerância, não nos apresentemos como apóstolos de uma nova religião, mesmo que seja a religião da lógica, a religião da razão. Acolhamos, encorajemos todos os protestos; desanimemos todas as exclusões, todos os misticismos; não consideremos nunca uma questão como esgotada, e quando a tivermos usado até ao nosso último argumento, recomecemos, se for preciso, com eloquência e ironia.

Com esta condição, entrarei com prazer na sua associação; caso contrário, não!» (Proudhon, s.d., p. 49)

A resposta sectária de Marx a Proudhon na *Miséria da Filosofia* um ano depois, e de que o autor de *O Capital* é o exclusivo responsável, acabou por consumar definitivamente a ruptura intelectual e política entre ambos.

CAPÍTULO 5

MARX E ENGELS: A SUPERAÇÃO DO ESTADO

A obra e o contexto histórico

Karl Marx nasceu em Tréveris, na Renânia prussiana, em 5 de Maio de 1818, no seio de uma família judaica com nove filhos, dos quais apenas cinco sobreviveram. O pai, Heinrich, era um advogado de corte que se converteu ao luteranismo, em 1824, para poder manter-se no seu cargo. Em 1835, Karl estudou Direito em Bona. Três anos depois morreu o progenitor, que Karl adorava. Em 1841, doutorou-se em Filosofia pela Universidade de Iena com a tese *Diferença da Filosofia Natural em Demócrito e Epicuro*. Em 1842, casou com Jenny von Westphalen, proveniente de uma família nobre. Partiu em Outubro desse mesmo ano com a mulher para Paris, onde escreveu a *Crítica da Filosofia Hegeliana do Direito Público*, obra publicada apenas no século xx, em que se opõe à concepção de Estado defendida por Hegel e inicia a sua crítica ao Estado liberal representativo.

Em 1844, em associação com Arnold Ruge, colabora nos *Anais Franco-Alemães* e na revista *Vorwärts*. Entretanto, nasceu Jennychen, a sua filha mais velha. Neste mesmo ano escreveu a sua primeira *Crítica da Economia Política*, conhecendo também Friedrich Engels, nascido em Barmen, Prússia, em 28 de Novembro de 1820, filho mais velho de um próspero industrial desta cidade alemã. Esta data assinalou o início de uma profunda amizade intelectual e política, que se traduziu na escrita partilhada de *A Sagrada Família*, onde criticaram severamente a filosofia idealista alemã representada por Bruno Bauer e pelos jovens hegelianos. Em 1845, Marx foi expulso de França, exilando-se em Bruxelas. Após o nascimento da sua segunda filha, Laura, o filósofo alemão e o seu amigo viajaram para Inglaterra, onde entraram em contacto com os dirigentes do movimento Cartista. Em 1846, escreveram conjuntamente *A Ideologia Alemã* e, em 1847, integraram-se na *Liga dos Comunistas*, ano em que Marx publicou a *Miséria da Filosofia* em resposta à *Filosofia da Miséria* de Proudhon, o que marcou a ruptura definitiva entre ambos. Expulso da Bélgica em 3 de Março de 1848, chegou a França dois dias depois, país em que a monarquia orleanista de Luís Filipe tinha sido derrubada e instaurada a República. Em colaboração com Engels, publicou o célebre *Manifesto do Partido Comunista*. Partindo para Colónia em Abril de 1848, fundou a revista *Nova Gazeta Renana*. Ali, encontrou-se com Ferdinand Lassalle (1825–1864), presidente dos operários de Colónia, fundador do primeiro Partido Socialista, a União Geral dos Operários Alemães, e também figura importante do socialismo teórico que publicou os ensaios *Sobre a Natureza das Constituições* (1862) e *Teoria Sistemática dos Direitos Adquiridos* (1863).

Em 1849, Marx instalou-se definitivamente em Inglaterra, onde sete anos antes Engels tinha sido enviado pelo pai para Manchester para trabalhar na fábrica da família, a Ermen e Engels Victoria Mills, em Weaste, que manufacturava linhas de costura. Assumindo a direcção do estabelecimento, ficou impressionado com as condições de trabalho dos operários, o que inspirou o seu magnífico ensaio *A Situação da Classe Trabalhadora em Inglaterra*, publicado em 1845, que muito contribuiu para reforçar a sua amizade com Marx. Entretanto, na velha Albion, nasceu Guy, o segundo filho de Marx, que, no entanto, morreria um ano depois. A mesma sorte caberia a Franciska, nascida em 1851, Freddy, filho de Helene Demuth, e Edgar, em 1855, poucos meses depois do nascimento da terceira filha, Eleanor.

Os primeiros anos da estada de Marx em Londres foram anos de grandes dificuldades económicas para si e para a sua família, valendo-lhe, no entanto, a ajuda do amigo Engels. Este escreveu, em 1850, *As Guerras Camponesas na Alemanha* e, dois anos depois, *Revolução e Contra-Revolução na Alemanha*, embora, por combinação com o amigo, que se encontrava ocupado na preparação do primeiro tomo de *O Capital*, Marx surgisse formalmente como o autor do livro. Esta obra integrou-se no ciclo de publicações sobre as sublevações revolucionárias de 1848 na Alemanha, na Áustria-Hungria e em França. Em 1852, um ano depois do golpe de Estado de Luís Napoleão Bonaparte, Marx escreveu o *18 de Brumário de Luís Bonaparte*, análise dos eventos que marcaram a França entre 1848 e 1851, onde criticou o parlamentarismo em moldes mais tarde retomados pelos partidos comunistas, de que se destacou o Partido Bolchevique, para legitimarem a ditadura do proletariado, bem como o regime autoritário militarista instituído pelo «sobrinho do seu tio», Luís Napoleão Bonaparte, que considerava, com razão, uma figura reaccionária, patética e ridícula.

Em 1859, publicou a *Contribuição para a Crítica da Economia Política*, iniciando um ano depois a redacção de *O Capital*. Em 1864, foi fundada a Associação Internacional dos Trabalhadores (AIT), de que Marx e Engels se tornaram membros, e terminada a redacção do primeiro tomo de *O Capital*, o único que Marx publicou em vida, em 1867. Em 1870, a França declarou guerra à Prússia, mas o exército de Luís Napoleão Bonaparte foi copiosamente derrotado em Sedan pelos prussianos, que ocuparam o país e capturaram o líder do Segundo Império. Após a eleição de um parlamento conservador que defendeu a paz com a Prússia, os republicanos radicais sublevaram-se e proclamaram a Comuna de Paris em 28 de Março de 1871. Fortemente reprimida pelo que restava do exército francês sob o comando dos partidos conservadores, esta caiu em 28 de Maio com milhares de vítimas. Em Versalhes, onde se tinha refugiado o governo capitulacionista conservador francês, foi proclamado o Império Alemão. Pelo Tratado de Frankfurt, a França cedeu à Alemanha a Alsácia (com a excepção de Belfort) e uma parte da Lorena. Sobre a Comuna de Paris, Marx publicou *A Guerra Civil em França*. Por ocasião do vigésimo aniversário do evento, já após a morte do amigo, Engels redigiu uma célebre introdução a esta obra.

Em 1872, o desacordo entre Marx e Bakunin sobre a corrente anarquista da AIT levou à expulsão dos partidários do segundo da I Internacional. Para justificar e legitimar esta medida sectária, Engels escreveu, em 1873, *Os Bakuninistas em Acção: Memória do Levante na Espanha no Verão de 1873*. A sede da AIT foi transferida para Nova Iorque, com Richard Sorge (1895-1944) como secretário-geral, mas a cisão que se verificou feriu-a de morte, sendo dissolvida em 1876. Um ano antes, Marx publicou a *Crítica do Programa de Gotha* do nascente Partido Social-Democrata Alemão. Em 2 de Dezembro de 1881, morreu Jenny, a mulher de Marx. Em 14 de Março de 1883, morreu a sua filha mais velha, Jennychen, seguindo-se, três meses depois, o pai, que foi sepultado no cemitério londrino de Highgate. Por iniciativa de Engels, foram publicados postumamente, em 1894 e 1895, o segundo e terceiro tomos de *O Capital*. Uma grande parte das suas obras foi editada apenas no século XX, destacando-se *Teorias da Mais-Valia*, em 1905, também conhecida por

História das Doutrinas Económicas, título mais apropriado, sob a iniciativa de Karl Kautsky, mas republicada em 1954-1961 por editores russos e alemães, que retomaram a ordem original dos manuscritos que Kautsky não tinha respeitado: *A Ideologia Alemã*, em 1932, *Princípios de Uma Crítica da Economia Política (Grundrisse)*, em 1941, prelúdio de *O Capital*, mas revelando ainda uma forte influência hegeliana, e as obras de juventude — a já referida *Crítica da Filosofia Hegeliana do Direito Público*, *A Questão Judaica* e os *Manuscritos Económico-Filosóficos*, obra em que Engels também colaborou com um pequeno texto, e *Esboço de Uma Crítica da Economia Política* (1843-1844), que precedeu a do amigo.

Entretanto, Engels, além da publicação das obras póstumas do amigo e das que escreveu juntamente com ele, não ficou parado, escrevendo, sobretudo após a sua morte, algumas das suas obras mais importantes, de que poderemos destacar: *Anti-Düring*, em 1878, ainda em vida de Marx, *A Origem da Família, da Propriedade e do Estado*, em 1884, *Para a História da Liga dos Comunistas*, em 1885, *Ludwig Feuerbach e o Fim da Filosofia Clássica Alemã* e *O Papel da Violência na História*, ambas em 1888, *Do Socialismo Utópico ao Socialismo Científico*, em 1890, e *Crítica do Projecto de Programa Social-Democrata de 1891*, também conhecido por *Crítica do Programa de Erfurt*, em 1891. Morreu em Londres em 5 de Agosto de 1895.

Crítica do Estado representativo

Escrita provavelmente entre o Inverno de 1841-1842 e o Verão de 1843, mas apenas publicada em 1927, a *Crítica da Filosofia Hegeliana do Direito Público*, de Marx, apesar de ser uma obra incompleta, é indubitavelmente um dos poucos escritos do autor de *O Capital* que aborda a temática da relação entre Estado e sociedade civil a partir de uma análise crítica da filosofia do direito hegeliana. Ao contrário de Hegel (ver Parte IV, Capítulo 5), Marx considera que o Estado não é o pressuposto e fundamento da sociedade civil, já que «não pode existir sem a base natural da família e a base artificial da sociedade civil, que são a sua condição *sine qua non*. Mas a condição é concebida como o condicionado, o determinante como o determinado, o produtor como o produto do seu produto» (Marx, 1983, p. 27). Esta crítica da inversão filosófico--especulativa da relação entre Estado e sociedade civil significa que o Estado tem o seu fundamento na sociedade civil, que, no entanto, se separou dela para constituir uma realidade que só aparentemente é autónoma. A separação em questão é um produto histórico e não um resultado do drama ontológico da Ideia hegeliana, já que «a abstracção da vida privada pertence apenas à época moderna» (*Idem*, p. 52). Na Idade Média, sociedade civil e sociedade política não se distinguiam porque a esfera privada tinha um carácter político, era a esfera hierarquizada dos privilégios políticos dos diferentes estados ou ordens. Só na época moderna se constitui o Estado representativo separado. A crítica de Marx irá debruçar-se sobre esta separação e abstracção com o objectivo de pôr em causa a tese hegeliana da superação da sociedade civil pelo Estado.

Um dos pontos mais elevados da crítica da *Filosofia Hegeliana do Direito Público* é a oposição determinada de Marx à tese de que o povo, sem o seu monarca, constitui uma massa informe incapaz de exercer a soberania e fundar a constituição do Estado:

«Na monarquia — diz Marx —, o todo, o povo, é subsumido sob um dos seus modos de existência, a constituição política; na democracia, a *própria constituição* surge simplesmente como uma determinação, ou seja, a autodeterminação do povo. Na monarquia, temos o povo da constituição; na democracia, a constituição do povo. A democracia é o enigma resolvido de todas as constituições. Aqui, a constituição, não apenas *em si*, segundo a essência, mas segundo a existência, é reconduzida continuamente ao seu fundamento real, ao *homem real*, ao *povo real*, e considerada como a sua própria obra. A constituição surge tal como é: um produto livre do homem. Poder-se-ia dizer que isto é válido também, em certos aspectos, para a monarquia constitucional: mas a diferença específica da democracia é que aqui a *constituição* em geral é apenas *um* elemento da existência do povo, e que não é a *constituição política* por si própria que forma o Estado.» (*Ibidem*, p. 50)

Esta passagem sintetiza o sentido da crítica de Marx à filosofia política hegeliana. Não é a constituição do Estado político separado, representado aqui pela forma monárquica, que é a totalidade, já que na democracia o povo é o elemento constituinte do Estado e a elaboração da constituição política é, por assim dizer, o primeiro acto do exercício da sua soberania. A recondução contínua da constituição à sua base, ao povo e ao homem reais, significa que a democracia se caracteriza pelo controlo dos governantes pelos governados, que não podem converter-se numa entidade separada que não presta contas a quem lhes conferiu a legitimidade política. A constituição não pode valer para si, pois é apenas um dos elementos que dá forma à soberania do povo. A distinção entre as formas de governo que Hegel considerava uma questão «supérflua» torna-se, por conseguinte, para Marx, uma distinção fundamental e prioritária, já que a democracia, ao reconduzir o poder político ao seu fundamento real — a soberania popular —, é a resolução do enigma de todas as constituições em que o povo era apenas um elemento subordinado de uma organização político-institucional concebida como poder de facto e não de direito. Por isso, para empregar a terminologia da *Ciência da Lógica* (1812) de Hegel, a monarquia não é a *verdade* da democracia, mas, pelo contrário, será a democracia a *verdade* da monarquia.

Para Marx, a monarquia constitucional é a forma política do Estado representativo. Isso deve-se ao facto de que, na sua época, a república parlamentar, que emergiria fugazmente em França em 1848 para apenas se consolidar entre os gauleses após a derrocada da Comuna de Paris em 1871, não existia na Europa, mas apenas nos Estados Unidos da América do Norte. Tal como Hegel, Marx também é filho do seu tempo. No entanto, a sua crítica da burocracia permanece perfeitamente moderna e actual. O autor de *O Capital* apercebe-se de que «o poder do governo é nada mais do que a administração» que Hegel «desenvolve como burocracia» (*Ibidem*, p. 66). É precisamente aqui que a separação do Estado da sociedade civil atinge a sua máxima expressão, pois, na sua versão hegeliana, a burocracia expropria os cidadãos do poder de deliberar sobre as questões de interesse geral que deveria competir a todos. Hegel considera mesmo o governo e o aparelho administrativo de Estado como mais fiável do que o comum dos cidadãos para lidar com a «complexidade» das questões públicas. O governo e a burocracia não se limitam a subsumir as esferas particulares e as questões específicas sob a universalidade da lei, como referia Hegel no §273 dos *Princípios da Filosofia do Direito*. Esse é apenas o lado formal, jurídico-constitucional, da questão. Na prática, sob o pretexto de defender e gerir o interesse geral, a organização burocrática não passa de «uma determinação externa, formal do Estado transcendente do poder do governo, que não afecta o cidadão e a sua realidade independente» (*Ibidem*, p. 101). A «realidade independente» a que Marx se refere é precisamente a «organização da sociedade civil», em que o cidadão do Estado se transmuta em pessoa privada e, por conseguinte, é excluído da participação efectiva na deliberação sobre as questões de interesse geral.

Não se pense, porém, que o poder legislativo, que é suposto representar a sociedade civil no Estado, supera a separação entre ambos instituída pelo governo e pela burocracia. Ao contrário de Hegel, Marx considera que este poder não contribui para elevar a condição privada dos membros da sociedade civil à dignidade ético-política, à chamada «classe universal», que delibera sobre o interesse geral. Estes renunciam apenas a uma existência civil atomizada, em que não existe convívio, mas apenas coexistência entre esferas privadas reciprocamente indiferentes ou em competição umas com as outras. No entanto, a sua renúncia não pode constituir, como pensava Hegel, a superação da sociedade civil, da esfera privada, no Estado, sendo apenas o resultado da sua dissociação, já que este, como Estado *político*, não passa de uma esfera alegórica que se limita a fazer abstracção da condição privada e atomística dos membros da sociedade civil sem criar uma verdadeira comunidade:

> «O atomismo em que se precipita a sociedade civil no seu *acto político* resulta necessariamente disto: a comunidade, o ser em comum em que existe o indivíduo, é a sociedade civil separada do Estado, ou o *Estado político* é *uma abstracção* desta sociedade.» (*Ibidem*, p. 103)

Depois de criticar o sistema bicamaralista hegeliano, que atribui à câmara de casta, constituída pelos *junkers*, a função de garantir a estabilidade política, Marx concentra-se sobretudo na análise do formalismo legislativo, na mediação das classes ligadas à propriedade mobiliária que representam, através de deputados, a sociedade civil no Estado. Para Marx, o verdadeiro centro do poder de Estado, não reside, porém, no elemento representativo do poder legislativo, mas sim no governo e nas esferas mais altas da burocracia, já que Hegel considera que «as classes são supérfluas para a realização das "questões de interesse geral". Os funcionários podem cumpri-lo sem as classes, estes *devem*, pelo contrário, fazer o bem, apesar das classes» (*Ibidem*, p. 86). Ou seja, no Estado moderno, sinónimo de Estado representativo separado, as questões de interesse geral, consideradas sob a perspectiva do poder legislativo, não passam de uma mera formalidade, já que, de facto, o governo e a burocracia acabam por transformar em sua competência exclusiva o que deveria ser uma competência comum de todos os cidadãos:

> «O Estado moderno, em que tanto "a questão de interesse geral" como a tarefa que consiste em ocupar-se desta são um monopólio e em que, em contrapartida, os monopólios são as reais questões de interesse geral, realizou o estranho invento que consiste em apropriar-se da "questão de

interesse geral" como *mera forma*. (A verdade é que apenas a forma é a questão de interesse geral). Com isto encontrou a forma correspondente ao seu conteúdo, que apenas aparentemente é a questão de interesse geral real.» (*Ibidem*, p. 88)

A função de mediação das classes e organizações da sociedade civil representadas no Estado é uma pura formalidade. Mais do que mediação, é um perpétuo não ser, já que, tal como Marx sintetiza de uma forma perspicaz, estas não passam de «coisas híbridas»: por um lado, são «o povo contra o governo, mas *o povo* em *miniatura*; por outro lado, são o governo contra o povo, mas o governo ampliado» (*Ibidem*, p. 92). Desde que o Estado ou a classe *privada* da sociedade civil se eleva à condição de classe *política*, é como que filtrada pela organização institucional do Estado, que estabelece as regras do jogo que a primeira deve jogar. Eis uma forma ainda mais subtil de expropriação da soberania popular que tende a ser substituída pela soberania do Estado, já que se pressupõe que a classe *privada*, ao transmutar-se em classe *política*, adquire precisamente o sentido de Estado e, por conseguinte, transforma-se em elemento da sua reprodução ou num instrumento que confirma, sob uma nova forma, a separação do Estado da sociedade civil, pois «as classes representam o Estado numa sociedade que *não* é um Estado» (*Ibidem*, p. 92).

O poder legislativo não passa da «função metafísica» do Estado (*Ibidem*, p. 146), cumprindo mais uma função teórica, político-formal, do que uma função prática, decisória, que se concentra no governo e nos funcionários que este tutela. Não é mais do que um poder que, institucionalizando-se, acaba por se separar da sociedade civil sem a superar verdadeiramente, pois apenas visa «representá-la»:

«"O poder legislativo" é a totalidade do Estado político, e precisamente por isso é a sua *contradição que se torna manifesta*. Este é, por conseguinte, também a sua dissolução *posta*. Princípios completamente diferentes chocam entre si. Certamente que isto surge como oposição dos elementos do princípio do soberano e do princípio das classes, etc. Mas, na verdade, é a antinomia entre Estado político e sociedade civil, é a contradição do Estado político consigo próprio. O poder legislativo é a revolta aplacada.» (*Ibidem*, p. 116)

Esta «revolta aplacada» é, simultaneamente, a verdadeira essência do Estado representativo e o seu limite. Enquanto abstracção da sociedade civil, este só a «supera» no acto de eleição dos deputados em que os membros atomizados da sociedade civil acedem à sociedade política onde surgem como «associados». No entanto, a «superação» é efémera, já que, após a eleição dos seus representantes, estes regressam à sua condição não-política, totalmente envolvidos nos seus assuntos particulares. Marx não se cansa de criticar este formalismo político. Um dos alvos dos seus ataques é precisamente o mandato representativo em que se configura não a mediação, mas a separação real e efectiva entre Estado e sociedade civil:

> «*A eleição é a relação real da sociedade civil com a sociedade civil do poder legislativo, com o elemento representativo.* Ou seja, a eleição é a relação *imediata directa*, não *meramente figurada, mas real*, da sociedade civil com o Estado político. Compreende-se aqui, portanto, que a *eleição* constitui o interesse político fundamental da sociedade civil real. Apenas na eleição *ilimitada*, tanto activa como passiva, a sociedade civil se eleva *realmente* à abstracção de si própria, à *existência política* como a sua verdadeira existência geral, essencial. Quando a sociedade civil colocou a sua *existência política* como a sua *verdadeira* existência, colocou, simultaneamente, a sua existência civil, enquanto distinta da política, como *não essencial*; e com uma das partes separadas cai a outra, o seu contrário.» (*Ibidem*, pp. 147–148)

Em suma: o Estado político (separado) não constitui a verdadeira comunidade, a comunidade em que Hegel pensava que o universal, a ideia ética, se realizava. É ainda uma comunidade abstracta que pressupõe o seu contrário, a sociedade civil, não política, que também não é uma comunidade de convívio, mas sim uma sociedade em que existem classes e diferenciações sociais que não são superadas na esfera política, sendo quando muito apenas representadas. O Estado acaba por expressar precisamente as relações de força entre os grupos e as organizações que coexistem, lutam e competem na sociedade civil. Este é, de certo modo, a forma condensada destas relações, não sendo «o verdadeiro conteúdo, o verdadeiro fim e o destino dos indivíduos» (Hegel, 1979b, p. 239), como pensava Hegel, mas apenas um ambiente alegórico que não resolve as fracturas e os antagonismos da sociedade civil, que constituem o seu verdadeiro fundamento. Por isso, para Marx, ao contrário de Hegel, «a vida política é a vida aérea, a etérea região da sociedade civil» (Marx, 1983, p. 102). A esfera política é uma comunidade ilusória porque é mais o resultado da fragmentação e atomização da sociedade civil do que a condição da sua superação. Apenas quando for superada a conexão representativa-formal que, simultaneamente, as liga e as separa é que poderá encontrar-se uma solução para a antinomia entre Estado e sociedade civil. Como diz Marx, em *A Questão Judaica*:

> «A emancipação só será plena quando o homem real e individual tiver absorvido em si o cidadão abstracto; quando como homem individual, na vida de cada dia, no trabalho e nas suas relações, se tiver tornado um *ser genérico*; e quando tiver reconhecido e organizado os seus próprios poderes (*forces propres*) como poderes *sociais*, de maneira a nunca mais separar de si este poder social como poder *político*.» (Marx, 1975, p. 51)

Estado e classes sociais

Em *A Ideologia Alemã*, Marx e Engels retomam o tema da prioridade da sociedade civil relativamente ao Estado:

> «A sociedade civil abarca o conjunto das relações materiais do indivíduo no interior de um determinado estado de desenvolvimento das forças produtivas. Encerra o conjunto da vida industrial e comercial existente numa dada fase e ultrapassa por isso mesmo o Estado e a nação, se bem que deva afirmar-se no exterior como nacionalidade e organizar-se no interior como Estado. O termo "sociedade civil" surgiu no século XVIII, quando as relações de propriedade se desligaram da comunidade antiga e medieval. A sociedade civil enquanto tal só se desenvolve com a burguesia.» (Marx & Engels, 1974b)

Esta definição de «sociedade civil» permanece demasiado «economicista, sendo posteriormente ampliada por Antonio Gramsci à dimensão cultural (ver XVI Parte, Capítulo 1), mas tem pelo menos o mérito de situá-la historicamente. A ideia de que «a sociedade civil apenas se desenvolve com a burguesia» aponta também para a constituição do que ambos designam por «Estado político», conceito introduzido por Marx na *Crítica Hegeliana da Filosofia Hegeliana do Direito Público*, ou seja, do Estado separado da sociedade civil. No entanto, esta ideia, que assinala o carácter específico do moderno Estado representativo, que está na origem das democracias liberais e surge como alternativa à identidade jusnaturalista entre estado civil e estado político, vai sendo progressivamente reduzida a uma definição simplista de Estado como instrumento de dominação de uma classe sobre as outras, ideia particularmente cara a Engels, que, atingindo o seu apogeu no *Manifesto do Partido Comunista*, também escrito por ambos, tende para uma concepção «generalista» de Estado em que as diferenças históricas tendem a diluir-se-se cada vez mais ou então a reduzir-se a fórmulas políticas bipolares do tipo classe politicamente dominante/classe politicamente dominada, que surgem como um mero reflexo das relações de produção que se estabelecem na economia.

Retornando à *Ideologia Alemã*, Marx e Engels ligam a evolução do Estado à evolução da propriedade. Assim, na Antiguidade Clássica, ou seja, na Grécia e em Roma, a antiga propriedade tribal transforma-se em «propriedade de Estado» com o desenvolvimento da escravatura, sendo desfrutada pelos cidadãos livres e limitando-se à propriedade da terra. Na Idade Média, a propriedade tribal dos primórdios — que Marx caracteriza em diversas passagens do *Grundrisse* — diversifica-se, passando por diversas etapas: propriedade senhorial, propriedade das corporações de ofícios e, sobretudo nas monarquias absolutas, propriedade do capital manufactureiro, a antepassada directa da propriedade capitalista, que surge com a Revolução Industrial britânica do final do século XVIII e com o regime fabril que engendrou. Esta análise é muito tributária da de Saint-Simon no *Sistema Industrial*, especificamente da sua distinção entre épocas críticas e épocas orgânicas.

O que caracteriza a forma moderna de propriedade, a propriedade do capital, é a sua independência relativamente à comunidade, ao contrário do que acontecia no mundo greco-romano, onde surgia como propriedade pública e em contraposição à esfera privada universalmente desprezada, pois integrava os escravos e as mulheres, seres sem direitos, e também na Idade Média, em que se constituía como propriedade das ordens ou dos Estados que desfrutavam de determinados privilégios políticos, convertendo directamente a sociedade civil em sociedade política. A propriedade privada no capitalismo surge pela primeira vez na História na sua forma pura, ou seja, numa forma que cortou, por assim dizer, o cordão umbilical com o Estado, que se separa da sociedade civil, convertendo-se em Estado político, não intervindo no seu desenvolvimento e reconhecendo como sua característica fundamental o princípio do *jus utendi, fruendi et abutendi*, já analisado por Proudhon a propósito do Código Civil napoleónico.

A nova classe económica e politicamente dominante, a burguesia, já não constitui uma ordem como a nobreza, que desfrutava de diversos privilégios políticos relativamente às outras, de que se destacavam o acesso exclusivo aos cargos políticos nas monarquias absolutas e as isenções fiscais, mas os seus membros são jurídica e formalmente iguais aos das outras classes sociais. Por isso, é politicamente constrangida a organizar-se no plano nacional, e não apenas no plano local, pois só assim poderá dar uma forma geral aos distintos interesses das suas diversas fracções ou camadas (burguesia industrial, comercial, financeira e a nascente burguesia agrária, que se tornou proprietária de terras ou grande arrendatária de terras senhoriais nas monarquias da Europa Ocidental). O Estado surgirá então como a forma política através da qual as diferentes fracções ou camadas destas classe se «unificam» perante as outras classes da sociedade civil, particularmente relativamente às que dispõem de pequenas propriedades ou não dispõem de propriedade alguma, numa espécie de interesse comum que não pode ser considerado como o mero somatório dos interesses particulares, específicos de cada uma das suas fracções ou camadas que podem divergir circunstancialmente, mas como o seu «interesse geral», como a sua síntese superadora. Isto significa que quanto mais desenvolvida é a sociedade civil em que a propriedade privada ascendeu à autonomia, menor é a independência do Estado, pois este «dá uma forma de organização que os burgueses constituem pela necessidade de garantirem a sua propriedade e os seus interesses, tanto no exterior como no interior» (*Idem*, p. 95).

De novo, é retomada a noção economicista e classista de Estado. De facto, não é a menor independência do Estado relativamente à sociedade civil que caracteriza o moderno Estado representativo, um pouco à revelia do que Marx tinha escrito nas obras de juventude, onde a política e o político tinham uma importância estratégica, mas sim a separação entre a esfera pública e a esfera privada que não existia nem no mundo greco-romano nem na Idade Média, entre sociedade civil e sociedade política, embora, como se aperceberam os dois amigos, estes dois termos tenham sido frequentemente confundidos, tal como acontecia nas doutrinas jusnaturalistas que não distinguiam verdadeiramente estado civil de estado político, apesar de serem as primeiras, particularmente a hobbesiana, a detectar a autonomia da esfera privada relativamente à esfera pública. Contudo, o moderno Estado representativo é também a única forma de poder político que não é directamente exercido pelas classes que detêm o poder económico, como acontecia na Antiguidade Clássica e, em parte, na Idade Média, onde a Igreja detinha o poder espiritual, ou seja, a hegemonia em termos gramscianos, mas indirectamente através de eleições de partidos políticos que a partir do Parlamento constituem os governos. No entanto, não apenas as repúblicas parlamentares eram uma excepção nos tempos de Marx e Engels — exceptuou-se a efémera experiência da república francesa instituída pela revolução de 1848, restando apenas a república norte-americana dos Estados Unidos, que, como demonstrou Engels em *A Origem da Família, da Propriedade e do Estado*, não pode ser considerada o exemplo mais fidedigno —, mas também o sufrágio universal não estava instituído e os partidos políticos tal qual como os conhecemos actualmente ensaiavam os primeiros passos. Apenas a Sociologia Política, reconheça-se-lhe este mérito, apesar do carácter conservador e mesmo reaccionário de uma grande parte dos seus fundadores, se aperceberia da sua importância e reflectiria sobre a origem da sua formação e desenvolvimento no início do século XX (ver X Parte).

Outra das características do pensamento político de Marx e Engels é a tendência para a desvalorização do Parlamento, já que, tal como Marx tinha defendido na *Contribuição para a Crítica da Filosofia Hegeliana do Direito Público*, é o poder executivo do Governo que, na prática, constitui o verdadeiro poder de Estado. Esta concepção estende-se à república parlamentar, sendo sublinhada no ensaio de Marx *O 18 de Brumário de Louis Bonaparte*, em que é também analisada a situação excepcional em que o Estado adquire uma independência relativamente à sociedade civil que não possui normalmente no capitalismo.

Relativamente ao primeiro aspecto, Marx concorda com Tocqueville de *O Antigo Regime e a Revolução*: o poder executivo dos modernos Estados representativos tem a sua origem nas monarquias absolutas, com a sua organização burocrática e militar centralizada que a Revolução Francesa, com a unificação administrativa do país e a supressão da independência dos poderes locais, municipais e regionais, que se encontravam em grande parte em mãos da nobreza destituída, se limitou a reforçar e a aprofundar, primeiro durante a ditadura jacobina de 1793–1794, depois pelas reformas jurídicas e políticas de Napoleão Bonaparte.

Relativamente ao segundo aspecto, Marx desenvolve a temática do Estado bonapartista, ao analisar os eventos que marcaram a França entre a revolução de 1848 e o golpe de Estado de Luís Napoleão Bonaparte em Dezembro de 1851, que derrubou a república parlamentar. O que é comum às duas formas de bonapartismo, tanto à do tio como à do sobrinho, é um equilíbrio instável entre duas classes e grupos políticos que disputam o poder de Estado, mas que, na prática, não conseguem conquistar cada um deles, opondo-se ao outro. Outra característica comum é a preponderância do exército como suporte do poder político. Finalmente, em ambos os casos, o campesinato constitui a base social do regime político bonapartista. Nestas condições, o Estado adquire uma maior independência relativamente à sociedade civil com a supressão da república parlamentar e a instauração de um regime autoritário, embora a sua natureza de classe não se altere substancialmente. No caso do primeiro bonapartismo, a conquista do poder político por Napoleão I resultou fundamentalmente da incapacidade da república burguesa termidoriana em conseguir gerir, à sua direita, o conflito cada vez mais intenso com os partidários da velha ordem nobiliárquica que visavam reinstaurar a monarquia absoluta destituída e, à sua esquerda, a insurreição dos partidários do jacobinismo e do radicalismo *sans-culotte*, de que a «Conspiração dos Iguais» de Babeuf com as suas doutrinas comunistas foi o exemplo paradigmático. Neste sentido, o primeiro bonapartismo, apesar do seu expansionismo e militarismo, teve para Marx uma função historicamente progressista, pois foi decisivo não apenas para preservar as principais conquistas da Revolução de 1789, mas também para as difundir nos países que ocupou, com particular destaque para a parte ocidental da Alemanha. Isto foi possível porque Napoleão Bonaparte permaneceu sempre uma figura associada à Revolução Francesa, em que participou activamente na sua juventude.

Em contrapartida, o segundo bonapartismo, o de Napoleão III, é, antes de tudo, uma caricatura do primeiro, o que leva Marx a fazer um comentário que viria a tornar-se famoso pelas inúmeras citações de que foi alvo. Invocando Hegel, para quem os grandes acontecimentos históricos ocorriam duas vezes, o autor de *O Capital* acrescenta ironicamente que o filósofo alemão «esqueceu-se de acrescentar: a primeira vez como tragédia, a segunda como farsa» (Marx, 1971b, p. 15). O regime do sobrinho de Bonaparte é também fruto de um equilíbrio instável de forças sociais e políticas representadas, à direita, pelos partidos monárquicos, os legitimistas da casta nobiliárquica dos Bourbons, que Napoleão III odiava, e os orleanistas da nova monarquia que tinha sido instaurada em 1830 e derrubada pela revolução republicana de 1848, e, à sua esquerda, pelos partidos de orientação liberal e radical jacobina, a que se acrescentava o nascente movimento socialista. A sua base social continuava a ser o campesinato. Porém, ao contrário do que tinha acontecido no primeiro bonapartismo, em que esta classe social se libertou da servidão feudal e adquiriu o acesso à propriedade da terra, transformando-se na componente fundamental do exército que defendeu a França revolucionária da invasão das potências monárquicas coligadas e, posteriormente, do exército de Bonaparte, o *paysan* de 1851 já nada tem que ver com o seu antecessor: endividado, sobrecarregado por créditos hipotecários, bem como por impostos sobre a sua pequena propriedade fundiária, está imerso num ambiente económico cada vez mais hostil, que conduz um número crescente dos seus membros à ruína por dívidas. Neste sentido, o seu único interesse consiste em conservar a todo o custo uma ordem decrépita e ultrapassada pelo desenvolvimento da urbanização e do operariado. Eis a razão pela qual, além de ser um império de opereta cujo exército se desmoronou como um castelo de cartas perante o bem organizado exército prussiano em Sedan, em 1871, o II Império tem, ao contrário do primeiro, uma natureza reaccionária, como o prova a violenta repressão dos republicanos socialistas após o golpe de Estado de 2 de Dezembro de 1851:

«Sob a monarquia absoluta, durante a primeira revolução e com Napoleão, a burocracia não era mais do que o meio para preparar o regime de classe da burguesia. Durante a restauração, sob Luís Filipe, ou com a República era o instrumento da classe dominante, não obstante os seus esforços para se constituir em poder independente. Não é senão no governo do segundo Bonaparte que o Estado parece ter-se tornado completamente independente. O aparelho de Estado está de tal modo consolidado face à sociedade burguesa que lhe é suficiente ter à sua frente um aventureiro vindo de fora, glorificado pela embriagada soldadesca comprada com aguardente e salsichão e a quem é preciso constantemente lançar novas remessas.» (*Idem*, pp. 143-144)

A «morte» do Estado político

As insuficiências da concepção de Estado criado apenas como instrumento de domínio de classe atingem o seu apogeu nas obras assinadas por Engels. Em *A Origem da Família, da Propriedade e do Estado*, ensaio que teve como fonte de inspiração a obra *A Sociedade Primitiva* (1877) do antropólogo norte-americano Lewis H. Morgan (1818-1881), Engels considera que existiram sociedades sem Estado, as comunidades tribais estudadas por Morgan dos aborígenes americanos, mas que a partir de uma determinada fase do seu desenvolvimento começaram a diferenciar-se em classes distintas e antagónicas, como aconteceu nas *gens* grega, romana e germânica, ou seja, grupos tribais com uma ascendência comum, tal como a *gens* iroquesa de Morgan, e que Marx já tinha analisado melhor em algumas passagens do *Grundrisse*. Foi precisamente neste momento histórico, que assinala para Engels o nascimento da civilização, que se formou o Estado, de acordo com uma definição que se tornaria célebre:

> «O Estado não é, pois, de modo algum, um poder que se impôs à sociedade de fora para dentro; tão pouco é "a realização da ideia moral", ou "a imagem e realidade da razão", como afirma Hegel. É antes um produto da sociedade quando esta chega a um determinado grau de desenvolvimento: é a confissão de que essa sociedade se enredou numa irremediável contradição consigo mesma e está dividida por antagonismos irreconciliáveis que não consegue conjurar. Mas para que esses antagonismos, essas classes com interesses económicos colidentes, não se devorem e não consumam a sociedade numa luta estéril, torna-se necessário um poder colocado aparentemente por cima da sociedade, chamado a amortecer o choque e a mantê-lo dentro dos limites da "ordem". Este poder nascido da sociedade, mas pondo-se acima dela e distanciando-se cada vez mais, é o Estado.» (Engels, Lisboa, s.d., p. 225)

A principal insuficiência desta análise muito tributária da *Origem e Fundamentos da Desigualdade entre os Homens*, de Jean-Jacques Rousseau, está na sua tentativa de encontrar uma definição generalista de Estado, um fruto da civilização contraposta às comunidades tribais que representavam para Engels e para Morgan, cuja análise das sociedades ditas «primitivas» que este designava por *ancient societies* tem actualmente pouca ou nenhuma credibilidade para a antropologia contemporânea, uma espécie de Idade do Ouro, caracterizada pela harmonia social e pela ausência de conflitos internos. De facto, como já foi referido na Introdução deste livro, não se pode falar de Estado na Antiguidade Clássica e muito menos na Idade Média. Na Grécia Antiga, existia a *polis*, e, na Roma Clássica, a *civitas*, ambas significando a comunidade dos cidadãos livres, em que a esfera privada só começa a ter um estatuto jurídico na segunda com o desenvolvimento do direito romano, que regula as transações comerciais, a transferência de patrimónios, o casamento, etc., tendo sido uma das fontes mais importantes do Direito Civil dos países da Euopa continental moderna. Na Idade Média, apenas se pode falar verdadeiramente de «Estado» no período em que surgem as monarquias absolutas, já que só aqui começam a despontar os seus três elementos fundamentais, *território, povo* e *soberania*, sobretudo o último, que só se consuma em definitivo na Revolução Francesa de 1789, que não existiam verdadeiramente na Idade Média, enquanto na Antiguidade Clássica apenas existia o segundo, mas de forma limitada, o povo grego e o *populus* romano, com exclusão dos escravos, enquanto o primeiro não tinha fronteiras estáveis e definidas. Falar em Estado a um grego ou romano antigo seria o mesmo que nomear uma entidade que lhes era totalmente desconhecida e que, por conseguinte, nada significava para eles.

O que caracteriza o Estado é o exercício do monopólio legítimo da força no interior de um determinado território com fronteiras relativamente delimitadas, bem como, para utilizar de novo a feliz expressão de Pierre Bourdieu, do monopólio da violência simbólica, caracterizado pelo predomínio das normas e leis jurídicas com origem no poder das monarquias, que se centralizavam sobre o direito feudal, os costumes e as regras ancestrais de origem tribal (Ver Introdução). Mas é, sem sombra de dúvidas, a separação entre a esfera pública e a esfera privada, ainda não concretizada nas monarquias absolutas, que assinala a emergência do Estado. Neste sentido, o termo «moderno», que se acrescenta ao termo «Estado», não passa de uma redundância, pois este constitui-se verdadeiramente com a Revolução Francesa de 1789. Esta concepção historicista do Estado está nos antípodas da concepção generalista de Engels, que apenas revela uma diferença de grau relativamente às definições típicas dos manuais tradicionais de Ciência Política.

Para Engels, os elementos do Estado são a divisão territorial como forma de controlo da mobilidade dos súbditos, o que é falso, pois no Estado que se forma após a Revolução Francesa aquela contribui, pelo contrário, para assegurar a segunda, com a abolição das alfândegas internas; a instituição de uma força pública separada, ou seja, de um exército permanente que já «não se identifica com o povo em armas» (*Idem*, p. 126), o que só em parte é verdadeiro, já que apenas na fase derradeira do Império Romano se começou a instituir um exército deste tipo, e na Idade Média, ainda no tempo das monarquias absolutas, os senhores feudais tinham os seus próprios exércitos privados, e de um aparelho fiscal que tributa as populações para sustentar o exercício das suas funções, o que apenas é válido no período das monarquias absolutas, mas apenas se concretiza verdadeiramente após a Revolução Francesa com a abolição da concessão a privados da cobrança dos impostos. Para

Engels, as funções do Estado são, fundamentalmente, funções de natureza repressiva:

> «Donos da força pública e do direito de recolher impostos, os funcionários, como órgãos da sociedade, põem-se então *acima dela*.» (*Ibidem*, p. 227)

Esta fórmula, além de confundir Estado com aparelho de Estado, remete para a sobrevalorização de uma concepção de Estado como instrumento de domínio de uma classe sobre as outras, uma espécie de castelo kafkiano que compete às classes dominadas conquistar quando, presume-se, se formarem historicamente as condições objectivas e subjectivas, em que a consciência da classe dominada e a sua organização em partido político só é possível na época do capitalismo. Isto significa que o Estado não possui uma verdadeira autonomia, pois não é mais do que a expressão ou o reflexo político do domínio das classes economicamente dominantes sobre as classes economicamente dominadas:

> «Assim, o Estado antigo foi, sobretudo, o Estado dos senhores de escravos para manter os escravos subjugados; o Estado feudal foi o órgão de que se valeu a nobreza para manter a sujeição dos servos e camponeses dependentes; e o moderno Estado representativo é o instrumento de que se serve o capital para explorar o trabalho assalariado.» (*Ibidem*, p. 228)

Nesta concepção, já nada resta da brilhante crítica de Marx do Estado representativo dos seus escritos de juventude. É certo que Engels reconhece a especificidade da *república democrática*, que apenas estava consolidada nos EUA, pois apenas nesta não são oficialmente reconhecidas as diferenças de fortuna, em consequência do princípio da igualdade de todos perante a lei instituído pela Revolução Francesa. No entanto, tendo em conta o fraco desenvolvimento destas repúblicas na Europa Ocidental, em que apenas a França, no século XIX, e, mais tarde, Portugal, em 1911, tinham regimes republicanos num espaço em que predominavam as monarquias imperiais até ao fim da Primeira Guerra Mundial, o único exemplo que Engels tem em vista é o norte-americano, precisamente o menos fidedigno pelo predomínio manifesto da esfera dos negócios sobre a política, o que o leva a generalizar mecanicamente a tese do poder político como mero reflexo do poder económico e a conceber o sufrágio universal como a nova forma de domínio da classe capitalista sobre o operariado:

«Nela [a república democrática] a riqueza exerce indirectamente o seu poder, embora de forma mais segura. De um lado, sob a forma de corrupção directa dos funcionários do Estado — e na América vamos encontrar o exemplo clássico; do outro, sob a aliança entre o governo e a Bolsa. Tal aliança concretiza-se quanto mais crescem as dívidas de Estado e quanto mais as sociedades anónimas concentram nas suas mãos, além do transporte, a própria produção, fazendo da Bolsa o seu centro [...] E, por último, é directamente através do sufrágio universal que a classe possuidora domina. Enquanto a classe oprimida — no nosso caso, o proletariado — não está madura para promover a sua própria emancipação, a maioria dos seus membros considera a ordem social existente como a única possível e, politicamente, forma a cauda da classe capitalista, a sua ala da extrema-esquerda.» (*Ibidem*, pp. 229–230)

Engels, embora reconheça posteriormente que o amadurecimento do operariado através da constituição de um partido independente que a represente nos parlamentos eleitos é condição para a sua emancipação política e que o sufrágio universal conquistado é um índice do seu amadurecimento ideológico, continua implicitamente a pressupor que o «Estado capitalista» na sua forma de Estado representativo é um mero instrumento de dominação de classe que este deve necessariamente derrubar e conquistar pela via revolucionária. No *Anti-Dühring*, obra publicada seis anos depois de *A Origem da Família, da Propriedade e do Estado*, Engels, apesar de manter estas posições, acrescenta-lhes novos elementos. O primeiro, introduzido no *Manifesto do Partido Comunista* de 1848, e que se revelou completamente falso, é que «a forma de produção capitalista, transformando em proletária a maioria da população, cria a força que, sob pena de morte, é obrigada a realizar essa revolução» (Engels, 1971, p. 343). Se estivéssemos à espera que a classe operária se transformasse na «maioria da população», a revolução proletária nunca se faria, já que a tendência histórica do desenvolvimento do capitalismo é para o crescimento das classes médias assalariadas em detrimento do proletariado fabril, que vê não apenas o seu peso na estrutura social dos países mais desenvolvidos diminuir drasticamente, mas também, com a revolução cibernética e a robotização, adquirir, na melhor das hipóteses, uma nova configuração radicalmente distinta da do operário-massa

da primeira Revolução Industrial: passa-se cada vez mais do operário-
-operador de máquinas-ferramentas para o operador controlador de
sistemas informáticos cada vez mais automatizados (Veiguinha, 2017,
pp. 203–236).

Se é verdade que Engels não poderia prever esta tendência, também é
verdade que a sua profecia sobre a proletarização generalizada da população trabalhadora, na figura do tradicional operário fabril, embora possa revestir novas formas, como se verifica actualmente, não se verificou na prática, o que põe em causa a inevitabilidade histórica de uma revolução proletária, abrindo, no entanto, a porta para a formação de um novo «bloco histórico», em que devem entrar necessariamente as novas classes médias assalariadas com um programa de transformação social e política que não pode reduzir-se ao do «operário-massa» dos tempos de Engels e Marx. Porém, a análise do primeiro atinge o seu ponto mais elevado na caracterização do capitalismo como um regime em que uma produção cada vez mais social e socializada se opõe a formas de apropriação privada do produto do trabalho de todos por uma restrita oligarquia financeira, tese plenamente actual. Esta oligarquia torna-se cada vez mais prescindível, já que, ao contrário do capitalista da primeira Revolução Industrial, que desempenhava a função «produtiva» de organização do trabalho e da produção, delega estas funções num *manager* que se converte assim no verdadeiro «capitalista activo», como já tinha sublinhado Marx no capítulo XXVIII do III Tomo de *O Capital*. Deste modo, a oligarquia financeira perante a qual o *manager* é responsável — como acontece nas sociedades anónimas de responsabilidade limitada, já criticadas por Charles Fourier, modelos e paradigmas de uma produção cada vez mais social sob formas privadas de apropriação cada vez mais restritivas em que o privilégio político da antiga nobreza é substituído pelo privilégio do património financeiro dos maiores accionistas, que Engels refere com ênfase — torna-se cada vez mais «rentista», sem nenhuma intervenção directa, e mesmo indirecta, na produção social:

> «Os capitalistas não realizam hoje outra actividade social que não seja a de cobrar rendas, cortar cupões e jogar na Bolsa, tirando aos outros o seu capital. A forma de produção capitalista, depois de eliminar os trabalhadores, elimina agora os capitalistas, reduz o seu número, como o dos trabalhadores, senão para a condição de exército industrial de reserva, pelo menos para a situação de população supérflua.» (*Ibidem*, p. 341)

Neste capitalismo cada vez mais social, as funções anteriormente desempenhadas pelos capitalistas tradicionais passam a ser executadas por empregados assalariados, que abrangem não apenas os *managers*, cuja maior fonte de rendimento não é propriamente o salário que auferem pelas funções técnico-organizativas que desempenham, mas sim a sua participação nos lucros do capital da oligarquia financeira que administram, mas também outras profissões técnicas, como os contabilistas e, contemporaneamente, economistas sem funções directas de gestão, informáticos, etc. Será precisamente este carácter cada vez mais social e diversificado da produção que torna cada vez mais redundante a oligarquia financeira capitalista, alargando, na prática, o trabalho assalariado a novos grupos sociais distintos do operário tradicional, criando condições inéditas para a superação do Estado político e a sua reabsorção pela sociedade civil, o que significa o seu desaparecimento enquanto forma política separada de dominação de classe. A partir deste momento, considera Engels, o Estado político torna-se cada vez mais supérfluo e redundante, cumprindo-se, então, a profecia de Saint-Simon:

> «A administração das coisas e a direcção dos processos de produção substitui o governo das pessoas. O Estado não é "abolido": morre.» (*Ibidem*, p. 344)

No entanto, poderá perguntar-se: será que a política se poderá reduzir à «administração das coisas» mesmo quando a dominação de classe for abolida? Será que mesmo se esta hipotética condição se vier a realizar, desaparecerão milagrosamente e num ápice as diferenças e as divergências de opinião sobre as questões políticas que se colocam a um género humano pretensamente unificado? Certamente que não! Mas isto significa que a política deverá ser reconfigurada para exprimir a sua essência: não apenas a abolição do domínio de uma classe sobre outras, mas também a organização da coexistência e do convívio entre todos, numa ordem inclusiva em que todas as formas de autoritarismo devem ser proscritas e em que o direito à diferença deve ser reconhecido. Porém, esta concepção da política como *politeia* esteve completamente fora das perspectivas do bolchevismo russo de 1917 e do próprio Engels, que foi uma das suas mais fortes fontes de inspiração. Neste sentido, poder-se-á dizer que o amigo de Marx foi um discípulo tardio de Saint-Simon, herdando acriticamente as principais insuficiências da teoria política deste socialista «utópico». (ver VII Parte, Capítulo 1).

A Comuna de Paris e a ditadura do proletariado

Em 1 de Setembro de 1870, a derrota das tropas de Luís Napoleão Bonaparte em Sedan perante as tropas prussianas, a que se seguiu a captura do sobrinho do imperador e a capitulação de um exército que vivia à sombra das glórias passadas de Napoleão Bonaparte, não foi aceite pela população de Paris, que, três dias depois, perante o vazio do poder, instituiu um Governo de Defesa Nacional e proclamou a III República Francesa. No entanto, os prussianos, vitoriosos, não reconheceram esta deliberação e avançaram em direcção à capital francesa, que se manteve sitiada até Setembro de 1871. Entretanto, em 28 de Janeiro, Louis Jules Trochu presidente do Governo francês, aceitou a capitulação, de que resultou a assinatura de um armistício com Bismarck, primeiro-ministro da Prússia, que se converteria em chanceler da Alemanha unificada. Após a assinatura do armistício, foi eleita uma nova Assembleia Nacional, presidida por Adolphe Thiers (1797–1877). Nomeado Presidente da República, esta personalidade, um reputado historiador que tinha sido Presidente do Conselho da monarquia orleanista entre 1832 e 1836 e era o líder do partido da ordem na República democrática de 1848, apesar das cedências territoriais aos prussianos, a que o seu governo foi obrigado, encarregou-se de «unificar» a França, tendo como alvo privilegiado os «secessionistas» de Paris.

Como a República proclamada na capital francesa não reconheceu o governo presidido por um presidente conservador e uma Assembleia Nacional em que os partidos conservadores predominavam, formou-se uma situação de duplo poder: Thiers e o seu governo foram obrigados a abandonar Paris, refugiado-se em Versalhes, após a tentativa gorada de desmantelar as defesas da cidade, duzentos canhões foram instalados pela Guarda Nacional, em consequência da resistência da população parisiense. Em contrapartida, foi eleito na capital francesa, em 26 de Março de 1871, um Conselho Municipal, composto amplamente por jornalistas e militantes revolucionários socialistas, maioritariamente discípulos de Proudhon e Louis-Auguste Blanqui (1805–1881), que participou no evento. Este Conselho designou-se, dois dias depois, por Comuna de Paris, em homenagem ao que tinha sido instituído no decurso da I República Francesa de 1793–1794, apelando à constituição de uma Federação Livre.

A Comuna de Paris, seguindo o espírito das concepções federalistas de Proudhon, em contraposição às concepções golpistas e conspiracionistas dos partidários de Blanqui, instaurou o que se poderia designar por «república democrática e social»: separação da Igreja do Estado, abolição dos exércitos permanentes e educação laica e gratuita para todos. Foram tomadas também medidas simbólicas, de que se destacou a destruição da coluna da Praça Vendôme, que celebrava as conquistas de Napoleão I. Foi também proclamada a livre associação de cooperativas, com a ocupação das fábricas da cidade abandonadas pelos patrões, e a elaboração de planos para entregar a sua gestão aos operários.

O poder conservador instalado em Versalhes nunca poderia reconhecer e aceitar a Comuna de Paris. Reorganizando o que restava do exército copiosamente derrotado em Sedan, 130 mil soldados conseguiram abrir uma brecha na muralha sudeste de Paris e, em 11 de Maio, entraram na capital francesa. Foi o princípio do fim daquela efémera experiência revolucionária. Três dias depois, as tropas de Thiers ocupavam a maior parte da cidade, após os primeiros massacres e execuções sumárias dos sublevados. Em contrapartida, os partidários da Comuna de Paris não conseguiram melhor do que uma resposta iconoclástica, incendiando edifícios que simbolizavam o velho poder destituído. Paris tornou-se pasto de chamas em que arderam o Palácio Real, o Palácio da Justiça e a Câmara Municipal, com todos os seus arquivos. Um célebre escritor francês da época descreve assim esta fúria iconoclasta dos *communards*:

> «Destruir por destruir, enterrar a velha humanidade apodrecida sob as cinzas de um mundo, com a esperança de que uma nova sociedade baniria, feliz e cândida, em pleno paraíso terrestre, as velhas lendas.»
> (Zola, Paris,1984, p. 571)

Em resposta aos massacres do Governo de Versalhes, os *communards* limitaram-se a assinar uma cópia de sinal contrário segundo o espírito do terror revolucionário de 1793–1794: o arcebispo de Paris foi executado, 50 pessoas alegadamente comprometidas com os «partidos da ordem» foram também executadas, 24 das quais eram padres, o que desmente, mesmo apesar da desproporção enorme das vítimas de ambos os lados do conflito, a auréola de santidade martirológica que foi conferida aos partidários da Comuna de Paris pela esquerda comunista e anarquista nos séculos xix e xx. Enraivecidas com a execução do arcebispo, as tropas do governo de Versalhes retomaram o seu avanço pela cidade. Em 28 de Maio, caíram as últimas barricadas, seguindo-se mais execuções sumárias de seis a sete mil insurrectos. O principal responsável pela capitulação do exército francês, o patético general Mac-Mahon, nomeado comandante das tropas de Versalhes, proclamou a «libertação» da cidade e o restabelecimento da ordem, do trabalho e da segurança, de que resultou a prisão de 40 000 pessoas em campos militares, das quais 12 500 compareceram perante 24 tribunais marciais, que condenaram à morte 43 e deportaram 4000 para a colónia penal da Nova Caledónia. Só nove anos depois, com a institucionalização da III República, é que os sublevados sobreviventes de 1871 foram amnistiados.

Marx dedicou à Comuna de Paris um dos seus mais célebres ensaios, um campeão de vendas, *A Guerra Civil em França*. Neste ensaio, interessa-nos sobretudo destacar a Introdução, escrita por Engels, em 1891, já após a morte do seu amigo, para comemorar o vigésimo aniversário deste importante evento. Para ele, a experiência *communard* de 1871 significa, fundamentalmente, o exemplo vivo da «morte» do Estado político e a sua reabsorção pela sociedade civil. Considerando a Comuna de Paris como o estado mais elevado do confronto entre o operariado e as classes capitalistas e as suas aliadas, de que as jornadas de Junho da revolução de 1848 tinham sido apenas o ensaio geral, destaca as seguintes medidas como exemplo e paradigma do desaparecimento do Estado político: uma administração composta por funcionários elegíveis e revogáveis; a sujeição de todos os cargos da administração da justiça e do ensino à escolha por sufrágio universal; a remuneração de todos os serviços pelos salários recebidos pelos operários, sendo o vencimento mais alto de 6000 francos. Como comentário final da sua Introdução, Engels critica o que designa por «estreiteza social-democrata» do seu tempo — o Partido Social-Democrata Alemão entre 22 e 27 de Maio de 1875 no Congresso Gotha, muito criticado por Marx —, acusando-a de ser acometida por «um terror salutar ao ouvir pronunciar a expressão ditadura do proletariado» (Marx, 1971d, p. 31). Para ele, é esta ditadura vanguardista que indica a «recta via» para a conquista do poder:

«E quereis saber com que se parece esta ditadura? Olhai a Comuna de Paris. Era a ditadura do proletariado.» (*Idem*, pp. 31–32)

Na *Crítica do Programa de Gotha*, o seu amigo defendeu também o que designou por «ditadura revolucionária do proletariado», em detrimento da república parlamentar democrática defendida pela social-democracia nascente. Esta é, desde logo, despachada como algo de serôdio e ultrapassado quando, paradoxalmente, estava ainda em formação:

«As suas reivindicações não contêm nada mais que a velha ladainha democrática conhecida de toda a gente: sufrágio universal, legislação directa, direito do povo, mílicia popular, etc. são simplesmente o eco do Partido Popular burguês, da Liga da Paz e da Liberdade. Nada mais do que reivindicações já realizadas, quando não são noções marcadas por um exagero fantástico.» (Marx, 1971c, p. 30)

Mas, afinal, qual é a função da «ditadura revolucionária do proletariado»? Marx esclarece-nos a este respeito: esta é o poder organizado do proletariado com vista a preparar a transição revolucionária da sociedade capitalista para a sociedade comunista, onde desaparecerão as classes sociais e o Estado. Este período de transição foi anunciado no *Manifesto do Partido Comunista* de 1848, onde, paradoxalmente, entre as dez medidas indicadas, algumas, como o imposto progressivo e a educação universal e gratuita para todos, integravam o programa social-democrático do Congresso de Gotha, tão anatemizado por Marx:

«1. Expropriação dos latifúndios e empregos das suas rendas para despesas públicas.
2. Um pesado imposto progressivo.
3. Abolição do direito de heranças.
4. Confiscação da propriedade de todos os emigrantes e rebeldes.
5. Centralização do crédito nas mãos do Estado por meio de um banco nacional com capital de Estado e monopólio exclusivo.
6. Centralização da organização dos transportes nas mãos do Estado.
7. Multiplicação das fábricas nacionais, dos instrumentos de produção, arroteamento e melhoramento dos terrenos de acordo com um plano colectivo.
8. Obrigatoriedade do trabalho para todos e constituição de exércitos industriais, em especial para a agricultura.
9. Unificação da exploração da agricultura, actuação com vista à eliminação gradual da distinção entre cidade e campo.
10. Educação pública e gratuita para todas as crianças. Eliminação do trabalho das crianças nas fábricas na sua forma actual. Unificação da Educação com a produção material.»

(Marx & Engels, 1975, pp. 84–85)

Neste manifesto, os dois amigos não respondem, de facto, à questão mais importante: como é possível que uma ditadura, por mais revolucionária que seja ou pretenda ser, ainda para mais baseada num programa de estatização da economia e da sociedade, de que se destacam os pontos 5 e 6, poderá não apenas conduzir ao desaparecimento do Estado, mas também transformar-se num regime mais democrático do que o preconizado pelo programa social-democrata do Congresso de Gotha?

Marx tenta dar uma resposta a esta questão na sua *Crítica ao Programa de Gotha*, onde distingue duas fases da constituição da sociedade comunista, uma inferior e outra superior. Eliminados os lucros e as rendas fundiárias e financeiras, na primeira, apesar de cada um receber o equivalente da quantidade de trabalho que fornece, alguns, apesar desta medida comum, acabam por receber mais do que outros, pois a divisão do trabalho herdada da sociedade capitalista, particularmente a divisão entre trabalho intelectual e manual, estabelece ainda uma diferença de capacidades entre os indivíduos que impede uma repartição mais equitativa do produto social, embora menos desigual do que naquela em que existia a exploração do homem pelo homem. Isto significa que, nesta fase, o «direito *igual*» ao produto do trabalho encobre «um direito desigual para um trabalho desigual» (Marx, 1971c, p. 20). Apenas na segunda, quando forem eliminados todos os condicionamentos da sociedade capitalista, é que se poderá verdadeiramente compatibilizar o desenvolvimento das capacidades de cada um com as necessidades de todos. Nesta fase, o desenvolvimento multilateral dos indivíduos, que se torna possível com a abolição da divisão entre trabalho intelectual e manual, permitirá que as diferenças entre as capacidades individuais não se transformem em factores sociais de discriminação e exclusão, como acontecia na sociedade capitalista e, em parte, ainda na fase inferior da sociedade comunista, apesar do igual direito de todos ao produto do trabalho, mas pelo contrário, em factores abrangentes de inclusão social. Só então a sociedade poderá superar «o limitado horizonte do direito burguês», que, igualizando abstractamente indivíduos e situações diferentes, não só põe em causa a própria igualdade — por exemplo, um operário com filhos é prejudicado relativamente a outro sem filhos ou com mais filhos se recebe o mesmo salário —, mas também se manifesta como um direito socialmente injusto, pois deixa subsistir algumas diferenciações sociais herdadas da divisão entre trabalho intelectual e manual do regime anterior, que acabam por gerar uma repartição desigual do produto do trabalho de todos, para adoptar como divisa o lema: «De cada um segundo as suas capacidades, a cada um segundo as suas necessidades!» (*Idem*, p. 21). Só então o Estado político separado se tornará supérfluo, sendo reabsorvido por uma sociedade que, com a eliminação da exploração do homem pelo homem, das diferenças e dos conflitos de classes, se tornará finalmente capaz de gerir-se a si própria e construir consciente e deliberadamente o seu próprio destino.

No entanto, as formas de socialismo autoritário no século xx, com recurso a métodos de estatização e colectivização forçadas por parte dos partidos que aplicaram a ditadura do proletariado nos países em que ascenderam ao poder por via da tão mitologizada «violência revolucionária», que surgiu ideologicamente como legitimidora da abolição do pluralismo, sem o qual não é possível a democracia política, transformaram numa monstruosa caricatura a profecia de Marx sobre a fase superior da sociedade comunista, além de gerarem uma sociedade mais atrasada do que a sociedade capitalista no plano tecnológico, aboliram as liberdades e os direitos dos indivíduos, particularmente a liberdade de ter uma opinião diferente da do partido governante, que, auto-intitulando-se «partido de vanguarda» dos trabalhadores, era suposto deter, qual Papa laico, o monopólio oficial de uma verdade infalível. Por isso, Rosa Luxemburgo tem razão quando, poucos meses antes do seu assassinato, em 1919, proferiu esta reflexão que se tornou intemporal:

> «A liberdade apenas para os partidários do Governo, apenas para os membros de um partido não é liberdade em absoluto. A liberdade é sempre e exclusivamente a liberdade para quem pensa de maneira diferente.»

A possibilidade do comunismo

Além do comunismo grosseiro preconizado por Babeuf, e de que o regime criminoso genocida de Pol Pot e dos seus khmers vermelhos foram os principais discípulos no século xx, Marx reconhece, no capítulo XVI da III parte dos *Manuscritos Económico-Filosóficos (1843–1844)*, outras duas formas de comunismo: o comunismo *inacabado* (*inachevé*, na tradução francesa) e o comunismo *consumado* (*achevé*, na mesma tradução).

O primeiro é a forma de comunismo que já ultrapassou a sua fase grosseira, rudimentar, mas que é ainda condicionado pela sociedade que visa superar, correspondendo, de certo modo, à primeira à etapa de transição do capitalismo para o comunismo da *Crítica do Programa de Gotha*, que, mais tarde, foi designada pelos bolcheviques no poder após a Revolução Russa de 1917 de processo de transição do capitalismo para o socialismo, nunca se sabendo ao certo quanto faltava, como muito bem sublinhou Trotsky no seu livro *A Revolução Traída* (1936), para o completar. Esta forma de comunismo tem duas características fundamentais:

> «É a) o comunismo que conserva um carácter político, democrático ou despótico; b) o comunismo que suprimiu o Estado, mas que não está ainda completamente desenvolvido o seu ser e permanece ainda sob a influência da propriedade privada, isto é, da alienação do homem.»
> (Marx & Engels, Paris,1972 p. 228)

Estas considerações merecem algumas reservas, tendo em conta o que se passou posteriormente no decurso da revolução bolchevique. Antes de tudo, a «supressão» do Estado a que Marx se refere deve ser entendida aqui como a abolição do Estado político separado. Quanto ao seu carácter «democrático ou despótico», uma disjunção exclusiva, em que o adjectivo «despótico» é porventura um sinónimo do que mais tarde foi eufemisticamente designado por «ditadura revolucionária do proletariado», que, ao contrário do que defendeu Lénine contra Kautsky, não é uma forma política democrática, por mais que se arvore em representante da maioria da população trabalhadora das cidades e dos campos perante a minoria dos possuidores — a democracia não pode ser reduzida ao poder da maioria sobre a minoria, como já se tinha apercebido Aristóteles —, mas sim despótica, pelo facto de ser exercida por um partido que, arvorando-se em «vanguarda» do proletariado, a «classe universal», exclui todos os outros do poder e monta um aparelho repressivo gigantesco que elimina todas as formas de oposição política tanto à esquerda como à direita. Neste sentido, o adjectivo «democrático» da disjunção exclusiva de Marx não tem nenhum fundamento lógico, histórico e político. Mais correcta é a alínea b) desta passagem, já que a «influência da propriedade privada» gerou, entre 1917 e 1921, na Rússia soviética, uma forma de comunismo, o comunismo de guerra, que, além de se revelar totalmente ineficaz, aproxima-se do comunismo grosseiro criticado por Marx.

O comunismo consumado é caracterizado por Marx segundo uma terminologia especulativa de inspiração hegeliana, pouco clara, muito centrada em jogos de palavras, em que a língua alemã é fértil, mas que não revelam as mesmas potencialidades noutras línguas, que, além de acentuar o seu carácter messiânico, acaba por lhe conferir uma dimensão escatológica de natureza religiosa contra a qual o pensamento político moderno se tinha constituído, tornando-se uma tentativa de realizar laicamente, na Terra, a agostiniana «cidade de Deus». Ouçamo-lo:

«Como supressão *positiva* da propriedade privada, logo da auto--alienação humana, o comunismo é a reapropriação da essência humana do homem pelo homem. É o retorno completo do homem a si próprio enquanto ser para si, enquanto ser *social humano*, retorno consciente e que se realiza conservando a riqueza do desenvolvimento anterior. Enquanto naturalismo consumado, este comunismo é humanismo, enquanto humanismo consumado, é naturalismo. Esta é a verdadeira solução entre o homem e o homem, a verdadeira solução entre a existência e a essência, entre a objectivação e a afirmação de si, entre a liberdade e a necessidade, entre o indivíduo e a espécie. É o enigma resolvido da história e tem consciência disso.» (*Idem*, pp. 228–229)

Pese embora a dimensão escatológica desta forma de comunismo, é talvez a melhor formulação de Marx sobre o tema. Na última etapa do comunismo, que corresponde à sua segunda etapa na formulação da *Crítica do Programa de Gotha*, o homem já não está separado dos outros homens na medida em que se reconheceu a si próprio, ou, como diz Marx, ao regressar a si próprio, ao desalienar-se, reconhece também os outros não como meros meios, mas como fins. Este «humanismo consumado» coincide também com o «naturalismo consumado», pois a supressão «positiva» da propriedade privada, isto é, já não condicionada pela propriedade privada da época capitalista, como acontecia na sua forma «inacabada», expressão da actividade alienada do homem, uma actividade em que o homem se torna lobo do homem, significa que este objectiva conscientemente a sua capacidade de trabalho na natureza, de modo que é superado o conflito, que define o trabalho alienado, entre a «objectivação e a afirmação de si». Por outras palavras, estabelece-se uma relação consciente e com sentido humano do homem com o homem, uma relação que permanece essencialmente cooperativa, em que o outro não é visto como um adversário ou um alvo a abater pela competição e pela guerra económica, mas sim como um associado. Esta relação passa também pela relação consciente do homem com a natureza, mediando cada um dos termos o outro. Neste sentido, é superado o conflito entre «liberdade e necessidade», entre o «indivíduo e a espécie» e resolvido conscientemente o «enigma da história» passada que se desenvolvia através destes conflitos e destas antinomias. Estamos, portanto, perante o cenário utópico do «fim da História».

Na maturidade, Marx e Engels abandonaram este discurso. No *Manifesto do Partido Comunista*, a sua versão do comunismo é bem mais modesta, abandonando grande parte da formulação messiânica das obras de juventude. Além de reconhecerem a necessidade do despotismo, ou seja, da ditadura revolucionária do proletariado no processo de transição do capitalismo para o comunismo, não se apercebendo que aquele poderá perdurar *sine die*, consideram que tal processo tem como resultado uma sociedade em que desaparecem as distinções de classe, o que implica a concentração de «toda a produção nas mãos dos indivíduos associados» e a «perda do carácter político», isto é, separado da sociedade, do poder de Estado, o que equivale ao seu desaparecimento ou, superados os antagonismos de classe, à sua conversão numa nova versão da «administração das coisas» preconizada por Saint-Simon, que exerceu uma enorme influência em ambos, particularmente em Engels, como já foi referido. Tal só é possível em sociedades em que o capitalismo esgotou todas as possibilidades de satisfazer as necessidades e as aspirações da maioria dos homens e das mulheres, que, assim, se libertam da opressão e da exploração a que estiveram submetidos no decurso da História. É, de novo, a utopia do fim da História, se bem que de uma forma mais restritiva, pois Marx tem como horizonte já não o humano nas suas múltiplas dimensões, mas sim o controlo da produção pelos «produtores associados», o que, tal como refere Axel Honneth, consiste numa sobrevalorização da dimensão económica relativamente às outras dimensões do relacionamento inter-humano:

> «A nossa sociedade só se tornará social no pleno sentido da palavra quando todos os seus membros puderem satisfazer as necessidades partilhadas de intimidade física e emocional, de independência económica e de autodeterminação política com todos os outros de tal modo que possam confiar na participação e ajuda dos seus parceiros de interacção.» (Honneth, 2017, p. 148)

Apenas nestas condições se poderá realizar a célebre profecia que encerra o II capítulo do *Manifesto do Partido Comunista*:

> «No lugar da velha sociedade burguesa, com as suas classes e antagonismos, surge uma associação em que o livre desenvolvimento de cada um é a condição para o livre desenvolvimento de todos.» (Marx & Engels, 1975, p. 85)

VIII PARTE
A EMERGÊNCIA DA SOCIAL-DEMOCRACIA

CAPÍTULO 1

DA FORMAÇÃO DA SOCIAL-
-DEMOCRACIA À DISSOLUÇÃO
DA II INTERNACIONAL

A década de 1850 caracterizou-se pela industrialização e pelo rápido desenvolvimento do capitalismo na Alemanha. Apesar do fracasso da revolução de 1848, a questão nacional voltou a despertar na sequência da guerra austro-piemontesa. Foi neste âmbito que emergiu o movimento socialista, desde logo fortemente ligado à luta pela unificação da Alemanha, bem como ao nacionalismo teutónico, que o acompanharia bem após a concretização da primeira, em 1871, sob a égide da Prússia até aos primórdios da Primeira Guerra Mundial.

Em 23 de Março de 1863, foi fundada, em Leipzig, por Ferdinand Lassalle (1825–1864), a Associação Geral dos Trabalhadores Alemães (ADAV), cujo objectivo era constituir um partido operário independente totalmente demarcado do liberalismo ascendente, que se revelava completamente incapaz de defender os direitos e as liberdades individuais na Prússia da dinastia Hohenzollern, onde, um ano antes, Bismarck (1815–1898) tinha ascendido ao cargo de primeiro-ministro da monarquia. A conquista do sufrágio universal e a constituição de cooperativas de produção que sustentassem um sector de economia operária distinto do sector capitalista privado regido pela lógica do lucro integravam o programa do novo partido político.

No entanto, desde logo, a ADAV lassalliana revelou duas limitações: a associação ao nacionalismo prussiano ascendente, com a defesa de que a Prússia devia manter as suas possessões polacas, partilhadas com a Áustria, e os ducados conquistados após a guerra com a Dinamarca, de modo a converter a Alemanha num «Estado monárquico popular»; e a designada «lei de bronze dos salários», que preconizava que os salários dos operários não podiam superar o mínimo de subsistência. Esta lei *sui generis* esteve na origem da sua oposição ao sindicalismo e às greves, pois considerava que ambos eram inúteis para alterar as condições de existência do proletariado. Porém, Lassalle morreu prematuramente num duelo em 31 de Agosto de 1864.

Um movimento de reacção contra o nacionalismo prussiano começou a desenhar-se no ano seguinte. Em 18 de Junho de 1865, na secção de Solingen da ADAV, o presidente do partido foi substituído por uma direcção colegial de três membros. Em Setembro desse mesmo ano, foi publicado um manifesto em que foi contestado o militarismo prussiano, o que levou os membros da ala esquerda da ADAV a aderirem à Associação Internacional dos Trabalhadores (AIT). A sua influência apontava para a formação de um partido operário libertado das hipotecas lassallianas. August Bebel (1840–1913) e Wilhelm Liebknecht (1826–1900), que tinha sido aluno de Marx, juntaram-se para formar, em Agosto de 1869, em Eisenach, o Partido Social-Democrata dos Trabalhadores (SDAP). A nova organização rompeu com a orientação interclassista e reformista do Partido Popular que ambos tinham fundado em Setembro de 1865, em Darmstadt, defendendo no Congresso de Estugarda de 1870 a nacionalização das terras e dos meios de produção. O apoio do SDAP aos movimentos grevistas na Alemanha no final de 1869, particularmente à greve dos mineiros de Walburg e à constituição de sindicatos no sector mineiro e metalúrgico, bases da industrialização alemã, conferiram grande prestígio a Bebel e Liebknecht na AIT.

A Comuna de Paris, apesar da sua derrota, constituiu um importante passo para o reforço do movimento operário alemão. Em 21 de Setembro de 1871, o órgão oficial do SDAP, o *Volkstaat*, opôs-se às anexações prussianas em França, defendendo uma paz justa com a nação gaulesa. Eleito para o parlamento alemão em Março, Bebel pronunciou um discurso em que considerava que o lema da Comuna de Paris, «Guerra aos palácios, paz às cabanas, morte aos ociosos», se tornaria «o critério do proletariado europeu» (Droz, 1977, p. 677).

Porém, a derrota da Comuna de Paris iniciou um movimento de refluxo do movimento operário em toda a Europa, a que não escapou o movimento operário alemão, cujos ardores revolucionários que aquela tinha despertado foram, se não sufocados, pelo menos muito atenuados. Prova disso é a formação do Partido Social-Democrata Alemão (SPD), que resultou da fusão da ADAV e do SPAD no Congresso de Gotha, realizado entre 22 e 27 de Maio de 1875, cujo programa foi muito criticado por Marx. Resultando de um compromisso entre as duas organizações representativas do movimento operário alemão, o novo partido nasceu com uma vocação reformista, já que rejeitou maioritariamente as teses de Marx e Engels sobre a ditadura revolucionária do proletariado e o comunismo. Outra das suas características distintivas, que o diferenciariam do partido de vanguarda leninista, era considerar o movimento sindical como uma componente fundamental para a formação da consciência de classe do proletariado. No entanto, o espectro do nacionalismo não foi completamente erradicado do seu programa político, como o provou posteriormente o seu apoio maioritário à entrada da Alemanha na Primeira Guerra Mundial.

Entre 1878 e 1890, vigoraram as leis de excepção contra a nascente social-democracia alemã que preconizavam a dissolução das organizações socialistas consideradas uma ameaça à segurança do Estado, a proibição das manifestações e da imprensa socialista e medidas com vista ao estabelecimento do Estado de sítio sempre que o poder instituído considerava ameaçada a ordem social, a que se acrescentava ainda uma espécie de prisão domiciliária dos militantes mais empenhados na divulgação das ideias socialistas. O pretexto para o desencadeamento destas medidas foram dois atentados, em Maio de 1878, num espaço de 15 dias, contra o monarca Guilherme II, em que o SPD nunca esteve envolvido, bem como as eleições de Julho de 1878, que reforçaram no parlamento o peso dos partidos conservadores e reaccionários favoráveis à política autoritária do primeiro-ministro da Alemanha unificada, pois votaram favoravelmente as leis de excepção em 19 de Outubro de 1878. Estas deveriam, em princípio, durar dois anos, mas como é apanágio dos regimes autoritários e ditatoriais, foram prorrogadas como «medida de segurança» até 1890.

O ano de 1890 assinalou decisivamente a expansão do SPD, que se tornaria o principal partido de referência das ideias socialistas na Europa, bem como a organização socialista mais votada nas maiores nações do velho continente. Logo em 1890, o SPD tinha conseguido 19,7% no parlamento alemão, tornando-se o maior partido em percentagem de votos. Em 1912, tornou-se o maior partido em número de lugares, atingindo 34,8% dos votos expressos. Estes resultados eleitorais foram apenas superados pelos seus homólogos nórdicos, de que se destacou o partido finlandês com uns impressionantes 47,6%, em 1916, e o sueco, com 36,4%, em 1914, e, com resultados muito próximos, o norueguês, com 32,1%, em 1915, e o dinamarquês, com 29,6%, em

1913. No entanto, tratava-se de partidos que, além de se inspirarem no modelo organizativo da social-democracia alemã, pertenciam a pequenas nações cujo movimento operário tinha uma influência extremamente reduzida no contexto europeu. Em contrapartida, os socialistas franceses da SFIO (Secção Francesa da Internacional Operária) não conseguiram melhor do que 16,8% em 1914, enquanto os trabalhistas britânicos tiveram de contentar-se com apenas 7% em 1910. Resultados muito mais significativos foram conseguidos pelos socialistas italianos, com 21,3% já em 1904, e sobretudo pelos socialistas belgas, que alcançaram 30,4% em 1914 (Sassoon, 2010, p. 10).

O SPD transformou-se na principal referência doutrinária do socialismo europeu, em grande parte devido ao enorme prestígio dos seus dirigentes políticos, de que se destacou Karl Kautsky (1854–1938), grande divulgador do marxismo, mas também devido ao seu modelo organizativo, que assentava em três pilares: o Congresso nacional, que efectuava reuniões anuais e era composto por delegados do partido eleitos em cada circunscrição; a Comissão Directiva, uma espécie de Comissão Executiva, composta, em 1914, por dois presidentes, um tesoureiro e um delegado das mulheres, que começaram a ter representação política no seio do partido, e outros dois membros, que tomavam as principais decisões em conformidade com as orientações gerais definidas pelo Congresso; e a Comissão de Verificação, composta por nove membros também eleitos no Congresso, que era responsável pelas finanças do partido. Com algumas diferenças de país para país, este modelo organizativo tornou-se universal no interior do movimento socialista europeu.

Tal como o futuro Partido Bolchevique de Lénine, o SPD tinha como objectivo primordial representar a classe operária, já que novas tentativas para constituir um «Partido Popular», interclassista, que representasse não apenas os operários, mas também os camponeses e as classes médio-baixas, foram também votadas ao fracasso. Prova de que o SPD era um partido essencialmente operário foi a origem social dos seus deputados ao parlamento alemão em 1912: em 110 eleitos, 83, isto é, 75,5% eram operários, a que se acrescentavam apenas cinco professores do 1.º ciclo do ensino básico e 22 membros ligados ao desempenho de profissões liberais (Droz, 1977, 1979, p. 46). No entanto, apenas neste aspecto o modelo organizativo da social-democracia alemã se aproximava do modelo bolchevique, já que, desde o início, o SPD não se arrogava de constituir o partido de «vanguarda» do proletariado, como o partido de Lénine após o seu célebre opúsculo *Que Fazer?*, publicado em 1903, disponibilizando-se ainda para alianças com outros partidos do arco parlamentar e com outras classes sociais que se opusessem ao autoritarismo nacionalista do Estado alemão. Contudo, enquanto o Partido Bolchevique tinha nos sovietes ou conselhos, constituídos por delegados eleitos nas fábricas, o seu centro de referência, o SPD tinha como base social o movimento sindical relativamente menosprezado pelo leninismo, o que lhe conferia um carácter mais moderado, pois, ao contrário dos sovietes, onde predominava o habitual espírito de confronto radical das assembleias que se inspiravam na acção e na democracia directas, aquele orientava-se por um espírito de negociação e compromisso que se opunha às vias golpistas de uma minoria de «revolucionários profissionais» que, apesar de nunca terem conseguido verdadeiramente controlar os sovietes, se serve destes em situações de grande polarização e instabilidade sociais para a conquista *putschista* do poder político. Depois, converte-os em meros elementos decorativos da ditadura do partido–Estado, como aconteceu após o triunfo da revolução bolchevique de Outubro de 1917 na Rússia, que nada teve de «soviética», pois conduziu pura e simplesmente ao seu desaparecimento, como formas de autogestão operária e popular da economia e da sociedade.

Estes pressupostos convertem o SPD, ao contrário do Partido Bolchevique, numa formação política reformista que defendeu o regime parlamentar liberal-democrático, onde foi conquistando cada vez maior influência e, exceptuando a sua ala esquerda, em que pontificavam Rosa Luxemburgo (1871–1919) e Karl Liebknecht (1871–1919), num adversário da via revolucionária para a conquista do poder político. A ortodoxia leninista apodou esta estratégia de «revisionista», como se as teses revolucionárias de Marx e Engels sobre a ditadura do proletariado e a concepção instrumentalista de democracia política, concebida redutivamente como «democracia burguesa», fossem uma espécie de artigo de fé incontestável cujo desrespeito implicaria um processo de descredibilização e anatemização sectária baseado no pressuposto da cedência colaboracionista ao «inimigo de classe».

Eduard Bernstein (1850–1932), membro da ala direita do SPD, teve, pelo menos, o mérito de pôr em causa este dogmatismo sectário, parente próximo de todas as formas de totalitarismo, num artigo publicado no *Neuezeit* em 19 de Janeiro de 1898. Neste escrito, defendeu que a luta quotidiana para melhorar as condições de existência das classes trabalhadoras não podia estar subordinada a uma estratégia que visasse a transformação revolucionária da sociedade com a instauração da ditadura do proletariado:

> «Admito sinceramente que tenho um sentimento extraordinariamente reduzido por, ou um interesse no que é designado por "fim último do socialismo". Este fim, seja ele qual for, não representa nada para mim, o movimento é tudo. E por movimento entendo o movimento geral da sociedade, isto é, o progresso social, e a agitação política e social para levar a cabo este progresso.» (Tudor & Tudor , 1994, pp. 168–169)

O sentido destas considerações é bastante claro: a social-democracia deve abandonar a via revolucionária e lutar pela conquista de reformas sociais que tenham como objectivo melhorar as condições de existência das classes trabalhadoras e que permitam ao SPD reforçar as suas posições no parlamento alemão. Isto significa que o reforço da democracia parlamentar e o desenvolvimento do pluralismo político não deveriam ser, como de certo modo defendiam Marx e Engels, mas sobretudo o bolchevismo leninista, um mero instrumento para alcançar o «fim último», isto é, o derrubamento revolucionário do poder político «burguês», mas o ambiente propício, em que as classes trabalhadoras, através da sua representação política, aumentassem a sua influência na economia e na sociedade. De início, a tese de Bernstein foi abertamente combatida por Rosa Luxemburgo no seu célebre opúsculo *Reforma ou Revolução?*, publicado em 1900, a que se juntou, além do seu camarada de partido Karl Liebknecht, o bielorusso Aleksandr Parvus (1867–1924). Por sua vez, a máxima autoridade teórica do SPD, Karl Kautsky, alinhou-se formalmente à campanha «anti-revisionista» da ala esquerda do partido, pois considerava que era necessário manter a concepção, herdada de Marx e Engels, do proletariado como «classe universal», protagonista de um processo revolucionário para a instauração do socialismo num país como a Alemanha dos Hohenzollern, em que, apesar da existência de um Parlamento sem um verdadeiro poder deliberativo e sobretudo sem nenhum controlo sobre o poder executivo, vigorava, na prática, um regime político repressivo e autoritário baseado na aliança com os sectores mais conservadores e reaccionários da sociedade alemã, os proprietários fundiários e a grande burguesia industrial e bancária, classes sociais fortemente hostis a qualquer tipo de reforma social que contribuísse para a melhoria das condições de existência das classes trabalhadoras.

Estas ideias foram defendidas no seu livro *Bernstein e o Programa da Social-Democracia*, publicado em 1879. No entanto, Kautsky demarcou-se da posição da ala esquerda do SPD, já que, tal como Bernstein, defendia que o partido devia ter como objectivo primordial a luta pela democratização política, recusando-se a subordinar incondicionalmente a sua estratégia à instauração de uma ditadura revolucionária do proletariado. Esta posição «centrista» permitiu-lhe defender, mais tarde, contra a ortodoxia do comunismo de ascendência leninista, a tese que se tornaria universal para o movimento socialista e social-democrático de que «o socialismo sem democracia é impensável» (Kautsky, 2012, p. 6), nunca podendo ser identificado com uma ditadura de um partido que exclui todas as outras correntes socialistas de colaborarem no exercício do poder político. Esta tese valer-lhe-ia a resposta de Lénine, que o presentearia com o epíteto de «renegado» na sua célebre brochura sectária *A Revolução Proletária e o Renegado Kautsky*, publicada em 1919.

Apesar de fortemente atacada, a estratégia reformista do SPD acabaria por triunfar, sendo responsável pelo extraordinário crescimento eleitoral do partido. Porém, nesta podem distinguir-se dois aspectos que, pela positiva e pela negativa, exerceriam uma profunda influência nos partidos socialistas no século XX e no início do século XXI: por um lado, a construção de um Estado social de Direito na Europa Ocidental, também conhecido por «Estado de bem-estar», com a sua defesa do sufrágio universal, da participação das mulheres na vida política, de que o SPD, e não o partido de Lénine, é precursor, da regulação do mercado de trabalho através da defesa dos contratos colectivos e de políticas redistributivas no plano fiscal e orçamental; por outro lado, a sua adesão à liberal-democracia, considerada, de certo modo, por Bernstein, mas também por Kautsky, como a única forma possível de democracia, que apenas o socialista austríaco Max Adler (1873–1937), extraordinária figura intelectual e política, teria a ousadia crítica de pôr em causa sem nenhuma concessão à ditadura do Partido Bolchevique após a Revolução de Outubro de 1917 na Rússia. À excepção desta figura e da ala esquerda do SPD, os seus principais dirigentes renunciariam à construção do socialismo, o que justifica, em parte, as críticas do socialismo revolucionário, que, com a excepção de Rosa Luxemburgo, nunca escondeu o seu fascínio pelas soluções autoritárias e ditatoriais como «alternativa» à democracia «burguesa».

Regressando ao período em análise, o SPD nunca conseguiu, infelizmente, libertar-se verdadeiramente da hipoteca nacionalista de marca lassalliana, que, como vimos, foi uma das componentes do compromisso que esteve na origem da formação do partido. Prova disso é a afirmação nacionalista sob a forma de um patriotismo de fachada de August Bebel, tanto mais surpreendente se tivermos em conta o facto de ter sido, juntamente com Wilhelm Liebknecht, membro do SDAP, que se propunha como corrente alternativa ao nacionalismo da ADAV de Lassalle, além de recolher a influência internacionalista da AIT:

> «Se alguma vez tivermos de defender a pátria, defendê-la-emos porque é a nossa pátria, porque é a terra em que vivemos, é a língua que falamos, os seus costumes são os que possuímos e porque queremos fazer da nossa pátria um país que em parte alguma do mundo [não] terá nada de semelhante em perfeição.» (Droz, 1979, p. 79)

«Alemanha acima de tudo», eis a questão. Não se pense, porém, que o vírus do nacionalismo, particularmente virulento na sua estirpe teutónica, tivesse apenas infectado o SPD. Também em França, este, na sua versão jacobina, aparentemente mais «benigna, exerceu influência na SFIO, se tivermos em conta estas afirmações do seu dirigente máximo Jean Jaurès:

> «Se o nosso país for ameaçado, seremos os primeiros na fronteira a defender a França, cujo sangue corre nas nossas veias.» (Sassoon, 2010, p. 19)

Em suma, nem sequer o *coq gaulois* conseguiu escapar à sedução das sereias nacionalistas da época.

Apesar do seu carácter formalmente patriótico, este nacionalismo depressa se transformaria, sobretudo na Alemanha, em consequência da sua unificação tardia e por se ter transformado numa grande potência industrial e militar que tinha esmagado o exército imperial francês em Sedan, em 1871, num dos mais poderosos suportes de um imperialismo agressivo que visava reduzir o atraso no plano colonial relativamente às duas outras potências europeias rivais, a França e a Grã-Bretanha, bem como impor sem reservas o seu predomínio na Europa, transformando-a numa «Europa alemã», para utilizar a frase do malogrado sociólogo alemão Ulrich Beck.

Bernstein e Kautsky eram, embora com algumas diferenças, apologistas do colonialismo. Fervoroso nacionalista, o primeiro, na sua obra

Pressupostos do Socialismo e as Tarefas da Social-Democracia, publicada em 1899, numa versão *hard*, não apenas defendia sem reservas a emergente política colonial do Império Alemão como também a legitimava em função da «superioridade» de uma civilização «evoluída» relativamente à dos «povos tropicais». Numa versão mais *soft*, o segundo acabava por legitimar o colonialismo num artigo intitulado *Estado Nacional, Estado Imperialista e Confederação de Estados*, publicado em 1915, no decurso da Primeira Guerra Mundial, com o argumento da ausência de maturidade política dos povos colonizados para construírem uma democracia «moderna».

As posturas nacionalistas e imperialistas da maior parte dos partidos socialistas e sociais-democratas europeus conduziram-nos, inevitavelmente, a apoiar maioritariamente as políticas belicistas dos respectivos Estados nacionais e, deste modo, a defender a sua participação na Primeira Guerra Mundial, que foi substancialmente um conflito nacionalista inter-imperialista com uma forte componente aristocrática e militarista, tanto da parte da monarquia Hohenzollern como do Império Habsburgo da Áustria-Hungria, mas também com o envolvimento das potências democráticas britânica e francesa. Assim, apesar das suas importantes conquistas sociais, de que se destacaram o alargamento dos seguros sociais, a organização dos tribunais de trabalho, a redução da jornada laboral nas minas e o reconhecimento dos sindicatos como interlocutores do patronato, a maioria dos deputados do SPD votou, em 4 de Agosto de 1914, os créditos de guerra. O mesmo aconteceu com a maioria dos seus partidos homólogos em outros países da Europa. Apenas as alas esquerdas dos partidos socialistas e sociais-democratas europeus, acompanhadas pelos socialistas italianos e suíços, se opuseram ao desencadeamento do conflito que provocou a segunda grande cisão, após a dissolução da AIT, que conduziu à dissolução da II Internacional e à formação dos partidos comunistas.

CAPÍTULO 2

EDUARD BERNSTEIN: O MOVIMENTO E O OBJECTIVO FINAL DO SOCIALISMO

Nascido em 6 de Janeiro de 1850, no seio de uma família operária, pois o seu pai era condutor de locomotivas, Eduard Bernstein iniciou a sua carreira política no Congresso de Eisenach. Posteriormente, esteve também envolvido no Congresso de Gotha, que conduziu à unificação da social-democracia alemã. Porém, uma parte significativa da sua vida foi passada no exílio. Um pouco antes da aprovação das leis anti-socialistas, estabeleceu-se em Zurique, onde trabalhou activamente no jornal *Der Sozialdemokrat* (*O Social-Democrata*). Em 1887, o governo de Bismarck conseguiu convencer as autoridades helvéticas a proibir esta publicação. Bernstein abandonou a Suíça e dirigiu-se para Londres, onde conheceu Engels e entrou em contacto com o emergente movimento socialista britânico, particularmente com a Fabian Society.

Em 1891, foi um dos redactores do programa de Erfurt. Entre 1896 e 1898, publicou uma série de artigos sob o título de *Problemas do Socialismo*, que lhe valeria o epíteto que o perseguiria até ao fim da sua carreira política de «revisionista». As suas concepções de natureza reformista moderada foram consagradas na sua obra-prima *Os Pressupostos do Socialismo e as Tarefas da Social-Democracia*, obra muito contestada pela ala esquerda do SPD. Bernstein só regressou ao país natal em 1901, ano em que se tornou editor do *Vorwärts!* (*Avante!*), o jornal oficial do partido. Entre 1902 e 1918, foi membro do Parlamento alemão. Não se pense, porém, que o facto de pertencer à ala direita do SPD o tivesse levado a apoiar a entrada do seu país na Primeira Guerra Mundial. Apesar de ter votado favoravelmente os créditos de guerra em 1914, opôs-se ao conflito bélico, sendo um dos fundadores, juntamente com Kautsky,

Karl Liebknecht e Rosa Luxemburgo, do Partido Social-Democrático Independente da Alemanha (USPD), em 1917. Com a sua dissolução dois anos depois, regressaria ao SPD, tornando-se membro do Parlamento, em 1920. Retirou-se da vida política em 1928, morrendo em Berlim quatro anos depois.

O grande mérito de *Os Pressupostos do Socialismo e as Tarefas da Social-Democracia* reside, em certa medida, no seu alegado «revisionismo». Os seus detractores consideravam os textos de Marx disponíveis na época — uma grande parte deles, com particular destaque para as obras de juventude e *A Ideologia Alemã*, escrita em parceria com Engels, só foi publicada no século XX — como uma espécie de intocável Bíblia Sagrada que devia ser literalmente respeitada, mesmo que algumas das previsões sobre a evolução do capitalismo do autor de *O Capital* não se tivessem confirmado. Além disso, consideraram a sua crítica à «ditadura revolucionária do proletariado» uma heresia imperdoável com o argumento de que esta punha em causa a «necessidade histórica» de uma revolução violenta, concebida como condição indispensável para o derrubamento da «democracia burguesa» e da ordem capitalista.

A obra de Bernstein toca em diversos pontos «sensíveis» para os defensores da via revolucionária, representados pela esquerda social-democrática alemã, que estaria na origem da fundação do Partido Comunista Alemão, e sobretudo pelo bolchevismo russo. Entre estes pontos, destacam-se as suas críticas à influência de Hegel em Marx, uma verdadeira hipoteca a que este nunca deixou de estar submetido, à sua defesa de uma estratégia insurreccionista para a tomada do poder, às suas projecções erradas sobre a inauguração de um período de revolução permanente na Europa, tese que seria retomada por Trotsky após os eventos de 1848 em França, à importância irrelevante que atribuía ao parlamentarismo e à democracia política e à sua tese sobre o desaparecimento das classes médias assalariadas, que acabou por revelar-se completamente infundada.

Uma das mais importantes consequências da «hegelianização» do marxismo é a transformação da classe operária numa espécie de figura providencial que encerra a missão revolucionária de emancipar os trabalhadores da opressão estatal e da exploração capitalista. Esta é, por assim dizer, a «classe universal» que substitui a burocracia do Estado hegeliano que encarnava a realização da «ideia ética». Estreitamente ligada a esta missão está a necessidade de instaurar uma ditadura revolucionária que exproprie os capitalistas e os grandes proprietários dos meios de produção, preparando o advento do comunismo, concebido à boa maneira hegeliana num cenário escatológico de «fim da História», em que desaparecerão os antagonismos de classe e o Estado político separado numa espécie de «negação da negação» do comunismo primitivo, muito criticado por Marx nos *Manuscritos Económico-Filosóficos*, apenas publicados no século XX, que conduzirá à formação de uma nova Idade do Ouro.

Outra das heranças de Marx deve-se às concepções de Auguste Blanqui (1805–1881), dirigente político francês envolvido na revolução de 1848 e na Comuna de Paris. Esta famosa personalidade defendia que um pequeno grupo consciente e organizado sob a forma de uma sociedade secreta poderia, em condições propícias, efectuar um golpe audacioso que lhe permitiria a conquista do poder político e a instauração de uma nova ordem económica e social. Apesar de Marx não subscrever, pelo menos no plano formal, esta tese «conspiracionista» sobre a tomada do poder, Bernstein defende que Blanqui deixou sequelas no seu pensamento político estratégico, pois, no fundo, foi o criador da «teoria ilimitada da violência revolucionária e o seu corolário: a expropriação» (Bernstein, Lisboa, 1976, p. 76). Mais tarde, esta teoria seria assumida por Lénine e sobretudo Trotsky, que defenderiam também, na esteira de Blanqui, a constituição de um corpo de «revolucionários profissionais» cuja tarefa primordial era liderar o desencadeamento de uma revolução que derrubasse o poder czarista e instaurasse directamente um regime socialista sem passar pela etapa «democrática burguesa».

Relativamente à revolução, pode fazer-se o mesmo comentário de Collingwood a propósito da guerra: a revolução e a contra-revolução desencadeiam-se quando todas as vias políticas para a resolução dos conflitos sociais são derrotadas. A posição de Bernstein não se afasta muito deste comentário quando distingue duas vias para a transformação socialista da sociedade: a via reformista, que se baseia fundamentalmente nos partidos políticos que visam melhorar as condições de existência dos trabalhadores no quadro político da liberal-democracia com a conquista do sufrágio universal e a criação de formas cooperativas de produção e consumo como alternativa à esfera do mercado das empresas capitalistas; e a via revolucionária, considerada como uma via essencialmente «destrutiva», «conspiradora, demagógica, terrorista» (*Idem*, p. 78), de acordo com os preceitos de Blanqui e do seu inspirador Babeuf, que não tem como objectivo a reorganização económica da sociedade, mas privilegia de modo absoluto «a emancipação pela expropriação política» (*Ibidem*, p. 78).

Bernstein não hesita em recorrer, em defesa da sua tese reformista, a outra heterodoxia, que, para os partidários da via revolucionária, não passa de outra forma de manifestação «revisionista»: Proudhon, desprezivelmente despachado por Marx e Engels no *Manifesto do Partido Comunista* como representante de um «socialismo pequeno-burguês», compreendeu, ao contrário dos dois amigos, que a «revolução do século XIX será essencialmente uma revolução económica e, por conseguinte, será fundamentalmente diferente da do século precedente» (*Ibidem*, p. 80). Esta será essencialmente uma revolução não violenta que tem como enquadramento a democracia política, sem a qual não é possível construir o socialismo, que está estruturalmente associado à «ideia de cooperação» (*Ibidem*, p. 147). O seu primeiro pilar é o movimento cooperativo, em particular as cooperativas de consumo, pois Bernstein manifesta as suas reservas relativamente às cooperativas de produção que apenas tiveram algum sucesso em empresas de carácter artesanal e não entre os operários da grande indústria. Acrescenta ainda que a sua constituição gera formas de subordinação que não são substancialmente diferentes das que se registam nas empresas capitalistas em que vigora uma divisão técnica do trabalho, acabando por ser submetidas às leis do mercado, onde são obrigadas a competir com as empresas do sector capitalista. Em contrapartida, as cooperativas de consumo não sofrem destas limitações, já que são uma espécie de «caixa económica» que se transforma num «meio de lutar contra a exploração das classes trabalhadoras pelo comércio intermediário e parasitário» (*Ibidem*, p. 175).

Bernstein não é, porém, um adversário das cooperativas de produção. Defendendo que estas «habituam as pessoas a já não considerar o lucro como único motor da indústria» (*Ibidem*, p. 192), conclui que «até agora só se mostraram viáveis quando associadas a cooperativas de consumo» (*Ibidem*, p. 193). Se tal é válido para a indústria, o mesmo não acontece necessariamente na agricultura. De facto, o campesinato, apesar da sua redução na população activa com o desenvolvimento do capitalismo, não é, como de certo modo pensava Marx, que, ao contrário de Engels, autor do magnífico ensaio *A Guerra dos Camponeses na Alemanha* (1850), ostentava um soberano desprezo por esta classe social considerada «reaccionária», o que foi completamente desmentido pela revolução chinesa, não está inevitavelmente condenado ao desaparecimento, além de adquirir uma importância relevante nos países mais atrasados da Europa. Para o dirigente do SPD, o estabelecimento agrícola cooperativo deve combinar a exploração colectiva com a exploração individual, permitindo que os assalariados agrícolas que trabalham na primeira possam também explorar pequenas parcelas de terreno em troca do pagamento de uma renda módica, de modo a obterem um rendimento suplementar que incentive o seu desempenho no aumento da produtividade. Curiosamente, esta solução foi adoptada nos *kolkhozy*, cooperativas agrícolas estabelecidas por via burocrática administrativa na União Soviética de Estaline, como forma de compensar a sua baixa produtividade e enorme ineficácia económica. Eis como o «revisionista» Bernstein se revelou de grande utilidade, pelo menos neste ponto, para os seus detractores, os bolcheviques russos e, em particular, para o bolchevismo estalinista.

A sua tese sobre as cooperativas agrícolas é também importante porque leva o SPD, partido operário, mas não partido de vanguarda, como o partido de Lénine, a defender um programa inclusivo não sectário, não obreirista, de alianças entre a classe operária e as outras classes sociais que também pertencem ao mundo do trabalho, sem que a primeira surja com o estatuto ontológico de classe emancipadora da humanidade, mas, de certo modo, em pé de igualdade com as restantes, que não estão submetidas a uma relação de subordinação numa aliança gerida pelo partido de vanguarda, mas a uma relação de inclusão:

> «Sabe-se como é importante para a social-democracia o problema dos pequenos camponeses, que também fazem parte da classe operária, mesmo que não sejam assalariados. Da mesma maneira, o artesanato e a pequena indústria ainda desempenham, pelo menos do ponto de vista numérico, um papel que merece muita consideração.» (*Ibidem*, p. 184)

O segundo pilar do socialismo de Bernstein é o movimento sindical. Enquanto as cooperativas de consumo têm influência sobre a taxa de lucro do comércio, os sindicatos exercem-na sobre a taxa de lucro da produção. Para Bernstein, estes constituem «o elemento democrático no interior da indústria», já que «procuram romper o absolutismo capitalista e permitir que o operário exerça uma influência directa na gestão industrial» (*Ibidem*, p. 197). Não devem, porém, transformar-se em corporações fechadas, pois a defesa das reivindicações específicas dos trabalhadores dos ramos de actividade que representam não pode contrapor-se a uma perspectiva mais abrangente de reforma social e política. Apenas assim deixarão de ser associações efémeras que flutuam ao sabor da conjuntura económica para se transformarem em instrumentos fundamentais da construção da democracia.

O terceiro pilar do socialismo é a democracia política. Para Bernstein, esta não é mais do que «a ausência do domínio de classe, ou seja, é um estado social em que nenhuma classe dispõe isoladamente do poder político» (*Ibidem*, p. 199). Esta definição põe em causa as concepções tradicionais dos fundadores do chamado «socialismo científico», que, de uma forma um tanto ou quanto apressada, tendiam a reduzir a democracia parlamentar baseada no princípio do debate e do contraditório entre concepções políticas diferentes e contrastantes, como a forma mais avançada do «domínio de classe da burguesia», como defende Engels em *A Origem da Família, da Propriedade e do Estado*. Esta postura, embora se possa, em parte, admitir numa época em que o sufrágio universal não estava instituído, mas sim reservado às classes possuidoras, esquece completamente tanto a dimensão institucional da democracia política como subvaloriza, quando não despreza totalmente, os procedimentos e as regras formais que orientam o debate parlamentar que Marx reduziu no *18 de Brumário de Luís Bonaparte* a uma forma de «teatro do absurdo» com o epíteto particularmente edificante de «cretinismo parlamentar».

Mas a definição de «democracia» de Bernstein vai ainda mais longe, porque recusa a tese recorrente dos defensores da ditadura do proletariado de que esta é apenas um meio e não um fim. Esta concepção, que não foi defendida explicitamente por Marx e Engels, mas a que a sua defesa da ditadura do proletariado em algumas obras abriu caminho, foi assumida em pleno pelos defensores de um partido operário de vanguarda. Para estes, a democracia política não passava de uma mera etapa para preparar o «objectivo final» do socialismo, que era a conquista do poder de Estado, concebido como uma espécie de fortaleza inexpugnável, pela via revolucionária que conduziria ao estabelecimento da ditadura do proletariado, a qual, como defendia Lénine contra Kautsky, era uma forma de poder mais «democrática» do que a famigerada «democracia burguesa». Pelo contrário, apesar de não reflectir sobre a natureza da liberal-democracia, como o faria brilhantemente o socialista austríaco Max Adler (1873–1937), em 1926, Bernstein considera justamente, como o seu camarada de partido Kautsky, que não pode existir verdadeiramente socialismo sem democracia:

> «A democracia é simultaneamente um meio e um fim. É um instrumento para instituir o socialismo e a própria forma da sua realização.»
> (*Ibidem*, p. 202)

Os pressupostos económicos, sociais e políticos da constituição de um regime socialista democrático são:

- A coexistência de um sector privado e de um sector cooperativo ou nacionalizado, e não a estatização integral da economia;
- O reconhecimento da liberdade de associação e organização dos produtores e, em particular, dos trabalhadores assalariados, tanto operários como não operários, sem a submeter ao predomínio de um partido político;
- Evitar que a miséria de alguém o obrigue a trabalhar em condições degradantes.

Além disto, o socialismo democrático deve ter em conta a defesa das liberdades individuais e civis, que não são meras liberdades «burguesas», como reza a cartilha leninista, mas que têm um carácter universal, combinando-se com o desenvolvimento das liberdades sociais, de que se destaca a redução do horário laboral, reivindicação a que Marx e Engels dedicaram uma grande atenção no contexto mais geral da melhoria das condições de existência dos trabalhadores, como forma de contrastar o predomínio dos mais fortes sobre os mais débeis ou sobre os que não detêm o poder económico proveniente da propriedade privada dos meios de produção.

Bernstein não hesita em aprofundar a sua postura relativamente ao socialismo revolucionário, considerando que a social-democracia visa «transformar o proletário em burguês», o que significa que «o seu objectivo não é substituir a sociedade burguesa pela sociedade proletária, é instituir uma ordem social socialista numa ordem social burguesa» (*Ibidem*, p. 207), isto é, o socialismo não poderá ser um socialismo de miséria, como aconteceu na Rússia de Estaline e na China de Mao Zedong do «Grande Salto em Frente» (1958–1962), mas sim um sistema social em que todos os trabalhadores possam viver melhor do que na sociedade burguesa. Este projecto «revisionista» torna a «ditadura revolucionária do proletariado» não uma espécie de «salto em frente» na História Universal, como defendiam Lénine e Trotsky, mas o fruto de um atraso económico e social relativamente às liberais-democracias dos países mais desenvolvidos da Europa Ocidental, em que o sufrágio universal se institucionalizava e o regime parlamentar permitia aos partidos representativos da classe trabalhadora influenciarem as decisões políticas. Neste sentido, defende Bernstein, «a ditadura de classe pertence a uma cultura caduca» (*Ibidem*, p. 206). Por isso, a social-democracia não visa o derrube violento do poder, mas sim «criar condições que lhe hão-de permitir uma passagem pacífica do sistema actual para uma ordem social melhor» (*Ibidem*, p. 206). As duas condições para a conquista de um regime socialista serão, por conseguinte, «a conquista da democracia e o estabelecimento de órgãos políticos e económicos apropriados» (*Ibidem*, pp. 220-221).

No entanto, o lema bernsteiniano de que o elemento determinante da estratégia da social-democracia não é o «objectivo final» do socialismo, preconizado pelo derrube violento do poder político burguês e pela instauração da ditadura do proletariado, mas sim o movimento *para* o socialismo, baseado na defesa das reformas económicas, sociais e políticas que contribuam para o melhoramento das condições de existência das classes trabalhadoras no âmbito do Estado político separado de uma liberal-democracia tutelada pelo poder autoritário bismarckiano, revela também limites e insuficiências. Prova disso é, antes de tudo, a sua defesa do nacionalismo alemão e do colonialismo. Bernstein tende a associar o primeiro à expansão imperialista, que se reforça no século XIX no seio das principais potências coloniais europeias em disputa pela conquista de novos mercados e esferas de influência. Segundo o dirigente da ala direita do SPD, o partido não poderá permitir que a Alemanha seja ultrapassada pelas outras potências coloniais mais antigas nesta disputa nacionalista:

> «Perante as nações politicamente menos adiantadas, a Alemanha — à semelhança dos "independentes" ingleses e dos "jacobinos" da Revolução Francesa — tem a obrigação de *ser nacional* se quiser conservar o poder. Terá de confirmar a sua capacidade para ser um partido dirigente, defendendo com a mesma energia os interesses de classe e o interesse nacional.» (*Ibidem*, pp. 228-229)

O seu erro reside no facto de o «interesse nacional» do II Reich alemão no final do século XIX, uma potência imperial que, apesar da existência de um parlamento, é estruturalmente autoritária e antidemocrática, nada ter que ver com o nacionalismo defensivo dos «independentes» ingleses e com o dos jacobinos na Revolução Francesa de 1789-1793. Estes tipos de nacionalismo eram basicamente formas de patriotismo que tinham em vista preservar as conquistas das duas revoluções contra a ordem absolutista monárquica — particularmente o segundo contra as potências monárquicas coligadas, que, por várias vezes, invadiram a nação revolucionária —, enquanto o nacionalismo imperial alemão era um nacionalismo expansionista, como demonstrou brilhantemente Rosa Luxemburgo no seu magnífico ensaio *A Crise da Social-Democracia* (1915), que tentava iniciar a construção de um império colonial em aberta competição com os outros mais antigos. O próprio Bernstein confirma-o, quando, invocando razões de natureza económica, defende:

> «A Alemanha importa todos os anos grandes quantidades de produtos coloniais: chegará o dia em que desejaremos obter uma parte destes produtos nas nossas próprias colónias. De nada nos vale termos ilusões a respeito da rapidez da evolução social na Alemanha, pois não podemos esquecer-nos de que ainda passará muito tempo antes do socialismo triunfar em muitos países.» (*Ibidem*, p. 233)

Ou seja: «até lá, teremos de actuar como os outros imperialistas e colonialistas. Depois, logo se verá», um argumento «social-democrático» particularmente edificante.

Estádio supremo da sua argumentação em defesa do colonialismo é a sua justificação sobre os alegados direitos que uma «civilização evoluída», como a alemã, possui sobre os «indígenas» dos países tropicais. Ouçamo-lo:

> «Não é fatal que a ocupação de países tropicais por europeus prejudique os indígenas; e, em muitos casos, o que sucederá é o inverso. O que cria direitos não é a conquista, mas sim o aproveitamento do solo. Por fim, uma civilização evoluída, ao fim e ao cabo, tem direitos superiores.» (*Ibidem*, pp. 233–234)

Estas considerações, provenientes de um dos principais dirigentes da social-democracia europeia, esquecem, antes de tudo, que o grau de evolução tecnológica não determina que uma civilização seja superior a outra, mas que apenas a torna diferente. Em segundo lugar, os seres humanos, como afirmou Toussaint-L'Ouverture, o Espártaco negro, são todos igualmente dignos, tenham nascido pele-vermelhas, negros ou brancos, não podendo estar submetidos ao domínio do seu semelhante, o que lhes confere desde logo um inalienável direito à autodeterminação. Por fim, nenhum povo que oprima outros povos poderá verdadeiramente ser livre, como defendeu Lénine posteriormente.

De certo modo, o lema bernsteiniano de que «o objectivo final do socialismo não é nada e o movimento é tudo» está na origem do processo de social-liberalização dos partidos socialistas e sociais-democratas, que, apesar de se reforçar no século XX, após a queda do Muro de Berlim e a desagregação da União Soviética, tem raízes mais profundas. A grande insuficiência da teoria «movimentista» de Bernstein consiste em que os partidos socialistas e sociais-democratas acabam por renunciar à construção do socialismo. Esta renúncia acentua-se principalmente quando se assumem como partidos candidatos à conquista de poder na ordem liberal-democrática, a que reduzem o horizonte da sua luta e das classes trabalhadoras que representam. Isto implica que tendem mais a ser modelados pelas instituições políticas vigentes, cujas «regras de jogo» têm necessariamente de aceitar, do que a modelá-las eles próprios. Em consequência, tal teoria é incapaz de se aperceber de que na liberal--democracia, apesar do princípio da igualdade jurídica de todos perante a lei, nem todos desfrutam da mesma quota de poder, já que, como acontece actualmente e como aconteceu no passado, esta tende a ser capturada por grupos de interesses económicos e financeiros poderosos que a podem condicionar, se não mesmo pô-la ao seu serviço em prejuízo dos trabalhadores e da generalidade dos não possuidores, como se apercebeu o social-democrata austríaco Max Adler, uma excepção neste panorama político reformista.

O que permanece mais actual do que nunca em Bernstein é o projecto da «velha» social-democracia que visa ascender à direcção do Estado para combater os interesses oligárquicos instalados, que são o principal obstáculo à emancipação de todos através de políticas públicas de grande amplitude, cujo objectivo é reduzir as desigualdades sociais e económicas encobertas sob o manto diáfano da igualdade jurídica de direitos da liberal-democracia, melhorar as condições de existência de todos, libertando-os de formas de dependência e exploração degradantes para que possam conquistar uma verdadeira liberdade e capacidade de autodeterminação. É neste sentido que deve ser entendida a frase «revisionista» de Bernstein: «A social-democracia não visa manter o proletário na sua condição de proletário, mas, em vez disso, «transformar o proletário em burguês e promover o aburguesamento geral» (*Ibidem*, p. 207), ou, como dizia um dirigente «burguês» de um partido operário, muito criticado por gostar de viajar em 1.ª classe, numa resposta digna do melhor Fourier: «Certamente que sim! Só que também desejo que todos no futuro tenham a possibilidade de fazer o mesmo.»

CAPÍTULO 3

KARL KAUTSKY: ESTADO NACIONAL, IMPERIALISMO E DEMOCRACIA

Karl Johann Kautsky nasceu em 16 de Outubro de 1854, em Praga, no seio de uma família de artistas da classe média. Com sete anos, foi para Viena, capital do Império Austro-Húngaro, tornando-se membro do Partido Social-Democrático da Áustria (SPÖ), em 1875. Juntando-se a um grupo de socialistas alemães em Zurique, em que se incluía Eduard Bernstein, opôs-se às leis anti-socialistas de Bismarck. Em 1883, fundou a *Die Neue Zeit* (*Os Novos Tempos*), que se tornou uma revista semanal a partir de 1890. Esta publicação recolheu muitos dos seus escritos «menores», permanecendo na revista até 1917.

Entre 1885 e 1890, residiu em Londres, onde conheceu e se tornou amigo de Engels. Um ano depois, colaborou com August Bebel no programa de Erfurt do SPD. Após a morte do amigo de Marx, em 1895, Kautsky tornou-se a personalidade teórica de referência do marxismo europeu. Para isso, muito contribuiu o seu famoso ensaio *Sobre a Questão Agrária*, publicado em 1899, onde defendeu as teses de Marx sobre a origem da renda fundiária. Dez anos depois, publicou *A Ética e a Concepção Materialista da História*, obra em que desenvolveu os pressupostos gerais e as concepções políticas da sua interpretação da doutrina marxista.

Em 1914, enquanto a maioria dos deputados do SPD, em que se incluía Bernstein, votava favoravelmente os créditos de guerra, Kautsky, que não era deputado, defendeu a abstenção. No entanto, tal como as outras grandes figuras doutrinárias do SPD, tanto da ala esquerda como da ala direita, opôs-se aos apologistas sociais-democratas da guerra e ingressou, juntamente com Bernstein e os membros da ala esquerda, no Partido Social-Democrata Independente da Alemanha (USPD).

No entanto, em 1920, devido ao seu desmembramento, regressou às origens. Um ano antes, publicou *A Ditadura do Proletariado*, onde criticou a instauração do regime ditatorial «soviético». No entanto, o dirigente da social-democracia alemã não se intimidou com a estratégia de descredibilização e anatemização característica dos líderes bolcheviques, mantendo e reforçando as suas posições relativamente ao socialismo autoritário «soviético». Na sequência da *Ditadura do Proletariado*, publicou, em 1934, *Marxismo e Bolchevismo: Democracia e Ditadura*, em que defendeu que o bolchevismo, sob a liderança de Lénine, criou as condições para a instauração de uma nova ditadura sob os escombros do regime autocrático czarista derrubado pela Revolução de Fevereiro de 1917. Em Novembro de 1919, fez parte do efémero governo de coligação SPD-USPD como subsecretário dos Negócios Estrangeiros, que reconheceu as responsabilidades da Alemanha no desencadeamento da Primeira Guerra Mundial, contribuindo assim para cortar o «cordão umbilical» do SPD com o nacionalismo teutónico.

Kautsky manteve-se sempre fiel aos ideais do socialismo democrático, desmentindo assim os anátemas descredibilizadores do bolchevismo leninista e dos seus epígonos menores. Com a ascensão do nazismo na Alemanha, foi obrigado a exilar-se em Amesterdão, onde morreu em 17 de Outubro de 1938. O seu filho, Benedict Kautsky, passou por diversos campos de concentração, enquanto a esposa, Luise Kautsky, amiga de Rosa Luxemburgo, foi assassinada em Auschwitz.

Vivendo uma parte da sua vida na era dos impérios multinacionais, de que destacavam o austro-húngaro e o russo, Kautsky considera em *Estado Nacional, Estado imperialista e Confederação de Estados*, publicado em 1915, que o âmbito da democracia moderna não é o Estado plurinacional, mas sim o Estado nacional. Condição indispensável da sua constituição e desenvolvimento é a existência de uma língua comum, factor que não está presente nos Estados plurinacionais, onde se formam diversas nações com línguas muito diferentes. Para que estes últimos possam funcionar eficazmente, é necessário, como acontece no Império Russo, que a nação mais poderosa imponha a sua língua às outras, o que pode gerar conflitos desagregadores ou então, como acontece no Império Austro-Húngaro, adoptar um sistema bilinguista, o alemão e o magiar, que pode comprometer a sua unidade, como acontece actualmente na Bélgica flamenga e valã. Estes impérios, com particular destaque para o czarista, estão submetidos a regimes autocráticos, de modo que a condição para que se tornem Estados democráticos é a transformação do Estado formalmente unitário, mas, na prática, imposto às outras nacionalidades, numa federação de Estados.

Além da existência de uma língua comum, a democracia no Estado nacional caracteriza-se pela alfabetização, que está associada ao factor linguístico, pelo parlamentarismo, pelo pluralismo político e pela igualdade de direitos, factores, sobretudo o último, que revelam enormes dificuldades nos Estados plurinacionais e que tendem a gerar movimentos de revolta pela emancipação das nacionalidades oprimidas. Ao contrário dos bolcheviques, Kautsky não considera a democracia como algo de «redutivo» ou «supérfluo» relativamente à ditadura do proletariado, que criticará posteriormente, mas sim como o único terreno político em que os trabalhadores podem conquistar os seus direitos através dos partidos sociais-democratas que os representam nos parlamentos. No entanto, a liberal-democracia, ou a chamada «democracia burguesa», expressão que Kautsky, seguindo os ares do seu tempo, também utiliza, não é o fim último para que tende a classe trabalhadora, já que esta não lhe garante a emancipação económica e social. Por isso, de certo modo em contraste com Bernstein, defende que «a luta pela emancipação do proletariado não acaba com a democracia, mas assume apenas formas diferentes» (Kautsky, 1980, p. 139).

Outra das características da sua época é o desenvolvimento do imperialismo, que extravasa as fronteiras do Estado nacional e pode entrar em conflito com a democracia. Num artigo escrito, em 1913–1914, para a revista *Die Neue Zeit*, intitulado precisamente *O Imperialismo*, define-o assim:

> «O imperialismo é um produto do capitalismo industrial altamente desenvolvido. Este consiste no impulso de cada nação industrial capitalista em submeter e juntar a si um território *agrário* cada vez mais vasto e independente, da nacionalidade dos povos que o habitam.» (*Idem*, p. 10)

Esta submissão de «um território agrário cada vez mais vasto» associa directamente o imperialismo à expansão das colónias noutros continentes, onde aplica em seu benefício o excedente de capitais das metrópoles. Relativamente aos povos submetidos das colónias, Kautsky tem uma posição formalmente distinta da de Bernstein. Ao contrário do representante da ala direita do SPD, não os considera «inferiores» em termos civilizacionais. No entanto, relega-os ainda para o «estado da democracia comunal ou de fronteira», ou seja, da democracia tribal, forma «primitiva» da democracia, e, em consequência, ainda demasiado «imaturos» para lançarem as bases da democracia moderna:

> «Não são como crianças de fraldas, incapazes de lutar pelos próprios interesses e de se governarem, mas certamente não são ainda capazes de fazê-lo no âmbito de um grande Estado.» (*Ibidem*, p. 144)

Eis uma nova forma de legitimação do colonialismo que, apesar de mais *soft* do que a de Bernstein, partilha com ela o não reconhecimento do direito dos povos coloniais à autodeterminação e independência com o argumento nada convincente de que são incapazes de se governar no âmbito de um «grande Estado», quando não é rigorosamente a grandeza do Estado que está verdadeiramente em causa. Poder-se-ia ainda perguntar: se estes povos são demasiado imaturos para construir a democracia moderna, como obterão a maturidade necessária para levar a cabo esta importante tarefa? Não serão certamente os colonialistas mais «maduros» e «civilizados» a prepará-los para tal, de modo que, seja qual for o seu pretenso estado civilizacional, o direito dos pequenos povos à autodeterminação e independência é um direito inalienável e incontestável, como defendia Lénine.

A originalidade de Kautsky reside precisamente no seu «centrismo», já que se opõe tanto à ala direita do SPD como à sua ala esquerda, encabeçada por Rosa Luxemburgo e Karl Liebknecht, na questão do imperialismo. Paradoxalmente, os dois extremos tocam-se, pois, para ambas, o imperialismo é uma necessidade para o desenvolvimento do capitalismo, embora a encarem de forma diferente. Para Bernstein, trata-se de uma necessidade que deve ser encorajada, o que implica a tese de que a social-democracia deve encorajar a política colonialista do II Reich alemão. Para a segunda, com particular destaque para Rosa Luxemburgo, trata-se de uma espécie de inevitabilidade em consequência da natureza predatória do desenvolvimento capitalista, o que torna ilusório ou condenado ao fracasso o direito à autodeterminação dos povos coloniais submetidos, meros peões no contexto da expansão imperialista dos grandes Estados europeus.

Kautsky demarca-se de ambas, defendendo, pelo contrário, que o imperialismo não é nem necessário nem inevitável, mas uma forma de desenvolvimento do capitalismo que, mais cedo ou mais tarde, revela a sua ineficácia e os seus limites, virando-se contra o seu próprio progenitor. A característica central do imperialismo é a unificação do capital industrial e do capital financeiro, mas sob a hegemonia do segundo, a forma mais retrógrada de capital, juntamente com o grande capital comercial e a grande propriedade fundiária. O capital financeiro é o fulcro da expansão imperialista, de que é directamente beneficiário, pois, com os seus créditos, alimenta a expansão imperialista e o poder autocrático e militarista que lhe está associado. Complementarmente, a grande propriedade fundiária está ligada ao capital, que não se opõe ao aumento dos impostos indirectos sobre os produtos agrícolas e ao proteccionismo alfandegário que favorecem a economia de plantações nas colónias de que retira enormes proveitos. Por fim, o grande capital comercial consegue grandes lucros como intermediário entre as colónias e a metrópole. Outra característica relaciona-se com a indústria. Trata-se da exportação de capitais, sobretudo de meios de produção, de que se destaca a construção e gestão dos caminhos-de-ferro nas colónias e as máquinas para a exploração das minas e da economia das plantações, ou seja, um modelo industrial basicamente «extractivo», para utilizar a expressão de Daron Acemoglu e James A. Robinson na sua obra *Porque Falham as Nações* (2013), pouco inovador no plano tecnológico.

A sua terceira grande tese — que, de certo modo, antecipa magistralmente o chamado *Capítulo Inédito do Capital*, obra de Marx apenas publicada postumamente na década de 1930 — é a sua distinção entre duas formas de capitalismo. A primeira, segundo a ordenação de Kautsky, pois a de Marx naquela obra segue o movimento contrário, baseia-se na produção de uma mais-valia relativa, ou seja, na inovação tecnológica e no aumento da produtividade de trabalho através da redução do tempo em que o trabalhador produz os bens/salários necessários à sua reprodução. Esta, apesar de ter como objectivo o lucro e não a satisfação das necessidades sociais, é, por assim dizer, a via produtiva do desenvolvimento do capitalismo que poderá contribuir para o melhoramento das condições de existência do proletariado, embora não esgote a sua necessidade de emancipação relativamente a um sistema baseado na exploração do homem pelo homem. Por isso, a tarefa da social-democracia é dupla: por um lado, defender os interesses dos trabalhadores contra a exploração do capitalismo; por outro lado, apoiar o desenvolvimento deste modelo, sem renunciar ao seu objectivo último, que é construir a sociedade em «bases socialistas» (*Ibidem*, p. 227). Com esta espécie de «terceira via» *sui generis* — nem uma ditadura do proletariado como alternativa ao capitalismo e à democracia «burguesa», nem a renúncia ao «objectivo final», que continua a ser a construção do socialismo —, Kautsky consegue, em certa medida, dar uma resposta à polémica que opõe os partidários da reforma aos partidários da revolução.

O segundo modelo de capitalismo é precisamente o que alimenta o desenvolvimento do imperialismo e do colonialismo que lhe está estreitamente associado. Trata-se fundamentalmente de um modelo rentista e extractivista que se baseia numa apropriação do sobreproduto ou de uma mais-valia através de métodos coercivos que não promovem a produtividade nem a inovação tecnológica. No *Capítulo Inédito do Capital*, Marx caracteriza-o como uma forma de produção de mais-valia absoluta que revela claramente a natureza predatória e anti-social do capitalismo: redução dos salários, prolongamento da jornada de trabalho, a que se acrescentam, como refere Kautsky, métodos de contenção do nível de vida das massas trabalhadoras, com especial destaque para o aumento dos impostos indirectos sobre os produtos de grande consumo e das rendas, tanto dos prédios urbanos como das propriedades rurais, que não são cultivadas por rendeiros capitalistas, mas por trabalhadores para fins de autoconsumo. Este segundo modelo predomina nas colónias, onde, apesar da abolição da escravatura, continuam a vigorar formas de trabalho forçado, mas também nas metrópoles, onde tende a predominar um modelo político autoritário, como o do II Reich alemão, reforçado pelas suas aspirações colonialistas. Tal significa que o imperialismo é um obstáculo à emancipação do operariado e das classes trabalhadoras, em particular nos países detentores de um império colonial:

> «Não pode haver nenhuma dúvida de que o imperialismo utiliza os métodos do segundo tipo, pois procura com meios violentos submeter e explorar os trabalhadores dos países agrários. Estes métodos podem, temporariamente, aumentar o desenvolvimento económico, mas tornar-se-ão em última instância um meio para bloqueá-lo.» (*Ibidem*, p. 229)

Com o seu apoio à primeira forma de capitalismo, Kautsky considera que resolveu a contradição entre «movimento» e «objectivo final» do socialismo de Bersnstein, que, em substância, é uma renúncia à construção do socialismo com o argumento de que este só poderá ser instaurado por uma revolução violenta, que conduzirá à ditadura de um só partido auto-intitulado como vanguarda do proletariado. Com esta proposta — afirma Kautsky —, «a social-democracia resolve a aparente contradição da sua tarefa histórica, combate e apoia ao mesmo tempo o capitalismo» (*Ibidem*, p. 229). No entanto, o dirigente centrista do SPD sobrevaloriza a distinção entre os dois modelos de capitalismo, já que o modelo extractivo e rentista, que revela a natureza predatória do capitalismo, nunca desaparecerá verdadeiramente do seu horizonte, apenas se atenuando nas fases ascendentes do ciclo económico, mas tornando-se hegemónico nas suas fases descendentes e em situações de profunda crise e depressão. Isto significa que este acompanha sempre o outro modelo, já que a inovação tecnológica e a produtividade nunca surgem e se desenvolvem segundo uma «forma pura», como pensa Kautsky, mas sempre combinadas e misturadas com as formas predatórias de extracção de mais-valia, tanto através do prolongamento da jornada de trabalho como, sobretudo, através da intensificação das cadências laborais. Em suma, a contradição em questão não é resolvida, mas apenas contornada, o que significa que, apesar de dizer frequentemente o contrário, também Kautsky, na prática, acaba por renunciar à construção do socialismo e a considerar, tal como Bernstein, como derradeiro horizonte da luta emancipadora dos trabalhadores a ordem política liberal-democrática.

Em 1919, Kautsky publica *A Ditadura do Proletariado*, obra que constitui uma crítica à ditadura bolchevique instaurada na Rússia com a Revolução de Outubro de 1917. Para o dirigente do SPD, o socialismo é inseparável da democracia. Tal implica que não pode haver socialismo sem democracia, embora possa haver democracia sem socialismo. Outra das suas teses é que, numa situação em que impera a democracia política, o proletariado e os trabalhadores em geral conquistaram o direito de associação e de voto, bem como o direito a constituírem um partido político representativo dos seus interesses, o que torna possível a conquista do poder por vias pacíficas. Marx, apesar de defender no *Manifesto do Partido Comunista*, juntamente com Engels, e na *Crítica do Programa de Gotha* a ditadura do proletariado, admitiu no Congresso de Haia, em 1872, esta «revolução pacífica», pelo menos em alguns países capitalistas avançados onde se desenvolvia a democracia política, destacando a Inglaterra, os Países Baixos e, um pouco surpreendentemente, os EUA, país em que até meados da década de 1960 a população afro-americana foi despojada de direitos civis e políticos nos Estados confederados do Sul derrotados na guerra civil norte-americana.

Outra tese importantíssima de Kautsky neste pequeno ensaio fruto do seu reformismo político é que «uma classe pode dominar [*rule*, na tradição britânica do original alemão que utilizo], mas não governar, pois uma classe é uma massa informe, enquanto apenas uma organização pode governar» (Kautsky, 2012, p. 31). Isto significa que o domínio de uma classe social resulta do predomínio que esta consegue na sua relação com as outras na sociedade civil e que se traduzirá pela constituição de uma representação política que poderá ascender ao governo sozinha ou em coligação com outras forças políticas. Tal apenas é possível em democracia, já que numa ditadura, um só partido, como aconteceu na Rússia bolchevique, se arvora como representante exclusivo das classes trabalhadoras.

Esta tese acaba por estar indissociavelmente ligada a um aprofundamento do conceito de democracia: apesar de considerar que esta é definida pelo princípio do «governo da maioria» (*rule of majority*), o que, como demonstrará Max Adler, é uma definição se não incorrecta, pelos menos muito insuficiente, não pode deixar de admitir-se o princípio com igual estatuto do precedente do respeito das minorias em expressarem as suas concepções e opiniões políticas, ideia vigorosamente defendida por Kautsky, que a coloca no mesmo plano do princípio maioritário. Expressão máxima deste reconhecimento é o pluralismo político. Mas tal significa que nenhum partido que se auto-intitule de «vanguarda revolucionária» se pode arrogar ao monopólio do poder político, já que nem mesmo a classe operária e os trabalhadores em geral constituem uma categoria homogénea em termos políticos, podendo por isso ser representados por mais do que uma organização política. Segundo Kautsky, a maturidade de uma democracia mede-se precisamente por este pluralismo:

> «Quanto mais profundas são as raízes que a democracia implantou, e quanto maior for a sua influência nos costumes políticos, com mais sucesso pode opor-se às pretensões de um partido que procura permanecer no poder a todo o custo.» (*Ibidem*, p. 33)

Para Kautsky, a revolução proletária deve ser estruturalmente diferente das chamadas «revoluções burguesas». A primeira é essencialmente pacífica, pois processa-se no âmbito da democracia política em que se reconhecem aos trabalhadores direitos sociais e políticos, sendo violenta apenas em condições de atraso económico, social e político, como aconteceu na Revolução de Outubro de 1917, em que, além disso, se combinaram de forma excepcional e fortuita um conjunto de circunstâncias que permitiram «a um partido proletário conquistar para si o poder político, enquanto a maioria do povo ou não está do seu lado ou está mesmo contra ele» (*Ibidem*, p. 48). Trata-se, no fundo, de uma forma de blanquismo revolucionário, que já tinha sido criticado por Bernstein, favorecido por uma conjuntura singularíssima que, parafraseando livremente Marx, nem sequer se pôde repetir como farsa e muito menos como tragédia noutros países europeus capitalistas desenvolvidos.

Pelo contrário, as revoluções burguesas, de que se destacaram, primeiro, a Revolução Inglesa de 1640 e, sobretudo, a Revolução Francesa de 1789-1793, foram revoluções violentas, já que o seu objectivo era o derrubamento de regimes despóticos que não reconheciam a igualdade de todos perante a lei, as liberdades individuais de opinião e expressão através da instauração da censura, prendiam arbitrariamente cidadãos na base de processos sumários sem garantias de defesa para os arguidos, além de não aceitarem uma representação política do povo. No seu período mais intenso, como aconteceu com o terror revolucionário jacobino de 1793 em França, em grande parte suscitado pela guerra movida pelas potências monárquicas coligadas contra a República gaulesa e as tentativas de restauração das forças monárquicas defensoras do regime absolutista derrubado, mas sobretudo pelo atraso económico, social e político da França revolucionária relativamente à Inglaterra do final do século XVIII, que já tinha feito a sua revolução «burguesa» prematuramente em 1640. No entanto, tornou-se inevitável que esta ditadura dos representantes políticos das classes populares mais baixas tivesse acabado por escancarar involuntariamente a porta à «ditadura da espada» (*Ibidem*, p. 58) quando a guerra civil terminou: aos *levellers* britânicos seguiu-se Cromwell, e a Robespierre e Saint-Just, Napoleão Bonaparte.

A transição do capitalismo para o socialismo apenas poderá conduzir à ditadura de um partido em condições muito excepcionais. Em contraste com uma situação deste tipo, Kautsky refere a própria Comuna de Paris, que, apesar de ser derrotada, se caracterizou pelo pluralismo político, já que nela estavam representadas as diversas correntes do socialismo francês, bem como a oposição, «165 revolucionários contra 21 opositores, dos quais 15 eram nitidamente reaccionários» (*Ibidem*, p. 47). Esta foi derrubada pelas tropas de Versalhes, que tinham sido vergonhosamente derrotadas pelos prussianos, e não numa guerra civil. Pelo contrário, a dissolução, em 1918, da Assembleia Constituinte na Rússia, que tinha sido eleita, ao contrário da Duma, instaurada pela revolução de 1905 no mesmo país, por um amplo sufrágio pelos bolcheviques que tinham sido copiosamente derrotados por outras correntes socialistas, desencadeou uma guerra civil que conduziu à ditadura do partido comunista russo, que ilegalizou não apenas os representantes políticos e militares das forças que visavam a restauração do czarismo mas também todas as outras correntes de esquerda não comunista, socialistas e anarquistas, que pudessem contestar a concentração do poder político nas suas mãos.

Para Kautsky, se é verdade que a democracia política na sua forma liberal não esgota a possibilidade da revolução, também é verdade que a revolução não pode nunca ser pretexto para invocar a sua supressão pura e simples com o argumento peregrino de que é um obstáculo ao seu triunfo definitivo. Apesar de ser predominantemente um reformista económico e social no interior da ordem política liberal-democrática, Kautsky acaba por admitir, tal como Marx e Engels, a possibilidade da ditadura revolucionária do proletariado quando todas as correntes socialistas estão representadas no governo revolucionário, pois apenas nestas condições toda a população trabalhadora, a maioria não privilegiada da sociedade, é efectivamente representada na sua diversidade de pontos de vista e opiniões, concretizando-se, na prática, o domínio da classe maioritária e não o domínio de um partido sobre essa mesma classe. Mas isto significa que apenas em condições de pluralismo político é possível construir o socialismo como regime social que supera efectivamente o capitalismo.

CAPÍTULO 4

MAX ADLER: DA LIBERAL-DEMOCRACIA À DEMOCRACIA SOCIAL

Nascido em 15 de Janeiro de 1873, em Viena de Áustria, Max Adler pertenceu à escola do austromarxismo, de que foi um dos expoentes. Esta corrente do pensamento socialista e social-democrático foi fundada por Victor Adler (1852–1918), um médico que lutou pela unificação do movimento socialista austríaco, dividido em diversas correntes políticas, que foi alcançada no Congresso de Hainfeld, em 1899. Além de Max Adler e do fundador da corrente, devem destacar-se três grandes figuras: Karl Renner (1870–1950), Otto Bauer (1881–1938) e Rudolf Hilferding (1877–1941).

Karl Renner foi chanceler da república austríaca que se constituiu após a dissolução do Império Austro-Húngaro e seu ministro dos Negócios Estrangeiros, distinguindo-se, no plano doutrinário, pelos seus escritos económicos e jurídicos, de que se destacaram *A Função Social do Direito*, publicado em 1904 sob o pseudónimo de Karner, *A Economia como Um Processo Integrado e a Via para o Socialismo* (1924), *A Economia Nacional, a Economia Mundial e o Socialismo* (1929) e *As Instituições do Direito Privado e a sua Função Social* (1949).

Mais famosos foram os seus dois compatriotas, Otto Bauer e Rudolf Hilferding. O primeiro foi um dos dirigentes da II Internacional e do Partido Social-Democrata austríaco, que se opôs à entrada da Áustria na Primeira Guerra Mundial. Tal como Renner, tornou-se, em 1918, ministro dos Negócios Estrangeiros da Nova República, escrevendo diversas obras no âmbito da teoria política, de que se destacaram *A Questão Nacional e a Social-Democracia* (1907), *A Via do Socialismo* (1919) e *Bolchevismo e Social-Democracia* (1920). O segundo foi a personalidade mais trágica do austromarxismo. Pertencendo à ala direita do partido, distinguiu-se com o seu famoso ensaio *O Capital Financeiro*, publicado em 1910, que exerceu uma grande influência na não menos famosa obra de Lénine, *Imperialismo, Fase Superior do Capitalismo* (1917). Tal como os outros grandes teóricos e doutrinários da social-democracia, também se opôs à participação do Império Austro-Húngaro na Primeira Guerra Mundial, integrando-se com outros dirigentes do SPD no USPD, que, no entanto, viria a abandonar após a sua dissolução em 1922, reintegrando-se no primeiro. Destacou-se ainda como ministro das Finanças da República de Weimar em 1923 e 1928-1929. Fugindo da Alemanha após a conquista do poder pelos nazis, refugiou-se primeiro na Suíça e depois em França. No entanto, em 1941, quando tentava escapar para os EUA, foi preso em Marselha pela Polícia do regime colaboracionista francês e entregue à Gestapo, que o torturou até à morte.

Max Adler foi o pensador mais profícuo desta escola do marxismo austríaco e europeu. Influenciado por Kant, destacaram-se entre as suas obras mais gerais *Marx como Pensador* (1908), *O Marxismo como Teoria da Vida Proletária* (1922), *A Sociologia da Crítica Kantiana do Conhecimento* (1924), *Kant e o Marxismo* (1925) e *O Enigma da Sociedade* (1936). Os seus interesses intelectuais estenderam-se à teoria política, escrevendo, em 1922, *O Conceito de Estado no Marxismo*. Mas a sua obra mais importante neste âmbito é indubitavelmente *Democracia Política e Democracia Social* (1926), onde, de uma forma mais progressista e emancipadora do que a do centrismo kautskista, tentou realizar uma síntese integradora do socialismo e da democracia, após o triunfo da ditadura bolchevique na Rússia. Max Adler morreu na sua cidade natal, em 1937.

Democracia Política e Social é uma obra extraordinariamente inovadora que coloca Max Adler num lugar cimeiro do pensamento progressista social-democrático, já que não se circunscreve ao ponto de vista cautamente reformista de Bernstein, nem se deixa enredar nas ambiguidades do centrismo político de Kautsky. A sua perspectiva aponta para um ideal socialista democrático emancipador que se encontra fortemente atenuado nos dois dirigentes do SPD, particularmente no primeiro. A obra foi marcada pela ascensão dos movimentos de extrema-direita na Europa: em 1920, o almirante Horthy instaurou um poder ditatorial na Hungria, em 1922, Benito Mussolini foi convidado pelo monarca italiano a formar governo, em 1923, foi a vez de Primo de Rivera em Espanha, seguindo-se, em 1926, Piłsudski na Polónia e, em 1928, como refere Adler, Salazar em Portugal, dois anos depois do golpe de Estado militar do marechal Gomes da Costa. Configurava-se assim uma grave crise da liberal-democracia, que, após o triunfo da Revolução de Outubro de 1917, já não oferecia às grandes classes proprietárias o quadro político mais favorável para a defesa dos seus interesses. Por sua vez, alguns liberais traíram os seus princípios ideológicos, deixando-se fascinar pelas soluções políticas ditatoriais de direita perante a mobilização das classes trabalhadoras que a Revolução de Outubro, apesar de ter degenerado num tenebroso regime ditatorial que desmantelou os sovietes que Lénine tinha invocado nas célebres *Teses de Abril*, tinha estimulado.

Max Adler foi um dos primeiros a aperceber-se desta grave crise que passou completamente ao lado tanto de Bernstein como de Kautsky. O parlamentarismo, tribuna por excelência dos partidos liberais e expressão de uma ordem estatal formalmente democrática que se baseava na dominação de uma ou várias classes sobre as outras, já tinha perdido os seus encantos primitivos, pois o sufrágio, estendido a diversos países da Europa à classe operária e aos trabalhadores, começava a afectar ou, pelo menos, a incomodar a supremacia dos partidos que tradicionalmente representavam as classes possuidoras e que anteriormente se autoperpetuavam no poder através do sufrágio censitário. Em consequência desta alteração de fundo e sobretudo da expansão do movimento e dos conselhos operários em diversos países da Europa central, de que se destacam a Alemanha pós-imperial e a Hungria, bem como dos movimentos grevistas em Itália e França, os regimes liberais-democráticos instituídos na Europa Ocidental após a desagregação dos impérios alemão e austro--húngaro transformaram-se em antecâmaras da implantação de regimes políticos de extrema-direita que aboliram as tradicionais liberdades individuais e políticas conquistadas pela Revolução Francesa de 1789. Max Adler apercebe-se claramente deste evento que marcou o período posterior à Primeira Guerra Mundial e culminaria com a ascensão de Adolf Hitler ao poder em 1933:

> «A burguesia compra-se com a ideia de uma ditadura de "mão dura" que saiba reprimir os "excessos da democracia", domar a avidez das massas e restabelecer a ordem sagrada. Mussolini na Itália, Horthy na Hungria, e os seus epígonos, e aqui os novos santos que evoca o mundo burguês. E com isto assistimos a este espectáculo trágico-cómico de uma classe dominante reconciliada com a ideia da ditadura, quando muitos operários ficam indignados só por ouvirem pronunciar esta palavra. Enquanto estes últimos discutem sobre a incompatibilidade entre democracia e

ditadura, os primeiros exercem-na com um vigor crescente onde ela já existe, ou preparam a sua chegada onde ainda devem esperar por ela.» (Adler, 2014, p. 33)

Tudo aponta então para que «a velha paixão pela democracia» se tenha esgotado, pelo menos entre os representantes políticos das grandes classes proprietárias e, por maioria de razão, entre os seus «mandantes». Mas será que este esgotamento, que tem nas classes trabalhadoras o seu principal opositor, levá-las-á, como defendem os representantes da ala direita e centrista da social-democracia alemã, Bernstein e Kautsky, respectivamente, a considerar como fim último da sua luta emancipadora a liberal-democracia, que Adler designa pelos termos homólogos de «democracia política» ou «democracia formal»? A sua resposta a esta questão é extraordinariamente inovadora, pois pretende superar a antítese entre ditadura e democracia, que opõe os partidos sociais-democratas reformistas aos partidos comunistas revolucionários. Antes de tudo, Adler defende que «há que acabar com esta situação absurda, que faz com que certas doutrinas e ideias sejam rejeitadas por numerosos sociais-democratas, unicamente porque aparecem como temas de agitação comunista» (*Idem*, p. 2). Porém, tal não significa qualquer tipo de concessão à ditadura leninista do proletariado. Max Adler é particularmente elucidativo a este respeito, considerando-a uma versão reforçada da ditadura jacobina de 1793, facto confirmado pelo próprio Lénine, para quem a Revolução de Outubro realizaria aquilo que a Revolução Francesa de 1789–1793 tinha deixado em suspenso em consequência do seu carácter «burguês»:

> «"L'État c'est moi" é uma característica desta situação, não o sendo menos a ideologia do bolchevismo russo que, querendo fazer avançar a evolução do povo russo e inclusivamente a do proletariado em geral, identifica à vontade da colectividade a de uma minoria: o partido comunista (a sociedade somos nós).» (*Ibidem*, p. 35)

A resposta de Adler a esta antinomia passa por duas «etapas». A primeira consiste em analisar a natureza daquilo a que se poderá chamar a «democracia realmente existente», ou seja, nas suas palavras, a «democracia política» nascida com a Revolução Francesa com o objectivo de demonstrar as suas graves imperfeições e limitações. A segunda é propor como ideal, que deverá orientar a luta das classes operárias e trabalhadoras, uma nova forma de democracia, que designa por «democracia social», que satisfaça as suas necessidades de emancipação, bloqueadas e postas em causa pela liberal-democracia, que também não pode ser temporariamente suspensa sem data marcada quando os interesses das classes detentoras de um considerável poder económico não podem ser «democraticamente» assegurados.

Na sua crítica à liberal-democracia, Adler não é muito inovador, já que se limita a retomar as críticas tanto dos chamados «socialistas utópicos» — Saint-Simon, Owen e sobretudo Fourier, autor que muito aprecia — como as de Marx e Engels. Esta forma de democracia, apesar de se basear no princípio da igualdade jurídica de todos os seres humanos perante a lei, não faz mais que ocultar sob este manto diáfano um novo regime de privilégio, já não político, mas económico, baseado fundamentalmente nas desigualdades de posse da riqueza. É neste sentido que a democracia política nascida com a Revolução Francesa de 1789 é uma democracia meramente formal, pois a igualdade jurídica de direitos remete para uma desigualdade social e económica que não cessa de aumentar. Assim, não apenas o sufrágio universal não põe em causa esta desigualdade estrutural, como sublinhou Robert Owen, como também se revela completamente incapaz de realizar a célebre tríade «liberdade, igualdade e fraternidade», que, apesar de ser a divisa emancipadora da Revolução Francesa, acaba precisamente por se transformar no seu contrário após a consolidação do capitalismo e da liberal-democracia:

> «Assim, descobriu-se que a tão elogiada liberdade, a que tinha sido aclamada nas barricadas da Revolução, não significava para a grande massa dos indigentes mais do que a liberdade de morrer de fome; que a igualdade não era outra coisa senão a igualdade de exploração; enquanto a fraternidade se transformou, tanto entre os indigentes como entre os possuidores, numa competição demencial e impiedosa para a conquista dos lucros de uns e a sustentação da existência dos outros.» (*Ibidem*, p. 14)

Mais original é a sequência desta crítica herdada dos «clássicos» do pensamento socialista. Concebendo, tal como Marx e Engels, o Estado de uma forma mais «generalista» do que «historicista», ou seja, como «uma organização da sociedade baseada nos antagonismos de classe com o domínio de uma ou várias classes sobre outras» (*Ibidem*, p. 21), não lhe é difícil inferir que a liberal-democracia não é incompatível com as formas de dominação de classe que caracterizam o Estado. Além disso, esta, pelo facto de se apoiar numa forma específica de dominação de classe baseada nas diferenças de propriedade e poder económico, que se reflectem na esfera política, também não é incompatível com os regimes autoritários e ditatoriais de direita e extrema-direita, sejam os de tipo bonapartista ou os de carácter abertamente fascista e fascizante, ao contrário do que defendem alguns para os quais o fascismo é a antítese da liberal-democracia.

Mas onde Adler revela toda a sua originalidade é na sua crítica à concepção tradicional, defendida por Kautsky e pelo liberalismo, de que «o princípio da democracia é o princípio maioritário, o princípio do governo pela maioria» (*Ibidem*, p. 19). Ou seja, segundo este princípio, é a maioria que deve governar, devendo a minoria submeter-se à vontade da maioria, ou seja, dos grupos e partidos políticos que, sozinhos ou em coligação, conseguem no parlamento a maioria dos sufrágios. De uma forma brilhante, Adler retoma a distinção de *O Contrato Social*, de Jean-Jacques Rousseau, entre «vontade de todos» e «vontade geral». Enquanto a primeira é apenas o somatório aritmético dos votos e pressupõe uma concepção individualista da sociedade, já que concebe os indivíduos como átomos isolados uns dos outros, a segunda é, por assim dizer, uma vontade moral comum que considera os indivíduos associados na sua relação de interdependência social. Segundo esta concepção, a democracia, sem pôr em causa a liberdade individual, mas, pelo contrário, criando um âmbito mais vasto para o seu desenvolvimento, adquire uma dimensão social e solidária incompatível com o carácter basicamente individualista e competitivo da liberal-democracia e com o próprio Estado político, que se ergue acima da sociedade civil. O que determina a verdadeira democracia, ou seja, a democracia social, são duas características inéditas irredutíveis ao princípio maioritário: antes de tudo, a democracia social como ideal a atingir exclui toda e qualquer forma de dominação e, por conseguinte, tem como referente não a subordinação da minoria à maioria, mas sim a «submissão de cada vontade particular à autodeterminação e à autonomia e não à determinação dos outros» (*Ibidem*, p. 20), o que remete desde logo para um conceito de liberdade inclusiva — a minha liberdade não é um obstáculo à liberdade dos outros, mas uma condição da sua própria liberdade, e vice-versa — estruturalmente diferente da liberdade atomística em que se baseia a democracia política tradicional; a segunda característica da democracia social é «a ideia do interesse geral, do bem público em que todos participam, e no qual todos têm o dever igual e o direito de cooperar» (*Ibidem*, p. 20).

A democracia social tem como fundamento a abolição da dominação de uma ou de várias classes sobre as outras. Por isso, relaciona-se com a abolição do Estado político separado. Mas tal não significa que a coerção, que não pode ser confundida com a dominação, desapareça. Enquanto a dominação é a expressão do predomínio da vontade de uma parte da sociedade sobre as restantes e consiste no estabelecimento de uma lei que é imposta a partir de fora em cuja elaboração nem todos colaboraram, a coerção vigente na democracia social baseia-se, pelo contrário, no princípio solidário, pois visa reconduzir a este princípio, fundado na livre cooperação de cada um com os outros, todos os que o ponham em causa. Isto não significa, de modo algum, que a democracia social se baseie na unanimidade política. Esta também não será, como defendem os seus detractores, um regime em que «os homens não terão mais que deixar-se embalar por um ócio e por uma preocupação paradisíaca» (*Ibidem*, p. 26). A abolição dos antagonismos de classe não suprime as diferenças de opinião sobre as questões de interesse comum, mas apenas os conflitos fracturantes que ameaçam dissolver a ordem social e estão na origem da formação do Estado político. Pelo contrário, na nova ordem solidária e inclusiva surgirá «uma diferenciação maior e mais rica da vida, bem como uma participação consideravelmente mais activa» (*Ibidem*, p. 26).

Outra das importantes inovações de Adler é a análise da relação entre democracia e ditadura. Para os liberais, os dois termos são incompatíveis, já que defendem que o princípio do governo da maioria é o fundamento da democracia política. No entanto, como o dirigente da social-democracia austríaca brilhantemente demonstrou, tal princípio não é o fundamento da democracia social. A incompatibilidade entre democracia e ditadura apenas existe na democracia social, não na democracia política. Prova disso é que um determinado grupo político pode, na liberal-democracia, conquistar uma maioria que lhe permita instaurar um poder ditatorial pela via parlamentar:

> «Esquece-se com demasiada facilidade que o Estado de sítio não é património exclusivo da monarquia antidemocrática; a república democrática também o prevê nas suas leis. Além do mais, pertence à própria essência da democracia política que um governo, apoiando-se numa maioria do Parlamento, possa fazer com que seja legitimada a ditadura por decisão maioritária; e não deixará de fazê-lo na ocasião propícia.» (*Ibidem*, p. 34)

Eis um exemplo do tocquevilliano «despotismo das maiorias», como a ascensão de Hitler ao poder em 1933 confirmou em parte, pois o Partido

Nacional-Socialista nunca conseguiu uma maioria absoluta em eleições democráticas. Adler defende também que a democracia social não pode ser estabelecida de forma imediata, mas exige um período de transição política em que vigora ainda o princípio maioritário, embora este assuma uma forma diferente da que reveste na liberal-democracia. Neste período, a dominação de classe não desaparece, mas quem detém o poder político já não são os representantes políticos dos grandes grupos económicos e financeiros proprietários, mas, pelo contrário, os representantes políticos da maioria da população, ou seja, tal como afirma Adler, não apenas do proletariado, mas também de «todas as outras camadas sociais que têm interesses idênticos a este, operários agrícolas, camponeses pobres, trabalhadores intelectuais e uma grande parte da pequena burguesia» (*Ibidem*, p. 37). O seu objectivo enquanto verdadeira maioria da sociedade não é, porém, perpetuar a dominação de classe, mas, pelo contrário, aboli-la, de modo a instaurar a democracia social, que terá também como componente fundamental uma verdadeira democracia económica:

> «Do mesmo modo que a injustiça de uma classe juridicamente privilegiada foi abolida graças à conquista da igualdade política para as massas, que não tinham direitos até esse momento, do mesmo modo se esmagará a oligarquia económica do grande capital organizado, retirando-lhe o monopólio da direcção económica e democratizando-a.» (*Ibidem*, p. 44)

Este período de transição, desde que a representação das classes não possuidoras e dos pequenos proprietários não seja monopolizada por um partido político que recusa a partilha do poder com outros e os ilegaliza, como aconteceu na Rússia bolchevique, reveste, na prática, um carácter mais democrático do que o regime liberal-democrático. E isto porque o seu horizonte é a preparação da democracia social, que, ao contrário da democracia política instaurada pela Revolução Francesa de 1789, não visa a emancipação social de alguns, mas a de todos:

> «A distinção entre democracia política e democracia social não é unicamente de ordem política, é uma distinção de formas de sociedade, entre dois mundos: de um lado, o velho mundo não solidário e opressivo; do outro, o novo mundo da solidariedade e da liberdade [...] a democracia exige do militante socialista que seja um homem novo, que possua uma nova mentalidade indispensável para a preparação e sobretudo para a edificação da colectividade socialista.» (*Ibidem*, p. 53)

IX PARTE

O SOCIALISMO REVOLUCIONÁRIO E A DITADURA DO PROLETARIADO

CAPÍTULO 1

DA REVOLUÇÃO DE 1905 À REVOLUÇÃO DE OUTUBRO DE 1917

Em 1898, é fundado, em Minsk, o Partido Operário Social-Democrata Russo (POSDR), que propunha como objectivo unir as diversas organizações revolucionárias num só partido de orientação operária e marxista, em oposição aos populistas que continuavam a ter como a sua base social o campesinato. No final do primeiro congresso, em Março de 1898, todos os novos delegados do novo partido foram presos pela Polícia czarista.

Em 1903, realizou-se o III Congresso do POSDR, que dividiu, irremediavelmente, o novo partido: de um lado, os mencheviques (minoria, em russo), liderados por Julius Martov e George Plekhanov, próximos das teses alegadamente «reformistas» dos partidos sociais-democratas da Europa Ocidental, que defendiam que a transformação social e política na Rússia teria de passar por uma fase parlamentar em que o operariado participasse através dos seus representantes democraticamente eleitos; do outro, os bolcheviques (maioria, em russo), que tinham em Vladimir Ilitch Ulianov, mais conhecido por Lénine, a sua figura emergente mais relevante, que, apesar de não considerarem prescindível esta etapa, apontavam-na, na melhor das hipóteses, como meramente instrumental, pois o seu objectivo supremo era a conquista do poder político pela via revolucionária e a instauração de uma ditadura do proletariado nos moldes preconizados por Marx e Engels no *Manifesto do Partido Comunista* e na *Crítica do Programa de Gotha*. O que geralmente se esquece é que, apesar de serem designados como «minoria», os mencheviques, na realidade, constituíam a maioria no seio do PODSR, pois as duas designações resultaram de uma votação no III Congresso do

POSDR em que a corrente leninista obteve a maioria no Comité central, apesar dos mencheviques terem conseguido a maioria dos delegados. Posteriormente, já no decurso da Revolução de Outubro, outra grande personalidade, Lev Davidovich Bronstein, conhecido pelo pseudónimo de Leon Trotsky, deixando de acreditar na unificação das duas correntes do POSDR, renunciaria à sua posição de socialista independente para se juntar aos alegados bolcheviques.

Em 9 de Janeiro de 1905, uma manifestação pacífica de operários em São Petersburgo, em que participavam muitas mulheres e crianças, foi violentamente reprimida pelas tropas czaristas, provocando mais de 3000 vítimas. Esta repressão indiscriminada esteve na origem de uma vaga de greves operárias que afectou os principais centros urbanos da parte europeia da Rússia, onde se concentravam as grandes fábricas do imenso Império Russo, que constituíam, em 1903, 17% do total das empresas e eram responsáveis por 76,6% dos empregos, segundo os dados coligidos por A. Uchakov na sua Introdução a uma selecção de textos de Lénine sob o título *Sobre a Revolução Democrática Burguesa* (Lénine, 1976, p. 16). Em Junho, os marinheiros do couraçado do Príncipe Potemkine, que se tornaram famosos pelo célebre filme *O Couraçado de Potemkine*, de Eisenstein, indignados contra as ordens de fuzilamento de 30 dos seus companheiros, revoltaram-se e mataram numerosos oficiais, apoderarando-se do navio. Dirigindo-se para Odessa, onde se tinha desencadeado uma greve geral, recusaram-se a reprimir o levantamento operário, acabando por navegar em direcção ao porto de Constança, na costa romena, onde pediram asilo político na noite de 7 de Julho. Retido pelas autoridades romenas, o navio seria posteriormente devolvido à Rússia.

No Verão de 1905, constituíram-se os primeiros sovietes operários em que os delegados dos trabalhadores eram eleitos a nível de fábrica, bem como os comités de greve. Entre 10 e 17 de Dezembro, desencadeou-se uma insurreição armada em Moscovo, que se disseminou por outros centros urbanos. Todos os levantamentos foram esmagados pelo exército, mas tiveram o condão de despertar o ressurgimento da classe operária, que, desde a derrota da Comuna de Paris em 1871, registava um refluxo, pelas repercussões que tiveram em toda a Europa Ocidental, particularmente na Alemanha e em França. Apesar do esmagamento das insurreições operárias, o czar Nicolau II foi obrigado a fazer concessões, de que se destacou o reconhecimento das liberdades de consciência, reunião e associação. Porém, a principal concessão foi a constituição de uma Duma com poderes legislativos, em Dezembro de 1905. No entanto, além do sufrágio universal não ser reconhecido, pois, como em toda a Europa, as mulheres não podiam votar, sendo também excluídos dois milhões de operários, a votação era indirecta e processava-se por categorias sociais, designadas por «cúrias»: a agrária, em que predominavam os latifundiários, mas também a grande burguesia agrária, que explorava as terras com o objectivo de acumular capitais, a urbana, que compreendia a burguesia, em particular a emergente burguesia industrial proprietária das grandes fábricas, bem como a burguesia comercial e bancária, a camponesa e a operária. O sistema eleitoral configurava-se de modo a conferir maior peso aos representantes das diversas fracções das classes proprietárias. Assim, na terceira Duma, instituída em 3 de Junho de 1907 por Nicolau II, à revelia do que se tinha comprometido em 17 de Outubro de 1905 — não lançar novas leis sem a autorização da Duma —, as grandes classes proprietárias, no seu conjunto, nobres e burguesas, tinham 284 deputados, de que se destacavam as chamadas «centúrias negras», representantes dos latifundiários feudais, organizadores de *pogroms* contra a população judia e de massacres dos camponeses, com 171 deputados, e os «Outubristas», representantes da grande burguesia agrária e industrial, com 113 deputados. Por sua vez, os chamados *kadets*, representantes da burguesia liberal russa, contavam com 101 deputados, enquanto os *trudoviks*, de orientação populista, representantes do campesinato, tinham apenas 13 deputados, e os sociais-democratas, que representavam o operariado urbano, contavam com 18 deputados (Comissão do Comité Central do PC (b) da URSS, Capítulo IV, 7/11/2010). Na totalidade, foram convocadas por Nicolau II quatro Dumas: a primeira em 1906, a segunda e a terceira em 1907 e a quarta em 1912.

A revolução de 1905–1907 não pode ser verdadeiramente considerada uma revolução «democrática burguesa» no plano político institucional, já que desembocou numa eleição para uma assembleia legislativa, em que foi retomada sob formas «renovadas» uma espécie de voto por ordens que a Revolução Francesa de 1789 aboliu, substituindo-o pelo voto por cabeça, embora o sufrágio universal masculino só fosse conquistado em França, primeiro em 1793 e, depois, em 1848. A eleição desta assembleia inspirava-se nas teses do italiano Antonio Rosmini Serbati (1797–1855), adversário daquelas duas revoluções, que, no seu livro *Constituição Segundo a Justiça Social*, publicado em Milão precisamente em 1848, defendeu um sufrágio baseado em pesos diferenciados com base no argumento de que, se as classes proprietárias não tivessem direito a um maior peso na votação do que as não proprietárias, tornar-se-iam politicamente minoritárias (Ver: V Parte, Capítulo 3).

Lénine, que definiu a revolução de 1905-1907 como uma revolução democrática-burguesa, apercebeu-se das suas limitações relativamente às revoluções de 1789-1793 e de 1848, defendendo que o verdadeiro objectivo daquela deveria coincidir com estas, ou seja, o derrube da autocracia czarista e a instituição de uma república. Isto significava, como defendeu num artigo publicado no n.º 4 da revista *V Périod*, de 31 (18) de Janeiro de 1905, como ponto de partida, a eleição de uma Assembleia Constituinte em que, pressupõe-se, o sistema de votação por categorias sociais deveria ser abolido e instituído o sufrágio universal baseado no voto por cabeça, tal como na França jacobina de 1793-1794. O futuro líder da Revolução de Outubro defendeu também que a Revolução de 1905 foi apenas um ensaio geral para as revoluções mais profundas no futuro próximo, um pouco na linha de Marx no seu ensaio *O 18 de Brumário de Louis Bonaparte*, em que o proletariado acabaria por desempenhar um papel determinante:

> «O proletariado mundial observa agora com fervorosa impaciência o proletariado da Rússia. O derrubamento do czarismo na Rússia, heroicamente começado pela nossa classe operária, marcará uma viragem na história de todos os países, facilitará a tarefa de todos os operários de todas as nações em todos os Estados, em todas as regiões do globo. Que cada social-democrata, que cada operário consciente se lembre dos imensos deveres que a luta de todo o povo lhe impõe! Ele representa as necessidades e os interesses de todos os camponeses, das massas dos trabalhadores e de explorados, de todo o povo contra o inimigo comum! Que não o esqueça! O exemplo dos heróicos proletários de Petersburgo está agora bem à vista de todos.» (Lénine, 1976, p. 42)

As profecias de Lénine acabaram, em parte, por se realizar. Em 1914, Nicolau II entrou na Primeira Guerra Mundial contra os impérios alemão e austro-húngaro em aliança com a França e a Grã-Bretanha. A má preparação do exército czarista, que se tinha «especializado» na repressão brutal das insurreições e greves operárias internas, conduziu a um resultado catastrófico: dos 15 milhões de mobilizados, quase metade foram mortos e feridos com gravidade ou tornados prisioneiros de guerra dos alemães. Em 2 de Março de 1917, Nicolau II, perante uma situação económica e social insustentável, tanto nos campos como nas grandes cidades, foi obrigado a abdicar em consequência das amplas mobilizações sociais que decorreram entre 23 e 27 de Fevereiro de 1917, com particular destaque para as da cidade de São Petersburgo. Estes eventos, conhecidos como Revolução de Fevereiro, conduziram à formação de um governo provisório presidido pelo príncipe Georgy Lvov, que tinha como ministro de Guerra Alexander Fiodorovitch Kerensky. Paralelamente, os sovietes de operários e também de soldados expandiram-se, enquanto os socialistas revolucionários, herdeiros do movimento populista, revelaram-se particularmente activos nas zonas rurais, mobilizando os camponeses com vista à repartição e redistribuição das terras.

Em 3 de Abril, Lénine regressou à Rússia proveniente do exílio. Publicou, em 7 de Abril, no n.º 26 do jornal *Pravda*, *Sobre as Tarefas do Proletariado na Presente Revolução*, mais conhecidas por «Teses de Abril», em que defendeu o fim da participação russa na guerra, opôs-se a uma república parlamentar e preconizou uma república operária com base nos sovietes. Defendeu também a confiscação de todas as terras dos latifundiários e a sua gestão pelos sovietes de deputados dos assalariados agrícolas, a fusão de todos os bancos num único banco sob o controlo dos sovietes de deputados operários e a necessidade de alterar a denominação do partido, que, a partir de 1918, passaria a designar-se por Partido Comunista Russo. Perante as hesitações do governo provisório, um governo de natureza liberal que defendia a continuação da Rússia na guerra e se opunha à reforma agrária nos campos, exigiu a convocação de uma Assembleia Constituinte:

> «Ataquei o Governo Provisório por não marcar nenhum prazo em geral para a Assembleia Constituinte e se limitar a promessas. Demonstrei que sem os sovietes de deputados operários não está garantida a convocação da Assembleia Constituinte, o seu êxito é impossível.» (Lénine, II, 1981, p. 16)

A velha Duma, que já não representava as novas forças sociais e políticas e cujo método antidemocrático de eleição estava completamente ultrapassado, foi dissolvida, em 6 de Março, antes da chegada de Lénine à Rússia. Formou-se então uma situação de dualidade de poderes: de um lado, um governo provisório carente de legitimidade perante a maioria da população que desejava o fim da guerra e do morticínio que esta implicava e a melhoria das suas miseráveis condições de vida; do outro, os sovietes de deputados operários, na maior parte dos quais o partido de Lénine estava em minoria no momento da sua chegada à Rússia perante as correntes social-democrática e socialista revolucionária, como constatou Lénine nas «Teses de Abril». Em 28 de Agosto, a tentativa de golpe de Estado do general Kornilov, comprometido com o poder czarista demitido, malogrou-se. Kerensky tornou-se líder do Governo Provisório, contando com o apoio dos liberais, dos sociais-democratas e dos socialistas revolucionários. No entanto, a tentativa de formação de um governo provisório inteiramente composto por forças socialistas não chegou a realizar-se, em grande parte devido à oposição dos liberais e ao fraco interesse manifestado pelo Partido Bolchevique de Lénine. Entre 24 e 27 de Outubro, este governo foi derrubado pelos bolcheviques. Os socialistas revolucionários e os sociais-democratas cometeram o grave erro político de abandonarem os sovietes, onde tinham uma forte presença, deixando o poder totalmente na mão do partido liderado por Lénine.

Em 12 de Novembro de 1917, já depois de o Partido Comunista Bolchevique ter conquistado o poder político, realizaram-se as eleições para a Assembleia Constituinte, de acordo com o calendário estabelecido pelo Governo Provisório derrubado. Os liberais foram impedidos de participar nas eleições pelos bolcheviques, que, no entanto, foram claramente derrotados pelos socialistas-revolucionários, representantes do campesinato, que constituía a maioria da população russa, que obtiveram 40% dos sufrágios contra apenas 20% do partido de Lénine. Entre 7 e 20 de Dezembro, foi fundada a Tcheka, sob a direcção de Félix Dzerjinski, a Polícia política bolchevique, antepassada do Comissariado do Povo para os Assuntos Internos (NKVD) estalinista, directamente envolvido nos processos de Moscovo. Em 4 Janeiro de 1918, o máximo dirigente bolchevique publicou no n.º 2 da *Pravda* e no n.º 2 da *Izvestia* uma espécie de manifesto intitulado *Declaração dos Direitos dos Trabalhadores e Explorados*, em que converteu a Assembleia Constituinte num mero órgão de ratificação do poder soviético estabelecido. Logo no ponto 1.1. do documento, declara que «a Rússia é, pela presente, proclamada uma República de Sovietes de Deputados dos Operários, Soldados e Camponeses» que são imediatamente «investidos de todo o poder central e local» (Lénine, Lisboa, 1975, p. 77). Na IV parte do documento, retira qualquer tipo de legitimidade à Assembleia Constituinte com o argumento peregrino de que esta tinha sido eleita na «base de listas de partidos elaboradas anteriormente à Revolução de Outubro» (*Idem*, p. 79). Que restará então a este órgão em que os bolcheviques estão em minoria? Lénine esclarece, para quem ainda tivesse dúvidas sobre a sua autonomia:

«Apoiando o poder dos sovietes e os decretos do Conselho dos Comissários do Povo, a Assembleia Constituinte considera que a sua tarefa específica se confina ao restabelecimento dos princípios fundamentais da reconstrução socialista da sociedade.» (*Ibidem*, p. 80)

Em 5 de Janeiro de 1918, uma imensa manifestação de apoio à Assembleia Constituinte foi reprimida pelas tropas leais ao Partido Bolchevique no poder. Esta Assembleia foi dissolvida na madrugada do dia seguinte, por iniciativa do comité central encabeçado por Lénine. Apesar de a maioria dos membros do Partido Bolchevique ser contra esta medida, acabou por acatar a decisão do seu órgão máximo. Este acto antidemocrático de concentração de poderes num só partido, de que o seu líder, Lénine, foi o principal responsável, contou com a oposição não apenas dos liberais, mas também dos sociais-democratas, dos socialistas revolucionários e dos anarquistas, estando na origem do desencadeamento da guerra civil entre 1918 e 1921. As batalhas fundamentais desta guerra foram travadas pelo Exército Vermelho, organizado por Trotsky, não apenas contra os exércitos brancos, que visavam reinstaurar o absolutismo czarista, mas também contra os anarquistas de Nestor Makhno, particularmente fortes na Ucrânia, e a revolta dos marinheiros de Kronstadt, também de inspiração anarquista. No decurso da guerra civil, o Partido Comunista Russo montou um enorme aparato repressivo que eliminou os seus adversários políticos, tanto à esquerda como à direita, ou os forçou ao exílio. Destacou-se a criação, em 1919, de campos de trabalho forçado, para onde eram enviados os opositores e inimigos do regime que foram precursores do *gulag*, o sistema de campos de concentração estalinistas. Logo após a dissolução da Assembleia Constituinte, foi assinado com a Alemanha o Tratado de Brest-Litovski, em que a Rússia cedeu o controlo sobre a Finlândia, os países bálticos (Estónia, Letónia e Lituânia), a Polónia, a Bielorrússia e de alguns distritos da Geórgia, que dominava anteriormente. Foram também confiscadas as grandes propriedades da nobreza e da Igreja Ortodoxa e iniciou-se um programa de estatização da economia inspirado no *Manifesto do Partido Comunista* de Marx e Engels, que teria consequências catastróficas quando a guerra civil terminou em 1921, com a vitória do Exército Vermelho.

Numa primeira fase, a Revolução de Outubro de 1917 desencadeou uma vaga de greves gerais, insurreições e movimentos revolucionários na Europa. Na Alemanha, o imperador Guilherme II, perante a derrota na Primeira Guerra Mundial, abdicou, em 9 de Novembro de 1918, assinando o armistício com a França e a Grã-Bretanha, a que se tinham juntado os Estados Unidos da América, dois dias depois. Tal como na Rússia, formou-se uma situação de duplo poder: em 9 de Novembro, Scheidemann, representante da maioria do SPD, proclamou a República, enquanto o dirigente da sua ala esquerda, Karl Liebknecht, proclamou uma República Socialista e Kurt Eisner, na Baviera, proclamou uma República de Conselhos. Em 21 de Março de 1919, Béla Kun, socialista partidário dos bolcheviques, fundou outra República do mesmo tipo na Hungria. Em França, desencadeou-se, na Primavera de 1920, uma enorme greve dos metalúrgicos e, em Maio de 1920, uma nova vaga de greves, de que se destacou pela sua amplitude e influência a dos ferroviários. Em Itália, país fundamentalmente agrário, mas em que se desenvolvia um robusto processo de industrialização no Norte, o movimento de rebelião contra a ordem instituída foi mais profundo com a ocupação de terras na Primavera de 1919 e com uma onda de greves e revoltas nas zonas industriais.

Em Agosto de 1920, a derrota do Exército Vermelho na Batalha do Rio Vístula, que obrigou a Rússia soviética a desistir da anexação da Polónia e a assinar, em Maio de 1921, o Tratado de Riga, assinalou o início do refluxo dos movimentos grevistas e dos movimentos revolucionários em toda a Europa. Na Alemanha, os spartakistas, representantes da ala esquerda do SPD e que estiveram na origem da fundação do Partido Comunista Alemão, não conseguiram estabelecer a República Socialista que preconizavam no decurso da insurreição decorrida entre 6 e 12 de Janeiro de 1919, sendo os seus dois máximos dirigentes, Karl Liebknecht e Rosa Luxemburgo, assassinados pelos militares. A República dos Conselhos da Baviera evaporou-se no princípio de Maio de 1919, e a sua homóloga húngara apenas durou até Agosto. Em França, as greves revelaram-se um fiasco, com o despedimento de 18 000 ferroviários, e, em Itália, o malogro da ofensiva operária de 1919 e do movimento de ocupação de terras favoreceu a ascensão de Benito Mussolini, ex-socialista, claramente apoiado pelos grandes latifundiários e pelas diversas fracções da grande burguesia proprietária. Contando com o medo das classes médias e pequeno-burguesas, assustadas com a instabilidade social, Mussolini surgiu como uma espécie de homem providencial capaz de restabelecer a ordem. Em Novembro de 1921, criou o Partido Nacional Fascista, que se prontificou a defender os latifundiários dos movimentos camponeses de ocupação de terras. Conseguindo reunir 700 000 membros, deu uma satisfação aos seus patrocinadores da grande burguesia industrial ao reprimir uma greve geral em Agosto de 1922. Foi chamado ao Governo pelo monarca italiano, em 29 de Novembro de 1922, na sequência da «marcha sobre Roma», que contou com a cumplicidade do exército italiano, que nada fez para a reprimir. Onze anos depois, em 30 de Janeiro de 1933, caiu a República de Weimar na Alemanha, desde o princípio ferida de morte com o assassinato dos dois líderes da ala esquerda do SPD, fundadores do Partido Comunista Alemão, e com a ascensão de Hitler e do Partido Nacional Socialista ao poder. A onda de revoluções profetizada por Lénine e por Trotsky revelou-se um monumental fiasco, transformando-se no seu contrário com o reforço e a vitória política de partidos de extrema-direita nacionalista. A União das Repúblicas Socialistas Soviéticas, fundada em 1 Dezembro de 1922 num congresso geral de todos os sovietes, permaneceu completamente isolada politicamente. Iniciou-se assim a construção do «socialismo num só país», enquanto a frase de Lénine «Todo o poder aos sovietes!» no início do processo revolucionário perdeu doravante todo o seu significado original, como refere o grande escritor russo Vassili Grossman (1905–1964) no seu livro *Tudo Passa*:

> «O principal *slogan* de Lénine era "todo o poder aos sovietes!", mas a vida demonstrou que os sovietes criados por Lénine não tinham e nunca tiveram nenhum poder. Foram uma espécie de instância puramente formal, um simples órgão executivo.» (Grossman, 2006, p. 991)

CAPÍTULO 2

ROSA LUXEMBURGO: IMPERIALISMO, GUERRA E REVOLUÇÃO

Junius

Rosa Luxemburgo nasceu em 5 de Março de 1871, ano da Comuna de Paris, em Zamość, perto de Lubin, na Polónia, no seio de uma família judaica de comerciantes. Aos dois anos, foi com os progenitores para Varsóvia. De 1880 a 1887, fez os estudos liceais, onde se destacou tanto pela sua inteligência como pela rebeldia, que lhe impediu de receber a medalha de ouro atribuída aos melhores estudantes. Ainda na sua adolescência política precoce, ingressou no Partido Social-Democrata Polaco, que lutava contra a ocupação russa do seu país natal. Conseguindo escapar à prisão, abandonou a Polónia dois anos depois para se exilar na Suíça, onde se inscreveu na Universidade de Zurique para estudar Matemática e Ciências Aplicadas. Estudante polivalente, fez também estudos de Direito e Economia Política, doutorando-se com a tese *O Desenvolvimento Industrial na Polónia*. Porém, não abandonou a actividade política, já que contribuiu para a reconstituição do Partido Social-Democrata Polaco. Em contacto com os membros do POSDR, opôs-se ao reconhecimento de autodeterminação da Polónia com o argumento, criticado por Lénine, de que isso estimularia o enfraquecimento do movimento socialista internacional e acabaria por fortalecer as burguesias *nacionais* das nações que conquistassem a sua independência.

Em 1896, publicou os seus primeiros artigos sobre questões polacas na *Die Neue Zeit*, revista ligada à social-democracia alemã. Casada com o alemão Gustav Lübeck, adquiriu a nacionalidade germânica. Instalou-se na Alemanha em 1898, onde se tornou membro do SPD.

Neste partido, integrou a ala esquerda revolucionária, que se opôs à corrente reformista liderada por Eduard Bernstein. Defendeu as suas posições anti-reformistas, em polémica com o seu camarada da direita do partido, em *Reforma ou Revolução?*, opúsculo escrito em 1900. Dois anos depois, no Congresso da II Internacional, em Paris, apresentou um discurso contra o militarismo, um dos seus ódios de estimação. Com o desencadeamento da revolução de 1905 na Rússia, partiu para Varsóvia. Sendo detida por três meses, escreveu, na prisão, *Greve de Massas, Partido e Sindicatos*, que publicou no seu regresso à Alemanha, em 1906. Nesta obra, retomou as teses de *Reforma ou Revolução?* com o argumento de que a greve de massas é um instrumento revolucionário em contraste com a «cultura» de compromisso dos sindicatos germânicos:

«A greve é a pulsação viva da revolução e, simultaneamente, o seu mais poderoso motor. Em suma, a greve de massas é, tal como nos é apresentada pela revolução russa, um engenhoso processo inventado para dar mais eficácia à luta proletária; trata-se da *forma tomada pelo movimento da massa proletária, a forma sob a qual a luta proletária se manifesta na revolução.*» (Luxemburgo, 1977, p. 119)

Em 1907, perante a difusão das concepções nacionalistas e militaristas, redigiu, juntamente com Lénine e Martov, membros das duas alas do POSDR, a bolchevique e a menchevique, no Congresso Internacional de Estugarda, uma moção em que defendeu que, no caso de um conflito bélico, os sociais-democratas deveriam explorar a situação de crise do sistema capitalista enfraquecido pela guerra para se apoderarem do poder político. Em Outubro de 1917, após dois meses de prisão por se opor ao belicismo teutónico dominante, tornou-se professora de Economia Política e de História Económica na escola do SPD. Desta experiência resultaram duas obras: *Introdução à Economia Política*, publicada postumamente em 1925, e a polémica *Acumulação de Capital*, onde defendeu que a expansão do capitalismo a nível mundial provoca a dissolução das formas pré-capitalistas de produção, que lhe garantiam a realização do sobreproduto ou uma mais-valia, no sentido marxista do termo, deparando-se com dificuldades crescentes para escoar toda a produção, em consequência da divisão da sociedade entre capitalistas que acumulam e operários que vivem apenas do seu salário. Esquecendo-se completamente de que se formam novas «classes intermédias», cujo peso tende a aumentar, e uma parte cada vez maior da mais-valia não se destina ao consumo dos capitalistas, mas sim à aquisição de novos meios de produção, como sublinhou Lénine na sua polémica com os populistas russos, Rosa Luxemburgo associa mecanicamente a sua tese sobre o subconsumismo crónico do capitalismo à perspectiva do seu desmoronamento, uma associação manifestamente infundada, pois o desaparecimento das formas pré-capitalistas de produção não restringe, mas, pelo contrário, alarga tanto os mercados dos bens de produção como os dos bens de consumo para o capitalismo, apesar das suas crises recorrentes, que não constituem um factor do seu desmoronamento, inserindo-se na orgânica da sua reprodução alargada.

Em 1914, Rosa Luxemburgo, opositora da entrada da Alemanha na Primeira Guerra Mundial, foi condenada por um discurso pronunciado no ano precedente a um ano de prisão por incitamento à desobediência civil. Em 29 de Junho, foi submetida a um novo processo por insulto às forças armadas alemãs, o qual, no entanto, foi adiado sem data marcada. Perante a votação maioritária dos créditos de guerra da parte do SPD, Rosa Luxemburgo e Karl Liebknecht, que votou isolado contra esta medida, fundaram o grupo Internationale, o embrião da futura Liga Spartakus, que teria um papel determinante na insurreição de 1919, em Berlim. Em Fevereiro de 1915, foi encarcerada para cumprir a pena de prisão do primeiro processo. No cárcere, escreveu, sob o pseudónimo de Junius, a sua magnífica obra, *A Crise da Social-Democracia*, em que contestou os argumentos dos defensores do apoio da direcção do SPD, liderada por Friedrich Ebert (1871–1925), o futuro Presidente da República alemã de Weimar, à entrada da Alemanha na guerra.

A sua oposição ao conflito bélico acabou por dar os seus frutos: em 21 de Dezembro de 1915, 19 deputados do SPD votaram contra os créditos de guerra. Na prisão, escreveu o folheto *Junius*, em que lançou os fundamentos da Liga Spartakus. Em 1917, ainda na prisão, a que regressaria por mais dois anos depois de ter sido libertada, redigiu algumas notas sobre a Revolução de Outubro de 1917, que apenas seriam publicadas após a sua morte. Apesar de destacar o seu significado e importância para a emancipação das classes trabalhadoras, alertou para os perigos decorrentes da instauração de uma ditadura no país dos «sovietes».

Junius continuaria a opor-se à política reformista do SPD, o que implicaria a sua expulsão do partido em 1917, a que se seguiu a saída de um grande grupo de sociais-democratas alemães, a que se juntaram Bernstein e Kautsky. Esta cisão deu origem ao USPD, em que a Liga Spartakus de Rosa Luxemburgo se integrou. No entanto, abandonaria o novo partido, que, de resto, acabaria por dissolver-se, quando este decidiu integrar o governo provisório da nova república alemã após a abdicação de Guilherme II. Sendo libertada em 8 de Novembro de 1918, fundou, juntamente com Karl Liebknecht, em 31 de Dezembro, o Partido Comunista da Alemanha. A queda do II Reich alemão, aliada à do czarismo na Rússia, contribuiu para desencadear nas principais cidades alemãs a difusão de conselhos operários, que instaurou uma situação de duplo poder. Berlim não escapou a esta vaga revolucionária. Uma parte minoritária do operariado ergueu-se sob a direcção da Liga Spartakus contra o governo provisório social-democrático. No entanto, esta tentativa «putschista», não teve a mesma sorte da Revolução de Outubro de 1917. Mal armados e organizados, não conseguindo nem o apoio dos soldados nem da maioria do operariado e de outras classes trabalhadoras da população alemã, os insurrectos foram esmagados pelo exército.

Em 14 de Janeiro, Rosa Luxemburgo e Karl Liebknecht foram presos e conduzidos ao Hotel Éden, em Berlim, onde foram raptados por grupos paramilitares, que os assassinaram em 15 de Janeiro de 1919. Eis como a nova república alemã se constituiu na base de um crime hediondo cujos responsáveis nunca foram condenados. Esta surgiu desde logo sob a tutela militarista, o que contribuiu para a ferir de morte prematura: em 1933, o Partido Nacional-Socialista de Hitler ascenderia ao poder, confirmando a sua enorme fragilidade.

A revolução prematura

O opúsculo *Reforma ou Revolução?* revela paradoxalmente uma jovem Rosa Luxemburgo ultra-radical que pré-anuncia a ruptura no seio do movimento social-democrático que esteve na origem da III Internacional, em 1919. Para Junius, «a luta pela reforma social é o meio, a revolução social é o fim» (Luxemburgo, 1970, p. 9). O «pecado» imperdoável do «revisionista» Bernstein foi ter invertido esta fórmula, convertendo o meio em fim. Rosa Luxemburgo não tem dúvidas sobre a «necessidade» da revolução social e política:

> «O regime capitalista fará nascer de si próprio, a partir das suas contradições internas, o movimento em que o seu equilíbrio será rompido e onde se tornará praticamente impossível.» (*Idem*, p. 13)

Lendo o opúsculo de Rosa Luxemburgo, não se divisa concretamente como as alegadas «contradições internas» do capitalismo poderão conduzir inevitavelmente à revolução. Como tais «contradições» não são especificadas, apenas lhe resta defender a teoria do inevitável «desmoronamento do capitalismo», que se tornaria dominante na futura III Internacional, de inspiração comunista:

> «Ao rever o programa socialista» — diz Rosa Luxemburgo —, «Bernstein começa por abandonar a teoria do desmoronamento do capitalismo. Ora essa é a pedra de toque do socialismo científico. Rejeitando-a, Bernstein provoca necessariamente o desabamento de toda a sua concepção socialista [...] sem a derrocada do capitalismo, a expropriação do capitalismo é impossível.» (*Ibidem*, pp. 107–108)

Perante estas considerações luxemburguistas, apenas se poderá concluir que o «desmoronamento» do capitalismo estará eventualmente inscrito nas estrelas ou no seu código genético, pelo que as suas causas relevam do âmbito da astrologia ou da biologia e não da sociedade e da política. Esta espécie de fé com fortes conotações messiânicas baseia-se numa estratégia maximalista segundo a qual toda e qualquer reforma conquistada no interior do capitalismo pela social-democracia para melhorar as condições de existência dos trabalhadores apenas os afasta da «preparação necessária» do «objectivo final», isto é, do derrubamento de um sistema que tem inscrito no seu «código genético» a sua inevitável derrocada. Caso contrário, afirma Junius, o socialismo «deixa de ser uma necessidade objectiva» (*Ibidem*, p. 15), tese que está estreitamente associada à tese hegeliana de um pretenso «sentido da História», herdada por Marx nos seus piores escritos, que Bernstein justamente contestou e que acabou por se revelar, no futuro, se tivermos em conta o desmoronamento do «socialismo real» soviético e a conversão da China maoista ao capitalismo de Estado, numa falácia monumental. Como complemento de tal «necessidade objectiva», não poderia deixar de se acrescentar o elemento «subjectivo» — o proletariado —, uma vez que os trabalhadores tomarão, mais cedo ou mais tarde, quando explodirem as tais «contradições internas» do capitalismo, a «consciência» desta necessidade de o derrubarem. Até lá, tudo acabará por se reduzir a uma questão de fé, apesar dos constantes apelos voluntaristas à «luta», que apressará o seu «inevitável» desmoronamento.

Tal fé é, porém, posta em causa pelo «reformismo» de Bernstein. Para Rosa Luxemburgo, este tem uma visão «oportunista» e «revisionista» ao abandonar a «necessidade objectiva» de construção do socialismo como alternativa ao capitalismo, dogma que se situa acima da Divina Trindade cristã, porque — pasme-se — atrasa a formação da consciência «revolucionária» do proletariado relativamente à questão de fé da «necessidade objectiva» do socialismo, tentando atenuar o exacerbamento das polarizações sociais que conduzirão, mais cedo ou mais tarde, ao desmoronamento do sistema. Eis como, a esta teoria falaciosa, que a futura III Internacional disseminaria na base da tese de Marx sobre a baixa tendencial da taxa de lucro, que se revelaria completamente infundada, se converte na «alternativa» à teoria da «normalização» ou da «adaptação» ao capitalismo, que deve ser completamente erradicada do horizonte político do socialismo revolucionário:

> «O que hoje é a acção de "controlo social" — a legislação, controlo das sociedades por acções, etc. [...] não constitui um ataque à exploração capitalista, mas uma tentativa de a normalizar.» (*Ibidem*, p. 42)

Isto não significa senão que a conquista de direitos pelo operariado e pelos trabalhadores, o aumento da sua capacidade de intervenção na sociedade e o reforço do controlo sobre os grandes grupos económicos e financeiros têm, em última instância, na perspectiva de Rosa Luxemburgo, uma função «objectivamente» contra-revolucionária, pois apenas contribuem para fortalecer o capitalismo, integrar a classe operária e os trabalhadores na sua reprodução e na orgânica do seu funcionamento político institucional e, por conseguinte, reduzir o exacerbamento das tais «contradições internas» que, supostamente, conduzirão à sua inevitável derrocada. Não causa nenhuma surpresa que Junius considere que «as reformas são e continuarão a ser, em regime capitalista, nozes ocas, a etapa seguinte será necessariamente a desilusão no concernente ao valor das próprias reformas» (*Ibidem*, p. 56).

Estas concepções significam, em última instância, que nem sequer vale a pena tentar melhorar as condições de existência das massas trabalhadoras, pois tal acaba por se reduzir a «nozes ocas», a uma estratégia condenada *a priori* ao fracasso. Rosa Luxemburgo acrescenta ainda estas elucidativas considerações contra a estratégia dominante da social-democracia alemã:

«A teoria revisionista [...] não quer levar à maturidade as contradições capitalistas nem suprimi-las, uma vez atingido o seu desenvolvimento extremo por uma mutação revolucionária da situação, quer atenuá-las e amalgamá-las. Por isso, pretende que [...] a contradição entre o capital e o trabalho será atenuada pela melhoria da situação do proletariado e pela sobrevivência das classes médias, a do Estado classista e a da sociedade, por um controlo social crescente e pelo progresso da democracia.» (*Ibidem*, pp. 57–58)

Quando é, poder-se-á perguntar, que as «contradições capitalistas» atingirão a «maturidade»? Eis mais um exercício de futurologia comparável à personagem Wallenstein em *A Morte de Wallenstein* (1799), terceira peça da trilogia *Wallenstein* (1798–1799), do grande dramaturgo alemão Friedrich Schiller (1759–1805), em que este comandante geral das tropas imperiais na Guerra dos Trinta Anos procurava nos astros os sinais do seu destino político. O que resta é apenas a ideia de que é necessário contribuir para exacerbar as «contradições capitalistas» e não para a sua atenuação através de reformas sociais que melhorem as condições de vida do proletariado e assegurem a «sobrevivência das classes médias». Se tivermos em conta que actualmente são precisamente os países nórdicos, em que a classe média constitui 70% da população, logo seguidos por França e Alemanha, a desfrutarem do mais alto grau de desmercantilização das relações sociais e de políticas redistributivas mais fortes, em contraste com Itália e Espanha, com menos de 60%, e sobretudo dos EUA, com menos 20% do que os primeiros (Ayala, 25/02/18, p. 22), poderemos concluir que, segundo a tese de Rosa Luxemburgo, serão precisamente estes últimos que se encontram mais «maduros» para a revolução proletária, o que é um manifesto absurdo, pois o enfraquecimento das classes médias tende, pelo contrário, a favorecer o crescimento das extremas-direitas.

O sentido da crítica de Rosa Luxemburgo ao «reformismo» social-democrático não visa apenas subvalorizá-lo, mas essencialmente menosprezá-lo de forma arrogante e sectária, como é hábito dos representantes do socialismo revolucionário, para sobrevalorizar o *Deus ex machina* da «necessidade objectiva do socialismo», que apenas se concretiza através da sua teoria fantástica, para utilizar uma frase de Marx aplicada aos chamados «socialistas utópicos», do inevitável desmoronamento do capitalismo, qual catástrofe iminente ou em vias de o ser. Neste sentido, não se cansa de invocar a impossibilidade deste melhoramento do operariado como se este estivesse submetido ao inexorável destino da pauperização absoluta e não relativa, já que «toda a transformação técnica se opõe aos interesses dos operários directamente implicados e agrava a sua situação imediata, depreciando a força do trabalho, tornando o trabalho mais intenso, mais monótono, mais penoso» (*Ibidem*, p. 35).

Estas considerações ignoram totalmente, como Kautsky já tinha demonstrado e Marx teorizado no *Capítulo Inédito do Capital*, publicado postumamente no século XX, que não existe apenas a forma de capitalismo baseado no prolongamento e na intensificação da jornada de trabalho, designado por «produção de mais-valia *absoluta*», a única que Junius reconhece, mas também uma forma mais moderna que, apesar de nunca abandonar totalmente os métodos de produção da primeira, se caracteriza pelo aumento da produtividade e pela inovação tecnológica, que se concretizam, ao contrário do que defende Rosa Luxemburgo, pela redução cada vez maior do tempo de trabalho socialmente necessário para a reprodução da força de trabalho. Este modelo de capitalismo pressupõe que os trabalhadores se devem organizar sindicalmente com o objectivo de lutar não apenas contra a reconstituição dos métodos de produção de mais-valia absoluta mas também para evitar que a redução do tempo de trabalho socialmente necessário para adquirirem os seus meios de vida favoreça apenas os proprietários dos meios de produção através da partilha dos ganhos de produtividade, da redução generalizada dos horários de trabalho e da melhoria das condições laborais. Mas quanto a isto, Rosa Luxemburgo nada nos diz. Além do mais, tal como Lénine e a generalidade dos socialistas revolucionários, Junius expressa um soberano desprezo pelos sindicatos, acusando-os de se limitarem a uma «estratégia defensiva» que visa apenas «uma influência reguladora sobre a exploração capitalista, segundo as flutuações do mercado: toda a intervenção no processo de produção é-lhe, pela própria natureza das coisas, interdita» (Luxemburgo, Lisboa, 1970, p. 37).

Embora esta crítica seja formalmente correcta, deve ser inserida no contexto da teoria do desmoronamento do capitalismo, cuja palavra de ordem não é mais do que levantar demasiado alto a fasquia do «objectivo final» do socialismo para menosprezar todas as críticas de reformas conquistadas pela luta das massas para melhorar as suas condições de existência e de trabalho segundo o tradicional *modus operandi* do socialismo revolucionário, para o qual a interpretação da realidade é configurada pela crença na existência de um alegado «sentido da História» que conduzirá inevitavelmente à «consciência da necessidade» da ruptura revolucionária com o capitalismo e ao triunfo do socialismo. Neste contexto ideológico, para Junius, o sindicato operário transforma-se numa força conservadora, revelando a sua natureza ludista, pois como toda a inovação tecnológica só poderá contribuir para piorar imediatamente as condições de existência dos trabalhadores, este apenas «pode intervir na técnica de produção, opondo-se necessariamente às inovações», inspirando-se «no princípio caduco do direito adquirido num trabalho conveniente» (*Idem*, p. 35). Eis como se chega à brilhante conclusão, actualmente partilhada pelos inimigos do movimento sindical, de que o direito a um trabalho digno e dignificante não é mais do que um direito corporativista.

Rosa Luxemburgo também ataca o cooperativismo defendido por Bernstein, acusando-o de criticar apenas a desigualdade de repartição da riqueza, sem atacar as relações de produção capitalistas. A sua crítica a este pilar do pensamento reformista, apesar de globalmente correcta, pois o político da ala direita do SPD defendia as cooperativas de consumo relativamente às cooperativas de produção, embora não descartasse as segundas quando associadas às primeiras, insere-se no mesmo contexto revolucionarista e anti-reformista. Não é difícil a Junius explorar a fragilidade da tese do seu camarada de partido com o argumento de que

> «uma reforma socialista baseada no sistema de cooperativas abandona a luta contra o capital da produção, quer dizer, contra o sector fundamental da economia capitalista, e contenta-se em dirigir os seus ataques contra o pequeno e médio capital comercial. Só ataca os ramos secundários do tronco capitalista» (*Ibidem*, p. 81).

A democracia política é outro dos alvos da crítica de Rosa Luxemburgo ao «reformismo» do SPD. No entanto, Junius não se deixa cair na armadilha da ditadura do proletariado do bolchevismo leninista, pois sublinha a necessidade da sua defesa pelos trabalhadores em determinadas circunstâncias políticas: por um lado, limita-se a identificar, como é também hábito no socialismo revolucionário, a democracia política com a democracia «burguesa», o que não sendo totalmente falso, como demonstrou posteriormente o socialista austríaco Max Adler, é, no mínimo, redutor; por outro lado, é, juntamente com Kautsky, uma das militantes do SPD a aperceber-se dos perigos que a democracia política corria numa sociedade politicamente autoritária como a Alemanha do II Reich, em que o nacionalismo, o militarismo e o imperialismo, de que Bernstein era um apologista, acabariam por contaminar a direcção do partido operário alemão em 1914. Neste sentido, considera que a defesa dos chamados «interesses nacionais», estava estreitamente associada ao militarismo, que se transforma no «motor do desenvolvimento capitalista» (*Ibidem*, p. 48), pois visa «abrir» tanto ao capital financeiro como ao capital industrial a via dos novos investimentos nas regiões sob domínio da «política alfandegária e colonial» (*Ibidem*, p. 49). A tendência deste tipo de capitalismo, posteriormente também criticado por Kautsky, é para a supressão da democracia política e a instauração de regimes autoritários. Por conseguinte, Rosa Luxemburgo afirma claramente que, neste contexto, é necessário defender energicamente a democracia política:

> «O movimento operário e socialista é, actualmente, o único sustentáculo da democracia, não existindo nenhum outro. Verificar-se-á então que *não é a sorte do movimento socialista que está ligada à democracia burguesa, mas, pelo contrário, é a democracia que se encontra ligada ao movimento socialista.*»
> (*Ibidem*, p. 92, destaques nossos)

Não se pense, porém, que a defesa da democracia significa o abandono da «necessária» ruptura revolucionária. Na sequência do argumento de que a melhoria das condições de existência dos trabalhadores apenas contribuirá para os integrar na orgânica do funcionamento do capitalismo e para atenuar as suas «contradições internas», Rosa Luxemburgo defende uma nova tese *sui generis*: a tese da «prematuridade» da revolução. Se o reaccionário Edmund Burke condenava a Revolução Francesa de 1789 por violar os «precedentes» histórico-jurídicos tradicionais, Junius defende precisamente o contrário: é necessário «apressar» a todo o custo a revolução sob pena do capitalismo integrar pela via das reformas sociais e políticas defendidas pela ala maioritária da social-democracia a classe revolucionária, atrasando ou atrofiando, por assim dizer, a consciência da «necessidade objectiva» do derrubamento do capitalismo e da construção do socialismo. Eis a razão pela qual a revolução apenas poderá ser uma revolução «prematura»:

> «O proletariado não pode fazer outra coisa além de apoderar-se «prematuramente» do poder político, ou, por outras palavras, só o pode conquistar uma ou várias vezes mais cedo para o conquistar definitivamente; por esse facto, opor-se a uma conquista «prematura» do poder resulta em opor-se, em geral, à aspiração da conquista do poder de Estado pelo proletariado.» (*Ibidem*, p. 107)

Uma coisa é certa: a tese luxemburguista sob a «revolução prematura» apenas se confirmou, em circunstâncias muito específicas que nunca mais se repetiram, na Revolução Russa de Outubro de 1917. Todas as outras tentativas de «revolução prematura», como a revolução alemã de 1919, em que Rosa Luxemburgo e Karl Liebknecht estiveram envolvidos, bem como a revolução na cidade chinesa de Cantão, em 1927, foram tentativas condenadas ao fracasso, o que retira qualquer fundamento a esta tese de Rosa Luxemburgo. De Junius, autora de extremos, capaz tanto do melhor como do pior, resta apenas, do melhor, nesta obra globalmente infeliz, a sua defesa de que «o movimento operário e socialista é o único sustentáculo da democracia», o que se confirmaria mais tarde perante o demissionismo de inúmeros políticos liberais ante a ascensão e o triunfo do nazifascismo e de outras ditaduras de extrema-direita.

A social-democracia alemã perante a Primeira Guerra Mundial

«Quando um inglês ou um americano dizem: "Sou inglês", "sou americano", tencionam dizer: "Sou um homem livre"; quando um alemão diz "Sou alemão", em substância diz: "Sou um escravo, mas o meu imperador é o mais forte de todos os outros imperadores, e o soldado alemão que me está a estrangular, estrangular-vos-á a vocês todos"... Todos os povos têm os seus gostos: os alemães estão obcecados pelo grosso bastão do Estado.» (Berlin, 1986, p. 201)

Este comentário do anarquista russo Mikhail Bakunin (1814–1876) sobre o nacionalismo alemão seria provavelmente subscrito por Rosa Luxemburgo quando escrevia, em 1915, na prisão, o ensaio *A Crise da Social-Democracia*. Publicado no início de 1916, é provavelmente a sua melhor obra. Trata-se de um extraordinário libelo contra o militarismo e o belicismo alemães, bem como contra a cumplicidade da direcção do SPD no desencadeamento da primeira conflagração mundial. Para Junius, a social-democracia alemã e o movimento socialista europeu estão colocados perante a seguinte opção:

«Hoje estamos perante esta escolha: ou o triunfo do imperialismo e a decadência de toda a civilização, como na Roma Antiga, do despovoamento, da desolação, da degenerescência, um grande cemitério, ou então a vitória do socialismo, isto é, da luta consciente do proletariado internacional contra o imperialismo e contra o seu método de acção: a guerra.» (Luxemburgo, 1974, p. 23)

Se a Primeira Guerra Mundial não provocou o despovoamento da Europa, nem a decadência da civilização, como na Roma Antiga, transformou, de facto, o velho continente num «grande cemitério» com os seus 8,5 milhões de mortos e as suas dezenas de milhões de feridos e incapacitados, muitos dos quais morreriam posteriormente em consequência dos gases tóxicos utilizados pelo II Reich alemão e pelos seus aliados, a que se acrescentaria, em 1918–1919, os 50 milhões de mortos da pandemia gripal, originada nas trincheiras. Apesar de o socialismo não ter triunfado em nenhum país capitalista desenvolvido da Europa Ocidental, o *aut-aut* de Rosa Luxemburgo acaba, de certo modo, por se justificar, tendo em conta que o SPD, até então o mais prestigiado e influente representante do movimento operário e socialista da Europa Ocidental, votou massivamente os créditos de guerra no *Reichstag*, a par dos círculos nacionalistas e militaristas. No entanto, esta posição política não foi seguida posteriormente por alguns representantes do partido, de que se destacam as suas grandes figuras doutrinárias tanto do centro como da direita, Karl Kautsky e o próprio Eduard Bernstein, que tinha votado a favor dos créditos de guerra, que se juntaram, como já vimos, a Rosa Luxemburgo e Karl Liebknecht, da sua ala esquerda, na fundação do USPD. Mas Junius foi indubitavelmente quem mais lutou contra o nacionalismo e o chauvinismo da direcção do SPD. Porém, o exemplo que deu não influenciou a maioria dos outros partidos socialistas e sociais-democratas europeus, que, à excepção dos partidos italiano e suíço e das alas esquerdas dos restantes, que estariam na origem da formação dos Partidos Comunistas, apoiaram as declarações de guerra dos respectivos países.

Em 4 de Agosto de 1914, o grupo parlamentar social-democrata alemão emitiu uma declaração que desmentiu completamente toda e qualquer possibilidade de oposição ao desencadeamento do conflito bélico. A entrada da Alemanha na Primeira Guerra Mundial justifica-se em nome de um pretenso direito de autodefesa contra o despotismo russo. Esta declaração não era substancialmente diferente da proferida por Guilherme II no seu discurso à «nação alemã», citado por Rosa Luxemburgo:

«Não fomos impelidos por um desejo de conquista, somos animados pela vontade inflexível de conservar o lugar que Deus nos deu, a nós e a todas as gerações futuras. Graças aos documentos que vos são dados a conhecer, dar-vos-ei conta de que o meu governo e, antes de tudo, o meu chanceler se esforçaram até ao último momento para evitar o pior. É em situação de legítima defesa, com a consciência pura e as mãos limpas, que empunhamos a espada.» (*Idem*, p. 29)

Para quem conhece minimamente a história da primeira grande conflagração mundial, o que impressiona nesta declaração do imperador alemão é a sua total falsidade, já que foi precisamente o II Reich, em aliança com o Império Habsburgo da Áustria-Hungria, que em 28 de Junho de 1914 tinha declarado guerra à Sérvia, dez dias depois do assassinato, em Serajevo, do pretendente ao trono, o arquiduque Francisco Fernando, a desencadeá-la. De facto, em 2 de Agosto, um dia depois de ter também declarado guerra à Sérvia, o exército alemão invadiu a Bélgica, pequeno país que nada tinha que ver com o conflito, mas que constituía um corredor de passagem para França, nação a que declarou guerra um dia depois. Em suma, o direito de autodefesa invocado era apenas uma encenação para preservar da morte anunciada o que restava do decadente Império Habsburgo, que tinha dominado a Europa até à Guerra dos Trinta Anos, e para implantar a hegemonia alemã na Europa e no mundo.

Tal como Rosa Luxemburgo refere na sua brilhante análise de documentos da época, o SPD não se limitou a emitir a declaração de 4 de Agosto, envolvendo a sua imprensa de referência declaradamente na mobilização dos seus militantes, simpatizantes e da população em geral para a guerra. Assim, o órgão oficial do partido, a *Die Neue Zeit*, no seu número de 23 e 25 de Setembro de 1914, citado e destacado por Rosa Luxemburgo, proclamava, na sequência do *Livro Branco* apresentado no mesmo dia no *Reichstag*, sem deixar lugar para a mínima hesitação, o seguinte:

«Tantas vezes a questão é posta simplesmente sob a forma de *vitória* ou *derrota* que se faz passar para segundo plano todas as outras, *inclusive a finalidade da guerra. Que passem para segundo plano com mais forte razão todas as diferenças entre os partidos e as classes no seio do exército e da população.*» (*Ibidem*, pp. 116–117)

Em suma: o SPD renuncia assim à sua própria tradição de reformas sociais e políticas que contribuam para o avanço dos direitos das classes trabalhadoras e para a melhoria das suas condições de existência ou, na melhor das hipóteses, relega-as para o fim do conflito, para defender um estado geral de confraternização e harmonia, uma espécie de «união nacional», em que desaparecem todas as diferenças sociais e políticas perante a finalidade de uma guerra «defensiva» e «patriótica». Paralelamente, a organização dos trabalhadores alemães para a defesa dos seus interesses também se encontra «suspensa», o que é extensível aos trabalhadores dos outros países europeus envolvidos no conflito. Mas se assim é, poder-se-á perguntar para que serve então a II Internacional, organização representativa dos trabalhadores da Europa e do mundo? A resposta é dada por um novo artigo da *Die Neue Zeit*, também citado e destacado por Rosa Luxemburgo:

> «A guerra mundial divide os socialistas em campos diferentes, essencialmente em diferentes campos nacionais. *A Internacional é incapaz de o impedir*, o que significa que ela não é um elemento capaz em tempo de guerra; a Internacional é essencialmente um instrumento válido em tempo de paz.» (*Ibidem*, p. 117)

O que é impressionante nesta argumentação do órgão oficial do SPD é, antes de tudo, a confissão da superfluidade, impotência e redundância da II Internacional em tempo de guerra, ou seja, precisamente no tempo em que a sua necessidade de intervenção para evitar e parar o conflito era mais imperiosa. Mas revela-se também a sua total incoerência, se tivermos em conta a declaração de 4 de Agosto, em que, em nome da II Internacional, é reconhecido o «direito de todos os povos à independência nacional e ao direito de autodefesa» (*Ibidem*, p. 25). Pelas mesmas razões, deve reconhecer-se também que os partidos socialistas e sociais-democratas dos outros países europeus possam invocar estes dois direitos, o que, paradoxalmente, bloquearia o desencadeamento do conflito, pois ninguém daria o primeiro passo para iniciar as hostilidades, preparando-se para o ataque do inimigo. Não se torna, portanto, difícil para Rosa Luxemburgo rebater este argumento:

> «Cada vez mais, o carácter da guerra para cada país particular é determinado pelo quadro histórico do imperialismo actual, e este quadro faz com que, nos nossos dias, as guerras de defesa nacional não sejam absolutamente possíveis.» (*Ibidem*, p. 146)

Rosa Luxemburgo não se contenta, porém, com uma concepção sobre o imperialismo em geral. O seu próximo passo é destacar as responsabilidades efectivas do emergente imperialismo alemão no desencadeamento da Primeira Guerra Mundial. As causas remotas deste conflito remontam a 1870-1871, à guerra franco-prussiana, que está na origem dos «"Estados nacionais", isto é, dos Estados capitalistas modernos» (*Ibidem*, p. 43), e que inaugurou uma corrida aos armamentos, em que a Prússia do chanceler Bismarck, potência militarista emergente já dotada de uma poderosa indústria pesada, se destacou, dividindo a Europa em dois campos opostos: de um lado, a França republicana, após a queda do II Império Francês, que se desmoronou como um castelo de cartas perante o potencial bélico da Prússia, que se apoderaria da Alsácia-Lorena, o que levou os gauleses a aproximarem-se da Rússia czarista para conter a crescente hegemonia de uma Alemanha unificada sob a égide da Prússia, com a Grã-Bretanha na expectativa; do outro, o II Reich alemão, cujo carácter agressivo neste novo contexto é sublinhado por Junius, que o caracteriza como um império autoritário e militarista, em que o parlamento prussiano, o verdadeiro núcleo estruturante do novo Estado alemão é, como a Duma Russa instaurada pela revolução de 1905, eleito por um sufrágio baseado em categorias de rendimentos, que privilegia a sobre-representação dos grandes grupos proprietários extremamente favoráveis ao militarismo expansionista, ou seja, como sublinha Rosa Luxemburgo, «os *junkers* prussianos, os provocadores da grande indústria, os *Zentrum* arqui-reaccionários, o liberalismo alemão em fragmentos, o regime pessoal e, enfim, aquilo que em conjunto fizeram nascer: a dominação do sabre» (*Ibidem*, p. 125).

Uma segunda causa que complementa a primeira é a expansão do imperialismo colonialista a partir de 1880, com particular destaque para o emergente imperialismo teutónico, mas que envolve outras potências. Assim, a Grã-Bretanha acrescenta ao seu imenso império colonial o Egipto e a África do Sul; a França apodera-se da Tunísia e inicia a colonização da Indochina; a Itália, potência menor, recentemente unificada, junta-se ao festim, conquistando a Abissínia; os Estados Unidos da América, potência emergente como a Alemanha, ocupa as Filipinas; e a Rússia transforma a Ásia Central em parte integrante do seu império interno e penetra na Manchúria. Mas o que marca verdadeiramente este período, como não se cansa de sublinhar Junius, é a emergência do imperialismo alemão, que, apesar de o seu diminuto império colonial estar reduzido às suas colónias em África e no Pacífico, se transforma num imperialismo extremamente agressivo, com uma forte componente militarista que se traduz na constituição de uma potência naval que visa não tanto defender o seu exíguo império colonial mas contestar a hegemonia do maior império colonial, o britânico, nos mares. O projecto de lei de 1899, que Rosa Luxemburgo refere, aposta na construção de couraçados e supercouraçados e, mais tarde, de submarinos que teriam um papel muito importante na estratégia naval do II Reich alemão na guerra. Sem fazer qualquer concessão ao nacionalismo alemão, ao contrário do que acontecia com a direcção do SPD, Bernstein e, em parte, o próprio Kautsky, Rosa Luxemburgo não tem dúvidas a este respeito quando realça claramente o carácter militarista e autoritário do imperialismo alemão, que se prepara, como mais tarde faria o III Reich de Hitler, para uma guerra que instaure a sua hegemonia na Europa e no mundo:

«Desde logo se pode prever que este jovem e pujante imperialismo, gerado sem obstáculo de espécie alguma, que fez a sua aparição na cena mundial com apetites monstruosos, numa altura em que a partilha do mundo já estava, por assim dizer, estabelecida, iria tornar-se o factor imprevisível da agitação mundial.» (*Ibidem*, p. 48)

Ponta de lança do imperialismo alemão no Médio Oriente é o Império Otomano, que se torna um destino privilegiado da exportação de capitais teutónicos. Duas vias se destacam nesta exportação: a construção de vias de comunicação, com particular destaque para os caminhos-de-ferro, como o de Bagdad em direcção ao Golfo Pérsico, e a exploração de portos, com o objectivo de reforçar a ligação da Turquia ao Mediterrâneo e às zonas costeiras, estratégia que visa fundamentalmente conseguir um aliado para pôr em causa o predomínio britânico na região, que se tinha reforçado com a conquista do Egipto. Complementarmente, as indústrias pesadas alemãs aliadas ao capital financeiro intervêm na reorganização do exército do Império Turco, que, anunciando os seus últimos estertores, intervirá na Primeira Guerra Mundial ao lado da Alemanha, única forma de evitar o seu iminente colapso. O capital bancário, com os seus empréstimos aos otomanos, é o elemento determinante nesta estratégia, em que os camponeses turcos de uma economia agrícola de subsistência são as principais vítimas, pois sobre eles recai o peso dos juros dos empréstimos de uma dívida pública otomana gerida e controlada pela oligarquia financeira teutónica.

No que respeita à França, potência imperialista mais débil do que a Grã-Bretanha e que enfrenta custos crescentes para preservar o seu império colonial da concorrência da velha Albion, com uma estrutura industrial menos robusta do que a da Alemanha, como o provou o desmoronamento do II Império na guerra franco-prussiana, Rosa Luxemburgo traça o quadro da vantagem do imperialismo teutónico relativamente ao gaulês na disputa por Marrocos no Norte de África, situação inédita porque o predomínio da França no Magrebe e no Maxereque permanecia sem rival no século xix, o que demonstra claramente que o expansionismo imperialista alemão se desenvolve em várias frentes:

> «A oposição entre os dois Estados aparecia ali à luz do dia. De um lado, um desenvolvimento industrial lento, uma população estagnada, um Estado arrendatário que investiu de preferência no estrangeiro e que se encontra atolado num grande império colonial cuja coesão só a custo se consegue manter; do outro, um capitalismo jovem e potente que se instala na primeira linha, que corre o mundo à caça de colónias. Não se tratava para o imperialismo alemão de cobiçar as colónias inglesas. Doravante, a sua forma devoradora não podia mover-se fora da Turquia asiática. Senão na direcção das possessões francesas.» (*Ibidem*, p. 68)

Atacar o «elo mais fraco» do imperialismo europeu ocidental, eis a estratégia do imperialismo alemão, que, apesar de não ter conseguido derrubar o predomínio gaulês no Norte de África, conseguiu, pelo menos, debilitá-lo. Resta apenas a Rosa Luxemburgo provar o manifesto absurdo do perigo russo, invocado pelo II Reich com o seu argumento de guerra defensiva para deter o «Urso» euro-asiático. De facto, como se provou no decurso da guerra, o poderio militar da autocracia czarista russa não é comparável à poderosa máquina de guerra alemã que desbaratou o exército russo e conduziu ao seu desmoronamento, o que criou as condições para o triunfo do golpe revolucionário bolchevique de Outubro de 1917. Na verdade, ainda mais do que o gaulês, o imperialismo russo é o elo mais fraco da cadeia imperialista, já que a sua acção se circunscreve a conter as tendências para a fragmentação do seu império multinacional interno, aspirando apenas, como defendia o político liberal Pierre Strouvé, citado por Junius, a implantar-se em «toda a bacia do Mar Negro, ou seja, nos países europeus e asiáticos do Mar Negro» (*Ibidem*, pp. 79–80), cuja importância política estratégica, se não menosprezável, é pelo menos muito reduzida. Em suma, a Rússia czarista, se exceptuarmos os Balcãs, onde encontra na Sérvia o seu principal aliado, é totalmente incapaz de mover-se para lá das suas fronteiras tradicionais, o que suscita a ironia de Rosa Luxemburgo perante o alegado perigo para o II Reich do «expansionismo» russo:

> «Sobre o desejo que o tzar teria de anexar o império alemão, poder-se-ia, do mesmo modo, dizer que a Rússia projectava anexar a Europa ou mesmo a lua.» (*Ibidem*, pp. 73–74)

Junius também se pronuncia sobre os dois cenários possíveis do desfecho do conflito. De novo, as suas perspectivas são postas à prova com sucesso. Uma vitória da Alemanha e dos seus aliados teria, inevitavelmente, consequências fortemente regressivas para a Europa: legitimaria o expansionismo e belicismo alemão, principal responsável pelo desencadeamento da Primeira Guerra Mundial com a provável anexação da Bélgica e de novos territórios coloniais subtraídos às potências derrotadas, conservaria o decrépito Império Otomano sob o protectorado alemão e salvaria da morte anunciada o império feudal dos Habsburgo, uma relíquia histórica europeia. Em contrapartida, a vitória da Inglaterra e da França, a que se juntaria já perto do fim da guerra os Estados Unidos da América, que tiveram um papel decisivo na derrota do II Reich alemão, conduziria tanto ao desmembramento do Império Otomano como ao do Império Austro-Húngaro:

> «Estes dois Estados são actualmente produtos arqui-reaccionários, e a sua queda, correspondendo neste ponto às exigências da evolução e do progresso, que, no quadro actual, não poderia conduzir a outra coisa que não fosse a partilha dos seus territórios e populações entre a Rússia, a Inglaterra, a França e a Itália.» (*Ibidem*, p. 169)

Esta previsão é correcta relativamente ao desmembramento do Império Otomano, cujas possessões no Médio Oriente ficaram sob o protectorado da Grã-Bretanha e da França. Relativamente ao desmembramento do Império Austro-Húngaro, que assinou o armistício com as potências vitoriosas em 11 de Novembro de 1918, não se confirmou a partilha dos seus territórios pelas potências vencedoras, já que foi consagrado pelo Presidente norte-americano Wilson, o novo «árbitro» da política europeia, no seu projecto de 14 pontos, o reconhecimento do «direito dos povos a disporem de si próprios», embora este não abrangesse os povos das colónias europeias em África e na Ásia. De tal reconhecimento resultou a independência do país natal de Rosa Luxemburgo, a Polónia, a que couberam vastos territórios alemães, e a formação da Checoslováquia, através da fusão da Boémia, Morávia e Silésia à Eslováquia e à Ruténia dos Cárpatos, bem como a separação da Hungria da Áustria, que ficou reduzida a um pequeno Estado onde foi proclamada a república. No que respeita à Rússia, o Tratado de Brest-Litovski, assinado em Março de 1918 entre a Alemanha e a Rússia bolchevique de Lénine, ainda antes do fim da guerra, conduziu à independência da Finlândia, Estónia, Letónia e Lituânia, que integravam o Império Czarista.

A única insuficiência da brilhante análise de Rosa Luxemburgo no seu ensaio *A Crise da Social-Democracia* consiste precisamente neste ponto, já que Junius não defende nem reconhece verdadeiramente a possibilidade de que os pequenos povos submetidos aos regimes imperiais do tipo austro-húngaro e ao imperialismo colonialista se possam constituir em nações soberanas. Assim, apesar de afirmar que «o socialismo internacional reconhece às nações o direito de serem livres e iguais», logo acrescenta que «só ele pode conseguir que o direito dos povos a disporem de si próprios se torne uma realidade» (*Ibidem*, p. 136). Mas isto equivale a dizer que só o triunfo do socialismo a nível mundial permitiria que o direito à autodeterminação destes povos se concretizasse efectivamente, o que, tendo em conta os casos da Polónia e da Checoslováquia, já para não falar das futuras independências das colónias britânicas e francesas em África e na Ásia, é uma previsão falsa. Além do mais, tal previsão é confirmada por uma das *Teses sobre as Tarefas da Social-Democracia Internacional*, a 6.ª, que encerra a obra:

> «A liberdade e a independência para qualquer nação oprimida não podem brotar dos Estados imperialistas e da guerra imperialista. As pequenas nações, cujas classes dirigentes são os joguetes e os cúmplices dos seus camaradas de classe dos grandes Estados, das grandes potências, são utilizadas como instrumentos durante a guerra para serem sacrificadas, após a guerra, aos interesses capitalistas.» (*Ibidem*, p. 181)

Paradoxalmente, esta tese utra-radical tem, na prática, os mesmos efeitos do que a do não reconhecimento explícito dos direitos à autodeterminação dos povos coloniais, abertamente defendida por Bernstein em nome do seu pretenso «atraso civilizacional» e numa versão mais moderada por Kautstky, que os considera «imaturos» para edificarem uma democracia moderna. Em oposição a estas posições, bem como à de Rosa Luxemburgo, ergue-se Lénine, que, no pequeno escrito *A Propósito da Brochura de Junius*, uma análise crítica da *Crise da Social-Democracia*, defende sem reservas a possibilidade de concretização deste direito à autodeterminação independentemente do triunfo do socialismo a nível mundial, na sequência do seu extraordinário escrito *O Direito das Nações à Autodeterminação*, publicado em Abril–Junho de 1914 nos números 4, 5 e 6 da revista *Prosvechtchénie*:

> «As guerras nacionais contra as potências imperialistas não são somente possíveis e prováveis, são inevitáveis, *progressivas, revolucionárias*, ainda que naturalmente o seu *sucesso* requeira tanto a coordenação de esforços de um número considerável de habitantes dos países oprimidos (das centenas de milhões, no exemplo que citámos da Índia e da China) como uma conjuntura internacional *particularmente* favorável (por exemplo que a intervenção das potências imperialistas seja paralisada pelo seu enfraquecimento, por uma guerra entre elas, pelo seu antagonismo, etc.) ou que intervenha o levantamento do proletariado de uma das grandes potências contra a burguesia (esta eventualidade, a última na nossa enumeração, ocupa, de facto, o primeiro lugar, o que quer dizer que é a mais desejável e vantajosa para a vitória do proletariado.» (Lénine, I, 1981, pp. 197–198)

Em suma, poder-se-ia, de certo modo, dizer que se estivéssemos à espera, como Godot, que o socialismo se implantasse a nível mundial, como defende Rosa Luxemburgo, ainda hoje os povos submetidos ao colonialismo europeu não se teriam emancipado e constituído em nações soberanas. Mas esta insuficiência do pensamento de Rosa Luxemburgo não mancha de modo algum o carácter extraordinariamente inovador da sua crítica ao nacionalismo e militarismo alemães, bem como a sua denúncia corajosa do envolvimento da maioria do SPD na eclosão da Primeira Guerra Mundial. O próprio Lénine, que manifestou diversas discordâncias com algumas das suas concepções, não lhe poderia fazer melhor elogio quando, inspirando-se numa velha fábula russa, disse:

> «Pode acontecer que as águias desçam mais baixo que as galinhas, mas as galinhas nunca poderão elevar-se tão alto como as águias.» (Badia, Lisboa, 1977, p. 23)

A «*débacle*» da insurreição espartaquista

A derrota do II Reich na Primeira Guerra Mundial teve como principais consequências políticas a abdicação do Imperador Guilherme II, em 9 de Novembro de 1918, e, dois dias depois, a assinatura do armistício da Alemanha com as potências vencedoras. Entretanto, em 3 de Outubro, formou-se um governo provisório presidido pelo príncipe Max de Baden, ladeado por três secretários de Estado, dois do centro, Gröber e Erzberger, um democrata, Haussmann, e um social-democrata, Philipp Scheidemann. A Conferência da Liga Spartakus, de que faziam parte Karl Liebknecht e Rosa Luxemburgo, apelou, um dia antes, à revolução e à formação de conselhos operários. Liebknecht foi libertado, seguindo-se depois Luxemburgo. Até à assinatura do armistício, a formação destes conselhos multiplicou-se em inúmeras cidades alemãs, a que não foi certamente estranho a influência da Revolução Russa de Outubro de 1917, bem como uma vaga de greves, primeiro na Áustria-Hungria contra o prosseguimento da guerra, depois na Alemanha. Neste contexto pré-revolucionário confrontaram-se duas posições políticas, também influenciadas por aquela revolução: por um lado, os defensores da eleição de uma Assembleia Constituinte que implantasse uma república parlamentar; por outro, a formação de uma «república socialista unitária» sob o modelo da ditadura do proletariado, defendida pelos membros da Liga Spartakus. No seu Congresso realizado entre 29 de Dezembro e 1 de Janeiro de 1919, que daria origem à formação do Partido Comunista Alemão (KPD), a maioria dos delegados (62 em 85) votou contra a eleição da Assembleia Constituinte, apesar da oposição de Rosa Luxemburgo, Karl Liebknecht e Leo Jogiches, os seus dirigentes mais prestigiados, que eram a favor, mas que se dissociaram do KPD, que permaneceu fiel à linha política do Partido Bolchevique Russo, que dominava a III Internacional.

Estes dirigentes, apesar da sua posição minoritária, tinham razão, já que no primeiro Congresso dos Conselhos de operários e de soldados da Alemanha, que elegeu 489 delegados (405 dos conselhos operários e 84 dos conselhos de soldados), 288 eram sociais-democratas, favoráveis à eleição da Assembleia Constituinte, enquanto apenas 90 pertenciam ao USPD (dos quais apenas dez eram espartaquistas). Porém, esta clara maioria social-democrata não impediu os membros da Liga Spartakus de tentarem conquistar o poder pela via golpista revolucionária, seguindo o exemplo bolchevique. As eleições para a Assembleia Constituinte foram realizadas em 19 de Janeiro de 1919, sendo a Constituição da nova República alemã votada em 10 de Fevereiro e Friedrich Ebert proclamado Presidente. Até à eleição da Assembleia Constituinte, os acontecimentos sucederam-se vertiginosamente: ocupação de todos os jornais, incluindo o *Vorwärts* do SPD pelos revolucionários. Em 8 de Fevereiro, com vista ao derrube do governo provisório presidido pelo social-democrata Scheidemann, que proclamou a república e foi chanceler de 13 de Fevereiro de 1918 a 20 de Janeiro de 1919, a insurreição liderada pela Liga Spartakus — que Rosa Luxemburgo considerou um erro, apesar de perfeitamente compatível com as suas teses juvenis sobre a «revolução prematura», mas que não pôde impedir, graças a Karl Liebknecht, que, alegadamente, avançou sem consultá-la — foi claramente derrotada pelos militares, sendo o *Vorwärts* restituído aos seus legítimos proprietários. Em Maio de 1919, a situação social e política ficou «normalizada». Em 10 de Junho, realizou-se o Congresso do SPD em Weimar, localidade que deu o nome à nova república alemã. Em 31 de Maio, o cadáver de Rosa Luxemburgo, que tinha sido lançado ao rio pelos seus assassinos, foi encontrado, sendo sepultada em 13 de Junho no cemitério central de Friedrischsfelde, em Berlim.

O programa da Liga Spartakus

O programa da Liga Spartakus expressa bem as debilidades de uma postura vanguardista que tem como objectivo impor uma solução política ditatorial com a qual Rosa Luxemburgo não estava de acordo com a sua oposição à dissolução da Assembleia Constituinte na Rússia bolchevique. Além do mais, tal solução não tem o apoio da maioria da classe operária alemã, que permanece fiel ao SPD, e muito menos das classes médio baixas, particularmente do campesinato e dos soldados, como aconteceu, em parte, em Outubro de 1917 na Rússia. Esta estratégia toma Friedrich Ebert e a direcção do SPD, que já se tinham autocriticado pelo seu apoio ao desencadeamento da Primeira Guerra Mundial, como herdeiros de Kerensky e, consequentemente, como alvos a abater. Sob uma nova forma, a Liga Spartakus limita-se a reproduzir a retórica voluntarista do socialismo revolucionário, que se auto-intitula o representante mais avançado do operariado, o que lhe confere o direito exclusivo de «dirigi-lo» para a construção da sociedade socialista através da implantação da ditadura do proletariado. Particularmente elucidativa desta retórica é esta passagem do programa da Liga fundada por Rosa Luxemburgo:

> «As massas proletárias *terão de aprender* a transformar-se de máquinas mortas, que o capital põe em funcionamento no processo social, em dirigentes pensantes, livres agentes dessa mesma produção social. *Terão de mostrar*, na ausência do chicote patronal, uma produtividade conseguida sem os vigilantes capitalistas, disciplina sem opressão, ordem sem dominação.» (Prudhommeaux & Prudhommeaux, 1974, p. 121, destaques nossos)

«Terão de aprender», «terão de mostrar», ou seja, as massas devem ser tuteladas pelo partido de vanguarda para encontrarem a via da sua emancipação, pois nunca estão verdadeiramente à altura da «transcendental» missão que este desempenha. Tal como o Partido Bolchevique, a Liga Spartakus defende a substituição dos órgãos políticos e administrativos da república «burguesa», legitimamente constituída por uma república centrada nos conselhos operários onde, além do mais, não dispõem da maioria. No entanto, esta defesa da democracia directa não é mais do que a antecâmara da constituição de um poder ditatorial baseado na concentração de poderes. Prova disso, é a sua defesa de um Conselho Central dos Conselhos Operários e de Soldados, eleito a nível nacional, de que sairá «uma delegação executiva, como instância suprema do poder legislativo e administrativo simultaneamente» (*Idem*, p. 226), ou seja, uma espécie de «Soviete Supremo».

Esta não separação entre poder legislativo e executivo — a «delegação executiva» nunca poderá ser num regime democrático uma «instância *suprema* do poder legislativo» — acaba por esvaziar os conselhos operários de qualquer poder efectivo de decisão, pois ao transferi-lo para a tal «instância suprema» acaba por transformá-los, como aconteceu na Rússia dita «soviética», em órgãos meramente simbólicos e decorativos de um poder centralizado no topo. A isto se acrescenta, «a criação de um tribunal revolucionário que julgará em última instância os principais responsáveis da guerra e do seu prolongamento, os dois Hohenzollern, Ludendorff, Hindenburg, Tirpitz e seus cúmplices, assim como todos os conspiradores contra-revolucionários» (*Ibidem*, p. 125). Ou seja: não existirá verdadeiramente um poder judicial formalmente independente, pois o alegado «tribunal revolucionário» não é mais do que o braço justiceiro da delegação executiva suprema dos conselhos de operários e soldados, a que não escaparão certamente os dirigentes do SPD, como aconteceu com os mencheviques, socialistas revolucionários e outras correntes da esquerda não comunista, no regime bolchevique russo, que se opuseram à insurreição espartaquista, que também era dirigida contra eles. É perfeitamente legítimo que estes não quisessem ter a mesma sorte que coube a Kerensky, aos mencheviques e aos socialistas revolucionários na Rússia de Lénine e Trotsky.

No seu último escrito, publicado em 14 de Janeiro de 1919, um dia antes do seu assassinato, intitulado *A Ordem Reina em Berlim*, Rosa Luxemburgo ensaia uma justificação para o falhanço da insurreição. O seu principal argumento é que esta falhou em consequência da «não maturidade política da massa dos soldados que permitem ainda aos seus oficiais utilizá-los para os fins contra-revolucionários dos inimigos do povo» (*Ibidem*, p. 133), esquecendo, porém, que o seu grupo político não conseguiu unir sob a sua bandeira a maioria da classe operária alemã. Junius justifica então o descalabro do que não foi mais do que uma tentativa de golpe revolucionário com o tradicional argumento do socialismo revolucionário da falta ou do atraso das condições «objectivas» ou «subjectivas» para o seu triunfo:

> «Como surge a derrota desta famosa "Semana Spartakus" à luz da precedente questão histórica [a revolução de Fevereiro de 1848 e a de Março do mesmo ano na Alemanha]? Foi uma derrota da audaciosa energia revolucionária face à insuficiente maturidade da situação? Ou, pelo contrário, uma derrota de fraqueza e tibieza na acção?
>
> Ambas! O carácter de dupla fase desta crise, a contradição da atitude vigorosa, decidida, ofensiva das massas berlinenses, é a característica particular deste episódio recente.» (*Ibidem*, pp. 137–138)

Em suma, a «atitude vigorosa, decisiva, ofensiva das massas berlinenses» não foi adoptada pelas atitudes de outras cidades, ou seja, a Alemanha não pode ser circunscrita à sua capital, facto que Junius parece ignorar completamente. Apesar disto, a originalidade de Rosa Luxemburgo relativamente ao bolchevismo leninista reside precisamente no seu argumento de que não foi o vigor das massas revolucionárias de Berlim que comprometeu o sucesso da revolução. Este argumento remete para a defesa de um modelo de organização política estruturalmente diferente da preconizada por Lénine para o seu partido na sua obra *Que Fazer?*, um modelo em que o operariado e os trabalhadores dispensam tutelas políticas vanguardistas para construírem a via da sua emancipação social e política. Tal significa que não são as massas que não estão à altura dos dirigentes revolucionários, mas, pelo contrário, os dirigentes que não estão à altura das massas revolucionárias:

«*A direcção abortou! Mas a direcção pode e deve ser criada pelas massas.* As massas são o factor decisivo, a rocha sobre a qual a vitória final da revolução será edificada. As massas estavam à altura, elas fizeram desta «derrota» um elo das derrotas históricas, que são o orgulho e a força do socialismo internacional. E, por isso, é desta "derrota" que florescerá a próxima vitória.» (*Ibidem*, p. 138)

Apesar desta crítica ao vanguardismo leninista, as massas não seguiram Rosa Luxemburgo e os seus camaradas da Liga Spartakus na sua aventura revolucionária suicida. O voluntarismo de Junius enquadra-se perfeitamente na sua tese da «revolução prematura» do seu opúsculo *Reforma ou Revolução?* dirigida contra a República de Weimar, cujo governo provisório instituiu um programa social e político progressista a que a direita e a extrema-direita alemã se opuseram desde o início: sufrágio universal (masculino e feminino), direito de associação, que se estendeu aos funcionários públicos, abolição de todas as leis discriminatórias contra os trabalhadores agrícolas impedidos de se organizarem antes da guerra, oito horas de trabalho diárias, subsídios de desemprego e doença, melhorias das condições de aposentação, proibição de despedimentos arbitrários e a protecção dos trabalhadores ao domicílio da sobre-exploração entre outras medidas. Os espartaquistas tornaram-se, assim, com a sua estratégia maximalista, que se propunha derrubar o capitalismo e emancipar o proletariado alemão, que, na sua maioria não representavam, grandemente responsáveis, apesar das inevitáveis cedências de Ebert e da direcção do SPD aos militares, pela submissão da nova república à tutela militarista que abriu caminho à ascensão do nazismo, após a morte de Friedrich Ebert, em 28 de Fevereiro de 1925, e a eleição, em 12 de Maio desse ano, do marechal Hindenburg para seu Presidente. Este militar da Primeira Guerra Mundial nomearia, em Janeiro de 1933, Adolf Hitler como chanceler, apesar de o seu Partido Nacional-Socialista ter obtido apenas 33,09% dos sufrágios nas eleições de 6 de Novembro de 1932 (ver XII Parte, Capítulo 2).

CAPÍTULO 3

LÉNINE: ESTADO, REVOLUÇÃO E DITADURA DO PROLETARIADO

Vladimir Ilitch Ulianov, mais conhecido pelo pseudónimo Lénine, nasceu em 22 de Abril de 1870, em Simbirsk, no Volga, no seio de uma família da média burguesia, sendo que o seu pai era professor e a sua mãe filha de um médico. Após a execução do irmão, em 1887, tornou-se um opositor do czarismo, o que lhe valeu a expulsão da Universidade Imperial de Kazan. Em 1893, mudou-se para São Petersburgo, onde acabou por se tornar uma importante figura do Partido Operário Social-Democrata Russo (POSDR), que seria fundado cinco anos depois. Preso e deportado para Shushenskoye pelo seu activismo político, abandonou a Rússia e exilou-se na Europa Ocidental, vivendo em Munique, Londres e na Suíça, apenas regressando ao país natal em Abril de 1917.

Dirigente da corrente revolucionária do POSDR que se contrapôs à corrente reformista liderada por Julius Martov, teve um papel determinante nos eventos revolucionários russos entre Fevereiro e Outubro de 1917. Opondo-se ao governo provisório após a queda do czarismo em consequência da Revolução de Fevereiro de 1917, liderou a Revolução de Outubro do mesmo ano, em que o seu Partido Bolchevique, rebaptizado Partido Comunista em 1918, conquistou o poder político. Após uma primeira fase em que o poder foi compartilhado com os socialistas revolucionários, Lénine apoiou a dissolução da Assembleia Constituinte, em 12 de Novembro de 1917, em cuja eleição o seu partido sofreu uma clara derrota, apesar da oposição da maioria dos dirigentes bolcheviques. Defendeu também a concentração de poderes em mãos do novo governo revolucionário, o que esteve na origem da guerra civil (1917–1921) em que os bolcheviques e o Exército Vermelho, organizado por Leon Trotsky, saíram vitoriosos, derrotando as forças que pretendiam restaurar o czarismo. No entanto, todas as outras organizações da esquerda não comunista, sociais-democratas, socialistas revolucionários e anarquistas e, à direita, os representantes do liberalismo russo, foram ilegalizadas.

Presidente do Conselho de Comissários do Povo da República Socialista Federativa Soviética, entre 8 de Novembro de 1917 e 21 de Janeiro de 1921, e membro do Politburo, órgão executivo máximo da nova república revolucionária, de 23 de Outubro a 7 de Novembro de 1917 e de 25 de Março de 1919 a 21 de Janeiro de 1924, Lénine morreu nesta data na sua mansão de Gorki.

O partido de vanguarda

Escrito entre o Outono de 1901 e Fevereiro de 1902 e publicado como livro em Estugarda em Março de 1902, o ensaio *Que Fazer?*, uma das mais famosas obras de Lénine, é a sua resposta ao modelo de organização dos partidos sociais-democratas ocidentais que tinham como referência o SPD. Este livro é também dirigido contra o que Ulianov designa por «economismo», em que o alvo principal é a corrente reformista do POSDR, os alegados mencheviques, minoritários, como vimos, no Comité Central, mas maioritários no partido, responsabilizados por defenderem as teses «oportunistas» de Bernstein.

Lénine contesta as posições da revista *Rabótcheie Dielo* (*A Causa Operária*), particularmente num artigo publicado no seu n.º 10, em Setembro de 1901, órgão que representava a corrente menchevique ou social-democrata do POSDR em contraposição ao *Iskra*. Segundo o futuro dirigente da Revolução de Outubro de 1917, aquela revista acusa a corrente de que se tornou líder incontestado de «subestimar a espontaneidade objectiva» do nascente movimento operário russo, que se tinha destacado em Maio–Junho de 1896 por uma greve de grande amplitude dos operários têxteis dirigida pela União da Luta pela Emancipação da Classe Operária. Apesar de não recusar, em princípio, as acções espontâneas do movimento operário, Lénine considera desde logo que o «elemento espontâneo não é mais do que a *forma embrionária do consciente*» (Lénine, I, 1981, p. 100). Isto significa, antes de tudo, sem que Lénine se dê ao trabalho de o demonstrar, pois trata-se de uma mera profecia, que a «forma embrionária do consciente» prefigura, de acordo com a tese hegeliana-marxista do «sentido da História» ou as «leis» da dialéctica «marxista», um estado mais avançado de consciência que o proletariado alcançará mais cedo ou mais tarde no decurso do processo histórico, convertendo-se de «classe em si», outra fórmula de Marx de proveniência hegeliana, em «classe para si», ou seja, numa classe «madura» para passar da luta por reivindicações de natureza económica à luta mais elevada pela conquista do poder político.

A «originalidade» de Lénine reside no facto de que a consciência proletária não brota «espontaneamente» do seu seio, já que sem uma direcção política adequada, o movimento operário é incapaz de superar as formas de luta e consciência que visam a defesa dos seus interesses mais imediatos, ou seja, a melhoria salarial e das condições de trabalho no interior do capitalismo, nunca se propondo objectivos políticos mais avançados e, por conseguinte, incapaz de se transformar em «classe para si». As greves de 1896, apesar de reflectirem a coragem do movimento operário num país autocrático como a Rússia czarista, acabam por padecer desta inexorável limitação:

> «Em si mesmas, estas greves eram lutas trade-unionistas, não eram uma luta social-democrata; assinalavam o despertar do antagonismo entre os operários e os patrões, mas os operários não tinham nem podiam ter a consciência da oposição irreconciliável entre os seus interesses e todo o regime político social existente, isto é, não tinham consciência social-democrata.» (*Idem*, p. 101)

Embora estas considerações sejam correctas relativamente a um período em que o movimento operário russo começa a despontar, por «consciência social-democrática», termo de que Ulianov se apropria abusivamente, tanto mais que o seu partido não é, de facto, maioritário no interior do PODSR, deve entender-se «consciência bolchevique». Mas se a consciência política não se pode verdadeiramente formar no interior do movimento operário, qual será então a sua origem? Para Vladimir Ilitch, esta apenas poderá ser «introduzida de fora», já que «a doutrina do socialismo nasceu das teorias filosóficas, históricas e económicas elaboradas por representantes instruídos das classes possidentes» (*Ibidem*, p. 101). Marx e Engels são o exemplo disso, e Lénine e os dirigentes bolcheviques os seus profetas. Incapaz de encontrar um argumento consistente que torne credível a sua «postura» em que a classe operária, concebida por Marx como a «classe universal» emancipadora da humanidade explorada e oprimida, se transforma numa classe tutelada por um partido para adquirir a consciência política que é incapaz de alcançar por si própria, não resta a Lénine senão recorrer à máxima autoridade ideológica social-democrática do início do século xx, Karl Kautsky, na sua versão mais dogmática, que Ulianov muito aprecia, para tentar conferir-lhe a legitimidade de que carece:

> «A consciência socialista moderna — diz Kautsky, citado por Lénine — «não pode surgir senão na base de profundos conhecimentos científicos [...] Mas o portador da ciência não é o proletariado, mas a *intelectualidade burguesa*: foi do cérebro de alguns membros desta camada que surgiu o socialismo moderno, e foram eles que o transmitiram aos proletários intelectualmente desenvolvidos, os quais, por sua vez, o introduzem na luta de classes do proletariado, onde as condições o permitem. Deste modo, a consciência proletária é algo introduzido de fora na luta de classes do proletariado e não algo que surgiu espontaneamente no seu seio.» (*Ibidem*, p. 107)

Esta citação esquece que a relação entre consciência proletária e movimento operário é uma «relação dialéctica», termo que Lénine não se cansa de utilizar quando melhor lhe convém. De facto, a primeira não se forma de fora para dentro, ou seja, não é algo de inculcado ou impingido, mas sim a partir de um determinado grau de maturidade do movimento operário na sua luta pela melhoria das suas condições de existência, que não se reduzem à luta contra os salários de miséria, mas abrangem a reivindicação central da redução do horário de trabalho, considerada prioritária por Marx, que não pode considerar-se uma mera reivindicação económica, mas já o primeiro passo para o questionamento da própria organização do trabalho e o seu redimensionamento, que é uma reivindicação de natureza política, pois aponta para a exigência do controlo democrático das condições laborais. Ou seja, é precisamente este «salto qualitativo», esta transformação da luta económica em luta política, que se inicia não fora, mas no interior do próprio processo produtivo, no contexto das relações sociais de produção capitalistas que Lénine e Kautsky ignoram totalmente. Ao não reconhecerem verdadeiramente a capacidade do movimento operário para controlar e gerir as próprias condições de produção, e assim tornar-se um actor político de primeira instância na sociedade capitalista, não lhe reconhecem também verdadeiramente nenhuma autonomia e capacidade de autodeterminação, convertendo o partido de vanguarda no seu «educador político»:

«Devemos empreender activamente» — diz Lénine — «o trabalho de educação política da classe operária, de desenvolvimento da sua consciência política.» (*Ibidem*, p. 119)

Ou seja: como a classe operária não consegue elevar-se pelos seus próprios meios à consciência política, tem necessariamente de ser «educada» pela autoridade tutelar da sua vanguarda, isto é, pelos seus elementos mais «avançados», que, ao que tudo indica, se situam fora dela. Mais uma vez, Lénine demonstra que interpreta Marx apenas de acordo com os seus interesses e as suas conveniências, que são os interesses e as conveniências do Partido Bolchevique, pois não tem em conta ou não se lembra da 3.ª tese sobre Feuerbach do seu mentor:

«A doutrina materialista segundo a qual os homens são produto das circunstâncias e da educação esquece que são precisamente os homens que modificam as circunstâncias e que *o educador necessita, por sua vez, de ser educado*. É por isso que ele tende a dividir a sociedade em duas classes, uma das quais está acima da sociedade.» (Marx & Engels, 1974a, p. 8, destaque nosso)

O partido de vanguarda leninista não está acima da sociedade, mas sim acima do movimento operário. Esta concepção vanguardista é perfeitamente compatível com o ensaio filosófico de Ulianov, *Materialismo e Empirocriticismo*, publicado em 1909, em que o líder bolchevique permanece prisioneiro da forma de materialismo criticada por Marx na 3.ª tese sobre Feuerbach. Esta acaba por orientar toda a sua argumentação subsequente centrada fundamentalmente em dois pontos: a relação da consciência política do operariado com o movimento sindical e a relação dos intelectuais «trânsfugas» das classes burguesas com a classe operária que irão alegadamente liderar.

Relativamente ao primeiro ponto, Ulianov não cessa de alardear o seu menosprezo pelo movimento sindical que não seja submetido ao controlo da sua organização política. Assim, contesta a estratégia do grupo social--democrata da *Rabótcheie Dielo*, em que predominam os seus inimigos de estimação, com particular destaque para Martov, por «imprimir à própria luta económica um carácter político» que «dissimula, no fundo, a tendência tradicional para *rebaixar* a política social-democrata ao nível da política trade-unionista» (Lénine, I, 1981, p. 123). Arvorando-se numa espécie de representante maioritário da social-democracia russa, o que, apesar do adjectivo «bolchevique», é completamente falso, pois a sua corrente política encontra-se, de facto, em minoria no POSDR, Lénine aponta para um novo dogma de que os partidos comunistas futuros se apropriariam: o movimento sindical só tem verdadeiramente sentido e razão de ser se não for outra coisa senão uma correia de transmissão das directivas do partido de vanguarda, ou seja, uma espécie de «segunda linha» que deve ser mobilizada para a luta política do partido para a contestação da ordem existente e, em última instância, para a conquista do poder político:

> «A social-democracia revolucionária sempre incluiu, e continua a incluir, no quadro das suas actividades a luta pelas reformas. Mas usa a agitação "económica" não só para exigir do governo toda a espécie de medidas, mas também (e em primeiro lugar) para exigir que ele deixe de ser um governo autocrático. Além disso, considera seu dever apresentar ao governo esta exigência *não só* no terreno da luta, económica, mas também no terreno de todas as manifestações em geral da luta política e social. Numa palavra, subordina, como a parte ao todo, a luta pelas reformas à luta revolucionária pela liberdade e pelo socialismo.» (*Ibidem*, p. 123)

Mesmo tendo em conta o carácter autocrático do regime czarista russo, «a luta pela liberdade» não justifica, porém, o «salto em frente», em que a «luta pelas reformas» em que estão empenhados os sindicatos se transforma num mero instrumento da estratégia política definida pelo partido de vanguarda. Depois de ter inicialmente separado luta económica de luta política para justificar a sua formação, Ulianov faz precisamente o contrário subordinando completamente a primeira à segunda. Como justifica ele esta contradição? Para Ulianov, a distinção entre organização sindical e organização política existe apenas nos países mais avançados que desfrutam de liberdade política. Pelo contrário, nos países autocráticos, como a Rússia czarista, em que os direitos sindicais estão proibidos e a greve é considerada «delito político» (*Ibidem*, p. 159), tal distinção torna-se secundária e mesmo irrelevante. Partindo destas premissas, o máximo dirigente bolchevique funda uma espécie de lei de desenvolvimento histórico:

> «Quanto mais tarde chega um país ao capitalismo e, por conseguinte, ao movimento operário [...] tanto mais podem os socialistas participar no movimento sindical e apoiá-lo, e tanto menos pode e deve haver sindicatos sociais-democratas.» (*Ibidem*, p. 159)

Estas considerações combinam, de uma forma sagaz, verdade com falsidade: por um lado, é verdade que a distinção entre associações sindicais e a organização política social-democrática se encontra esbatida num país autocrático que não reconhece o direito de associação sindical e em que a greve é um delito político; por outro lado, é falso que o que é válido para um país atrasado como a Rússia czarista seja igualmente válido para um país avançado em que vigora a liberdade de associação sindical e em que o direito à greve é reconhecido. O contrário é que é verdadeiro, se tivermos em conta a célebre fórmula lapidar de Marx, que Lénine parece não ter na devida conta, de que «a anatomia do homem é a chave da anatomia do macaco» (Marx, 1971a, p. 234), ou seja, de que é a partir das sociedades mais complexas e evoluídas que as menos complexas e menos evoluídas historicamente podem ser interpretadas. Tal implica que, nas sociedades democráticas e mais evoluídas historicamente, a organização política deve estar rigorosamente separada da organização sindical e, por conseguinte, a luta sindical da luta política: a primeira cabe aos sindicatos e não deve ser partidarizada, enquanto a segunda cabe aos partidos políticos. Apesar de reconhecer a distinção entre aquelas duas formas de sociedade, Vladimir Ilitch põe em causa a fórmula de Marx, pois toda a sua orientação, adoptada pela maioria dos partidos comunistas, tende a universalizar uma forma de organização sindical que caracteriza os países mais atrasados como a Rússia, ou seja, os países em que apenas os sindicatos empenhados na política revolucionária do partido de vanguarda são verdadeiramente legítimos: todos os outros são «oportunistas» ou, na melhor das hipóteses, «recuados» politicamente, ou seja, «sociais-democratas». Lénine não tem dúvidas a este respeito quando afirma:

> «As organizações sindicais podem não só ser extraordinariamente úteis para desenvolver e reforçar a luta económica como podem tornar-se, além disso, um auxiliar da luta política.» (Lénine, I, 1981, p. 161)

Relativamente ao segundo ponto, a relação dos intelectuais provenientes da burguesia com a classe operária, Lénine, crítico perspicaz das concepções económicas do populismo russo nas suas obras de juventude, acaba por retomar as suas teses. Antes de tudo, considera que a tarefa dos intelectuais é fundamentalmente a da propaganda, que consiste na elaboração teórica através de «palavra impressa», enquanto a agitação, ou seja, a aplicação no terreno dos princípios teóricos elaborados pela primeira, a actuação *de viva voz* (*Ibidem*, p. 127), cabe aos outros militantes ou a intelectuais de menor envergadura, apesar de Lénine lhes reconhecer uma enorme importância política. De certo modo, o célebre *agitprop* da mitologia política bolchevique não significa mais do que retomar sob uma nova forma a velha divisão de trabalho entre tarefas de concepção e execução, muito criticada por Trotsky, quando não era ainda um bolchevique leninista, no seu livro *As Nossas Tarefas Políticas* (1904). Os populistas russos empreenderam, na década de 1870, o chamado movimento de «ida ao povo», em que intelectuais urbanos se dirigiram para as zonas rurais para consciencializar e organizar os camponeses pobres. Lénine limita-se a mudar o destinatário desta consciencialização de que já não são os camponeses, mas os operários, pois, tal como para os populistas, esta provém de fora:

«"Há que ir aos operários." Para levar aos operários conhecimentos políticos, os sociais-democratas devem ir *a todas as classes populares*, devem enviar para toda a parte destacamentos do seu exército.» (*Ibidem*, p. 136)

Outro aspecto da influência populista em Lénine na questão das relações entre intelectuais e movimento operário é a tese das «personalidades criticamente pensantes» imbuídas de uma «moral de convicção» (Veiguinha, 1991, p. 116), que se encarregavam da consciencialização das massas camponesas. Estas cedem definitivamente o seu lugar aos «revolucionários profissionais», os «novos homens inteligentes», integralmente dedicados à actividade revolucionária, destacando-se da massa operária em consequência do carácter autocrático e repressivo do czarismo russo:

«Quanto mais restringirmos o contingente dos membros de uma organização deste tipo, a ponto de não incluir nelas senão os filiados que se ocupem profissionalmente de actividades revolucionárias e que tenham já uma preparação profissional na arte de lutar contra a polícia política, mais difícil será "caçar" esta organização.» (*Ibidem*, p. 167)

Em suma, Lénine sintetiza assim as grandes linhas de organização que as sociais-democracias russa e europeia, deverão necessariamente adoptar com o objectivo de romper com o capitalismo, conquistar o poder político e construir o socialismo:

«A luta política da social-democracia é muito mais ampla e complexa do que a luta económica dos operários contra os patrões e o governo. Do mesmo modo (e como consequência disto), a organização de um partido social-democrata revolucionário deve ser inevitavelmente de um *género diferente* da organização dos operários para a luta económica. A organização dos operários deve ser, em primeiro lugar, sindical; em segundo lugar, deve ser (a) mais ampla possível; em terceiro lugar, deve ser (a) menos clandestina possível (aqui, e no que se segue, refiro-me, bem entendido, à Rússia autocrática). Pelo contrário, a organização de revolucionários deve englobar, antes de tudo e sobretudo, pessoas cuja profissão seja a actividade revolucionária (por isso falo de uma organização de *revolucionários*, pensando nos revolucionários sociais-democratas). Perante esta característica geral dos membros de uma tal organização, *deve desaparecer por completo toda a distinção entre operários e intelectuais*, para não falar já da distinção entre as diferentes profissões de uns e outros. Necessariamente, esta organização não deve ser muito extensa, e é preciso que seja (a) mais clandestina possível.» (*Ibidem*, p. 158)

O que sobressai nesta caracterização é uma concepção profundamente dualista: de um lado, os dirigentes, os chefes, os revolucionários profissionais que consciencializam e organizam as massas operárias através da propaganda e as mobilizam para a luta política através da agitação; do outro, as próprias massas carentes de autonomia e de capacidade de autodeterminação, conduzidas e tuteladas, que se elevam à consciência política introduzida de fora para dentro pelo primeiro grupo, apesar de Ulianov defender que no seio da nova organização «deve desaparecer por completo toda a distância entre operários e intelectuais». Mas isto significa, ao contrário do que defendia Rosa Luxemburgo, que não são, em regra, os dirigentes do partido que não estão à altura das massas revolucionárias, mas sim as massas que não estão à altura dos dirigentes do partido revolucionário que constitui a sua vanguarda política. Ninguém melhor do que o jovem Antonio Gramsci (1891–1937) criticou esta forma de organização política que se tornou universal nos partidos comunistas tradicionais:

«Não se concebeu o partido como o resultado de um processo dialéctico em que convergem o movimento espontâneo das massas e a vontade de direcção do centro, mas simplesmente como qualquer coisa suspensa no ar, que se desenvolve em si e para si e a que as massas acabarão por chegar quando a situação for propícia e a crista da vaga revolucionária atingir a sua altura máxima, ou quando o centro do partido considerar que deve dar início a uma ofensiva e descer até à massa para a estimular e levar à acção. A verdade é que, historicamente, um partido nunca é definido e nunca o será. Porque só se definirá quando se tiver transformado no conjunto da população e tiver desse modo desaparecido.» (Gramsci, 1992, pp. 230–232)

O centralismo democrático

A constituição de um partido de vanguarda que alegadamente expressa a consciência e os interesses das correntes mais avançadas da social-democracia e do movimento operário, a corrente revolucionária, a que se opõe a corrente apodada de «revisionista» ou de «oportunista» pelos bolcheviques e seus *compagnons de route*, que, para Ulianov, tem em Eduard Bernstein do SPD o seu expoente e é encabeçada por Martov no POSDR, aponta também para uma nova forma de organização radicalmente diferente da tradicional organização dos partidos sociais-democráticos: o centralismo democrático. Em *Que Fazer?*, Lénine lança as suas bases, utilizando de novo como pretexto a situação de clandestinidade do POSDR na Rússia czarista, mas visando da mesma forma torná-la universal, isto é, tentando impô-la como forma que deverá ser adoptada pelo movimento socialista e social-democrático europeu, em particular pelo SPD, o seu representante mais destacado:

> «A centralização das funções mais clandestinas pela organização dos revolucionários não debilitará, antes reforçará, a amplitude e o conteúdo de actividade de uma grande quantidade de outras organizações destinadas ao grande público e, por conseguinte, o menos regulamentadas e o menos clandestinas possível: sindicatos operários, círculos operários e de autodidactas e de leitura de publicações ilegais, círculos socialistas, círculos democráticos para todos os outros sectores da população, etc.» (Lénine, 1981, p. 168)

Se nesta passagem se revela com toda a clareza a tendência do partido leninista, ainda em formação, para disseminar o controlo político centralizado, ou seja, a sua vocação controleira, as suas teses sobre o centralismo democrático aprofundam-se na obra *Um Passo em Frente, Dois Passos Atrás (A Crise no Nosso Partido)*, publicada como livro em Genebra, em 1904. Desde logo, Vladimir Ilitch distingue duas correntes na social-democracia ocidental, tentando generalizar para o Ocidente o que apenas se vislumbrava no 2.º Congresso de 1903 do POSDR, partido inserido num país capitalista atrasado que ainda mal tinha saído do regime da servidão da gleba e em que o campesinato constituía a maioria da população: de um lado, a «social-democracia revolucionária», também designada por «ortodoxa» pela sua fidelidade canina às doutrinas de Marx e Engels; do outro, a «social-democracia reformista», frequentemente brindada com os epítetos desqualificantes de «oportunista» e «revisionista», o que não pode ser senão sinónimo de heterodoxia.

Além daqueles epítetos, Lénine brinda os membros da alegada ala menchevique do partido, isto é, os verdadeiros sociais-democratas, com outro de fresca lavra em que, inspirando-se na Revolução Francesa, são designados desprezivelmente como «os girondinos da social-democracia contemporânea» (*Idem*, p. 345), enquanto «o jacobino ligado indissoluvelmente à *organização* do proletariado, consciente dos seus interesses de classe», representa o social-democrata revolucionário. Esta analogia histórica não pode considerar-se despropositada, pois são precisamente os jacobinos, com o seu «terror revolucionário», que o Partido Bolchevique reproduziria em escala alargada após a conquista do poder na Rússia, que constituem a organização política que opunha o centralismo ao «federalismo» girondino, considerado cúmplice da contra-revolução, mas que seria mais tarde adoptado por Proudhon e pelos anarquistas que não são propriamente contra-revolucionários. Para legitimar a sua «ortodoxia», Lénine recorre de novo a Kautsky, que ainda não se tinha transformado num «renegado» e num «traidor» por ter criticado a futura ditadura do Partido Bolchevique:

> «Dizem-nos, escreve Kautsky, que dar à direcção do partido o direito de intervir na escolha dos candidatos (para deputados ao parlamento) pelas circunscrições locais é "um atentado vergonhoso" ao princípio democrático que exige que toda a actividade política se exerça da base ao topo, pela iniciativa das massas, e não do topo à base, por via burocrática [...] Mas se há um princípio verdadeiramente democrático, é o de que a maioria deve ter predomínio sobre a minoria e não o contrário.» (*Ibidem*, p. 359)

Além do partido de Lénine não ter a maioria no POSDR, mas apenas no Comité Central, o seu órgão dirigente máximo — nunca é demais repeti-lo para acabar de vez com o mito «bolchevique», uma falsidade histórica —, não é o princípio da submissão da minoria à maioria o verdadeiro fundamento da democracia, mas o princípio da autonomia, da autodeterminação e da não submissão ou da não dominação, até mesmo das maiorias ou de quem alegadamente as representa, tal como o demonstrou brilhantemente o socialista austríaco Max Adler, em 1926, contra a teoria leninista-kautskista dominante. Para Lénine, de uma forma ainda mais assertiva do que Kautsky, o princípio de submissão da minoria à maioria é o princípio «ontológico» ou «fundador» da democracia, o que, desde logo, tem como consequência no seu modelo de organização centralista democrático o facto de ser interdita a formação de correntes ou tendências, por mais que, posteriormente, um pouco antes da sua morte, tenha reconhecido a sua necessidade. Invocando de novo a clandestinidade, espécie de palavra-passe que tudo justifica, Ulianov limita-se a fazer uma extrapolação forçada do princípio kautskista:

> «Burocratismo *versus* democracia é, de facto, centralismo *versus* autonomismo, é o princípio da organização da social-democracia revolucionária em oposição ao princípio da organização dos oportunistas da social-democracia. Este último tenta avançar da base para o topo, e é por isso que defende que sempre que é possível e tanto quanto possível o autonomismo, "a democracia" que vai (nos casos em que há excesso de zelo) até ao anarquismo. O primeiro tende a começar pelo topo preconizando o alargamento dos direitos e poderes do centro relativamente às partes.» (*Ibidem*, pp. 355-356)

Antes de tudo, estas considerações revelam que a contra-revolução burocrática na Rússia dita «soviética» não começou com a tomada do poder por Estaline, mas que já se iniciou na época em que Lénine estava à frente do Partido Bolchevique. Em segundo lugar, o «movimento do topo para a base» é apenas o corolário do vanguardismo político do partido leninista: as massas são, em geral, «recuadas» relativamente, ao centro político, ao topo, à vanguarda revolucionária que as elevam, para utilizar a escatologia marxista-hegeliana, à «consciência da necessidade» da «ruptura revolucionária». Lénine, que não se cansa de apregoar noutros contextos as virtudes da dialéctica marxista, nem sequer se interroga sobre as inevitáveis contradições entre centralismo e democracia que necessariamente decorrem do seu modelo de organização política. De facto, trata-se de um modelo construído de cima para baixo ou de fora para dentro da classe que afirma representar, em que vigora o culto dos dirigentes de topo, dos chefes, que estaria mais tarde na origem do «culto da personalidade» de Estaline, denunciada por Khrushchov no célebre XX Congresso do Partido Comunista da União Soviética, em que estão interditadas as correntes divergentes da corrente maioritária, em nome do princípio «democrático» da submissão da minoria à maioria, considerado pelos seus defensores e apologistas como incontroverso e inquestionável de acordo com uma unidade partidária imposta burocraticamente, em que todas as críticas são consideradas como «fraccionistas» ou «divisionistas», em suma, um modelo estruturalmente antidemocrático.

Do Estado como instrumento de dominação de classe à sua extinção

No seu famoso ensaio *O Estado e a Revolução*, cuja primeira edição foi publicada em 1917 e a segunda um ano depois, em que o Partido Bolchevique se converteu em Partido Comunista, Lénine defende que «o Estado é a organização especial da violência para a repressão de uma classe qualquer» (Lénine, II, 1981, p. 238). Esta definição de Estado, que coincide com a do sociólogo Max Weber, para quem este representa o «monopólio legítimo da força (física)», é completamente redutora, pois nenhuma forma de Estado, por mais repressiva que seja, poderá efectivamente preservar-se e reproduzir-se se a sua dominação se baseasse exclusivamente na violência repressiva e não abrangesse outras formas mais requintadas de carácter simbólico, para utilizar a feliz expressão de Pierre Bourdieu, ou ideológico.

Tendo em conta a sociedade autocrática e repressiva da Rússia czarista, esta definição leninista de Estado tem alguma legitimidade. O que é, porém, completamente falso é o seu juízo de que, apesar de as formas burguesas de Estado serem muito diversas, todas são essencialmente redutíveis a uma «ditadura da burguesia» (*Idem*, p. 245). Esta concepção leninista, que se tornaria dominante na III Internacional, é incapaz de se aperceber que se formariam no seio do capitalismo formas de «estado de excepção», para utilizar a expressão de Giorgio Agamben (Agamben, 2010), que estiveram na origem do nazifascismo que Lénine, apesar de já não ter conhecido, subestima totalmente, tanto mais que, historicamente, tinha já no bonapartismo, especialmente no do segundo império gaulês, um exemplo fidedigno, teorizado pelo próprio Marx.

Citando diversas passagens dos textos de Marx e Engels, Lénine aproveita esta definição generalista e anti-historicista de Estado, que predomina sobretudo no segundo, para defender a conquista violenta do poder político pelo seu partido e legitimar, em nome da supressão das classes, uma concentração de poderes que se revelaria monstruosa, pois ilegalizou, afastou, deportou e, em última instância, exterminou pura e simplesmente todos os opositores, sociais-democratas, socialistas revolucionários e anarquistas do Partido Comunista (bolchevique). A questão fundamental não está tanto na sua defesa da «ditadura do proletariado» como alternativa política à dominação da «classe dos exploradores, isto é, da burguesia» (*Idem*, p. 238), em que o político surge como mero reflexo do económico, mas no facto de que «o poder do proletariado» só pode ser exercido pelo seu partido vanguardista com a exclusão de todos os outros:

> «Educando o partido operário, o marxismo educa a vanguarda do proletariado, capaz de tomar o poder e de *conduzir todo o povo ao socialismo*, de dirigir e organizar uma nova ordem, de ser o educador e o chefe de todos os trabalhadores e explorados na obra da organização da sua vida social e contra a burguesia.» (*Ibidem*, p. 239)

O estalinismo e a derrocada como um castelo de cartas do socialismo de Estado soviético revelam-nos a natureza política ditatorial desta «nova ordem», que nem sequer conseguiu garantir os direitos e as liberdades individuais e políticas da tão odiada «democracia burguesa». Isto prova, mais uma vez, que a concepção «quantitativista» de democracia como poder da maioria sobre a minoria defendida pelos bolcheviques constitui a via para a instauração de uma «ditadura socialista» em que os sobreviventes da «velha ordem» e, inclusive, os seus descendentes directos são privados de direitos eleitorais, como aconteceu ainda em vida de Lénine e foi reforçado no estalinismo, restabelecendo-se sob uma nova forma o sufrágio censitário, como se a origem de classe fosse genética e não social e histórica: o cúmulo do absurdo!

Para Lénine, o Estado em geral, concepção que não tem em conta a natureza específica das formas de Estado historicamente determinadas — um Estado em geral é uma abstracção sem fundamento —, não passa de uma espécie de fortaleza, que, qual palácio de Inverno, tem de ser conquistada pelo proletariado sob a tutela da sua vanguarda política. Mas isto significa que o Estado se reduz a uma «coisa» — Lénine utiliza frequentemente a expressão «máquina de Estado» —, isto é, a um aparelho organizado de dominação política de classe de natureza predominantemente repressiva. Além de confundir Estado com aparelho de Estado, esquece-se de que esta é uma das suas dimensões mais banais e superficiais, pois o Estado enquanto tal, em particular o chamado «Estado burguês», cuja expressão política é a liberal-democracia, não é uma «coisa», mas sim uma entidade abstracta, muito mais dinâmica e flexível, a síntese das relações entre forças sociais e políticas que se confrontam na sociedade civil em determinado período histórico, em que uma ou algumas delas conseguem um predomínio sobre as outras e organizam o consenso que legitima perante as massas a sua dominação. Quando estes equilíbrios dinâmicos são postos em causa, podem dar origem aos «estados de excepção» que suprimem a democracia política e as liberdades, de que os Estados nazifascistas constituem os principais exemplos.

Como Lénine menospreza as formas «finas» de dominação política em que o elemento ideológico ou simbólico é predominante, manifesta também um soberano desprezo pelo que designa por «parlamentarismo», com o seu princípio do contraditório, isto é, do debate político entre posições diferentes igualmente legítimas porque sufragadas pelo voto dos cidadãos, característica fundamental da democracia política que para Lénine não passa de uma encenação teatral, pois o seu partido revelou-se totalmente incapaz de vencer uma eleição democrática, como o prova a dissolução da Assembleia Constituinte na Rússia em 1918, e só pôde exercer o poder, tal como todos os outros partidos comunistas, em «circuito fechado». Além de contestar a separação de poderes, outra característica fundamental da democracia política, criticando a Comuna de Paris que «devia ser não um corpo parlamentar, mas um corpo de trabalho executivo e legislativo ao mesmo tempo» (*Ibidem*, p. 253), desvaloriza completamente a função política mediadora do Parlamento entre o Estado e a sociedade civil quando defende que a sua «verdadeira essência», tanto nas monarquias constitucionais parlamentares como nas repúblicas mais democráticas, se reduz a «decidir uma vez em cada certo número de anos que membro da classe dominante reprimirá, esmagará o povo» (*Ibidem*, p. 253).

Outra das ideias leninistas sobre o Estado é que o futuro «Estado proletário» caracteriza-se pela simplificação das suas funções relativamente ao Estado «burguês»:

«Podemos, desde hoje para amanhã, começar a substituir a hierarquização específica dos funcionários de Estado pela simples função de

"capatazes e contabilistas", funções que já hoje estão completamente ao alcance do nível de desenvolvimento dos citadinos em geral e que podem ser perfeitamente executadas mediante "o salário do operário".»
(*Ibidem*, p. 255)

Estas considerações leninistas, além de comungarem da concepção errada de Estado de Saint-Simon como mera «administração das coisas», não contemplam que mesmo num Estado, como o que se constituiu após a Revolução de Outubro de 1917, caracterizado pelo seu atraso relativamente aos Estados «burgueses» na Europa Ocidental do pós--Primeira Guerra Mundial, são necessários, por maioria de razão, peritos e especialistas cujas funções, pela sua complexidade técnica, não podem ser remuneradas por um «salário de um operário», como preconizavam os *communards*. A experiência desastrosa do «comunismo de guerra», com o seu nivelamento por baixo dos salários, provou a total incongruência desta concepção, que teve necessariamente de ser substituída no período da Nova Política Económica (NEP), que se lhe seguiu entre 1924 e 1929. Além disso, o Estado como «a administração das coisas» acabaria por se transformar numa monstruosidade burocrática em que se conjugaram o terror repressivo e arbitrário com uma enorme ineficácia de um planeamento centralizado que perduraria até à implosão do sistema político instaurado pelo golpe de Estado de Outubro de 1917.

Se o fim imediato do novo Estado revolucionário é pôr «toda a economia nacional [...] sob o controlo e a direcção do proletariado armado» (*Ibidem*, p. 246), o fim mediato, ou seja, a longo prazo, é a extinção do Estado. A respeito desta questão, Lénine limita-se a utilizar a distinção de Marx na *Crítica do Programa de Gotha* entre a primeira fase da sociedade comunista, que designa por «transição do capitalismo para o socialismo», e a sua segunda fase, concebida como fase de transição do socialismo para o comunismo.

Na primeira fase, o proletariado, ou melhor, o seu partido de vanguarda, conquista o poder, suprime a propriedade privada dos grandes meios de produção, instaura a propriedade social e estatal dos mesmos em aliança com as outras classes trabalhadoras, sobretudo com o campesinato, e destrói o domínio da burguesia e dos seus aliados através da «necessária repressão da minoria dos exploradores» (*Ibidem*, p. 283), mas «não está ainda em condições de suprimir imediatamente a outra injustiça, que consiste na distribuição dos artigos de consumo segundo o trabalho (e não segundo as necessidades)» (*Ibidem*, p. 285). Ou seja, como defendia Marx naquela obra, o que vigora nesta fase é «o direito burguês» que aplica uma «medida idêntica a pessoas diferentes» (*Ibidem*, p. 285), o que significa que «cada um recebe, tendo fornecido uma parte do trabalho social igual à dos outros, uma parte igual do produto social (com os descontos indicados)» (*Ibidem*, p. 285). A experiência do comunismo de guerra nem sequer aplicou este princípio, mas, pelo contrário, o do comunismo grosseiro da comunidade de bens de Babeuf, criticado por Marx nos *Manuscritos de 1844*, com o seu nivelamento por baixo das capacidades individuais e dos salários para trabalhos de diferente complexidade, o que provocou uma catástrofe social de dimensão comparável à colectivização forçada da agricultura de Estaline. Apenas no período da NEP, iniciado em 1921 e suprimido por Estaline a partir de 1929 — ano em que foi retomado o comunismo de miséria para a maioria da população acompanhado pelos métodos de trabalho forçado na indústria «socialista», o *stakhanovismo*, expressão máxima do trabalho alienado no país dos extintos sovietes —, é que os trabalhadores foram pagos segundo a sua produtividade, como preconizava Marx na primeira fase do comunismo.

A segunda fase do comunismo equivale à restauração da Idade do Ouro dos poetas da Antiguidade Clássica. Abolidos os antagonismos de classe pelo triunfo da ditadura revolucionária do proletariado, que, juntamente com o campesinato representa a maioria da população trabalhadora relativamente à ínfima minoria dos grandes proprietários fundiários e burgueses, estão finalmente criadas as condições para a abolição do Estado político separado, para a superação do direito burguês que igualiza injustamente coisas diferentes e, por conseguinte, para a realização do princípio de cada um segundo as suas capacidades e a cada um segundo as suas necessidades. Só então, afirma Lénine num dos seus melhores momentos, se poderão suprimir todas as formas de subordinação que ainda vigoravam na primeira fase e, consequentemente, a dominação do homem pelo homem:

> «Propomo-nos como objectivo final a supressão do Estado, isto é, de toda a violência organizada e sistemática sobre os homens em geral. Não esperamos o advento de uma ordem social, em que o princípio da subordinação da minoria à maioria não seja observado. Mas aspirando ao socialismo, estamos convencidos de que ele se transformará em comunismo e, em ligação com isto, desaparecerá toda a necessidade de violência sobre os homens em geral, da *subordinação* de um homem a

outro, de uma parte da população a outra parte dela, porque os homens se *habituarão* a observar as condições elementares da convivência social sem violência e sem subordinação.» (*Ibidem*, p. 278)

Pena é que as aspirações de Lénine não se tenham minimamente concretizado. Apesar de definir, após o fracasso estrondoso da política do comunismo de guerra, pouco antes da sua morte, que o socialismo não é senão um sistema de «cooperadores civilizados», a transição do socialismo para o comunismo jamais se concretizaria, transformando-se, pelo contrário, num pesadelo monstruoso com o reforço e a consolidação de um aparelho de Estado repressivo e tentacular que, começado com a Tcheka sob a iniciativa de Lénine, se transformaria no NKVD de Estaline com as suas purgas e execuções sumárias, que culminariam nos processos de Moscovo iniciados em Agosto de 1936, em que a velha guarda bolchevique foi exterminada, e na institucionalização administrativa dos *gulag*, que, juntamente com a colectivização forçada da agricultura, seriam responsáveis por milhões de vítimas. Eis como o «assalto aos céus» da Revolução de Outubro de 1917, invocado ainda hoje por alguns, se transformou numa descida aos infernos, cujas consequências nefastas se prolongaram muito para lá daquela data que marcou a História dos povos de todo o mundo com uma promessa de emancipação que acabou por transformar-se no seu contrário.

CAPÍTULO 4

TROTSKY: A «REVOLUÇÃO PERMANENTE»

Da social-democracia ao bolchevismo

Leon Trotsky, pseudónimo de Lev Davidovich Bronstein, nasceu em Ianovka, na Ucrânia, em 7 de Novembro de 1879, no seio de uma família judaica de camponeses abastados. Aos nove anos, foi para Odessa, onde continuou os estudos numa escola alemã russificada. Posteriormente, transferiu-se para Nikolaev, onde concluiu o ensino secundário, acabando por entrar na Universidade Nacional de Odessa para cursar Matemática.

Até ao regresso de Lénine à Rússia, em Abril de 1917, Trotsky defendia a unificação das diversas correntes do PODSR, embora já tivesse formulado, em 1905, a sua tese sobre a «revolução permanente», em que defendia que o processo revolucionário na Rússia, um país atrasado recentemente saído do regime da servidão da gleba, não poderia deter-se na etapa «democrático-burguesa», devendo avançar sem hesitações para a revolução socialista, o que lhe valeu não apenas a oposição da corrente menchevique do POSDR, mas também de Lénine e da «velha guarda» bolchevique.

Ingressando no Partido Bolchevique de Lénine, Trotsky tornou-se um elemento determinante na preparação da estratégia revolucionária deste partido entre Fevereiro e Outubro de 1917. Sendo eleito presidente do soviete de São Petersburgo, em que os seus camaradas conseguiram a maioria, participou activamente no derrubamento do governo provisório de Alexander Kerensky e esteve à frente do comité militar revolucionário que organizou o assalto ao Palácio de Inverno, que assinalou a tomada do poder pelos bolcheviques em 25 de Outubro de 1917.

Porém, a sua coroa de glória foi a reorganização do Exército Vermelho, que venceu a sangrenta guerra civil russa entre 1918 e 1920. Desde o início, recusou a formação de um exército baseado numa milícia popular, defendendo uma organização militar baseada numa estrutura hierarquizada e profissionalizada de comando em que os actos de cobardia e deserção eram punidos com a pena de morte. Tal estrutura, ao contrário do que aconteceu na guerra civil de Espanha (1936-1939), em que se registou uma forte oposição dos anarquistas à constituição de um exército permanente considerado o símbolo do militarismo belicista, deu um importante contributo para a vitória dos bolcheviques sobre as forças do czarismo.

O sucesso de Trotsky foi, porém, efémero. A repressão brutal desencadeada contra a revolta anarquista de Kronstadt e sobretudo a sua oposição inicial à NEP, preconizada por Lénine, com a sua defesa da militarização dos sindicatos e da generalização de formas coercivas de trabalho como receita para recuperar uma economia devastada pela guerra civil, valeram-lhe inúmeras críticas no interior do partido. Não conseguindo que as suas propostas fossem aprovadas, juntou-se no 3.º Congresso do Partido Comunista Russo à chamada «oposição de esquerda que defendia a aceleração da industrialização», em contraste com Bukharine e Estaline, que preconizavam um maior equilíbrio entre a agricultura e a indústria como forma de atrair para o regime revolucionário a grande massa dos camponeses pobres.

Com a morte de Lénine, em 1924, Trotsky, já politicamente debilitado no interior do partido, não integrou o triunvirato, designado por *troika*, constituído por Estaline, que ascendeu a secretário-geral do Partido Comunista Russo, Lev Kamenev e Grigori Zinoviev, que seriam executados mais tarde nos processos estalinistas de Moscovo. Criticando num prefácio à sua obra *As Lições de Outubro*, publicada em 1924, as hesitações de Estaline no levantamento operário alemão fracassado de 1923 que pretendia retomar a insurreição espartaquista de 1919, caiu em desgraça perante o novo poder instituído, também em consequência da sua tese sobre a «revolução permanente», claramente enunciada nesta obra. Em 12 de Novembro de 1927, foi expulso do partido, sendo deportado para Alma-Ata, na república socialista do Cazaquistão, em 31 de Janeiro de 1928. Um ano depois, iniciou o caminho do exílio, após a sua expulsão da União Soviética.

Durante este período, passou pela Turquia, por França e pela Noruega por breves períodos, acabando por estabelecer-se no México em 1936. Toda a sua família foi exterminada pelos esbirros de Estaline, à excepção do neto, Esteban Volkov, filho único da sua filha Zinia, que acabou por juntar-se ao avô na Cidade do México, transformando-se no principal testemunho e defensor do revolucionário russo através da transformação da sua casa de Coyacán naquela cidade num museu dedicado à sua memória. Trotsky foi assassinado nesta casa, em 24 de Maio de 1940, por Ramon Mercader, um agente do Directório Político Unificado do Estado (OGPU), com a cumplicidade manifesta dos dirigentes comunistas mexicanos e a complacência vergonhosa do poeta Pablo Neruda, que, no seu livro *Confesso que Vivi — Memórias* (1974), além de desvalorizar tão trágico evento, solicita asilo político no Chile para os suspeitos do assassinato de Lev Davidovich. Ainda antes da sua morte, em 3 de Setembro de 1938, Trotsky fundou, numa reunião em que participaram 24 delegados provenientes de 11 países, o que confirmou o seu isolamento político, a IV Internacional. Foi também no exílio que publicou as principais obras de maturidade onde explicitou a sua orientação política: *A Minha Vida* (1930), *A História da Revolução Russa* (1930-1932), talvez a sua obra-prima, *A Revolução Permanente* (1930), que se tornaria o seu escrito mais famoso, e a *Revolução Traída* (1936), sobre a «degenerescência» das conquistas da Revolução de Outubro de 1917.

Crítica do centralismo democrático

As melhores obras de Trotsky são aquelas em que se opõe à ortodoxia leninista, particularmente a sua crítica extraordinariamente perspicaz do centralismo democrático. Em 1904, Lev Davidovich escreveu *As Nossas Tarefas Políticas*, em polémica com *Que Fazer?*, de Lénine, publicado dois anos antes. Referindo a influência de Kautsky sobre Ulianov nesta obra, considera que este, ao retirar do dirigente do SPD «a ideia absurda da relação entre o elemento «espontâneo» e o elemento «consciente» no movimento revolucionário do proletariado, não fez mais do que definir grosseiramente as tarefas da sua época» (Trotsky, 1970, p. 54).

Apesar de, a partir de 1923, Trotsky, membro da oposição de esquerda, com um Lénine já doente, ter renunciado à postura antileninista da sua obra de juventude — tinha apenas 25 anos quando a publicou —, a sua crítica permanece perfeitamente legítima. Defensor da capacidade de autodeterminação do proletariado ou da sua «auto-actividade» — posição que abandonaria quando se converteu ao evangelho bolchevique

—, Lev Davidovich considera que a questão da organização não deve ser concebida como a prioridade das prioridades, mas apenas como um meio para potenciar e reforçar aquela capacidade. Pelo contrário, a concepção centralista leninista do partido como uma organização tutelar sobre a classe operária e os trabalhadores opõe-se-lhe resolutamente, pois concebe «o espectáculo de um "Partido" situado acima do proletariado» (*Idem*, p. 87). O fundamento desta organização é uma divisão tradicional do trabalho, muito criticada pelo próprio Marx, mas defendida por Lénine, entre um corpo de revolucionários profissionais que toma as decisões relevantes a nível da cúpula, o comité central, e um aparelho em que as tarefas executivas são relegadas para um conjunto de funcionários e militantes em que cada um dos quais se ocupa de uma tarefa delimitada, como sucedia no modelo económico ultrapassado do capitalismo manufactureiro, de que a manufactura de alfinetes descrita por Adam Smith no seu célebre ensaio *Investigação sobre a Natureza e as Causas da Riqueza das Nações* (Smith, 1977, pp. 10–11) é o exemplo marcante.

Criticando, tal como Lénine, o «economismo», circunscrito à luta económica e incapaz de passar à fase seguinte, à luta política consciente em que o proletariado se transforma numa classe para si, Trotsky opõe-se, porém, ao que designa por «substitucionismo político», ou seja, à tese de que a vanguarda política centralizada se substitui à própria classe que afirma representar e dirigir:

> «Se os "economistas" não dirigem o proletariado porque caminham *na sua cauda*, os "políticos" não fazem melhor pela simples razão de que eles próprios *cumprem os seus deveres* no seu lugar. Se os "economistas" se esquivaram perante a enormidade da sua tarefa, contentando-se com o modesto papel de caminhar na *cauda da história*, os "políticos", pelo contrário, resolveram o problema, esforçando-se por transformar a história *na sua própria cauda*.» (Trotsky, 1970, p. 120)

Para Lev Davidovich, pelo contrário, é necessário criar uma organização que não pense pelo proletariado, mas que o ajude a pensar, isto é, uma organização que «o *eduque* politicamente, para que este exerça uma pressão sobre a vontade de todos os grupos e partidos políticos» (*Idem*, p. 114). Esta organização não deve, por conseguinte, ser concebida como uma espécie de autoridade tutelar que vê em todas as manifestações de um operariado «desenquadrado» ou saído do redil do aparelho tendências anarquizantes. Pelo contrário, o fundamento da sua política «educativa» é precisamente promover a capacidade de autodeterminação do movimento dos trabalhadores:

> «Por mais simples que tal possa desde logo parecer, é necessário compreender que o único modo de termos influência na vida política é agir pelo proletariado, e não em seu nome.» (*Ibidem*, p. 116)

Trotsky defende também que a organização leninista com o seu princípio centralista democrático da submissão das minorias à maioria não reconhece, de facto, o direito de as primeiras intervirem na vida do partido. Em nome da «disciplina partidária», estas estão reduzidas ao silêncio ou severamente condicionadas na manifestação das suas divergências para não serem acusadas de «fraccionismo» ou «desviacionismo», anátema dos anátemas. Esta concepção «quantitativista» de democracia não tem em conta que o reconhecimento do direito das minorias de se organizarem para expressar as suas opiniões pode, pelo contrário, contribuir para a elaboração de decisões mais democráticas porque são fruto de uma partilha e de um debate colectivos. Neste sentido, Lev Davidovich considera justamente que uma organização verdadeiramente democrática deve ter como fundamento não aquele princípio mas o reconhecimento de correntes, desde que este não conduza a cisões e ao fraccionamento, mas à inclusão das diferenças num projecto comum que acaba por transformar a disciplina imposta por uma cúpula de revolucionários profissionais em autodisciplina consciente e assumida:

> «Que fazer, então? É necessário abandonar a esfera da disciplina em decomposição e descobrir as necessidades reais do movimento que são comuns a todos e que, pelos cuidados que exigem, são susceptíveis de reagrupar os elementos mais valorosos e influentes do Partido à medida que se realizará a unificação destas forças em torno das palavras de ordem vivas do movimento, as feridas infligidas dos dois lados à unidade do Partido curar-se-ão: deixar-se-á de falar de disciplina porque se terá cessado de violá-la.» (*Ibidem*, pp. 154–155)

Por fim, Lev Davidovich não pode deixar de abordar a questão da «ditadura revolucionária do proletariado». Ao contrário do que defenderia na sua obra de 1920, *Terrorismo e Comunismo*, em que vai na peugada da brochura de Lénine *A Revolução Proletária e o Renegado Kautsky*, defende neste extraordinário escrito de juventude que uma organização como a leninista não poderá senão degenerar, após a conquista do poder, numa ditadura *sobre* o proletariado. Socorrendo-se do exemplo da Comuna de Paris, em que se confrontaram diversas correntes socialistas e em que todos os cargos políticos e administrativos eram elegíveis e revogáveis, Trotsky recusa a tese leninista, estruturalmente antidemocrática, que se baseia num «doutrinarismo de conspiração perante a lógica do movimento de classe do proletariado» (*Ibidem*, p. 215). Sendo a autonomia do proletariado o fim a atingir, a constituição do novo regime revolucionário deve ampliar a democracia e não cerceá-la, incluindo os que pensam de modo diferente, num projecto comum de emancipação das classes exploradas e oprimidas que vivem do próprio trabalho:

> «As tarefas do novo regime são tão complexas que só poderão ser resolvidas pela competição entre diferentes métodos de construção económica e política, por longas "discussões", pela luta sistemática, luta não apenas do mundo socialista com o mundo capitalista, mas também luta das diversas correntes e das diversas tendências no interior do socialismo: correntes que não deixarão de surgir inevitavelmente desde que a ditadura do proletariado, coloque dezenas, centenas de novos problemas insolúveis antecipadamente. E nenhuma "organização forte e poderosa" poderá, para acelerar e simplificar este processo, esmagar estas tendências e estas divergências: é por demais claro que um proletariado capaz de exercer a sua ditadura sobre a sociedade não suportará nenhuma ditadura sobre ele próprio.» (*Ibidem*, p. 214)

Programa mínimo e programa máximo

Em 1906, um ano depois da primeira revolução russa, Trotsky publica, em São Petersburgo, a obra *Balanço e Perspectivas*, a que se seguiria uma segunda edição reduzida, em Berlim, em 1917, e uma terceira, em Moscovo, dois anos depois, precedida de um prefácio. Nesta obra, Lev Davidovich considera que na Rússia estão criadas as condições para abolir a separação entre programa *mínimo*, que caracteriza de revolução democrática burguesa, ou seja, a conquista das liberdades fundamentais, e programa *máximo*, que distingue a revolução socialista cujo fim é a socialização da produção industrial, sob a hegemonia do proletariado, que, ao contrário do que aconteceu nas revoluções de 1789 e 1848, assumirá o poder político.

Apesar do atraso económico e social da Rússia czarista, país predominantemente agrário, Trotsky defende que estão criadas as condições para que a primeira revolução se transforme na segunda. A sua tese fundamental é que neste país se constituiu uma situação radicalmente distinta da que se desenvolveu na Europa Ocidental: por um lado, um Estado absolutista russo que se apropria de uma fracção significativa do excedente económico, e que no final do século XIX se torna cada vez mais dependente dos empréstimos estrangeiros, em que o pagamento de juros é fundamentalmente suportado por um campesinato recém libertado da servidão da gleba, mas que começa a diferenciar-se socialmente com a constituição de um estrato de camponeses ricos em contraste com a maioria submetida ao pagamento de um resgate para poder tornar-se proprietária de um pedaço de terra; por outro lado, a introdução do capitalismo industrial na Rússia verifica-se não a partir da componente artesanal e manufactureira, como aconteceu no ocidente europeu, mas a partir de fora, ou seja, através do investimento de capitais estrangeiros que, atraídos pelas riquezas naturais russas, regressam ao país com o objectivo de explorar uma força de trabalho pouco experiente e pouco organizada, na sequência do desenvolvimento do capitalismo nas zonas rurais, que contribui para desmantelar a velha comunidade aldeã idealizada pelos populistas, libertando a mão-de-obra rural excedente para outras actividades, fenómeno já detalhadamente analisado por Lénine no seu magnífico ensaio de juventude *O Desenvolvimento do Capitalismo na Rússia* (1899).

A formação prematura do proletariado russo estava indissociavelmente ligada a um atraso da burguesia nacional russa, que se revelava incapaz de assumir, ao contrário do que aconteceu com a burguesia francesa em 1789–1793, a liderança de um processo revolucionário que derrubasse a autocracia czarista, como o provou a revolução falhada de 1905. Caberia então à social-democracia russa, representante do emergente movimento operário, assumir esta função, tornando possível que o «discípulo» pudesse tomar o poder antes do «mestre»:

> «Afirmando que a nossa revolução é *burguesa* nos seus objectivos e, por conseguinte, nos seus resultados inevitáveis, fixam-se os limites a todos os problemas que levanta esta revolução; mas isto quer dizer que se fecham os olhos perante o facto de o actor principal nesta revolução burguesa ser o proletariado, que todo o curso da revolução empurra para o poder.» (Trotsky, 1973, pp. 84–85)

A principal consequência desta revolução «prematura» que «empurra o proletariado para o poder» em consequência da debilidade da burguesia russa e dos seus representantes políticos, os liberais, é a abolição da distinção entre o programa *mínimo* (da revolução burguesa) e o programa *máximo* (da revolução socialista), já que, se o poder político for conquistado por um «governo de maioria socialista» (*Idem*, p. 104), as fronteiras que separam os dois programas terão de ser necessariamente ultrapassadas. Caso contrário, o processo revolucionário que integra a primeira na segunda num movimento ascendente de ultrapassagem estará inevitavelmente condenado ao fracasso. No entanto, este processo de «revolução permanente» tem como condição necessária o triunfo de uma revolução socialista em alguns dos países mais desenvolvidos da Europa Ocidental. Só assim será possível transformar «a dominação temporária da classe operária numa ditadura socialista» (*Ibidem*, p. 156). Eis como Trotsky, convertido definitivamente ao evangelho bolchevista, acaba, de uma forma ainda mais explícita do que Lénine, por defender a tese da democracia como poder da maioria sobre a minoria, expressando claramente que esta conduz a uma ditadura, como se o qualificativo «socialista» lhe conferisse um carácter benigno relativamente às ditaduras das minorias proprietárias.

O triunfo do socialismo na Rússia enfrenta ainda um poderoso obstáculo que terá de ser ultrapassado, mas relativamente ao qual Trotsky oscila entre uma posição «maximalista» e «minimalista». Trata-se da questão agrária, da questão da propriedade privada ou colectiva da terra. Neste ponto, Lev Davidovich limita-se a seguir a tese «eurocentrista» de Marx de que «o campesinato é absolutamente incapaz de assumir um papel político independente» (*Ibidem*, p. 95), tese errada, como foi demonstrado tanto pela Revolução Chinesa de 1949 como pelos processos de conquista de independência das colónias africanas e asiáticas submetidas ao colonialismo europeu. A tese de Trotsky acabará por desembocar primeiramente numa posição maximalista, depois de ter admitido o reconhecimento da pequena privada propriedade da terra, como aconteceu na Revolução Francesa de 1789–1793:

> «É absolutamente impossível conceber um governo proletário depois de ter expropriado os proprietários, onde a produção se fazia em grande escala, [a] dividia em parcelas para pôr à venda e fazer explorar por pequenos produtores. A via única, neste domínio, é a organização da produção cooperativa, sob o controlo das comunas ou directamente

do Estado. Mas esta via é a que conduz ao socialismo.» (*Ibidem*, pp. 107–108)

Em nenhum domínio social e político existem «vias únicas». Eis a razão pela qual a «via única» da colectivização da agricultura seguida por Estaline após 1929 — Trotsky designá-la-ia por «colectivização forçada» no seu ensaio de 1936, *A Revolução Traída*, apesar de ter defendido um modelo semelhante no decurso da NEP — revelar-se-ia um enorme desastre social, conduzindo ao extermínio do campesinato proprietário como classe social e à formação de um modelo colectivista estatal de agricultura completamente ineficaz em termos de produção e de produtividade. No capítulo VIII de *Balanço e Perspectivas*, Trotsky adopta uma posição mais ponderada, pois apercebeu-se, tal como Lénine um pouco antes da sua morte, de que a colectivização pura e simples não podia ter sucesso no contexto de uma Rússia socialista emergente, em que as profundas diferenciações sociais no seio do campesinato como resultado da desagregação da comunidade aldeã tradicional não poderiam ser reduzidas ao menor denominador comum da expropriação e colectivização generalizadas. Esta política colocaria os estratos mais pobres do campesinato, a maioria, contra o novo regime proletário. Continuando a defender a expropriação das grandes propriedades e a sua exploração colectiva, Lev Davidovich afirma que «a expropriação das pequenas explorações que vivem em economia mais ou menos fechada [...] não entra de modo algum nos planos do proletariado socialista» (*Ibidem*, p. 155).

Ao contrário da fina análise de Mao Zedong sobre o campesinato chinês, Trotsky nem sequer refere o que acontecerá ao médio campesinato, que não pode ser confundido com os grandes proprietários fundiários. Qual será então o destino das «pequenas explorações» quando defende, simultaneamente, a impossibilidade da «pequena granja capitalista» com o avanço do processo de «socialização» da agricultura? Arrastarem-se numa economia de subsistência, acabando por ser absorvidas pelas grandes explorações colectivas, num processo dito de «acumulação socialista primitiva» defendido por Preobrajenski e Trotsky no decurso da NEP? Ou converterem-se, a partir da base, em formas cooperativas de produção, como de certo modo defendia Bukharine, mas que um Trotsky definitivamente convertido, a partir de 1917, ao bolchevismo leninista recusaria? O autor de *A Revolução Permanente*, cuja análise da composição do campesinato é extremamente sumária e redutora, acredita, numa espécie de processo de fuga para a frente, que uma revolução socialista nos países mais desenvolvidos da Europa Ocidental solucionaria a «questão agrária» na Rússia pós-czarista. No entanto, esta expectativa foi completamente gorada, já que o que na realidade aconteceu foi a ascensão do nazifascismo e de outros regimes políticos de extrema-direita em diversos países da Europa Ocidental.

Ditadura do proletariado ou democracia?

Publicado em Maio de 1920, pouco depois da retirada do general polaco Piłsudski de Kiev, na sequência da vitória do Exército Vermelho, o livro *Terrorismo e Comunismo* expressa claramente a renúncia de Trotsky às posições heterodoxas de *As Nossas Tarefas Políticas* e a sua conversão à ortodoxia bolchevique leninista, de que se torna um dos principais representantes. Esta obra pretende ser uma resposta ao ensaio de Kautsky *Terrorismo e Comunismo: Uma Contribuição para a História Natural da Revolução*, publicado em 1919, tal como ao livro *A Ditadura do Proletariado*, deste dirigente do SPD, registando enormes afinidades com a brochura de Lénine, *A Revolução Proletária e o Renegado Kautsky*, também publicada em 1919. Tal como o seu camarada de partido, Lev Davidovich tem como alvo principal a frase de Kautsky de que «o socialismo como um meio de emancipação do proletariado sem democracia é impensável» (Kautsky, 2012, p. 5). A dissolução da Assembleia Constituinte, à revelia da maioria do Partido Bolchevique por decisão unilateral do Comité Central, está na origem desta afirmação do dirigente da ala centrista do SPD. A sua legitimidade reforça-se ainda com o abandono dos sovietes pelas outras correntes de esquerda, mencheviques e socialistas revolucionários em protesto contra o golpe de Estado bolchevique que derrubou o Governo Provisório em 25 de Outubro de 1918. Controlados pela ortodoxia bolchevique, estas formas de democracia directa acabaram por se diluir no tentacular aparelho de poder do partido vencedor da guerra civil. Na prática, a «ditadura socialista» baseada no pluripartidarismo, tal como Trotsky tinha defendido no período juvenil, transformou-se na ditadura de um só partido, o Partido Bolchevique, posteriormente Partido Comunista Russo, com a exclusão de todas as outras correntes da esquerda socialista.

Digam o que disserem os partidários da IV Internacional, Trotsky é um dos protagonistas da instauração desta ditadura, sendo, por vezes, devido ao seu excesso de zelo, mais papista do que o «pai fundador» da Revolução de Outubro: que o digam, como já referimos, a feroz repressão do levantamento de Kronstadt pelo Exército Vermelho, a defesa da abolição da independência dos sindicatos e das formas de trabalho forçado e coercivo que preconizou em vésperas da NEP. Toda a sua argumentação em *Terrorismo e Comunismo* visa legitimar e justificar ideologicamente a ditadura bolchevique a partir da desvalorização e descredibilização da liberal-democracia, definitivamente baptizada pelo termo «democracia burguesa», sem propor como alternativa, como o fez o socialista austríaco Max Adler em 1926, uma nova forma de democracia, a democracia social, facto tanto mais bizarro se tivermos em conta a sua distinção, quando ainda era social-democrata, entre ditadura *do* proletariado e ditadura *sobre* o proletariado, bem como a sua perspicaz crítica ao centralismo democrático leninista. O capítulo II, dedicado à «Ditadura do Proletariado», parte desde logo de uma afirmação axiomática, dogmática e sectária que, por conseguinte, não apresenta nenhuma prova para demonstrar a sua pretensa validade: «A ditadura» — diz Trotsky — «é indispensável, porque não se trata de mudanças parciais e singulares, mas da própria existência. Neste campo, não é possível acordo nenhum» (Trotsky, 2018, p. 22). Ou seja, quem não pertencer à alegada vanguarda política do proletariado — que representa «os proletários mais progressistas e os camponeses mais esclarecidos, que, em todas as acções políticas, se postam na primeira fila e orientam a opinião pública dos trabalhadores» (*Ibidem*, p. 54), uma espécie de novo *public éclairé* — não pode integrar o novo poder revolucionário.

O primeiro passo do libelo de Trotsky contra o dirigente do SPD é a desvalorização total da eleição da Assembleia Constituinte, uma eleição democrática em que o seu partido tinha conseguido, como vimos, apenas 20% dos sufrágios, com o argumento peregrino de que «Kautsky dilui a conquista do poder pelo proletariado na conquista de uma maioria de voto pela social-democracia, no decurso de uma futura campanha eleitoral» (*Ibidem*, p. 22). Certamente que sim! Mas porquê? Porque o Partido Bolchevique nunca conseguiria, em condições democráticas, ganhar uma eleição, como se provou historicamente.

O segundo passo consiste em contrapor a esta eleição perdida a ideia de que a liberal-democracia poderia conduzir ao estabelecimento de medidas reaccionárias, tal como também seria admitido posteriormente por Max Adler, que se virariam contra a própria democracia e os trabalhadores, criando as condições para a formação de um regime autoritário de direita:

«Se a maioria eleita por sufrágio universal na Suíça tomasse medidas draconianas contra os grevistas, ou se o poder executivo eleito pela vontade da maioria formal na América fuzilasse os trabalhadores, teriam os operários suíços e norte-americanos o «direito» de protestar organizando uma greve geral? Decerto que não. A greve política é uma forma extraparlamentar sobre a «vontade nacional» tal como esta se expressa através do sufrágio universal.» (*Ibidem*, pp. 22-23)

A bizarria desta argumentação é por demais evidente: por um lado, critica Kautsky porque aposta todas as suas cartas num processo eleitoral com vista à conquista de uma maioria política; por outro lado, acaba por admitir que o sufrágio universal é a única forma que confere legitimidade à democracia política, pois expressa «a vontade nacional». No entanto, este, se bem que de importância primordial, é apenas um dos elementos da democracia política que, além do mecanismo institucional da separação e do controlo de poderes, não exclui, como está consagrado no artigo 2.º da Declaração dos Direitos do Homem e do Cidadão de 1789, mas da qual Trotsky parece esquecer-se, o direito de «resistência à opressão». O que os operários suíços e norte-americanos teriam necessariamente de fazer era organizar esta resistência para lutar contra a opressão vigente. O que não é aceitável é que a democracia política deva ser suspensa *sine die*, porque um processo eleitoral pode conduzir ou à vitória de partidos reaccionários ou, desejo mal dissimulado por Trotsky e que alimenta a ideologia bolchevique, à vitória da esquerda não comunista, como aconteceu na Rússia.

De toda esta argumentação resulta uma insuportável arrogância sectária construída a partir de uma pretensa superioridade política e ideológica de um partido que, arvorando-se em vanguarda dos trabalhadores, adquire um direito absoluto de governo. Tal não é senão a versão secular da doutrina medieval sobre a origem divina do poder dos reis. Os epígonos de Lénine e Estaline foram ainda mais longe do que Trotsky, quando ao mito da superioridade política e ideológica do partido de vanguarda acrescentam um novo mito: o mito da «superioridade moral», que coloca os comunistas no lote selecto dos eleitos e predestinados para tutelarem os outros. Bem pode Lev Davidovich tentar redimir-se das suas tendências ditatoriais quando cita esta magnífica passagem de Paul Lafargue, pois já se adentrou demasiado na defesa de um poder ditatorial:

«Na sociedade burguesa — diz o autor do *Elogio da Preguiça*, citado por Trotsky —, «quanto mais significativa é a quantidade de riqueza, tanto menor é o número de pessoas que dela se apropria; o mesmo acontece com o poder: à medida que aumenta o número de cidadãos que gozam de direitos políticos e cresce igualmente o número de governantes elegíveis, também o poder efectivo se concentra e se transmuta em monopólio de um grupo de personalidades cada vez mais reduzido.» (*Ibidem*, p. 48)

Estas considerações de Lafargue são deveras actuais: hoje em dia, a liberal-democracia foi capturada por grupos de interesses minoritários e extremamente poderosos que, actuando à revelia dos processos eleitorais democráticos ou manobrando-os a seu bel-prazer, condicionam-na e põem-na ao serviço dos seus interesses particulares exclusivos em detrimento do interesse geral. No entanto, tal não pode servir de pretexto, como o fazem Trotsky e os bolcheviques, para propor como alternativa a uma democracia política cada vez mais formal a ditadura de um partido único que tutela os trabalhadores e lhe indica qual é a «justa via» para a sua emancipação. Não é verdade, como alguém disse justamente, que «a emancipação dos trabalhadores só pode ser obra dos próprios trabalhadores»?

Da revolução democrática burguesa à revolução socialista

Em 1924, Trotsky publica *As Lições de Outubro*, obra em que, convertido definitivamente à ortodoxia leninista do partido de vanguarda, tenta, por artes mágicas, sem nenhum fundamento científico, transformar o que não foi mais do que um golpe de Estado audacioso numa revolução socialista. A obra analisa o período decorrido entre 27 de Fevereiro e 25 de Outubro de 1917, com particular destaque para o período do chamado «pré-parlamento» (Setembro–Outubro de 1917), caracterizado pelo confronto entre um poder político institucional débil e hesitante com o poder emergente dos sovietes, particularmente com o de Petrogrado e Moscovo, em que os bolcheviques se opõem a outras correntes de esquerda, particularmente os sociais-democratas (mencheviques) e os socialistas revolucionários, herdeiros do movimento populista. Estavam, por conseguinte, criadas as condições para a existência de uma situação de duplo poder que marcaria este período.

A linha de argumentação de Trotsky não tem nada de inovador, se tivermos em conta a obra *Terrorismo e Comunismo*: no período do pré-parlamento, forma-se na Rússia uma situação pré-revolucionária que permitirá que a Revolução de Fevereiro, uma Revolução democrática burguesa, se converta, graças ao poder extraparlamentar dos sovietes, numa revolução «socialista» ou «proletária» com a conquista do poder pelos bolcheviques, a vanguarda política do proletariado e representante dos trabalhadores mais avançados, tanto mais que o seu partido se sentia legitimado para ultrapassar a etapa democrática burguesa do processo revolucionário, pois tinha conquistado a maioria nos sovietes de Petrogrado e de Moscovo, os dois maiores do país, fazendo finalmente justiça à sua designação.

Na sequência de *Balanço e Perspectivas*, Lev Davidovich contesta o «pseudo-marxismo» dos sociais-democratas russos do Grupo para a Emancipação do Trabalho de que «os países adiantados mostram aos países atrasados a imagem do seu desenvolvimento futuro», pois converte este argumento do autor de *O Capital*, que o companheiro de Lénine, neste caso, considera «condicional e limitado», numa «lei absoluta, supra-histórica na qual aquele se esforçaria por basear a táctica do partido» (Trotsky, Lisboa, 1974, p. 15). De novo interpretando Marx segundo as conveniências do Partido Bolchevique, Lev Davidovich defende, pelo contrário, que a combinação dos elementos retardatários provenientes do absolutismo czarista com os elementos inovadores resultantes do desenvolvimento emergente do capitalismo russo, a que se acrescenta ainda a debilidade da burguesia nacional russa para dirigir politicamente a etapa democrática burguesa da revolução, criam as condições objectivas necessárias para uma revolução mais profunda em que o Partido Bolchevique poderá conquistar o poder e instaurar um regime socialista. Este argumento, que seria retomado em *A Revolução Permanente*, não explica, porém, como é que num espaço de 6 a 8 meses se poderia realizar esta mágica transmutação. Ou o carácter socialista da Revolução de Outubro de 1917 não passa de um mito, transmitido à posteridade pelo aparelho de propaganda bolchevique, ou o que aconteceu naquela data histórica nada mais foi do que um golpe de Estado vitorioso do Partido Bolchevique, que explorou politicamente com sucesso a desorganização do exército e do aparelho repressivo herdado do czarismo, a revolta dos soldados que se opunham ao prosseguimento da guerra e o abandono dos sovietes pelos sociais-democratas e os socialistas revolucionários em protesto contra o derrubamento do governo provisório, isto é, um conjunto de circunstâncias tanto contingentes quanto inéditas que não se repetiria em mais nenhuma parte do mundo. Com esta argumentação, Trotsky transformou o mito numa nova «lei» supra-histórica, pois não passa de um evento circunstancial, irrepetível tanto como tragédia quanto como farsa, mas que serve perfeitamente a estratégia do Partido Bolchevique, conferindo provisoriamente ao novo poder uma legitimidade democrática que deixou de existir após a dissolução da Assembleia Constituinte.

A influência dos sociais-democratas no operariado e dos socialistas revolucionários no campesinato, que lhe permitiram a vitória nas eleições para a Assembleia Constituinte, apontava desde logo para uma aliança entre o Partido Bolchevique e os outros partidos da esquerda não bolchevique sob a forma do que Trotsky designou por «ditadura democrática do proletariado e do campesinato», um belo oximoro que seria retomado com ligeiras diferenças por Mao Zedong. No entanto, a oposição daqueles partidos ao golpe de Estado bolchevique que derrubou o governo provisório de Kerensky e a sua defesa da legalidade democrática expressa pela eleição da Assembleia Constituinte, defendida também pela maioria do Partido Bolchevique, conduz Trotsky a uma espécie de «fuga para a frente», que possui fortes afinidades com a tese luxemburguista da revolução «prematura», embora tenha um sentido substancialmente diferente, quando considera que o período inaugurado pela Revolução de Fevereiro consiste em «sair do quadro democrático burguês» (*Ibidem*, p. 18), pois esta não possuía em si própria «nenhum elemento de estabilidade» (*Ibidem*, p. 17). O problema é que os principais obstáculos a esta «fuga para a frente» eram precisamente os elementos políticos «recuados», ou seja, os outros dois partidos da esquerda não bolchevique, que não integravam o partido proletário de vanguarda representado precisamente pelos bolcheviques de Lénine e Trotsky:

> «A marcha para o poder devia inevitavelmente fazer estoirar o invólucro democrático, levar a maioria dos camponeses a sentir a necessidade de seguir os operários; permitir ao proletariado realizar a sua ditadura de classe, pondo, por isso mesmo, na ordem do dia, paralelamente à democratização das relações sociais, a interferência socialista do Estado operário nos direitos de propriedade capitalista. Nestas condições, continuar a defender a fórmula "ditadura democrática" era, na realidade, renunciar ao poder, pondo a revolução num beco sem saída.» (*Ibidem*, p. 22)

Esta argumentação não era substancialmente diferente da de Lénine, que defendia que a Assembleia Constituinte se deveria limitar a ratificar o poder dos sovietes, já completamente integrados no aparelho de Estado que o Partido Bolchevique começava a construir a passos de gigante, após o abandono daqueles órgãos revolucionários pelos sociais-democratas e os socialistas revolucionários. No entanto, Lev Davidovich acrescenta-lhe ainda três elementos relevantes que têm o condão de tornar ainda mais infundada a argumentação do seu camarada de partido.

O primeiro é a afirmação absolutamente falsa de que a ruptura do «invólucro democrático» levaria «a maioria dos camponeses a sentir a necessidade de seguir os operários», como se os camponeses não tivessem nenhuma autonomia política, tese também errada e defendida por Trotsky. A resposta camponesa foi outra, pois, ao que tudo indica, não votaram no Partido Bolchevique, mas sim nos socialistas revolucionários para a Assembleia Constituinte, sendo que estes conseguiram o dobro dos votos do partido de Lénine e Trotsky. O segundo elemento é opor o «invólucro democrático» da Revolução de Fevereiro à «ditadura de classe do proletariado», que se converterá, na prática, na ditadura de um só partido sobre o proletariado e as restantes classes trabalhadoras. O terceiro elemento é o manifesto absurdo de que um partido que exclui todos os outros partidos da esquerda não comunista do poder político para governar sozinho sem oposição política de espécie alguma irá conduzir um processo de «democratização das relações sociais». Prova disso foi a instituição, após o golpe de Estado de Outubro de 1917, de um aparelho repressivo, a Tcheka, que estaria na origem, primeiro, do GPU (Directório Político do Estado) e do OGPU e, depois, do sinistro NKVD estalinista (Comissariado Popular de Segurança do Estado), cuja função era primeiro perseguir e liquidar os adversários tanto à direita como à esquerda do bolchevismo no poder e, posteriormente, em 1936, suprimir os principais dirigentes bolcheviques que se opunham à concentração de poderes nas mãos de Estaline. Entre estes, destacavam-se Kamenev, cunhado de Trotsky, e Zinoviev, dirigentes bolcheviques que, na sua *Carta sobre o Momento Presente*, citada por Trotsky, declaravam que

> «na Rússia conquistámos a maioria dos operários e uma parte importante dos soldados. Mas o restante é duvidoso. Por exemplo: estamos convencidos de que se as eleições para a Assembleia Constituinte tiverem lugar, os camponeses votarão na sua maioria nos s-r. Pode-se considerar o fenómeno fortuito?» (*Ibidem*, p. 47).

Certamente que não! Kamenev e Zinoviev tinham razão. Na sequência da sua posição política, diversos dirigentes eminentes do Partido Bolchevique demitiram-se em 4 de Novembro de 1917, pouco depois da tomada de poder pelo seu partido, defendendo um governo de coligação com o argumento, também citado por Trotsky, de que, caso contrário, «ficamos sujeitos a ter de nos resignar com um governo puramente bolchevique, mantendo-se através do exercício do terror político» (*Ibidem*, p. 58), que foi precisamente o que veio a acontecer. Reconheça-se, pelo menos, a Lev Davidovich o mérito de não silenciar as opiniões das vozes discordantes, facto que nunca passaria pela cabeça de Estaline. Mas isto significa que a natureza ditatorial do regime instituído em 25 de Outubro de 1917 prefigura já tanto o estalinismo como o pós-estalinismo até à tentativa de democratização falhada por Mikhail Gorbachev no início da década de 1990. Moshe Lewin, um dos melhores analistas das diferentes fases do regime instaurado pela chamada «Revolução Socialista» Russa, designação com a qual justamente não concorda, caracteriza-o da seguinte forma:

> «Era um sistema socialista? Não absolutamente. O socialismo existe quando os meios de produção são propriedade da sociedade e não de uma burocracia. O socialismo sempre foi concebido como o aprofundamento da democracia e não como a sua recusa. Continuar a querer falar de «socialismo soviético» é uma verdadeira comédia de erros.» (Lewin, 2003, pp. 476–477)

A Revolução de Outubro no contexto mundial

No seu mais célebre livro, *A Revolução Permanente* (1930), que o converteria numa espécie de «profeta desarmado», para utilizar o título de um dos volumes de Isaac Deutscher sobre o seu percurso político, Trotsky sistematiza as ideias que tinha introduzido nas *Lições de Outubro*. Nesta obra, o processo revolucionário que converte, na Rússia, a revolução democrática burguesa numa revolução socialista é concebido com um processo ininterrupto que se integra num contexto mundial em que cada etapa mais avançada se articula com a precedente, em que, de certo modo, já está potencialmente contida, mas ainda não completamente configurada. Neste processo, Trotsky retoma a tese de que o campesinato não passa de uma classe «recuada», completamente despojada de autonomia e capacidade de autodeterminação, e que só tem salvação se seguir passivamente o proletariado, a «classe universal» que representa a emancipação de todos os trabalhadores, tese que seria totalmente desmentida pela Revolução Chinesa.

Lev Davidovich tenta justificar a sua teoria da «revolução permanente» fazendo apelo a uma profecia infundada de Marx na obra *O 18 de Brumário de Louis Bonaparte*, em que este, de forma apressada, caracteriza as revoluções do século XIX relativamente às do século do Iluminismo precisamente como um processo ininterrupto que, apesar da alternância de fases de avanço e de recuo, acaba por superar todos os obstáculos que se interpõem no seu caminho para conduzir inevitavelmente a uma situação em que já não é possível nenhum retrocesso. Apesar de reconhecer que estas perspectivas do autor de *O Capital* não se concretizaram no século XIX, sem se preocupar, ao contrário de Gramsci, em analisar as causas da sua ausência de fundamento, Trotsky acaba por construir a sua teoria na base do que não é mais do que uma profecia, em que Marx, nos seus piores momentos, era particularmente pródigo, acrescentando-lhe apenas o argumento-chave da «desigualdade do desenvolvimento histórico», convertida pomposamente pelos seus epígonos da IV Internacional numa pretensa «lei do desenvolvimento desigual e combinado», que tornou possível a eclosão e o triunfo de uma revolução socialista num país atrasado como a Rússia czarista, o «elo mais fraco» do capitalismo mundial.

Sistematizando, a teoria da «revolução permanente» baseia-se fundamentalmente em três pressupostos:

1) Num país como a Rússia, graças à lei do desenvolvimento desigual do capitalismo, a revolução democrática burguesa e a revolução socialista não estão separadas no tempo, já que «para os países atrasados, o caminho para a democracia passa pela ditadura do proletariado» (Trotsky, 1971, p. 42), o que, embora não dispense a etapa da revolução democrática burguesa, transforma-a num «prólogo imediato da revolução socialista à qual estava ligada por um elo indissolúvel» (*Idem*, p. 42);

2) Na sequência deste pressuposto, decorre o corolário de que «as relações sociais se transformam com o decorrer de uma luta interna contínua» em que «a sociedade muda de pele sem cessar» e «cada fase de reconstrução decorre directamente da anterior» (*Ibidem*, p. 42);

3) Por fim, este processo de transformação de uma revolução democrática burguesa numa revolução socialista apenas poderá instaurar um regime socialista num país capitalista atrasado como a Rússia, não no contexto de um isolamento autárcico, mas no âmbito de um processo revolucionário de dimensão mundial, com particular destaque para o triunfo de uma revolução socialista num ou em vários países capitalistas avançados, e de que a Revolução de 1917 não é o ponto de chegada, mas, pelo contrário, o ponto de partida.

Este pressuposto torna-se determinante: para Trotsky, não é possível construir com sucesso «o socialismo num só país» isolado no contexto internacional, ainda para mais atrasado económica e socialmente, como defendiam Bukharine e Estaline. Tal apenas poderia conduzir a uma deterioração das condições de existência das massas trabalhadoras, como aconteceu sobretudo na época estalinista, em que vigorou um socialismo de miséria, e a um bloqueio do desenvolvimento das forças produtivas:

> «A sociedade socialista deveria representar, sob o ponto de vista da produção e da técnica, um estado mais elevado do capitalismo: se nos propusermos a construir o socialismo no *interior dos limites nacionais*, isto significa que, apesar dos êxitos, estamos a travar as forças produtivas, mesmo em relação ao capitalismo.» (*Ibidem*, p. 10)

A expectativa de uma ou várias revoluções em países capitalistas avançados não se concretizou. Em contrapartida, o que realmente aconteceu foi a ascensão do nazismo na Alemanha, que assinalou o triunfo da contra-revolução na Europa Ocidental com o notável contributo, como defende justamente Lev Davidovich em *Democracia e Fascismo* (1932), do estalinismo com a sua aberrante estratégia do «social-fascismo». Esta estratégia não apenas revelava uma enorme ignorância relativamente à natureza política específica do nazismo e do fascismo como também punha no mesmo plano social-democracia e fascismo, impedindo uma aliança entre as duas organizações mais representativas dos trabalhadores, sociais-democratas e comunistas, para impedir o triunfo daqueles. Apesar do seu soberano desprezo bolchevique pelo regime parlamentar democrático, Trotsky denuncia vigorosamente naquela obra esta estratégia suicidária, separando «o trigo do joio»:

«A social-democracia, que hoje é o representante principal do regime parlamentar burguês, apoia-se nos operários. O fascismo apoia-se, porém, na pequena burguesia. A social-democracia não pode ter influência sem as organizações operárias de massa. O fascismo, porém, não pode consolidar o seu poder senão destruindo as organizações operárias. A arena principal da social-democracia é o parlamento. O sistema do fascismo é baseado na destruição do parlamentarismo. Para a burguesia monopolista, o regime parlamentar e o regime fascista não representam senão diferentes instrumentos da sua dominação: recorre a um ou a outro segundo as condições históricas. Mas para a social-democracia, como para o fascismo, a escolha de um ou de outro instrumento tem uma importância própria; ainda mais é para eles uma questão de vida ou de morte política.» (Trotsky, 1968, p. 153)

Relativamente à União Soviética saída da Revolução de Outubro de 1917, Trotsky defende em a *Revolução Traída* (1936), uma das suas melhores obras, que o atraso económico da Rússia, reforçado pela tentativa de construção do socialismo num só país em regime de autarcia, é acompanhado por uma contra-revolução burocrática baseada numa economia estatizada em que foi abolida a propriedade privada dos principais meios de produção, que conferia aos estratos superiores da burocracia e aos máximos dirigentes do partido no poder um conjunto de privilégios relativamente à maioria da população, a principal vítima de um sistema económico ineficiente caracterizado pela penúria recorrente de produtos de consumo e que nunca conseguiu ultrapassar o atraso tecnológico relativamente aos países capitalistas mais desenvolvidos. Na ausência de uma segunda revolução que restabelecesse o carácter «democrático» da revolução «traída», a tendência seria para o desabamento do sistema burocrático e a restauração do capitalismo. Se é verdade que Lev Davidovich acerta em cheio nas suas previsões, não é verdade que a Revolução de Outubro tivesse um carácter democrático, pois, como vimos, reduziu-se a um golpe de Estado revolucionário que instaurou um regime de partido único. Isto significa que as potencialidades democráticas que, à partida, existiam nos sovietes morreram à nascença, iniciando-se a contra-revolução burocrática muito antes da ascensão de Estaline ao poder, precisamente no período em que todos os partidos da esquerda não comunista foram ilegalizados e se iniciou, sob a direcção de Lénine e do próprio Trotsky, a construção do aparelho repressivo, que permitiu ao Partido Bolchevique conservar o poder político em circuito fechado.

No seu último livro, *Estaline*, publicado em 1948, Trotsky regressa, em parte, às suas teses de juventude de *As Nossas Tarefas Políticas*, quando admite que «o estalinismo futuro estava contido no centralismo bolchevique ou, mais geralmente, na hierarquia clandestina dos revolucionários profissionais» (Bonnet, Paris, 1970, p. 8). No entanto, considera também que esta concepção expressa um «conteúdo histórico extremamente pobre» quando submetida a uma análise em que, apesar dos perigos inerentes a uma organização centralizada e hierarquizada, «é necessário procurar as causas profundas, não no princípio da centralização, mas na *heterogeneidade e na mentalidade atrasada dos trabalhadores*, isto é, nas condições sociais gerais que tornam precisamente necessária uma direcção centralizada da classe pela sua vanguarda» (*Idem*, p. 9, destaques nossos).

Com este juízo, Trotsky dá com uma mão o que tira com a outra, não assumindo completamente a sua crítica porque continua sempre prisioneiro do espectro bolchevique do partido de vanguarda que o assombraria até ao fim da sua existência. Tal como para Lénine em *Que Fazer?*, os trabalhadores têm uma «mentalidade atrasada» que torna indispensável a tutela da *sua* vanguarda com vista à sua emancipação social e política. Se tal atraso se pode aceitar, em parte, na Rússia czarista em consequência da iliteracia de grande parte dos trabalhadores, não pode ser, de modo algum, generalizável a outros países mais avançados, como defendia Rosa Luxemburgo relativamente aos trabalhadores alemães, em 1919. Esta defesa recorrente da necessidade de uma vanguarda política prova que, desde 1917 até à sua trágica morte, Trotsky nunca deixou de ser um bolchevique que, como referiu Victor Serge, um seu antigo aliado na «oposição de esquerda» a Estaline, herdou do bolchevismo leninista o mesmo sectarismo e intolerância que criticava aos dirigentes do *Komintern*:

> «Mais tarde, no seio da Oposição, tão sã nas suas aspirações, Trotsky não quis tolerar nenhum ponto de vista diferente do seu.» (Serge, 2017, p. 460)

CAPÍTULO 5

MAO ZEDONG: DA «DEMOCRACIA NOVA» À «DITADURA DEMOCRÁTICA POPULAR»

A revolução chinesa: uma revolução camponesa

Mao Zedong, cognominado *o Grande Timoneiro*, nasceu em 26 de Dezembro de 1893, em Shaoshan, província de Hunan, no seio de uma família camponesa. Frequentou a escola até aos 13 anos, mas em consequência de divergências com o pai, abandonou a terra natal com o objectivo de continuar a estudar em Changsha, capital da província de Hunan.

Em 1911, desencadeou-se a revolução republicana chinesa que derrubou a dinastia imperial. O jovem Mao alistou-se no exército revolucionário até ao início da nova república, em 1912, de que Sun Yat-sen (1866–1925), figura política que muito admirava, se tornou provisoriamente o primeiro presidente. No entanto, o novo regime político não teve tempo para se estabilizar, já que o poder foi confiscado por uma série de senhores da guerra que partilhou entre si o imenso território chinês. A fragmentação da China, apoiada pelas potências estrangeiras, que desde a Guerra do Ópio, em 1840, intervinham no país servindo-se da complacência da dinastia Manchu, manteve-se até 1917, data em que o fundador da República regressou do exílio, assumindo, um ano depois, o controlo das províncias do Sul, onde se encontravam as principais cidades, focos da retoma do movimento revolucionário republicano. Sun Yat-sen assumiu, em 1921, de novo, o cargo de Presidente da República. Aliando-se à Rússia soviética com o objectivo de conseguir um apoio contra a dominação estrangeira e os senhores da guerra, morreria quatro anos depois.

Mao Zedong foi muito marcado pelos acontecimentos deste primeiro período revolucionário chinês. Autonomizando-se muito cedo do redil familiar, Mao estudou, de 1913 a 1918, filosofia, história e literatura chinesa na Escola Normal de Hunan, assimilando a influência do marxismo ocidental. Porém, não se contentou com uma universidade de província, transferindo-se para Pequim, em 1919, onde participou no Movimento de 4 de Maio, que se opôs à entrega ao Japão das regiões chinesas que estavam sob o controlo do imperialismo alemão. Aderindo ao marxismo nesta data, participou, dois anos depois, na fundação do Partido Comunista Chinês. Apesar de defender no seio do partido a corrente pró-soviética, não se deixou influenciar pela ortodoxia bolchevique relativamente à questão agrária, defendendo no *Inquérito sobre o Movimento Camponês em Hunan* (1927) as potencialidades revolucionárias do campesinato chinês, que se transformaria na base social da revolução que instaurou a República Popular da China em 1949. Em 1924, no I Congresso Nacional do Kuomintang, o partido representativo do nacionalismo republicano chinês, Sun Yat-sen defendeu a aliança com o partido de Mao, de que resultou uma estratégia comum traduzida na eleição de alguns membros do Partido Comunista Chinês como efectivos ou suplentes do Comité Central Executivo do Kuomintang.

No entanto, a morte de Sun Yat-sen, em 1925, deu lugar à ascensão do marechal Chiang Kai-shek como dirigente máximo do Kuomintang, figura da ala direita do partido fortemente hostil aos comunistas chineses. Prova disso foi a insurreição operária de Cantão, em 1927, fortemente reprimida pelos nacionalistas armados pelas potências estrangeiras, com a complacência da III Internacional, que, depois de ter incentivado os comunistas chineses a criar um soviete e a ocupar a cidade, abandonou-os à sua sorte. Porém, esta insurreição não seria esquecida pela intelectualidade progressista da Europa Ocidental. Em 1933, o escritor francês André Malraux escreveu *A Condição Humana* (*La Condition Humaine*), obra literária extraordinária que marcará para sempre a literatura universal e que tem como cenário os eventos de Cantão e o heroísmo dos seus trágicos protagonistas.

Entretanto, entregue a si próprio, Mao não ficaria à espera que a Internacional estalinista se decidisse a apoiar o seu partido. Com a tomada do poder pelo Kuomintang, iniciou-se a primeira guerra civil chinesa, que opôs o Partido Comunista Chinês aos nacionalistas liderados por Chiang Kai-shek. Organizando um movimento revolucionário em Hunan e Jiangxi, de que resultaria, em 1931, um soviete, Mao revelou toda a sua originalidade relativamente ao modelo soviético de revolução, adoptando uma táctica de guerrilha de base camponesa. O coroamento desta táctica é a célebre Longa Marcha (1934-1935), em que Mao e a sua guerrilha conseguiram libertar-se das tropas nacionalistas de Chiang Kai-shek, dirigindo-se para noroeste, longe dos grandes centros urbanos controlados pelos nacionalistas, até Yanan, na província de Saanxi, primeira região a ficar sob o controlo do Partido Comunista Chinês.

A invasão da China, em 7 de Julho de 1937, pelos japoneses assinalou o período da segunda guerra civil chinesa e da Segunda Guerra Mundial na Ásia. Até à derrota dos japoneses, a aliança com o Kuomintang foi retomada relativamente à resistência ao invasor, mas sem pôr em causa a autonomia estratégica do Partido Comunista Chinês, que via em Chiang Kai-shek mais um adversário do que um aliado, sendo este período visto como mais do que uma simples aliança, sendo mesmo uma trégua entre ambos. O predomínio dos nacionalistas nas grandes cidades continuou a caracterizar este período, o que acabou por marcar decisivamente o sentido do movimento revolucionário chinês relativamente ao movimento revolucionário russo de 1917: este desenvolveu-se do campo para as cidades e não das cidades para o campo.

Os japoneses foram combatidos por dois exércitos distintos: o exército nacionalista de Chiang Kai-shek, um exército regular, e o exército revolucionário com base na guerrilha camponesa, organizada pelo Partido Comunista de Mao, que, mais uma vez, o Komintern estalinista deixou entregue à sua sorte. Eis a razão pela qual, entre 1936 e 1940, Mao se opôs às teses tradicionalistas dos elementos pró-soviéticos, afastando-os do partido sobre o qual reforçou o seu controlo político. Em Janeiro de 1940, escreveu o ensaio *Sobre a Democracia Nova*, em que defendeu a necessidade de um regime político de transição, a «democracia nova», entre o capitalismo e o socialismo.

Após a derrota japonesa na Segunda Guerra Mundial, deu-se a ruptura do período de tréguas com o Kuomintang, iniciando-se, um ano depois, o período da terceira guerra civil, que opôs, de novo, num confronto final, os nacionalistas de Chiang Kai-shek ao Partido Comunista Chinês. Apesar de os primeiros controlarem as províncias mais populosas, mais prósperas e industrializadas, cerca de 450 milhões de chineses, a corrupção no seio das hostes nacionalistas seria um dos factores do seu enfraquecimento, a que se juntou a simpatia das massas rurais, verdadeiros pilares do processo revolucionário, relativamente ao Partido Comunista Chinês, o que permitiria ao exército popular entrar em Pequim, proclamando, em 1 de Outubro de 1949, a República Popular da China.

A revolução chinesa muito pouco teve que ver com a revolução bolchevique de 1917, que não foi mais, ao contrário do que reza a tradição dos partidos comunistas que restam no século XXI, do que um audacioso golpe de Estado dirigido por Lénine e Trotsky. Além de ser fundamentalmente uma revolução camponesa, a primeira foi fruto de uma guerra prolongada, tanto contra o invasor japonês como contra o Kuomintang, em que a etapa «democrática burguesa» e a «etapa socialista», apesar de interligadas, estão claramente separadas no tempo por um período de pelos menos 38 anos (1911-1949) — Mao prolonga-o até 1840, data da Guerra do Ópio, contra as potências estrangeiras, que assinala o despertar nacionalista da China —, o que lhe confere desde logo uma maior maturação e solidez.

O Komintern estalinista, que tinha obrigado os comunistas chineses a integrar o Kuomintang de Chiang Kai-shek, que lhes era totalmente hostil, apercebendo-se demasiado tarde das potencialidades do movimento revolucionário camponês chinês no período 1915-1917 e na expectativa de que nas grandes cidades chinesas, controladas pelo Kuomintang, o operariado lideraria uma insurreição contra o regime nacionalista, decidiu, paradoxalmente, seguir de forma literal a tese luxemburguista da «revolução prematura», defendida em *Reforma ou Revolução?*, que já se tinha revelado catastrófica, em 1919, na Alemanha: em 11 de Dezembro de 1927, ordenou aos comunistas chineses que criassem um soviete coincidente com o XV Congresso da Internacional Comunista com o objectivo de ocuparem a cidade. O resultado desta viragem estratégica ultra-esquerdista, precursora da tese aberrante do «social-fascismo» do início da década de 1930, foi um massacre que ceifou a vida a 5700 pessoas, de que se destacaram os melhores quadros do Partido Comunista Chinês e o triunfo dos nacionalistas em aliança com as potências estrangeiras. Esta estratégia apenas revelou a total incompreensão do bolchevismo estalinista sobre a natureza específica da revolução chinesa, que não era uma revolução proletária mas, essencialmente, uma revolução camponesa, não enquadrada num sistema de referência «marxista-leninista» em que o operariado teria de ser necessariamente a «vanguarda» do processo revolucionário.

Trotsky dedicou a este evento um apêndice memorável em *A Revolução Permanente*, significativamente intitulado *A Revolução Estrangulada*, após a leitura do romance *Os Conquistadores* (1931), de André Malraux, onde tenta provar que a solidariedade internacionalista se converteu num mero dever formal, num instrumento para a preservação do Estado Soviético e da estratégia estalinista de construção do socialismo num só país, representada pelo *Komintern*, que, de um momento para o outro, passa de uma táctica defensiva de aliança com o Kuomintang para uma táctica aventureirista que abandona os comunistas chineses à sua sorte depois de os ter intimado a avançar para o abismo:

> «Os comunistas dependem do Kuomintang. Persuadem-se os operários a não praticar um único acto que possa desgostar os amigos originários da burguesia. "Tais são estas sociedades, que nós controlamos (mais ou menos, aliás, não vos iludais)..."» — refere Borodine, personagem do romance de Malraux que representa a Internacional Comunista, citado por Lev Davidovich — «Edificante declaração! A burocracia da Internacional Comunista tentou "controlar" a luta de classes na China, como a internacional bancária controla a vida económica nos países atrasados. Mas uma revolução não pode comandar-se. Apenas se pode dar uma expressão política às suas forças interiores. É preciso saber a qual destas forças se ligará o seu destino.» (Trotsky, 1971, p. 246)

Porém, Trotsky não suspeitava e nem podia prever que o título «revolução estrangulada» poder-se-ia aplicar não apenas ao estalinismo soviético mas também, ainda com maior rigor, à própria Revolução Chinesa após a conquista do poder político por Mao Zedong, *o Grande Timoneiro*, em 1949, com o restabelecimento da ortodoxia marxista-leninista como doutrina oficial do novo Estado.

As classes sociais e a questão agrária

Em *Análise das Classes na Sociedade Chinesa*, publicada em Março de 1926, Mao Zedong retoma a tese leninista em que «o partido revolucionário é o guia de massas, não podendo, portanto, a revolução alcançar a vitória se este a conduz por uma via errada» (TséTung, I, 1975, p. 1). No entanto, estas considerações não deixam de ser críticas e premonitórias se tivermos em conta as oscilações tácticas do Komintern no período revolucionário chinês de 1925-1927. Em contraponto às concepções estalinistas dominantes, herdeiras do leninismo, Mao traça uma análise detalhada das classes sociais na China, em que destaca a importância do campesinato na estrutura social, quando, na Rússia bolchevique,

Estaline se preparava para exterminá-lo como classe social, o fraco peso do operariado e a debilidade da burguesia nacionalista representada pelo Kuomintang de Chiang Kai-shek.

Os proprietários fundiários feudais, a classe dos «senhores da terra», bem como os sectores da burguesia que se limitam a desempenhar o papel de representantes e intemediários do capital estrangeiro, designados pelo termo «burguesia compradora» — que influenciaria fortemente alguns teóricos ultra-esquerdistas sul-americanos do desenvolvimento e da dependência das décadas de 1960 e 1970, de que se destacou o chileno André Gunder Frank em *Lumpen-Burguesia: Lumpen-Desenvolvimento* (1971) —, a que se acrescentam ainda os clãs militaristas e os funcionários corruptos da administração estatal, em suma, o conjunto dos grupos sociais que defende o *statu quo*. Imediatamente abaixo destas classes conservadoras e reaccionárias situa-se a média burguesia, que representa o movimento nacionalista chinês. Para Mao, o seu objectivo é «a criação de um Estado onde uma classe, a burguesia nacional, deve reinar (*Idem*, p. 3). No entanto, esta classe está dividida entre uma ala esquerda, de que o principal representante foi Sun Yat-sen, e uma ala direita, representada pelo marechal Chiang Kai-shek, um militarista, que afastou os representantes do Partido Comunista Chinês do Comité Central Executivo do Kuomintang. Esta divisão impede que a burguesia nacionalista, situada a meio caminho entre a revolução e a contra--revolução, possa, ao contrário do que pensava Estaline, dirigir a revolução democrática nacional. Neste sentido, Mao considera que «a concepção da média burguesia chinesa sonhando com uma «revolução independente» em que assumiria o papel principal é pura ilusão» (*Ibidem*, p. 4). Este papel caberá ao Partido Comunista Chinês, no contexto de uma aliança táctica com o que resta da ala esquerda do Kuomintang, embora Mao nunca o afirme explicitamente, pois, na prática, acaba por abandoná-la após a derrota da insurreição de Cantão.

O passo seguinte é definir claramente os principais aliados da revolução democrática nacional com que o Partido Comunista Chinês poderá contar. Fiel à tradição bolchevique, *o Grande Timoneiro* considera que o proletariado «constitui a classe mais progressiva da China, tendo-se transformado na força dirigente da revolução» (*Ibidem*, p. 11). No entanto, reconhece que é um grupo social extremamente minoritário, cerca de 2 milhões de pessoas, que se distribuem por cinco sectores económicos: caminhos-de-ferro, minas, transportes marítimos, indústrias têxteis e construções navais. Concentrado nas grandes cidades do sul da China, o proletariado é uma classe que, apesar de minoritária no plano social, se caracteriza pelo seu activismo, como o provam os movimentos grevistas que entre 1921 e 1925 envolveram marinheiros, ferroviários, operários das minas de carvão de Cailuan e Tsiaotsuo, culminando nas grandes greves de Xangai e Hong-Kong.

A grande originalidade de Mao consiste em destacar a importância do campesinato no movimento revolucionário. Antes de tudo, destaca a sua camada superior, os camponeses proprietários, em que distingue três grandes estratos: um estrato que se situa no topo, que desfruta de um nível de vida relativamente elevado, o equivalente aos kulaques da Rússia soviética, que visa, tal como a média burguesia nacionalista, ascender socialmente; um segundo estrato, menos próspero, constituído pelos que são obrigados a aumentar a sua jornada de trabalho ou a intensificar os ritmos laborais para manterem o seu nível de vida; por fim, um estrato mais pobre, constituído pelos que registam uma degradação das suas condições de existência, perdendo o estatuto que uma vida relativamente cómoda lhes conferia no passado.

Imediatamente abaixo do grupo dos camponeses proprietários situam-se os camponeses semiproprietários, que não podem subsistir com o trabalho de cultivo directo das suas propriedades, sendo por isso obrigados a uma actividade suplementar para sobreviverem: tomar terras em arrendamento dos proprietários mais ricos, vender parte da sua força de trabalho ou dedicar-se ao pequeno comércio. Abaixo deste grupo situam-se os camponeses pobres que não são proprietários de terras, mas sobretudo rendeiros pobres, cultivando terras de propriedade alheia das quais recebem metade ou menos da colheita. Esta classe adquire uma enorme importância estratégica no processo revolucionário não apenas pelo seu peso largamente maioritário na estrutura social chinesa, mas também pela debilidade do proletariado rural, isto é, dos assalariados agrícolas, que, não sendo rendeiros nem possuindo terras, são obrigados a vender a sua força de trabalho em troca de um salário de miséria. Por fim, os artesãos pobres, os empregados de comércio e os vendedores ambulantes, que pelas suas precárias condições de vida estão mais próximos do campesinato pobre, do proletariado rural e também do proletariado urbano do que os artesãos e comerciantes proprietários, incluídos juntamente com os dois últimos estratos dos camponeses proprietários e as camadas menos prósperas da intelectualidade — professores do ensino primário e secundário, empregados e pequenos advogados — na classe da pequena burguesia.

O relatório sobre a província de Hunan: a ascensão do movimento camponês

Esta brilhante análise de Mao Zedong tem o seu coroamento no seu *Relatório sobre uma Investigação Feita no Hunan a Respeito do Movimento Camponês*, publicada em 1917, nove meses antes da insurreição de Cantão. Nesta obra, Mao demarca-se da ortodoxia bolchevique que considerava o campesinato como uma classe incapaz de agir autonomamente no processo revolucionário. O futuro *Grande Timoneiro* analisa a «revolução camponesa» na província de Hunan, sobretudo nos distritos de Siantan, Siansiam Henxan, Lilim e Tchancha, que teve como principal resultado a formação de associações camponesas que contestam em várias frentes o domínio dos senhores feudais locais e provinciais. Para que não restem dúvidas sobre a sua demarcação relativamente às concepções do bolchevismo russo, Mao sublinha as potencialidades revolucionárias do movimento camponês da província de Hunan:

> «É preciso eliminar rapidamente todos os ditos contrários ao movimento camponês. Todas as medidas erradas que as autoridades revolucionárias tomarem em relação ao movimento camponês devem ser rapidamente corrigidas. Só assim se poderá favorecer o futuro da revolução.» (*Ibidem*, p. 20)

Dividindo neste escrito o campesinato em três estratos — rico, médio e pobre —, os dois primeiros correspondem ao primeiro e segundo estratos do campesinato proprietário e o terceiro aos outros dois, o campesinato semiproprietário, e sobretudo ao campesinato pobre, os chamados «pés-descalços», ambos integrados no semiproletariado rural, que representam a maioria da população dos campos, em que se destacam os últimos, que atingem 70% do total. Estes são, segundo Mao, os elementos mais activos das associações camponesas locais e distritais que se constituíram na região e, por conseguinte, a «vanguarda» da revolução camponesa:

> «São os que melhor aceitam a direcção do Partido Comunista. São um inimigo mortal dos déspotas locais e dos maus nobres, a quem atacam sem a menor hesitação.» (*Ibidem*, p. 34)

Um dos grandes méritos do jovem Mao é, indubitavelmente, a superação da dicotomia insustentável do bolchevismo leninista, herdada por

Estaline, que opunha a «vanguarda política», representada pelo Partido Bolchevique, à «espontaneidade» das massas «recuadas» politicamente num processo de «substitucionismo» político, justamente criticado por Trotsky em *As Nossas Tarefas Políticas*. Para Mao, o partido não deve, de modo algum, substituir-se às massas camponesas, mas, pelo contrário, aplicar o princípio «vergar o arco sem disparar, esboçar apenas o gesto» (*Ibidem*, p. 60), ou seja, a sua função não consiste em comandar os camponeses, mas sobretudo em orientá-los para que possam, consciente e responsavelmente, assumir as suas acções, no respeito da sua própria autonomia, considerando errados os métodos políticos substitucionistas em que o partido de vanguarda actua em nome dos comandados, que devem limitar-se a segui-lo passivamente.

A luta revolucionária das associações camponesas tem como primeira etapa um conjunto de reivindicações e conquistas económicas que põem em causa os privilégios dos proprietários feudais tanto a nível local como distrital: proibição do envio de arroz para o exterior e do armazenamento de cereais com fins especulativos que provocam carestias e altas artificiais dos preços dos produtos agrícolas; proibição do aumento das rendas fundiárias e defesa da sua redução; proibição do cancelamento dos arrendamentos, mero pretexto a que recorrem os proprietários fundiários para estabelecerem novos contratos de arrendamento de que decorrem rendas mais elevadas; e redução das taxas de juro, de forma a evitar os empréstimos de natureza usurária, que colocavam os camponeses semiproprietários e os camponeses pobres, sobretudo nos maus anos agrícolas, na dependência dos grandes proprietários fundiários que lhes emprestavam os fundos de que necessitavam.

Uma segunda etapa passa pelo desmantelamento da administração local em mãos dos grandes proprietários fundiários que dispõem não apenas de poderes fiscais próprios, já que podiam lançar de forma arbitrária taxas suplementares sobre os camponeses, mas também de poderes judiciais, que lhes conferem o monopólio de fazer justiça pelas próprias mãos, interrogando e punindo os camponeses «recalcitrantes». Além disso, os senhores feudais possuem ainda milícias privadas armadas para reprimir qualquer tentativa de rebelião do movimento camponês. Estas milícias, verdadeiros exércitos de mercenários ao serviço dos senhores da terra, começam a ser substituídas nos territórios em que se desenvolvem as associações camponesas revolucionárias por «unidades permanentes de milícias casa-a-casa» que são «colocadas sob a autoridade dos novos órgãos de administração autónoma, órgãos rurais do poder político dos camponeses» (*Ibidem*, p. 151). O termo «casa-a-casa» significa que a maior parte das famílias camponesas são obrigadas a participar na constituição destas milícias. Por fim, ponto culminante desta segunda etapa é o controlo da administração provincial. Assim, no «Conselho de Negócios do Distrito» passam a ter assento «representantes da associação camponesa distrital, do sindicato geral, da associação de mulheres, da associação de pessoal das escolas, da associação de estudantes e do quartel-general do Kuomintang no distrito» (*Ibidem*, pp. 53-54).

No entanto, este processo de democratização apenas poderá ser efectivamente consumado com o derrubamento do «sistema de clãs», da chamada «autoridade clânica», espécie de genealogia nobiliárquica baseada em atávicas tradições ancestrais, do «sistema sobrenatural», isto é, da autoridade religiosa tradicional e do «sistema patriarcal» baseado na «autoridade marital», no predomínio sobre a mulher desprovida dos mais elementares direitos. No entanto, Mao considera que este processo não pode ter sucesso apenas no contexto local e provincial, pois o centro da sua irradiação é o «sistema de Estado», a autoridade política geral, que abrange todos os níveis governamentais, começando pelo governo nacional para abranger todos os outros níveis. Apesar de este triplo sistema ideológico começar a sofrer os primeiros abalos, a sua abolição definitiva apenas será possível em consequência da luta económica e política a nível nacional.

A revolução camponesa visa também intervir sobre os hábitos impostos pelo regime feudal nobiliárquico e gerar novas formas de conduta. A este nível destacam-se o banimento dos jogos de azar, o majongue, o dominó e os jogos de cartas, bem como a proibição do tráfico e do consumo de ópio. A estas medidas acrescenta-se ainda a abolição das tarefas humilhantes e degradantes, de que se destaca a destruição de palanquins, transportados por carregadores escravizados ou miseravelmente pagos, ou então, para dar resposta aos que consideram que tal destruição os colocaria no desemprego, o aumento considerável das tarifas para transportar a gente rica e ociosa.

A revolução camponesa introduz também novos hábitos e novos costumes. Entre estes destaca-se a elevação cultural das massas camponesas iletradas com a criação de escolas nocturnas designadas por «escolas camponesas», cujo financiamento provém «dos fundos públicos da superstição, dos templos dos antepassados e de outros fundos ou propriedades públicas não afectadas» (*Ibidem*, pp. 23-24). Outra medida encorajada pelas associações camponesas revolucionárias é a criação de cooperativas de consumo, de revenda e de crédito como forma de libertar os camponeses dos intermediários que lhes vendem as mercadorias de que necessitam a preços exorbitantes e lhes compram os seus excedentes muito abaixo do seu valor real, bem como libertá-los da dependência dos empréstimos usurários quando se encontram em dificuldades. No entanto, o movimento cooperativo encontra-se ainda nos seus primórdios, já que muitas cooperativas são organizadas espontaneamente pelos camponeses que não seguem os princípios específicos da organização cooperativa, o que implica a necessidade de uma «orientação adequada» (*Ibidem*, p. 75) para que o movimento cooperativo possa acompanhar o desenvolvimento das associações camponesas. No entanto, uma coisa é certa:

> «Em poucos meses, os camponeses realizaram aquilo que o Dr. Sun Yat-sen queria, mas não pôde realizar durante os quarenta anos que devotou à revolução nacional.» (*Ibidem*, p. 26)

A segunda guerra civil e a ruptura com o Kuomintang

A derrota da insurreição operária de Cantão assinalou uma nova etapa no processo revolucionário chinês. Esta etapa é assinalada, antes de tudo, pela ruptura do Partido Comunista Chinês com o Kuomintang de Chiang Kai-shek. Os chamados «Novos Três Princípios do Povo», estatuídos no I Congresso Nacional deste partido em 1924 — aliança com a Rússia, com o Partido Comunista Chinês e ajuda aos camponeses e operários —, que aprofundaram os Velhos Três Princípios — nacionalismo, democracia e bem-estar do povo —, foram completamente abandonados pelo partido do marechal chinês. Complementarmente, o Partido Comunista Chinês regressou às zonas rurais, em que se tinha implantado no período precedente, iniciando a Longa Marcha, em 1934, de acordo com o princípio de «ir para a montanha». A invasão japonesa de 7 de Julho de 1937 abriu uma nova frente de luta em que a aliança entre o Partido Comunista Chinês e os nacionalistas é retomada, embora de uma forma muito mais táctica do que no período da primeira guerra civil.

Em Janeiro de 1940, Mao publica o ensaio *Sobre a Democracia Nova*, que exprime a estratégia do seu partido neste novo período. O seu objectivo é transformar a sociedade semicolonial chinesa numa sociedade independente e democrática no contexto de um processo revolucionário mundial desencadeado pela Revolução de Outubro de 1917 na Rússia e que na China teve o seu primeiro reflexo no Movimento de 4 de Maio de 1919. A originalidade de Mao nesta obra centra-se em dois pontos--chave: o primeiro é a retoma das teses leninistas do direito dos povos sob domínio colonial à autodeterminação e independência de forma mais aprofundada, uma vez que envolve a própria China, uma nação asiática predominantemente camponesa, como protagonista desta emancipação e, consequentemente, como exemplo a seguir por outros povos na Ásia e noutros continentes submetidos directamente ao domínio colonial das nações europeias; o segundo é a sua caracterização do regime que sairá deste processo revolucionário, a chamada «democracia nova», que constitui um regime de transição baseado no poder sobre as classes reaccionárias que se opõem à independência nacional exercido conjuntamente pelo proletariado, o campesinato, os intelectuais progressistas e outras camadas da pequena burguesia. Mao considera ainda que a revolução democrática burguesa que instituirá a democracia nova é distinta das revoluções democráticas burguesas dos séculos XVIII e XIX na Europa Ocidental não apenas pelo papel dirigente dos comunistas chineses, em consequência da debilidade da burguesia nacional, mas também porque é fundamentalmente uma revolução de natureza anticolonial que se integra no processo mais alargado da revolução socialista proletária em que participam os povos das colónias e das semicolónias.

Como regime transitório entre o capitalismo e o socialismo, a democracia nova tem uma natureza específica que a demarca de ambos. No que respeita ao seu programa económico, esta baseia-se, antes de tudo, na nacionalização das grandes empresas bancárias, industriais e comerciais que já tinha sido preconizada no Manifesto do I Congresso do Kuomintang dirigido por Sun Yat-sen. Mas a grande originalidade de Mao relativamente ao modelo revolucionário bolchevique reside na forma como aborda a questão agrária. Adversário neste período da colectivização integral da agricultura, que caracterizou a União Soviética de Estaline, defende que o desmantelamento da propriedade dos senhores feudais deve ser acompanhado pelo direito de propriedade privada dos camponeses, onde se incluem também os camponeses ricos nas regiões onde estão implantados, como forma de preservar a aliança entre as classes sociais que sustenta a democracia nova. O mote que está na origem desta medida é «a terra para os que a trabalham», que já tinha sido formulado por Sun Yat-sen, justificando plenamente o desenvolvimento de cooperativas agrícolas e envolvendo sobretudo os camponeses pobres, a partir da base e não por via administrativa, como aconteceu na Rússia estalinista, ponto de partida para a construção de uma economia socialista nas zonas rurais.

A nível político, a democracia nova deve ser uma democracia mais ampla que a democracia liberal burguesa tradicional não apenas no seu conteúdo, mas também na sua forma. Aquela, além de expressar os interesses da maioria da população chinesa contra uma exígua minoria de senhores da terra, de intermediários parasitas, de funcionários corruptos e de caudilhos militares em aliança com as potências neocoloniais ocidentais deve ter como referência político-formal

«um sistema de eleições realmente universal e de igualdade, sem distinções de sexo, crença, riqueza, educação, etc., pois só isso pode corresponder à posição de cada classe revolucionária no Estado, à expressão da vontade do povo e à orientação da luta revolucionária, bem como ao espírito da democracia nova» (Tsé-Tung, 1974, p. 148).

Estas considerações revelam-se tanto mais importantes se tivermos em conta que na época em que Mao publicou esta obra existiam ainda nas democracias liberais diversas restrições ao sufrágio, de que se destacava o não reconhecimento do direito de voto das mulheres, bem como proliferavam regimes ditatoriais nazifascistas na Alemanha e na Itália, a que se juntou o militarismo fascista japonês, regimes responsáveis pelo desencadeamento da Segunda Guerra Mundial.

Ao contrário da Revolução de Outubro de 1917 na Rússia, a democracia nova não resulta de uma revolução proletária, mas essencialmente de uma revolução camponesa. Os camponeses chineses constituem também a principal força de resistência ao invasor japonês e, por conseguinte, sublinha Mao, são «a força principal da revolução» (*Idem*, p. 173), apesar de — acrescenta — «não poder triunfar sem a moderna classe operária industrial, já que esta é a dirigente da revolução chinesa e é a classe mais revolucionária» (*Ibidem*, pp. 143–144). A despeito desta «concessão» à concepção bolchevique da revolução, o campesinato, para *o Grande Timoneiro*, não é uma classe reaccionária, como era para Marx, nem uma classe que se limita a ir na peugada do operariado, como defendiam os bolcheviques russos, mas dispõe de uma autonomia e iniciativa próprias que lhe confere potencialidades revolucionárias. Neste sentido, defende que «na essência, a política da democracia nova significa entregar o poder aos camponeses» (*Ibidem*, p. 173).

Além de uma nova economia e de uma nova política, a democracia nova não pode deixar de gerar uma nova cultura e, por conseguinte, novos hábitos e novos comportamentos. A revolução cultural que acompanha a sua institucionalização tem duas fases. A primeira fase, anterior ao Movimento de 4 de Maio, caracteriza-se pela reforma do sistema de ensino, substituindo o ensino tradicional, centrado no exame imperial, por um sistema escolar moderno de proveniência ocidental, em que predominam as ciências naturais e as teorias sociais e políticas burguesas. No entanto, este novo sistema de ensino nunca conseguiu verdadeiramente implantar-se em todo o território nacional, em consequência da debilidade da burguesia nacionalista chinesa, incapaz de opor uma resistência eficaz às classes tradicionalistas em aliança com as potências estrangeiras. A segunda fase, iniciada com o Movimento de 9 de Maio, é mais profunda, já que lançou as bases da nova cultura tanto no domínio científico-natural e científico-social como na literatura e na arte, de que destaca o teatro, o cinema, a música, a escultura e a pintura. Mao destaca justamente como um dos maiores promotores da revolução cultural da democracia nova Lu Xun (1881–1936), escritor de dimensão universal e autor de obras extraordinárias como *Diário de Um Louco* (1918), *A Verdadeira História de AQ* (1921), *O Misantropo* (1923), *Nostalgia do Passado* (1925) e a *Espada Azul* (1926), obras imbuídas de um profundo humanismo em que se combinam a crítica dos preconceitos atávicos e o culto — de que se destaca a última — do imaginário surreal. Lu Xun fez parte da Liga dos Escritores de Esquerda, movimento intelectual próximo do Partido Comunista Chinês, e foi colaborador da revista inovadora *Nova Juventude*, onde publicou a novela *Diário de Um Louco*:

> «Lu Xun» — afirma Mao — «foi um homem de coluna vertebral tesa, sem sombra de servilismo nem obsequiosidade — qualidade inestimável dos povos das colónias e das semicolónias. Na frente cultural, Lu Xun foi o representante da maioria da nação, o herói nacional mais correcto, mais bravo, mais firme, mais fiel, mais ardente, um herói que abriu brecha e arrasou a cidadela do inimigo, um herói sem igual. A via de Lu Xun foi justamente a via da cultura nacional da China.» (*Ibidem*, pp. 182–183)

Apesar da sua dimensão nacional, a cultura da democracia nova, se tivermos em conta Lu Xun, nada tem de nacionalista, já que é uma cultura aberta ao contributo enriquecedor não apenas das outras culturas socialistas, mas também à cultura dos diversos países capitalistas, com especial destaque para o século do Iluminismo. Recusando a «ocidentalização integral» (*Ibidem*, p. 297), a nova cultura tem sempre em conta a sua especificidade nacional que a distingue das outras, mas subtraindo-lhe os resíduos feudais e democratizando-a. Mas isto significa que o respeito pela história da China nunca deve «elogiar o passado para denegrir o presente» (*Ibidem*, p. 198), e, relativamente aos jovens estudantes, tem como objectivo «guiá-los de modo que olhem para a frente e não para trás» (*Ibidem*, p. 199). A cultura da democracia nova, uma cultura científica e de massas populares, encarna o princípio revolucionário no seu máximo esplendor de que «só com a destruição do que é velho e podre se pode construir algo de novo e são» (*Ibidem*, p. 204).

A terceira guerra civil e a conquista do poder político

Derrotados os invasores nipónicos, deu-se a ruptura da aliança táctica entre o Kuomintang e o Partido Comunista Chinês, desencadeando-se, entre 1946 e 1949, uma nova guerra civil, que terminou com a vitória do partido de Mao. Em 30 de Junho de 1949, quatro meses antes da conquista do poder e da proclamação da República Popular da China, *o Grande Timoneiro* escreve, em comemoração do XXVIII aniversário da fundação do Partido Comunista Chinês, *Sobre a Ditadura Democrática Popular*. Comparado com os escritos anteriormente analisados neste ensaio, trata-se, sem sombra de dúvidas, do menos original tanto na linguagem utilizada como nas propostas. Uma das razões para esta carência de originalidade é provavelmente a proximidade da conquista do poder, que, aliada a uma aproximação acrítica ao regime estalinista que tanto tinha prejudicado a revolução chinesa, mas que passou a ser considerado por Mao como o herdeiro legítimo do marxismo-leninismo, se baseia num certo dogmatismo ideológico, que contrasta com a frescura inovadora dos escritos anteriores, bem como na multiplicação de chavões, extraídos da «vulgata» ideológica estalinista. Prova disso é que o termo «democracia nova» é erradicado do horizonte ideológico, sendo substituído pelo termo «ditadura democrática popular» — um oximoro —, que dá o título ao pequeno ensaio, apesar de já o ter aflorado no escrito de 1940. Este termo representa a estrutura política da nova república popular em vias de constituição, que visa a instauração do comunismo na China nos moldes preconizados por Marx e Engels no seu célebre *Manifesto do Partido Comunista* de 1848:

«Nós» — afirma Mao logo no início — «somos o contrário dos partidos políticos da burguesia. Estes receiam falar da extinção das classes, da extinção do poder estatal. Nós, pelo contrário, declaramos de modo claro que lutamos com energia precisamente para criar as condições necessárias que acelerem a extinção de tudo isto.» (Tsé-Tung, IV, 1971, p. 425)

De facto, não se percebe como não se percebia também em Marx e Engels e, por maioria de razão, em Lénine e Estaline, como é que uma ditadura, por mais alegadamente democrática que se configure, possa contribuir para a formação de uma sociedade sem Estado político separado. Formalmente, o termo «ditadura democrática popular» é sinónimo de «democracia nova», relativamente ao bloco social abrangente que exercerá o poder contra as tradicionais classes reaccionárias dos senhores das terras, dos funcionários corruptos da administração imperial e dos senhores da guerra, ou seja, «a classe operária, o campesinato, a pequena burguesia urbana e a burguesia nacional» (*Idem*, p. 429), o que continua a estar nos antípodas da tradição bolchevique, cujo bloco social de suporte a uma revolução, que só o foi de nome, é muito mais restrito. Curiosamente, deixam de ser destacados neste elenco os intelectuais, que se diluem, por assim dizer, na pequena burguesia urbana.

A prioridade da república popular ou da república democrática no plano económico é, tal como na União Soviética, o desenvolvimento da indústria. O pressuposto deste desenvolvimento que visa converter a China, país predominantemente agrário, numa potência industrial é a «socialização da agricultura», sem a qual «não pode haver um socialismo completo e sólido» (*Idem*, p. 434). Por sua vez, tal «socialização» deve conjugar-se com «o desenvolvimento de uma poderosa indústria que tenha como principal sector as empresas estatais» (*Ibidem*, p. 434). Este projecto, em que já não há qualquer referência à formação de um sector privado nos campos, ao contrário do que acontecia em *A Democracia Nova*, revelar-se-ia catastrófico no período do «Grande Salto em Frente» — sucedâneo da colectivização forçada estalinista que constituiu infelizmente o seu modelo de referência em que se pretendia combinar uma agricultura colectivizada abruptamente com a indústria metalúrgica num processo que não diferia substancialmente da chamada «lei da acumulação primitiva socialista» de Preobrajenski e Trotsky, retomado por Estaline em 1929. Resultado: 45 milhões de vítimas, sobretudo camponesas, e o empobrecimento generalizado da população. Os continuadores deste «projecto» nos anos 70 do século passado, mas sem a componente industrial, foram os khmers vermelhos de Pol Pot em que foram massacradas cerca de um milhão de pessoas nos campos de trabalho forçado administrados pelo Partido Comunista do Cambodja.

Outra distinção relativamente ao ensaio *Sobre a Democracia Nova* é a relação com a burguesia nacional. Apesar de considerar esta classe como parte integrante do bloco revolucionário em virtude do atraso industrial chinês, trata-se, na realidade, de uma classe em vias de extinção à medida que avança o processo de socialização da agricultura e da estatização da indústria cada vez mais sob a égide do modelo estalinista soviético. Mas o problema mais grave não reside tanto na «extinção» propriamente dita, mas no modo como esta se efectua através de um «processo de reeducação» tanto mais intenso quanto mais perto se estiver do «momento de realizar o socialismo» (*Ibidem*, p. 434) que, nunca se sabendo quando se concretizará na prática, abre as portas a todo o tipo de arbitrariedades, a que estarão inexoravelmente submetidos não apenas os burgueses em vias de extinção, mas os que forem considerados «inimigos do povo» que se opõem a este futuro radioso, como aconteceu na «Grande Revolução Cultural» (1966–1976) dirigida pelo *Grande Timoneiro*.

Retirada a burguesia nacional do bloco que sustenta a alegada ditadura democrática popular, Mao não hesita, um pouco mais à frente, em retirar também a pequena burguesia urbana, pois considera que tal ditadura é «dirigida pela classe operária (através do Partido Comunista) e baseada na aliança entre operários e camponeses» (*Ibidem*, p. 437), o que já em nada difere da ortodoxia marxista-leninista bolchevique. Embora nunca o afirme explicitamente, lendo com atenção esta obra verificamos que a autonomia do campesinato, defendida no *Relatório sobre o movimento camponês de Hunan*, atenua-se de forma considerável ou então tende a diluir-se. Além do mais, à medida que avança no seu texto, *o Grande Timoneiro* vai restringindo cada vez mais o carácter «democrático» da ditadura «popular» monopolizada pelo seu partido.

Se o elemento «democrático» se torna cada vez mais ténue reforça-se, em contrapartida, o outro lado do oximoro, a ditadura *tout court*. A referência ao sufrágio universal e às eleições livres que tinha um lugar de destaque em *A Democracia Nova* desaparece totalmente do horizonte. A pretexto da repressão das classes reaccionárias que representam o passado — «os lacaios do imperialismo», segundo a designação do *Grande timoneiro* — o direito de voto e as liberdades individuais vão, por assim dizer, diluindo-se cada vez mais numa entidade indistinta, o «povo», enquanto os que são considerados «reaccionários» são privados de direito de voto, o que implica o restabelecimento de uma forma invertida de sufrágio censitário de inspiração lenininista herdada por Estaline a que nem sequer escapavam os seus «descendentes», mesmo que estes já nada tenham a ver com as práticas e as funções dos seus antepassados próximos ou distantes. Eis como ressurge assim uma nova «categoria política» também de inspiração estalinista: o carácter de classe de um indivíduo já não tem uma origem social, mas genética e natural.

Mao Zedong bem pode dizer magnanimamente que o método para lidar com os «reaccionários» é «o respeito democrático, ou seja, um método de persuasão e não de coacção» (*Ibidem*, p. 433). Esta magnanimidade esconde, porém, apenas a arbitrariedade, visto que o conceito de «reaccionário» tende a alargar-se cada vez mais a outros «inimigos do povo», ou seja, mais especificamente a todos os que no seio do Partido Comunista Chinês contestam a desastrosa política do «Grande Salto em Frente» do *Grande Timoneiro*. Eis a razão pela qual as «campanhas de reeducação» que abrangem todas as formas de dissidência dos que se opõem ao controlo do partido por Mao e seus aliados no Partido Comunista Chinês se torna a essência do regime instituído em 1 de Outubro de 1949: eis o centralismo «democrático» na sua versão maoísta. Ao aliar-se à Rússia estalinista, que tinha abandonado os comunistas chineses miseravelmente à sua sorte na insurreição de Cantão, depois de os ter irresponsavelmente empurrado para a frente, *o Grande Timoneiro* torna-se um discípulo ainda mais abnegado da «construção do socialismo num só país», o que traçou irremediavelmente o caminho que escolheu: o caminho de um regime, de que é o responsável máximo, que provocou milhões de vítimas com as suas políticas económicas desastrosas, com o sistema de purgas e execuções sumárias dos que não partilhavam no interior do partido as suas concepções e programas políticos socialmente desastrosos e cujo principal objectivo é apenas o de consolidar e reforçar o seu poder.

Não deixaria de ser irónico, se não fossem tão trágicas, as suas considerações sobre o que designa por «reino da Grande Harmonia» (*Ibidem*, p. 426), ou seja, a sociedade sem classes e sem Estado, correspondente à fase superior da sociedade comunista teorizada por Marx na *Crítica do Programa de Gotha*. O maior desmentido a este reino paradisíaco é, indubitavelmente, a «Grande Revolução Cultural» que nada tem que ver com a revolução cultural anunciada em *A Democracia Nova*. O objectivo desta revolução resume-se a afastar do partido todos os que contestaram a sua política desastrosa do «Grande Salto em Frente». Foram dez anos de terror político, um regime de delação generalizada dos adversários dos métodos brutais do *Grande Timoneiro*, que foram convertidos em inimigos do povo. Tal «revolução», em vez do enriquecimento cultural, provocou, pelo contrário, uma espantosa regressão cultural que faria revolver na tumba figuras da estirpe intelectual de um Lu Xun, e que teve ainda o triste mérito de ser mais empobrecedor no campo das artes e da literatura chinesas do que o «realismo socialista soviético». No entanto, não faltaram os paladinos da juventude maoista do Maio de 68 francês e os seus seguidores na Europa Ocidental, que divisaram uma mensagem de emancipação no que não foi mais do que um processo de manipulação e intolerância política totalmente inaceitável, que envolveu os jovens Guardas Vermelhos, orquestrada por Mao e pelos seus aliados no partido, com o objectivo de concentrar todo o poder nas suas mãos.

Mao morreu em Pequim, em 9 de Setembro de 1976. Sucedeu-lhe uma das vítimas da sua «Grande Revolução Cultural», Deng Xiaoping, o Khrushchov chinês, que, além de acabar com o mandato perpétuo do Presidente da República, limitando-o a dois mandatos sucessivos, como é hábito nas democracias, substituiu o grosseiro comunismo agrário de Mao, que traiu as promessas de emancipação de milhões de camponeses que despertaram para a política e acreditaram nas suas ideias revolucionárias, bem como as esperanças de inúmeros intelectuais que, tal como Lu Xun, contribuíram para a edificação de uma cultura e de uma mentalidade verdadeiramente novas na literatura e nas artes, por um regime de capitalismo de Estado, sob a direcção de um Partido Comunista expurgado dos partidários do *Grande Timoneiro*, mas que continuou a deter o monopólio do poder político. Apesar de herdar uma parte significativa da sua intolerância, como o provam o massacre da Praça de Tian'anmen, em 4 de Junho de 1989, e a perseguição de escritores e personalidades dissidentes, o «novo» regime, além de transformar a China numa grande potência industrial, objectivo preconizado mas nunca alcançado por Mao, tornou, em certa medida, possível o florescimento da literatura chinesa, de que se destaca o Prémio Nobel atribuído a Mo Yan, em 2012, bem como o renascimento criativo do novo cinema chinês. Eis como, apesar de continuar a ser um regime ditatorial de partido único, a China actual está mais próxima do fermento da herança cultural de Lu Xun do que a China da «Grande Revolução Cultural» do *Grande Timoneiro*. Porém, nuvens negras adensam-se no horizonte: em 2018, o Presidente da República Popular da China, Xi Jinping, conseguiu, no Congresso do

Partido Comunista Chinês, abolir a norma de limitação dos mandatos presidenciais estabelecida por Deng Xiaoping. Eis como regressa bem vivo o espectro maoista da ditadura vitalícia, que tem sido acompanhado pelo aumento das perseguições políticas de intelectuais dissidentes. Será que o Mao da «Grande Revolução Cultural Proletária» ressuscitou da tumba? Só o futuro o poderá ou não confirmar.

BIBLIOGRAFIA

AAVV, *Documentos do Socialismo Democrático: Programa de Bad Godesberg e Pojecto Programático de Irsee do Partido Social-Democrata da Alemanha*, Lisboa, Fundação Friedrich Ebert, 1987.
ACADEMIA DAS CIÊNCIAS, *Dicionário da Língua Portuguesa Contemporânea*, Lisboa, Verbo, 2001.
ADLER, Max, *Democracia Política y Democracia Social*, omegalfa.es, 2014.
ARISTÓTELES, *Política*, Lisboa, Vega, 2016.
AURÉLIO, Marco, *Pensamentos para Mim Próprio*, Lisboa, Estampa, 1978.
AYALA, Luis, «El Declive de la Classe Media: Espanha Diferente?», *El País. Negócios*, Madrid, 25/02/2018.
BABEUF, Gracchus, *Le Tribun du Peuple*, Paris, Union Générale des Editions, 1969.
BADIA, Gilbert, «Prefácio» a LUXEMBURGO, Rosa, Textos Escolhidos, Lisboa, Estampa, 1977.
BERLIN, Isaiah, *Il Riccio e la Volpe*, Milão, Adelphi, 1986.
BERLINGUER, Enrico, *A Questão Comunista*, Lisboa, Edições 70, 1976.
BERNSTEIN, Eduard, *Os Pressupostos do Socialismo e as Tarefas da Social-Democracia*, Lisboa, D. Quixote, 1976.
BOBBIO, Norberto, *Liberalismo e Democrazia*, Milão, Franco Angeli, 1985.
BODIN, Jean, *La Republique*, Paris, Le Livre de Poche, 1993.
BONNET, Marguerite, «Avant Propos» a TROTSKY, Leon, *Nos Tâches Politiques*, Paris, Denöel- Gonthier, 1970.
BOURDIEU, Pierre, *Sobre o Estado: Curso no Collège de France (1989–1992)*, Lisboa, Edições 70, 2014.
BURKE, Edmond, *Considerações sobre a Revolução em França*, Lisboa, Fundação Calouste Gulbenkian, 2015.

CARPENTIER, Jean; LEBRUN, François, *História da Europa*, Lisboa, Estampa, 2002.
CERRONI, Umberto, *Lógica e Società*, Milão, Bompiani, 1982.
CERRONI, Umberto, *Taccuino Politico-Filosofico*, Lecce, Manni, 2003
CÍCERO, Marco Túlio, *Tratado da República*, Lisboa, Círculo de Leitores, 2008.
CÍCERO, Marco Túlio, *De la Vieillesse, de l'Amitié, des Devoirs*, Paris, Garnier-Flammarion, 1967.
CÍCERO, Marco Túlio, *Des Lois*, Paris, Garnier-Flammarion, 1965.
CLAUSEWITZ, Carl von, *Da Guerra*, Lisboa, Europa-América, 1997.
CONSTANT, Benjamin, *Principi di Politica*, Roma, Riuniti, 1982.
DANTE, *A Monarquia*, Lisboa, Guimarães Editores, 1984.
DE MAISTRE, Joseph, *Considerazioni sulla Francia*, Roma, Riuniti, 1985.
DE MAISTRE, Joseph, «O Papa», *in* CERRONI, Umberto, *O Pensamento Político* (ant.), vol. IV, Lisboa, Estampa, 1975.
DE MAISTRE, Joseph, *Oeuvres*, Paris, Robert Laffont, 2007.
DROZ, Jacques, *História Geral do Socialismo*, vols. III–IV, Lisboa, Livros Horizonte, 1977 e 1979.
ENGELS, Friedrich, *A Origem da Família, Propriedade e Estado*, Lisboa, Estampa, s.d.
ENGELS, Friedrich, *A Situação da Classe Operária em Inglaterra*, Porto, Afrontamento, 1975.
ENGELS, Friedrich, *Anti-Düring*, Lisboa, Afrodite, 1971.
ERHARD, Ludwig, *Bem-Estar para Todos*, Lisboa, Bertrand, s.d.
ESPINOSA, *Éthique*, Paris, Gallimard, 1964.
ESPINOSA, *Traité Théologique Politique*, Paris, Garnier-Flammarion, 1965.
ESPINOSA, *Tratado Político*, Lisboa, Círculo de Leitores, 2008.
FICHTE, Johann Gottlieb, *Discours à la Nation Alemande*, Paris, Aubier-Montaigne, 1975
FICHTE, Johann Gottlieb, *Lo Stato di tutto il Popolo*, Roma, Riuniti, 1978.
FICHTE, Johann Gottlieb, *Lições sobre a Vocação do Sábio Seguido de Reivindicação sobre a Liberdade de Pensamento*, Lisboa, Edições 70, 1999.
FICHTE, Johann Gottlieb, *Fundamento do Direito Natural*, Lisboa, Fundação Calouste Gulbenkian, 2012.
FOUCAULT, Michel, *É Preciso Defender a Sociedade*, Lisboa, Bertrand, 2006.
FOURIER, Charles, *Théorie des Quatres Mouvements et des Destinées Générales*, Paris, Anthropos, 1971a.
FOURIER, Charles, *Théorie de l'Unité Universelle*, vol. II, Paris, Anthtropos, 1971b.
FOURIER, Charles, *El Nuevo Mundo Industrial y Societario*, México, Fondo de Cultura Económica, 1995.
FREDERICO DA PRÚSSIA, *O Anti-Maquiavel*, Lisboa, Guimarães Editores, 2000.
GAIO, *Instituições — Direito Privado Romano*, Lisboa, Fundação Calouste Gulbenkian, 2010.

GENTILE, Giovanni, «Os Fundamentos da Filosofia do Direito», *in* CERRONI, Umberto, *O Pensamento Político* (ant.), Lisboa, Estampa, 1976.
GOLDING, William, *Free Fall*, Harmondsworth, Middlesex, Penguin Books, 1963.
GRAMSCI, Antonio, *Lettere 1908-1926*, edição de SANTUCCI, Antonio, 1992.
GROSSMAN, Vassili, *Oeuvres*, Paris, Robert Laffont, 2006.
HABERMAS, Jürgen, *Obras Escolhidas IV*, Lisboa, Edições 70, 2015.
HARVEY, David, *O Enigma do Capital*, Lisboa, Bizâncio, 2011.
HEGEL, Georg Wilhelm Friedrich, *Fenomenologia dello Spirito*, México, Fondo de Cultura Económica, 1966.
HEGEL, Georg Wilhelm Friedrich, *Lecciones sobre la Filosofia de la Historia Universal*, Madrid, Revista Occidente, 1974.
HEGEL, Georg Wilhelm Friedrich, *A Sociedade Civil Burguesa*, Lisboa, Estampa, 1979a.
HEGEL, Georg Wilhelm Friedrich, *Lineamenti di Filosofia del Diritto*, Roma-Bari, Laterza, 1979b.
HOBBES, Thomas, *De Cive*, Roma, Riuniti, 1981.
HOBBES, Thomas, *Leviatã*, Lisboa, Imprensa Nacional-Casa da Moeda, 2002.
HONNETH, Axel, *A Ideia de Socialismo: Tentativa de Actualização*, Lisboa, Edições 70, 2017.
HUMBOLDT, Wilhelm von, *The Spheres and Duties of Government (The Limits of State Action)*, Londres, John Chapman, 1854.
JOÃO XXIII, «Mater et Magistra», *in Caminhos da Justiça e da Paz*, Lisboa, Rei dos Livros, 1987.
KANT, Immanuel, *Vers la Paix Perpétuelle*, Paris, PUF, 1974.
KANT, Immanuel, *La Philosophie de L'Histoire*, Paris, Denoel/Gonthier, 1976.
KANT, Immanuel, *A Metafísica dos Costumes*, Lisboa, Fundação Calouste Gulbenkian, 2011.
KAUTSKY, Karl, *L'Imperialismo*, Roma-Bari, Laterza, 1980.
KAUTSKY, Karl, *The Dictatorship of Proletariat*, Manchester/Londres, The Forgotten Books, 2012.
LÉNINE, *Democracia Socialista*, Lisboa, Edições Avante!, 1975.
LÉNINE, *Sobre a Revolução Democrática Burguesa*, Lisboa, Estampa, 1976.
LÉNINE, *Obras Escolhidas*, vol. I-II, Lisboa, Edições Avante!, 1981.
LEWIN, Moshe, *Le Siècle Soviétique*, Paris, Fayard/Le Monde Diplomatique, 2003.
LOCKE, John, *Saggio sulla Legge Naturale*, Roma-Bari, Laterza, 1973.
LOCKE, John, «Carta sobre a Tolerância», *in* MAGALHÃES, Baptista, *Locke «Carta sobre a Tolerância» no seu Contexto Filosófico*, Porto, Contraponto, 2001.
LOCKE, John, *Segundo Tratado sobre o Governo*, Lisboa, Fundação Calouste Gulbenkian, 2007.
LUXEMBURGO, Rosa, *Reforma ou Revolução?*, Lisboa, Estampa, 1970.

Luxemburgo, Rosa, *A Crise da Social-Democracia*, Lisboa, Estampa, 1974.
Luxemburgo, Rosa, *Textos Escolhidos*, Lisboa, Estampa, 1977.
Macpherson, Crawford Brough, *A Teoria Política do Individualismo Possessivo: de Hobbes a Locke*, Rio de Janeiro, Paz e Terra, 1979.
Madison, James, *O Federalista*, Lisboa, Colibri, 2003.
Mandeville, Bernard, *La Fable des Abeilles*, Paris, Librairie Philosophique J. Vrin, 1974.
Maquiavel, *Discursos Sobre a Primeira Década de Tito Lívio*, Lisboa, Sílabo, 2010.
Maquiavel, *O Príncipe*, Lisboa, Círculo de Leitores, 2012.
Marx, Karl, *Contribuição para a Crítica da Economia Política*, Lisboa, Estampa, 1971a.
Marx, Karl, *O 18 de Brumário de Louis Bonaparte*, Coimbra, Nosso Tempo, 1971b.
Marx, Karl, *Crítica do Programa de Gotha*, Porto, Portucalense, 1971c.
Marx, Karl, *A Guerra Civil em França*, Lisboa, Nosso Tempo, 1971d
Marx, Karl, *Escritos de Juventude*, Lisboa, Edições 70, 1975.
Marx, Karl, *Critica della Filosofia Hegeliana del Diritto Pubblico*, Roma, Riuniti, 1983.
Marx, Karl & Engels, Friedrich, *La Première Critique de l'Économie Politique: Écrits de 1843-1844*, Paris, Union Générale d'Éditions, 1972.
Marx, Karl & Engels, Friedrich, *Textos Filosóficos*, Lisboa, Estampa, 1974a.
Marx, Karl & Engels, Friedrich, *A Ideologia Alemã I*, Lisboa, Estampa, 1974b.
Marx, Karl & Engels, Friedrich, *Manifesto do Partido Comunista*, Lisboa, Edições Avante!, 1975.
Mazarin, *Breviário dos Políticos*, Lisboa, Guimarães Editores, 1997.
Meinecke, Friedrich, *L'Idea della Ragione di Stato nella Storia Moderna*, Florença, Sansoni, 1977.
Mill, John Stuart, *Utilitarianism, On Liberty and Considerations on Representative Government*, Londres, J. M. Dent & Sons Ltd., 1972.
Montesquieu, *Considerações sobre as Causas da Grandeza e da Decadência dos Romanos*, Lisboa, Presença, 1965.
Montesquieu, *L'Esprit des Lois*, vol. I, Paris, Garnier-Flammarion, 1979.
Morton, Arthur Leslie & Tate, George, *O Movimento Operário Britânico*, Lisboa, Seara Nova, 1968.
Owen, Robert, «Rapporto alla Contea de New Lanark», *in* Bianco, Gino & Grendi, Edoard, *La Tradizione Socialista in Inghilterra*, Turim, Einaudi, 1970.
Owen, Robert, «Il Libro del Nuovo Mondo Morale», *in* Bravo, Gian Mari, *Il Socialismo Prima di Marx*, Roma, Riuniti, 1973.
Owen, Robert, *Uma Nova Concepção da Sociedade*, Braga, Faculdade de Filosofia da Universidade de 1976.
Pietsch, Max, *A Revolução Industrial*, Lisboa, Guimarães Editores, 1964.

PLATÃO, *A República*, Lisboa, Fundação Calouste Gulbenkian, 2014.
PIQUERAS, José Antonio, *O Movimento Operário*, Porto, Campo de Letras, 1995.
POULANTZAS, Nicos, *A Crise do Estado*, Lisboa, Moraes Editores, 1978.
PROUDHON, Pierre-Joseph, *A Nova Sociedade*, Porto, Rés, s.d.
PROUDHON, Pierre-Joseph, *O que é a Propriedade?* Lisboa, Estampa, 1971.
PRUDHOMMEAUX, André & PRUDHOMMEAUX, Doris (org.), *A Comuna de Berlim*, Lisboa, Spartacus, 1974.
RICHELIEU, *Testamento Político*, Lisboa, Círculo de Leitores, 2008.
ROBESPIERRE, Maximilien, *La Rivoluzione Giacobina*, Roma, Riuniti, 1984.
ROSMINI, António, «A Constituição Segundo a Justiça Social», *in* CERRONI, Umberto, *O Pensamento Político* IV (ant.), Lisboa, Estampa, 1974.
ROUSSEAU, Jean-Jacques, *Oeuvres Completes*, vol. III, Paris, Gallimard, 1964.
ROUSSEAU, Jean-Jacques, *Opere*, Sansoni Editore, Florença, 1972.
ROUSSEAU, Jean-Jacques, *Origem e Fundamento da Desigualdade entre os Homens*, Lisboa, Europa-América, 1976.
SAINT-SIMON, *Opere*, Turim, UTET, 1975.
SANTO AGOSTINHO, *A Cidade de Deus*, vols. I–III, Lisboa, Fundação Calouste Gulbenkian, 2011.
SANTO TOMÁS DE AQUINO, *Escritos Políticos*, Petrópolis, Vozes, 2011.
SARAIVA, José Hermano (coord.), *História Universal*, vol. III, Agualva, F. G. P. Editores, 2003.
SASSOON, Donald, *One Hundred Years of Socialism: The West European Left in the Twentieth Century*, Londres–Nova Iorque, I. B. Tauris, 2010.
SÉNECA, Lúcio Anneo, *I Dialoghi*, vol. II, Roma-Bari, Laterza, 1978.
SÉNECA, Lúcio Anneo, *Lettere a Lucilio*, vol. II, Milão, Rizzoli, 1983.
SERGE, Victor, *Mémoires d'un Révolutionaire 1905–1945*, Montréal, Lux Éditeur, 2017.
SIEYÈS, Emmanuel-Joseph, *Che Cosa è lo Terzo Stato?*, Roma, Riuniti, 1976.
SMITH, Adam, *Indagine sulla Natura e le Cause della Riccheza delle Nazioni*, vols. I–II, Milão, Oscar Mondadori, 1977.
SOBOUL, Albert, *A Revolução Francesa*, vols. I–II, Lisboa, Livros Horizonte, 1979.
SOMBART, Werner, *Il Capitalismo Moderno*, Turim, UTET, 1978.
SOREL, Georges, *Reflexões sobre a Violência*, São Paulo, Martins Fontes, 1992.
TALMON, Jacob L., *Le Origini della Democrazia Totalitaria*, Bolonha, Il Mulino, 1967.
TOCQUEVILLE, Alexis de, *L'Ancien Régime et la Révolution*, Paris, Gallimard, 1967.
TOCQUEVILLE, Alexis de, *Da Democracia na América*, Principia, Cascais, 2002.
TRONTI, Mario, *Operários e Capital*, Porto, Afrontamento, 1976.
TROTSKY, Leon, *As Lições de Outubro*, Coimbra, Centelha, 1974.
TROTSKY, Leon, *A Revolução Permanente*, Porto, Razão Actual, 1971.
TROTSKY, Leon, *Balanço e Perspectivas*, Lisboa, Delfos, 1973.

Trotsky, Leon, *Nos Taches Politiques*, Paris, Denoël-Gonthier, 1970.
Trotsky, Leon, *Revolução e Contra-Revolução*, Rio de Janeiro, Laemmert, 1968.
Trotsky, Leon, *Terrorismo e Comunismo*, Silveira, Book Builders, 2018.
Tsé-Tung, Mao, *Obras Escogidas*, tomo IV, Pequim, Ediciones en Lenguas Extrangeras, 1971.
Tsé-Tung, Mao, *Sobre a Prática, sobre a Contradição e outros Textos*, Lisboa, Minerva, 1974.
Tsé-Tung, Mao, *Obras*, vol. I, *O Proletário Vermelho*, Lisboa, 1975.
Tucídides, *História da Guerra do Peloponeso*, Lisboa, Sílabo, 2008.
Tudor, H. & Tudor, J. M. (eds.), *Marxism and Social Democracy*, Cambridge, Cambridge University Press, 1994.
Veiguinha, Joaquim Jorge, *O Luxo na Formação do Capitalismo*, Porto, Afrontamento, 2004.
Veiguinha, Joaquim Jorge, «O Populismo Russo», in *Adágio*, Évora, 1991.
Veiguinha, Joaquim Jorge, *Trabalho Produtivo e Acumulação de Capital*, Porto, Afrontamento, 2017.
Voltaire, *Scritti Filosofici*, Roma-Bari Laterza, 1972.
Zola, Émile, *La Débacle*, Paris, Gallimard, 1984.

ÍNDICE ONOMÁSTICO

A
Acemoglu, Daron, 397
Adler, Max, 18, 379, 388, 392, 400, 403–410, 431, 460, 477
Agostinho, Aurélio, 26, 77
Althusser, Louis, 44
Aquino, Tomás de, 26, 27, 29, 41, 80–86, 89
Aristóteles, 15, 25, 31, 54, 59–64, 66, 67, 72, 80, 83, 86, 89–90, 108, 217, 368
Aurélio, Marco, 74–79
Ayala, Luis, 429

B
Babeuf, Gracchus, 187, 221, 313–314, 354, 367, 385, 465
Bakunin, Mikhail, 333, 343, 433
Bauer, Bruno, 341
Bauer, Otto, 403
Bebel, August, 374, 380, 393
Bentham, Jeremy, 217, 269
Berlin, Isaiah, 433
Berlinguer, Enrico, 19, 43
Bernstein, Eduard, 38, 41, 377–380, 383–397, 399, 401, 404–406, 424––428, 431, 434, 438, 441, 450, 458

Blair, Anthony, 20, 45
Bobbio, Norberto, 21, 22, 42
Bodin, Jean, 29, 31, 105–110, 117, 125
Botero, Giovanni, 118
Bourdieu, Pierre, 28, 147, 357, 461
Buffett, Warren, 46
Bukharine, 468, 475, 485

C
Cícero, 25, 65–80, 84, 107–108, 154
Clausewitz, Carl von, 23
Collingwood, Robin George, 23–24, 385
Comte, Auguste, 280, 301
Constant, Benjamin, 34, 253–263
Constantino, 26, 77, 90
Cromwell, Oliver, 126, 127, 135, 270, 401

D
Dante, 27, 87–90, 114
Deutscher, Isaac, 483
Droz, Jacques, 226, 235, 374, 376, 380

E
Ebert, Friedrich, 425, 444, 447
Eisenstein, Serghei, 414

Eisner, Kurt, 420
Engels, Friedrich, 17, 37, 38, 304, 312, 313, 338, 341-370, 375, 377, 378, 383, 384, 386, 388, 389, 393, 399, 402, 407, 413, 419, 451, 453, 459, 463, 503, 504
Erhard, Ludwig, 41
Espinosa, Bento, 143-149, 196
Estaline, 338, 387, 389, 460-478, 482--497, 494, 497, 500, 504, 506
Fichte, Johann Gottlieb, 181-192, 193--196, 205, 247-249, 317
Foucault, Michel, 23
Fourier, Charles, 295-321, 327, 332, 360, 392, 407
Frederico da Prússia, 102
Friedman, Milton, 20, 45

G

Gaio, 25, 65
Gentile, Giovanni, 40, 83, 208, 212
Gramsci, Antonio, 24, 43-45, 204, 350--352, 457-458
Grossman, Vassili, 421

H

Habermas, Jürgen, 21, 46
Harvey, David, 46
Hayek, Friedrich, 20, 45, 264
Hegel, Georg Wilhelm Friedrich, 20, 22, 32, 33, 37, 144, 195-215, 220, 244, 250, 264, 291, 337, 338, 339, 341, 344-350, 353, 354, 356, 368, 384, 385, 427, 450, 451, 460
Hilferding, Rudolf, 403
Hitler, Adolf, 40, 405, 409, 421, 426, 439, 447
Hobbes, Thomas, 30-31, 66, 109, 125--148, 154, 155, 163, 175, 194, 352
Honneth, Axel, 290, 370

Horthy, 404, 405
Humboldt, Alexander von, 241
Humboldt, Wilhelm von, 34, 241-251, 254, 256, 262, 264, 270, 272

K

Kamenev, Lev, 468, 482-483
Kant, Immanuel, 32, 34, 171-180, 188, 189, 198, 207, 208, 215, 230, 234, 244, 250, 257, 260, 313, 404
Kautsky, Karl, 344, 368, 376, 378-380, 383, 388, 393-402, 404, 405, 406, 408, 425, 430, 431, 432, 434, 438, 452, 459, 460, 469, 471, 476, 477, 478
Kelsen, Hans, 133

L

Lafargue, Paul, 478-479
Lassalle, Ferdinand, 342, 373
Leibnitz, Gottfried Wilhelm, 143
Lénine, 18, 38, 338, 368, 376, 379, 385, 387, 388, 389, 391, 394, 396, 404, 405, 406, 413, 414, 416-421, 423, 424, 425, 430, 441, 442, 446, 449, 465-482, 486, 487, 492, 504
Liebknecht, Karl, 374, 377, 378, 380, 384, 396, 420, 425, 426, 433, 434, 443, 444
Liebknecht, Wilhelm, 374, 380
Locke, John, 130, 132, 135-144, 148, 163, 191, 272
Luxemburgo, Rosa, 367, 377-379, 384, 391, 394, 396, 420, 423-247, 487

M

Macpherson, Crawford Brough, 132, 139
Maistre, Joseph de, 33, 219-224, 229, 237, 383
Mandeville, Bernard, 283, 303-305

ÍNDICE ONOMÁSTICO 517

Manzoni, Alessandro, 230
Maquiavel, 16, 29, 30, 67, 68, 86, 95-104, 106, 107, 110, 115, 117, 121, 142, 172
Marchais, Georges, 42-43
Martov, Julius, 413, 424, 449, 453, 458
Marx, Karl, 17, 18, 37, 38, 194, 225, 228, 301, 304, 313, 316, 319, 323, 336-340, 341-370, 374, 375, 378, 384-389, 393, 397-399, 401, 402, 404, 407, 413, 416, 419, 427-430, 451-455, 459, 461, 464-465, 470, 474, 480, 484, 501, 503, 504, 506
Mazarino, Giulio, 30, 112, 119-121
Meinecke, Friedrich, 98
Mill, John Stuart, 34, 229, 236, 269--275, 315
Miliband, Ralph, 44
Mitterrand, François, 19, 43
Montesquieu, 130, 153-159, 163, 168--169, 178, 182, 230, 262
Morton, Arthur Leslie, 227, 230
Mosca, Gaetano, 40
Mussolini, Benito, 40, 43, 208, 237, 404, 405, 420

N
Bonaparte, Luís Napoleão, 261, 342
Bonaparte, Napoleão, 187, 220, 221, 226, 253, 259, 324, 335, 342, 343, 353, 354, 362, 401

O
Owen, Robert, 36, 302, 309-322, 330, 332, 407
Orwell, George, 69, 275

P
Pareto, Vilfredo, 21, 40
Parvus, Aleksandr, 378

Péricles, 51-58
Petri, Elio, 217
Pettit, Philip, 46
Piqueras, José Antonio, 312-314
Pira, Giorgio La, 42
Platão, 15, 54-64, 66, 69, 74, 107, 108, 139, 144, 212, 216
Plekhanov, George, 413
Pot, Pol, 367, 505
Poulantzas, Nicos, 44
Proudhon, 17, 36, 323-340, 342, 351, 362, 386, 459
Preobrajenski, Ievgueni, 475, 504
Prudhommeaux, Andrés, 445
Prudhommeaux, Doris, 445

R
Rawls, John, 21, 46
Renner, Karl, 403
Richelieu, 29, 111-118, 119-120, 125
Robespierre, Maximilien, 184, 185, 186, 206, 401
Rosmini, Antonio, 225-237, 275, 415
Rousseau, Jean-Jacques, 16, 27, 31, 32, 33, 109, 155, 157, 161-169, 173-176, 178, 184, 192, 205, 206, 220, 223, 242, 254, 255, 256, 259, 273, 356, 408

S
Saint-Simon, 269, 279-293, 296, 297, 299, 300-304, 317, 321, 351, 361, 370, 407, 464
Salazar, Oliveira, 404
Saraiva, José Hermano, 309
Sassoon, Donald, 41, 376, 380
Scheidemann, Philipp, 420, 443--444
Schiller, Friedrich, 111, 282, 429
Schmitt, Carl, 19, 23, 40, 133, 218

Schröder, Gerhard, 20, 45
Séneca, Lúcio Anneo, 25, 71–75, 78, 79
Serge, Victor, 487
Smith, Adam, 139, 264, 319, 328, 330, 470
Sieyès, Emmanuel-Joseph, 181, 187
Soboul, Albert, 185–186
Sombart, Werner, 159
Sorel, Georges, 39
Stein, von, 195
Sun Yat-sen, 489, 490, 494, 499, 500

T
Talmon, Jacob, 168, 254
Tate, George, 227, 230
Chiang, Kai-shek, 490–494, 499
Thatcher, Margaret, 45
Tocqueville, Alexis de, 35, 229, 233, 261–267, 353
Trotsky, Leon, 39, 281, 368, 384, 385, 389, 414, 419, 421, 446, 449, 456, 467–488, 492, 493, 497, 504
Tucídides, 51–52
Tudor, H., 378
Tudor, J. M., 378

V
Veiguinha, Joaquim Jorge, 319, 328, 360, 456
Voltaire, 106, 162, 172, 304–305

W
Weber, Max, 28, 40, 461

Z
Zedong, Mao, 475, 481, 489–507
Zinoviev, Grigori, 468, 482, 483
Zola, Émile, 363